天津师范大学
Tianjin Normal University

日新集

《天津师范大学学报》优秀作品选编

宁月茹　潘　晖　主编

光明日报出版社

图书在版编目（CIP）数据

日新集：《天津师范大学报》优秀作品选编／宁月茹，潘晖主编. -- 北京：光明日报出版社，2018.8

ISBN 978 - 7 - 5194 - 4526 - 3

Ⅰ.①日… Ⅱ.①宁…②潘… Ⅲ.①社会科学—文集 Ⅳ.①C53

中国版本图书馆 CIP 数据核字（2018）第 191466 号

日新集——《天津师范大学报》优秀作品选编
RIXINJI——《TIANJIN SHIFAN DAXUEBAO》YOUXIU ZUOPIN XUANBIAN

主　　编：宁月茹　潘　晖

责任编辑：杨　茹　　　　　　责任校对：赵鸣鸣
封面设计：中联学林　　　　　责任印制：曹　诤

出版发行：光明日报出版社

地　　址：北京市西城区永安路 106 号，100050

电　　话：010 - 67078251（咨询），63131930（邮购）

传　　真：010 - 67078227，67078255

网　　址：http：//book. gmw. cn

E - mail：yangru@ gmw. cn

法律顾问：北京德恒律师事务所龚柳方律师

印　　刷：三河市华东印刷有限公司

装　　订：三河市华东印刷有限公司

本书如有破损、缺页、装订错误，请与本社联系调换，电话：67019571

开　　本：170mm × 240mm

字　　数：521 千字　　　　　　印　张：29

版　　次：2018 年 8 月第 1 版　　印　次：2018 年 8 月第 1 次印刷

书　　号：ISBN 978 - 7 - 5194 - 4526 - 3

定　　价：88. 00 元

序　言

　　栉风沐雨满甲子，桃李芬芳谱华章。2018 年是全面贯彻落实党的十九大精神和习近平新时代中国特色社会主义思想的开局之年，是改革开放 40 周年，是谱写高等教育奋进之笔的攻坚年。2018 年是天津师范大学建校 60 周年纪念年，是学校实施"十三五"事业发展规划的关键年。60 年来，《天津师范大学报》忠实记录着师大人不畏艰辛、开拓创新、勇往直前的不屈不挠精神，见证着学校历史的发展轨迹。

　　六十载躬耕不辍，一甲子春华秋实。天津师范大学是天津市属重点院校，始建于 1958 年，原名天津师范学院，1982 年更名为天津师范大学。1999 年，原天津师范大学、天津师范高等专科学校、天津教育学院合并组建新天津师范大学，现已成为哲学、经济学、法学、教育学、文学、历史学、理学、工学、管理学、艺术学 10 个学科门类协调发展，具有鲜明教师教育特色的综合性大学。60 年来，师大人始终牢记党的教育方针，坚持和传承爱国敬业、学高身正、改革创新、开放包容、艰苦创业、团结和谐的天津师大精神，践行"勤奋严谨、自树树人"的校训、"诚实守信、勇于担当"的校风和"学思并重、知行合一"的学风，在党的建设、人才培养、科学研究、服务社会、文化传承、国际交流上取得突出成就，为国家、区域经济社会建设和教育事业的发展做出了重要贡献，学校社会影响力日益扩大，综合办学实力显著增强，各项事业不断迈上新的台阶。

　　伴随着学校改革发展的历程，《天津师范大学报》一步一个脚印，一步一个台阶，从四开四版的月报到对开四版的半月报，从黑白印刷的小报到四版彩印的大报，从传统的纸质媒体到与新媒体融合发展的电子报、微信版，从每期发行几百份到每期发行 4000 份，从创刊、改版、扩版到连续荣获全国、天津市高校校报好新闻奖，报纸的品牌影响力不断提升，深受师生关注和好评。《天津师范大学报》坚持正确的政治方向和舆论导向，坚持党性原则和马克思主义新闻观，围绕学校中心工作，全方位、及时准确地报道党的路线方针政策、学校改革发展成就和立德树人先进典型,成为学校发展的见证者、先进文化和思想的传播者、绚烂多彩的大学生活的记录者。《天津师范大学报》坚持办报育人的方针,为学校的改革发展稳定提供强有力的精神动力、思想保证和舆论支持,为天津师范大学的建设发展做出了积极的贡献。

2018年金秋时节,走过60载的《天津师范大学报》,在各级领导的关心和指导下,在广大师生、热心读者的支持和帮助下,首次将报纸近五年来发表的优秀作品以刊发时间为顺序,分为历史瞬间、继往开来、学思践悟、理论探索、精神家园、人物团队六个篇目整理集结,以《日新集——〈天津师范大学报〉优秀作品选编》的形式呈现给各位读者,回馈给辛勤耕耘的各位同人。

六十载砥砺奋进,一甲子薪火相传。新时代,开启新征程;新起点,孕育新希望;新使命,续写新篇章。站在新的历史起点上,我们要深刻认识高等教育发展的新形势新任务新要求,坚持以习近平新时代中国特色社会主义思想为指导,深入贯彻落实党的十九大精神,紧紧围绕"立德树人"根本任务,坚持"特色立校、质量兴校、人才强校、改革创新"发展战略,全面深化综合改革,全面推进依法治校,全面从严治党,努力实现内涵式发展,加快建设国内一流的教师教育特色综合性大学。作为学校宣传思想工作的重要阵地,对师生进行思想政治教育,发挥实践育人作用的重要载体,《天津师范大学报》将继续坚持正确舆论导向,以师生为中心,讲好师大故事,传播好师大声音,办出特色,争创一流,再上新水平,精雕细刻我们的事业,精采精编我们的报纸,努力把有思想、有温度、有品质的工作成果奉献给师生,为学校的内涵发展、"双一流"建设奉献出更多催人奋进的时代篇章!这本作品集的问世,是对我们工作的最好审视和总结,也是为今后工作蓬勃开展创造新的起点。我们相信,随着学校核心竞争力的不断提升,优秀作品会更加丰厚,今后还将会有更多像《日新集——〈天津师范大学报〉优秀作品选编》这样的作品与大家见面。

《天津师范大学报》编辑部

2018 年 5 月

目 录
CONTENTS

第二篇　继往开来 …………………………………………… **51**

第一篇 **01**

| 历史瞬间 |

我校9人受聘为2013—2017年高校教学指导委员会委员

教务处

2013 年 5 月 20 日　519 期　第一版

近日,国家教育部公布 2013—2017 年高等学校教学指导委员会成员名单,我校 9 人受聘。

其中,白学军教授被聘任为心理学类专业教学指导委员会副主任委员,史瑞杰教授被聘为公共管理类专业教学指导委员会委员,王延文教授被聘为数学类专业教学指导委员会委员,佟德志教授被聘为政治学类专业教学指导委员会委员,贺寨平教授被聘为社会学类专业教学指导委员会委员,杨宝忠教授被聘为教育学类专业教学指导委员会委员,王中良研究员被聘为地理科学类专业教学指导委员会委员,高洁教授被聘为图书馆学专业教学指导委员会委员,桑毓域教授被聘为档案学专业教学指导委员会委员。

高等学校教学指导委员会是教育部聘请并领导的专家组织,具有非常设学术机构的性质,接受教育部的委托,开展高等学校本科教学的研究、咨询、指导、评估、服务等工作。本届教学指导委员会任期自 2013 年 4 月 1 日起至 2017 年 12 月 31 日止。

我校三个学科被增补为天津市高校第四期重点(培育)学科

研究生院

2013 年 6 月 9 日　520 期　第一版

5 月 28 日,天津市学位委员会印发了《关于增补天津市高等学校第四期重点(培育)学科的决定》,我校理论经济学、法学、外国语言文学三个一级学科被增补为天津市高等学校第四期重点(培育)学科。本次增补天津市重点(培育)学科是在我市认真分析天津市高校参加第三轮全国学科评估情况的基础上做出的,全市共增补天津市重点(培育)学科8个。

天津师范大学校史馆开馆

宣传部

2013年9月27日　523期　第一版

　　9月6日下午,承载着我校55年办学历史和55载发展历程的天津师范大学校史馆在我校图书馆B区12层正式开馆。校长高玉葆,校党委副书记宋德新、史瑞杰出席开馆仪式并和各单位主要负责人、师生代表一同参观了校史馆。宋德新副书记主持开馆仪式。

　　高玉葆校长在开馆仪式上致辞。他表示,历史是文化与精神的永恒依托。校史馆以史实和史料为根据,生动翔实地展现了我校55年来的发展历程、骄人成就以及未来的发展愿景。我们要充分利用校史馆传承历史的育人功能,使之成为展示学校办学成就的重要窗口,成为进行校史教育、联系各界校友、活跃校园文化的重要基地,成为追溯历史、启迪未来、传承文化的重要平台,成为激发广大师生员工奋发有为、锐意进取、不断提高办学水平、使学校早日实现跻身全国高校百强奋斗目标的精神源泉。

　　新落成的校史馆位于学校图书信息中心大楼B区12层,占地600平方米。作为集中展示学校55年办学成就的永久性展馆,通过文字、图片、音频、视频、LED电子显示灯、触摸一体机等多种现代化手段,以及大量教学仪器设备和珍贵的书籍、讲义等校史资料,全面、立体、生动地再现了我校55年来的发展历程。

第六届东亚运动会圆满落幕　我校健儿斩获 6 枚金牌
我校承办的武术赛事获得高度评价

宣传部

2013 年 10 月 28 日　524 期　第一版

　　10 月 6 日至 15 日，第六届东亚运动会在天津举行，来自东亚 9 个国家和地区的 2422 名运动员在 24 个比赛大项、254 个小项的赛事中竞逐。本次东亚运动会我校共派出 11 名运动员参赛，于萌萌、刘相蓉、赵庆刚、宋婷婷、李珍珠、陈建新分别摘得女子太极拳、太极剑全能项目，女子铅球，男子标枪，女子 800 米，女子 3000 米障碍赛，男子 4×400 米接力比赛桂冠，为祖国、为母校争得了荣誉。

　　10 月 7 日至 9 日，由我校承办的第六届东亚运动会武术比赛项目在我校体育馆开战。武术比赛分为套路和散打两大类别。经过 3 天的激烈角逐，共产生 20 枚金牌，中国队不负众望，勇夺 12 枚金牌。中国武术协会秘书长王玉龙，武术技术代表陈国荣，第六届东亚运动会组委会秘书长兼执行局局长王津生，我校校长高玉葆，校党委副书记宋德新，校党委副书记、第六届东亚运动会师大赛区总指挥史瑞杰，副校长钟英华，纪委书记宁月茹，第六届东亚运动会天津师范大学组委会秘书长田鑫、张兆泉，天津师范大学体育馆场馆运行主任助理田志明分别为获奖运动员颁奖。

　　本次承办东亚运动会武术比赛，全校上下齐心协力，在第六届东亚运动会天津师范大学组委会的统一领导下，通过组委会办公室、竞赛组织部、新闻宣传部、场馆工程环境部、信息技术部、后勤保障部、安全保卫部、志愿者部、体育展示部等每一位工作人员和志愿者的辛勤工作，圆满完成了赛事的承办工作。第六届东亚运动会组委会秘书长兼执行局局长王津生于武术赛事第二日莅临我校视察工作，对我校东亚运动会武术赛区的各项工作给予了充分肯定和高度评价。随后，国家体育总局宣传司副司长温文首站来到我校视察第六届东亚运动会新闻宣传工作，第六届东亚运动会执行局新闻宣传部部长助理孟宪东陪同视察。温文对我校组织管理周密、报道现场井然有序、媒体服务接待细致周到的新闻宣传工作表示非常满意。另外，我校音乐与影视学院舞蹈系的 129 名同学参加了本届东亚运动会开、闭幕式演出。

我校三门课程入选国家级精品资源共享课立项项目

教务处

2013 年 11 月 22 日　525 期　第一版

　　日前,教育部发布《关于公布第二批国家级精品资源共享课立项项目名单及有关事项的通知》(教高司函〔2013〕115 号),正式公布第二批入选国家级精品资源共享课立项项目名单,我校教育科学学院王志军教授主持的《多媒体教学软件设计与开发》、美术与设计学院华梅教授主持的《中西服装史》和政治与行政学院吴春华教授主持的《公共行政学》三门课程成功入选。这三门课程将在"爱课程"网站(http://www.icourses.cn/home/)面向社会免费开放。"爱课程"网站是教育部、财政部支持建设的高等教育课程资源共享平台,是"中国大学精品开放课程"的唯一官方网站,在该网站上发布后社会反响良好的课程,将被授予"国家级精品资源共享课"称号。

我校关工委荣获全国五好基层关工委
先进集体荣誉称号

离退休工作处

2013 年 12 月 20 日　526 期　第一版

　　日前,在北京举行的全国高校关工委工作经验交流会上,我校关工委作为本市唯一一所高校获得教育部关工委授予的"全国五好基层关工委先进集体"荣誉称号。这也是我校关工委首次获此殊荣。我校关工委常务副主任、原副校长于新建代表学校参加了会议并提交了题为"博知老骥育新锐"的天津师范大学关工委优秀事迹交流材料。

我校跻身年度孔子学院中方合作校全国十佳
高玉葆校长出席第八届孔子学院大会并做演讲

国际交流处

2013 年 12 月 20 日　526 期　第一版

　　第八届全球孔子学院大会 12 月 7 至 8 日在北京国家会议中心举行。国务院副总理、孔子学院总部理事会主席刘延东出席开幕式、发表重要讲话，并为全球先进孔子学院/课堂和先进中方合作学校颁发奖牌。教育部原部长袁贵仁、副部长郝平、孔子学院总部理事会总干事许琳等出席。来自 120 个国家和地区的 2000 多名中外大学校长、驻外使领馆教育组和全球孔子学院/课堂代表等出席大会。高玉葆校长出席，并在大会"校长论坛"上发表演讲。

　　大会从全球 1086 所孔子学院/课堂(440 个孔院/646 个课堂)中，评选出 33 个先进孔子学院/课堂(28 个孔院/5 个课堂)进行表彰，并表彰 10 所"孔子学院先进中方合作校"，以嘉奖做出突出成绩的先进孔子学院和中方合作学校。我校荣获"孔子学院先进中方合作校"殊荣，泰国曼松德·昭帕亚皇家师范大学孔子学院被评为"先进孔子学院"。至此，我校在历届孔子学院大会上已累计获先进孔院和先进合作校奖牌总数 9 块，与北京大学、中国人民大学并列，获奖牌总数位居全国第三，天津之首。

　　高玉葆校长在大会"校长论坛"上发表了题为《积极建设汉语师范专业，助本土化汉语教师成长》的主题演讲，阐述了我校与两所孔子学院承办校合作，在孔子学院内开展针对本土化汉语教师培养的师范专业建设的思路和做法，受到与会代表高度关注和好评。

　　大会期间，国家汉办主任、孔子学院总部理事会总干事许琳会见了我校校长高玉葆和肯尼亚内罗毕大学校长马果哈，就内罗毕大学孔子学院纳入孔子学院总部"示范孔子学院"建设培育对象议题进行了深入磋商。副校长钟英华和内罗毕大学副校长姆贝奇等陪同参加会见。

　　从 2005 年开始，我校分别与肯尼亚内罗毕大学、泰国曼松德·昭帕亚皇家师范大学合作承办了内罗毕大学孔子学院和曼松德·昭帕亚皇家师范大学孔子学院，并以"力求开办一所，就办好一所"为目标，与外方合作校精心策划、精诚合作，探索出了一条切实可行的汉语国际教育与推广之路。内罗毕大学孔子学院作为全球首批 16 所孔子学院和非洲首家孔子学院,曾连续六次获得"先进孔子学院"称号,被誉为"中肯教育文化交流史上的里程碑""绽放在非洲大陆上的中华文化奇葩";泰国曼松德·昭帕亚皇家师范大学孔子学院,曾被泰国教育部基教、民教两委和曼谷市教育局授予"汉语之家""本土汉语教师赴华选拔基地"和"中国语言文化培训基地"等称号,是泰国 12 所孔子学院中获"先进孔子学院"嘉奖次数最多的孔院。

校团委荣获 2013 年度"全国五四红旗团委"称号

校团委

2014 年 5 月 19 日　532 期　第一版

　　近日,从《共青团中央关于表彰 2013 年度"全国优秀共青团员""全国优秀共青团干部""全国五四红旗团委(团支部)"的决定》(中青发〔2014〕12 号文件)中获悉,我校团委荣获 2013 年度"全国五四红旗团委"称号。这是我校团组织近十年来,再次获此殊荣,它标志着我校共青团工作在新的起点上又迈出了坚实的一步。

　　近年来,我校共青团组织在学校党委和上级团组织的正确领导下,秉承师大共青团工作的优良传统,围绕学校"育人"中心工作,在思想教育、组织建设、文化创新、实践育人等方面取得突出成果,精心打造了思想政治理论课实践教学、研究生支教团、团组织网络化建设、大学生文化素质教育继之讲堂、23768890 校园服务热线等品牌项目,为我校建设教师教育特色教学研究型综合性大学做出了积极的贡献。

徐大同先生荣获"全国模范教师""全国高校优秀思想政治理论课教师"双荣誉称号

人事处

2014 年 9 月 22 日 536 期 第一版

在第 30 个教师节之际,人力资源和社会保障部、教育部联合表彰了全国教育系统先进集体和先进个人。我国著名政治学家、我校资深教授、博士生导师徐大同先生荣获"全国模范教师、全国高校优秀思想政治理论课教师"双荣誉称号。全国共有 10 位同志获得此项称号。

我校隆重举行校友毕业 30 年活动曹小红出席 2014 年基础教育论坛并讲话

宣传部

2014 年 10 月 20 日 537 期 第一版

秋风送爽丹桂飘香,三十春秋再聚母校。9 月 20 日,校友毕业 30 年活动在我校隆重举行。

20 日上午,天津师范大学校友毕业 30 年纪念大会在学校音乐厅举行。来自国内外的 1984 届及恢复高考后的 1981、1982、1983 届的 700 多名校友欢聚一堂,共同纪念毕业 30 周年。著名政治学家、我校资深教授徐大同,1984 届校友代表、市教委副主任孙惠玲,学校领导班子全体成员出席大会,纪念大会由校党委书记、校友会会长杨庆山主持。

大会在庄严的国歌声中拉开序幕。高玉葆校长代表全校师生致辞,他向各位校友返回母校表示热烈的欢迎和诚挚的问候,全面介绍了近年来学校各方面取得的突出成绩,对校友们长期给予母校的热情关注、大力支持和无私奉献表示衷心感谢,希望广大校友一如既往地支持母校发展,共同创造天津师范大学美好的未来。

纪念大会上,孙惠玲副主任、校学生会主席王萌、徐大同先生分别代表校友、在校学生及教师先后发言。徐大同先生充满激情地回顾了30年来国家、社会和学校取得的长足进步,对校友们在改革发展中的突出贡献表示感谢,希望大家"常回母校看看",为学校进一步的发展献计献策,使母校早日成为一流的师范大学。孙惠玲副主任深情追忆了30年前在师范大学难忘的成长经历,诉说了对母校的深厚情谊,祝福母校日新月异、更上层楼。纪念大会后,校友及在校师生共同为毕业30年纪念活动表演了精彩的文艺节目。

20日下午,2014年基础教育论坛在我校会议中心大报告厅召开,本次论坛以"教育均衡发展与学业质量提升"为主题,深入研讨如何结合当前基础教育发展形势和要求,全面提高我市教育质量,让更多的孩子享受到优质教育。副市长曹小红出席论坛并讲话。

曹小红副市长在讲话中指出,在推进基础教育改革发展过程中,本市采取了许多有效措施和好的做法,积累了许多宝贵经验,但也要清醒地看到,本市基础教育还面临许多突出的问题。希望从事基础教育研究或管理的各位专家多给天津的基础教育"把把脉""找准穴位""对症下药"。天津师范大学是本市唯一一所培养基础教育师资的高等院校。希望天津师范大学坚持以服务基础教育为使命,大力发展教师教育,做大做强教育学科,充分发挥在开展基础教育研究、培养高水平师资等方面的引领作用。也希望有关各方共同努力,扎实推进基础教育改革发展,努力把本市基础教育推向新的水平。

上海师范大学原校长、教育专家张民选教授,小学语文教学论专家、我校田本娜教授,天津市政协副主席、我校校长高玉葆,市政府副秘书长殷向杰,市教委主任王璟,我校党委书记杨庆山,市教委副主任孙惠玲,各区县主管教育工作副区长、教育局局长、基础教育学校的校长和教师代表,天津市教委中教处、小教处、学前教育处的负责同志及我校副校长梁福成、王群生,我校师生代表参加了此次论坛。副校长梁福成主持论坛。

高玉葆校长在致辞中表示,基础教育论坛的举办,就是要提供一个促进交流和沟通,推动基础教育发展的平台。为了更好地服务天津基础教育,天津师范大学与16个区县教育区签署了"促进教育均衡发展,服务基础教育"的合作协议,这将是我们友好合作、互利共赢的一个良好开端。天津的发展,教育承担着重要使命;教育的发展,天津师范大学责无旁贷。我们要努力做好天津教师教育的服务者、促进者、引领者,为促进教育改革和教育均衡发展贡献力量。

上海师范大学原校长、教授张民选,天津师范大学教授田本娜,天津南开区教育局局长武问健,天津实验中学校长杨静武,天津西青区教师徐延志分别以《教育均衡发展与学业质量提升》《学业质量提升和学生个性化发展》《走内涵发展之路,促进教育均衡发展》《教育均衡背景下学生学业水平》《改善区域教研微循环、让快乐草根优雅地生长》为题进行了论坛发言。

据悉,从今年开始,为加强与校友的广泛联络与服务,凝聚校友情感,学校将每年组织开展"校友毕业30年返校活动",同时我校将每年举办一次基础教育论坛,并从2015年开始每年出版天津市基础教育蓝皮书。此次校友毕业30年活动,各学院也组织了系列纪念活动。近年来,我校校友工作不断加强,开展了一系列校友特色活动,建立了校友工作机制,凝聚了校友情感,促进了校友工作和学校事业不断创新发展。

王辅成获"全国离退休干部先进个人"称号并受到国家领导人接见

离退休工作处

2014 年 12 月 19 日 540 期 第一版

11 月 26 日,全国离退休干部先进集体和先进个人表彰大会在北京召开。我校退休校级干部王辅成荣获先进个人荣誉称号。25 日,王辅成赴京参加表彰大会,受到习近平、刘云山、张高丽等国家领导人的亲切会见。

据悉,此次共有450位离退休干部先进个人和150个先进集体受到表彰。天津市获得全国先进个人的共6人,王辅成是我市教育系统唯一一位全国先进个人,并作为天津市先进个人的代表参加了此次表彰大会。中央电视台在11月26日的《新闻联播》节目中对此次表彰大会做了详细的报道。12月2日下午,我校召开"身边的榜样学习的楷模——全国离退休干部先进个人王辅成事迹座谈会"。

王辅成,现任我校关工委副主任,报告团成员,天津市延安精神研究会副会长。曾荣获天津市第三、第四届道德模范,第四届全国道德模范提名奖。

深化改革　提升质量　构建我校研究生教育新体系

我校召开第二次研究生教育工作会议

研究生院

2014 年 12 月 19 日　540 期　第一版

12 月 12 日下午,我校第二次研究生教育工作会议在会议中心大报告厅举行。会议以"深化改革,提升质量,构建我校研究生教育新体系"为主题。国务院学位办公室副主任、教育部学位管理与研究生教育司副司长黄宝印,天津市教委副主任韩金玉,校领导杨庆山、高玉葆、宋德新、史瑞杰、王润昌、宫宝利、钟英华、梁福成、王群生,资深教授徐大同、侯建新出席会议。市学位办、市学位与研究生教育发展中心负责同志,我校研究生合作培养单位、实践基地代表,校友和兄弟院校代表,我校各部门、各学院主要负责同志和分管研究生工作的负责同志,学科带头人,全体博士生导师,硕士生导师代表,研究生秘书和班主任,研究生代表等 400 余人参加。会议由副校长兼研究生院院长王群生主持。

国务院学位办公室副主任、教育部学位管理与研究生教育司副司长黄宝印在题为《深化研究生教育改革,提高培养质量》的报告中,介绍了我国研究生教育的新常态、新要求,对我国研究生教育的基本形势、研究生教育综合改革的内容和构建研究生教育质量保证体系的思路进行了详细的阐述,为我校开展研究生教育综合改革指明了方向。

天津市教委副主任韩金玉在讲话中充分肯定了我校研究生教育工作取得的成绩,对我校研究生教育改革提出了新要求。他希望师范大学以此次会议的召开为契机,抓住天津高等教育改革发展的良好机遇和研究生教育发展的良好势头,继承优良传统,以提高质量为核心、以改革创新为动力、以制度建设为保障,进一步优化学科结构,完善分类培养模式,深化国际交流合作,把学校的研究生教育办出特色、办出水平、办出更大成效,为服务国家战略需求、服务天津经济社会发展做出新的更大的贡献。

校长高玉葆以《深化改革,提升质量,构建我校研究生教育新体系》为题做了大会主题报告。报告在系统回顾了我校研究生教育 35 年来,特别是近 10 年来研究生教育取得的成就和存在不足的基础上,阐述了在当前研究生教育面临的新形势下,深化研究生教育改革,提高研究生培养质量的意义。高校长围绕学位授权体系建设、研究生招生选拔工作、导师队伍建设、分类推进培养模式改革、健全质量保证体系、扩大对外开放和营造良好氛围七方面结合我校研究生教育改革的目标和任务提出了具体的要求。

校党委副书记宋德新宣读了关于对马艺等42位研究生导师进行表彰和授予丁为民等14人荣誉博士生导师称号的决定。校学科建设办公室主任、研究生院常务副院长郭龙健教授以"提高认识,形成共识,扎实推进我校研究生教育综合改革"为题,对我校研究生教育综合改革方案进行了解读。

国务院学位委员会心理学科评议组成员、心理与行为研究院院长白学军教授以《坚持以德立人和实证精神,培养研究生的创新能力》为题代表获表彰导师发言。政治与行政学院政治学理论专业2012级博士生郝炜代表在学研究生发言,表达了在深化研究生教育改革背景下,在学研究生牢记使命、刻苦钻研、努力成才、报效祖国的决心。

会议印发了《天津师范大学深化研究生教育改革实施意见》等系列改革文件,选编下发了国务院学位委员会、教育部等上级主管部门近期颁布的改革系列文件并对我校研究生教育改革具体工作进行了部署。

本次研究生教育工作会议确立的以立德树人、提高质量为核心的研究生教育综合改革工作思路对实现学校的发展目标,构建我校研究生教育新体系,努力建设国内一流的教师教育特色综合性大学将起到积极的推动作用。

坚持立德树人 强化内涵发展 为建设国内一流的教师教育 特色综合性大学而奋斗

中国共产党天津师范大学第七次党员代表 大会隆重召开

朱丽萍出席并讲话 杨庆山同志代表中国共产党
天津师范大学第六届委员会向大会做报告
大会选举产生了中国共产党天津师范大学
第七届委员会和新一届纪律检查委员会
通过了中国共产党天津师范大学第六届委员会
工作报告和纪律检查委员会工作报告

大会秘书处宣传组

2015 年 1 月 23 日 542 期 第一版

　　高举旗帜奋力开拓同绘改革宏图,凝心聚力信心满怀共创美好未来。2014 年 12 月 14 日上午,中国共产党天津师范大学第七次党员代表大会在会议中心大报告厅隆重召开。这次大会是在学校进入内涵式发展时期召开的一次十分重要的会议。大会的主题是:高举中国特色社会主义伟大旗帜,以马克思列宁主义、毛泽东思想、邓小平理论、“三个代表”重要思想、科学发展观为指导,深入贯彻习近平总书记系列重要讲话精神,认真落实党的十八大和天津市第十次党代会精神,全面贯彻党的教育方针,坚持社会主义办学方向,不断深化改革,积极推进依法治校,坚持立德树人,强化内涵发展,为建设国内一流的教师教育特色综合性大学而奋斗。

　　上午 9 时 30 分,大会在雄壮的国歌声中开幕。市委常委、市委教育工委书记朱丽萍,市委教育工委常务副书记于立军,市委教育工委副局级巡视员、干部处处长张弢等同志出席大会。大会应到代表 223 名,实到代表 216 名,符合规定人数。大会执行主席宋德新同志主持开幕式。

　　市委常委、市委教育工委书记朱丽萍同志代表市委、市委教育工委在开幕式上讲话,对我校第七次党代会的召开表示热烈祝贺,对我校第六次党代会召开以来各项工作所取得的显著成绩给予充分肯定,对学校为经济社会发展尤其是教育事业发展所做出的重要贡献予以高度评价。同时对即将产生的新一届党委提出希望:希望新一届党委进一步统一思想,准确把握全面深化教育领域综合改革、依法治教和依法治校及建设美丽天津的新要求,不断增强科学发展的责任感和紧迫感;进一步拼搏进取,坚持立德树人,坚持内涵发展、特色发展,加快建设国内一流的师范大学;进一步从严从实,抓班子强素质,抓基层打基础,抓作风促廉政,抓安全保稳定,不断提高党的建设科学化水平。

杨庆山同志代表中国共产党天津师范大学第六届委员会做了题为《坚持立德树人 强化内涵发展 为建设国内一流的教师教育特色综合性大学而奋斗》的工作报告。

杨庆山同志指出,第六次党代会胜利召开的十年来,在市委的领导下,学校党委带领全校师生抢抓机遇,迎难而进,开拓创新,扎实工作,实现了第六次党代会确定的"四新"目标,按照"四高"的要求,积极推进学校的改革与发展,实现了由传统师范院校向教师教育特色教学研究型综合性大学的转型,学校发展取得巨大成就,为今后的发展奠定了坚实基础。杨庆山同志强调,回顾十年的奋斗与拼搏,学校党委积累了经验和体会,即必须坚持党的领导,必须坚持科学发展,必须坚持艰苦奋斗,必须坚持育人为核心,必须坚持人才强校,必须坚持以师生为本。

杨庆山同志所做的报告在科学分析学校发展面临的新形势、新问题的基础上,提出了"经过十年左右的艰苦奋斗,把我校建成国内一流的教师教育特色综合性大学"的学校发展总目标。他指出,为实现这一奋斗目标,要紧紧围绕"立德树人"这个中心,坚持"特色立校、质量兴校、人才强校和改革创新"发展战略,争创"教学质量、科研能力、人才水平、学科实力和管理效能"国内一流。杨庆山在报告中还对深化教育改革、彰显办学特色、提升科研能力、提高师资水平、增强学科实力、提高管理效能、加大合作交流、强化大学文化建设八项主要任务进行了详细的阐述。

杨庆山同志强调,党的领导是学校事业发展的根本保证。党的建设必须紧紧围绕学校的根本任务和中心工作,坚持解放思想、改革创新,坚持党要管党、从严治党,全面加强党的思想建设、组织建设、作风建设、反腐倡廉建设、制度建设,建设学习型、服务型、创新型党组织,增强党对学校事业发展的领导能力,增强各级党组织和全体党员不懈奋斗的政治责任感和历史使命感,为学校新的目标定位提供强大动力和坚强政治保障。杨庆山同志指出,要从加强思想政治建设、加强领导班子建设、加强基层党组织建设、加强党的制度建设、加强党风廉政和发挥党的政治优势共建师大美好家园六方面全面推进学校党的建设。

杨庆山同志最后指出：实现学校的奋斗目标和宏图伟业，要靠全体师大人精诚团结、锐意进取和脚踏实地接续奋斗。让我们紧密地团结在以习近平为总书记的党中央周围，在市委的正确领导下，肩负起几代师大人的光荣与梦想，发挥各级党组织的战斗堡垒和共产党员的先锋模范作用，改革创新，奋勇争先，为建设国内一流的教师教育特色综合性大学而努力奋斗。

在杨庆山同志做报告的过程中，全场多次响起热烈的掌声。

大会同时将纪委报告以书面形式提请各位代表审议。

出席大会的来宾还有市委教育工委职能部处室主要负责同志。我校原校领导，第六届两委委员代表，知名专家代表，党员非代表的学院、机关处室、业务服务单位主要负责人，党外中层正职干部，政协委员，民主党派负责人，校学生会主席，研究生会主席应邀列席大会。

2014年12月15日下午，中国共产党天津师范大学第七次党员代表大会闭幕式在会议中心大报告厅举行。本次会议由大会执行主席史瑞杰同志主持。大会选举产生了中国共产党天津师范大学第七届委员会、中国共产党天津师范大学纪律检查委员会，通过了《中国共产党天津师范大学第七次党员代表大会关于第六届委员会工作报告的决议（草案）》《中国共产党天津师范大学第七次党员代表大会关于纪律检查委员会工作报告的决议（草案）》。

大会由杨庆山同志致闭幕词。他代表大会主席团向全体代表、与会的各位同志、大会的工作人员表示衷心的感谢，向上一届全体党委委员和纪委委员表示崇高的敬意。他指出，本次党代会是在深入贯彻习近平总书记系列重要讲话精神，认真落实党的十八大精神和天津市第十次党代会精神之际，在我校进入内涵式发展，加快建设国内一流的教师教育特色综合性大学的关键时期召开的一次具有里程碑意义的重要会议，是一次团结、民主、奋进的大会。大会认真总结了2004年以来学校各项事业改革发展所取得的主要成就和基本经验，全面客观地分析了当前学校发展面临的新形势和存在的问题，确定了今后十年发展的总体目标和主要任务，进一步统一了思想、坚定了信心、明确了方向。

杨庆山同志强调，未来十年，是学校按照"两步走"的奋斗目标，围绕"一个中心、四大战略、五个一流"的总体部署，为建成国内一流的教师教育特色综合性大学而努力奋斗的关键十年。他希望各位党代表在全校师生中广泛宣传这次大会的精神，带头做好落实工作。各级党组织要把贯彻落实本次党代会精神作为一项重要的政治任务抓紧抓实，要动员和组织广大党员和师生员工认真贯彻落实大会精神，求真务实、改革创新、真抓实干，进一步高质量地做好教学科研、学科建设和管理服务等各项工作,脚踏实地地为实现学校的奋斗目标和宏图伟业奋力拼搏。

大会在庄严的《国际歌》中结束。

我校荣获"全国文明单位"称号

宣传部

2015 年 3 月 27 日 544 期 第一版

2 月 28 日,中央文明委发出《关于表彰第四届全国文明城市(区)、文明村镇、文明单位的决定》,我校荣获"全国文明单位"称号。

为展示党的十八大以来精神文明创建活动的丰硕成果,进一步调动全社会参与精神文明建设的积极性、主动性、创造性,中央文明委决定,授予 34 个城市(区)第四届全国文明城市(区)称号、1159 个村镇第四届全国文明村镇称号、2242 个单位第四届全国文明单位称号。2 月 28 日,中央文明委召开全国精神文明建设工作表彰暨学雷锋志愿服务大会,并对第四届全国文明城市(区)、文明村镇、文明单位进行表彰。

全国第四届大学生艺术展演活动我校喜获三金
我校承办的器乐展演获得高度评价

宣传部

2015 年 3 月 27 日 544 期 第一版

全国第四届大学生艺术展演活动于 2 月 25 日至 3 月 2 日在天津举行,国内 32 个代表团的大学生在南开大学、天津大学、天津师范大学、天津工业大学、天津理工大学等校集中进行声乐、器乐、舞蹈、戏剧等现场展演及大学生优秀艺术作品展、高校艺术教育科研论文报告会等活动。此届大艺展由教育部和天津市人民政府主办,以"我的中国梦"为主题,我校承办了大艺展器乐现场展演活动,被授予

"优秀组织奖"。由我校校团委、艺术教育中心组织创作和选送的舞蹈作品《文军西征》、话剧作品《向梦想出发》、微电影《陇上花开》一举摘得三个一等奖，为我校争得了荣誉。

2月26—27日，由我校承办的第四届大艺展器乐展演专场连续两晚在我校音乐厅举行，参赛代表队参加了器乐类的现场展演，以精彩的乐曲、出色的演奏、优美的旋律、深远的意境、高雅的艺术风格，给观众带来心灵的震撼和美的享受，现场高潮迭起、气氛热烈，展示了青年学子优秀的艺术才华和勇于创新的能力，体现了当代大学生良好的精神风貌和高雅的艺术追求。随后，2月28日下午，大艺展器乐专场专题座谈会在我校会议中心中报告厅召开，一级指挥、教授卞祖善，中国人民解放军军乐团原团长、一级指挥、中国音乐家协会管乐学会主席于海，中国广播民族乐团原团长、指挥家张大森，中央音乐学院指挥系教授、上海民族乐团团长兼艺术总监王甫建，天津音乐学院原民乐系主任、教授、中国音乐家协会二胡学会副会长、中国民族管弦学会胡琴委员会副会长林聪出席本次器乐专题座谈会。解放军艺术学院教授周荫昌主持会议。会上，器乐展演评委们就本次器乐展演进行点评，并对艺术教育的发展进行了深入的探讨。

由教育部主办的全国大学生艺术展演活动每三年举办一次，是我国目前规格最高、规模最大、影响最广的大学生艺术盛会。我校在前三届大艺展中均收获硕果。本届展演活动中，我校参演团队凭借在舞蹈项目的传统优势和在戏剧、艺术作品项目中的突破，一举囊括三金。同时，我校选送的微电影作品《昆曲演员吕成芳》获二等奖，表演作品《青春地平线》、设计作品《符号》获三等奖，科研论文获得两项二等奖。此外，我校获奖作品《文军西征》《向梦想出发》获得最佳创作奖。本次承办全国第四届大艺展器乐展演活动，我校上下齐心协力，在全国第四届大学生艺术展演活动筹备办公室的统一领导下，我校综合组、新闻宣传组、场馆运行组、信息技术组、后勤保障组、安全保卫组、志愿者组、接待服务组、参赛演出组的工作人员和志愿者通力合作，高水平高质量地完成了展演活动的承办工作，受到各方的充分肯定和广泛好评。

《天津师范大学章程》获市教委核准生效

发展与政策法规研究室

2015 年 4 月 17 日　545 期　第一版

日前,天津市教育委员会发布第 11 号高等学校章程核准书,我校章程获核准发布。核准书载明,根据《中华人民共和国高等教育法》《高等学校章程制定暂行办法》,师大校党委常委会审议通过并报市教委核准的《天津师范大学章程》,经天津市高等学校章程核准委员会评议,2015 年 3 月 27 日天津市教育委员会第 4 次委主任办公会议审议通过,予以核准。

经核准的《天津师范大学章程》分为序言、总则、功能与教育形式、校级管理体制与组织机构、学院与研究机构、教职工、学生、保障与服务、学校标识纪念日、附则,共 9 章、79 条、9300 余字。

学校将以章程作为依法自主办学、实施管理和履行公共职能的基本准则和依据。当前,我校进入内涵式发展的重要时期,落实《天津师范大学章程》,对于推动内部治理结构和管理机制的改革,推动工作作风、服务意识的转变,不断提高依法治校、依章程自主管理的能力和水平,加快建设国内一流的教师教育特色综合性大学具有重大的意义。

杨庆山书记在我校"三严三实"专题教育党课上强调

认真学习践行"三严三实" 积极推进学校各项工作取得新的成就

宣传部

2015 年 6 月 12 日 548 期 第一版

　　按照市委、市委教育工委的部署要求,5 月 29 日下午,校党委书记杨庆山在会议中心大报告厅讲"三严三实"专题教育党课,并就在我校处级以上领导干部中开展"三严三实"专题教育进行部署,我校"三严三实"专题教育正式启动。全体校领导、两委委员、全体处级领导干部、全体基层党支部书记及师生代表参加,纪委书记宁月茹主持会议。

　　杨庆山指出,要统一思想,提高认识,积极主动参与"三严三实"专题教育,充分认识开展"三严三实"专题教育的重要意义。他讲到,"三严三实"是共产党人最基本的政治品格和做人准则,也是党员、干部的修身之本、为政之道、成事之要。开展"三严三实"专题教育,是党的群众路线教育实践活动的延展深化,是持续深入推进党的思想政治建设和作风建设的重要举措,是严肃党内政治生活、严明党的政治纪律和政治规矩的重要抓手,也是推动我校全面深化综合改革、促进科学发展特色发展和谐发展的重要契机,对于协调推进"四个全面"战略部署,深化作风建设,营造良好政治生态,锻炼过硬队伍,进一步增强党的创造力战斗力凝聚力,激励党员干部奋发有为、干事创业,全面推进学校改革与发展,加快建设国内一流的教师教育特色综合性大学,具有重大的现实意义和深远的历史意义。开展"三严三实"专题教育是持续推进作风建设的需要,是提高领导干部执政能力的需要,是解决"不严不实"现实问题的需要。

　　杨庆山强调,要深刻理解"三严三实"内涵,做到对党忠诚、个人干净、敢于担当。"严以修身、严以用权、严以律己,谋事要实、创业要实、做人要实",虽然言简意赅,只有短短的 24 个字,却内涵丰富、精辟深刻,是我们党员干部修身之本、为政之道、成事之要,做人做事、为官用权的警世箴言。严以修身,校准价值坐标。"三严三实",以"严以修身"为起点,这是其他各项"严"与"实"的基础。作为领导干部,修身正己最主要的就是强化为党工作的意识,牢记自己的第一身份是领导干部,第一职责是为党和人民工作,对党忠诚,对祖国忠诚,严格要求自己,在道德修养、忠诚履职、廉洁实干上当好模范。关键要做到修好信仰、修好道德、修好境界三个"修好";严以用权,坚定宗旨意识。关键要做到坚持为民用权、坚持秉公用权、坚持依法用权三个"坚持";严以律己,筑牢为政底线。要用法律约束自己、用纪律约束自己、用心律约束自己;谋事要实,勇担历史责任。在工作中,必须从实际出发谋划学校、学院的发展,不好高骛远,不脱离实际。要做到求是之"实"、时空之"实"、责任之"实";创业要实,端正政绩追求。要正视政绩、要敢于担当、要勤于干事;做人要实,永葆政治本色。党员领导干部要带头弘扬忠诚老实、诚实之气,树立"以老实为荣,以不老实为耻"的正确导向,做人要做到"一心""一致""一贯"。

杨庆山要求,要加强领导,精心组织,确保"三严三实"专题教育取得实效。一要深化学习教育。要认真研读《习近平谈治国理政》《习近平关于党风廉政建设和反腐败斗争论述摘要》等重点书目,各级理论学习中心组要带头开展学习研讨,利用"三会一课"开展互动交流,不断提高思想认识。二要解决突出问题。切实解决理想信念动摇、宗旨意识薄弱、党性修养缺失问题;切实解决无视党的政治纪律和政治规矩,对党不忠诚、做人不老实问题;切实解决滥用职权、利益输送问题;切实解决不作为、慢作为、乱作为问题;切实解决顶风违纪还在搞"四风"、不收敛不收手问题。以解决问题的实际成效赢得干部群众的支持和信任。三要体现从严从实。从严从实推进每一项工作,完成好每一项任务,以严促深入、以严求实效,不做虚功,不走过场,坚决防止形式主义。四要做好关键动作。高质量讲好专题党课、组织好专题学习研讨、开好专题民主生活会和组织生活会、抓好整改落实和立规执纪。五要坚持以上率下。校院两级党委(党总支)要切实履行主体责任,特别是党委(党总支)主要负责同志要认真落实第一责任人责任,带头学习提高、带头讲党课、带头查找"不严不实"问题、带头开展批评和自我批评、带头整改落实,做好示范。六要做到统筹兼顾。要将专题教育与推进"四个全面"战略布局紧密结合起来,与推动学校事业改革发展稳定紧密结合起来,与贯彻落实学校第七次党代会提出的目标任务结合起来,不断取得新成就。

校党委副书记宋德新就《天津师范大学关于在处级以上领导干部中深入开展"三严三实"专题教育的实施方案》做以说明。从2015年5月开始,自上而下,在我校全体处级以上领导干部中开展以专题党课、专题学习研讨、专题民主生活会和组织生活会、强化整改落实和立规执纪为主要内容的专题教育,重点落实领导干部带头讲专题党课(6月12日前)、组织开展专题学习研讨(6月至11月)、召开专题民主生活会和组织生活会(12 月底前)、强化整改落实和立规执纪四个"关键动作"。

中央做出在县处级以上领导干部中开展"三严三实"专题教育的决策部署以来,我校党委专门召开会议,认真学习中央和市委关于开展专题教育的各项文件,研究制定我校专题教育工作实施方案,决定了组织领导、方法步骤等事项,并召开专题座谈会广泛征求意见。这次党课标志着我校"三严三实"专题教育正式启动。

我校 3 位专家被聘为国务院学位委员会第七届学科评议组成员

研究生院

2015 年 7 月 10 日 549 期 第一版

近日,国务院学位委员会下发《国务院学位委员会关于印发国务院学位委员会第七届学科评议组成员名单的通知》(学位〔2015〕7 号),根据《国务院学位委员会学科评议组组织章程》的有关规定,经国务院学位委员会批准,天津师范大学侯建新教授被聘为世界史组成员并被选举为召集人、马德普教授被聘为政治学组成员、白学军教授被聘为心理学组成员。

学科评议组是国务院学位委员会领导下的专家组织,从事学位与研究生教育的咨询、研究、监督和审核工作,其成员经所在单位推荐,由国务院学位委员会聘任,成员均是本学科学术造诣精深的教授或相当专业技术职务的专家、学者,具有培养博士研究生的丰富经验。此次,天津师范大学有 3 位专家被聘为国务院学位委员会第七届学科评议组成员,侯建新教授被选举为世界史组召集人,反映了天津师范大学传统优势学科持续发展的良好态势,也为传统优势学科在"十三五"期间向更高目标发展奠定了基础。

学生中国特色社会主义理论学习研究会成立20周年纪念会召开

校团委

2016 年 1 月 1 日 554 期 第一版

2015 年 12 月 24 日下午,天津师范大学学生中国特色社会主义理论学习研究会成立 20 周年纪念会在会议中心大报告厅举行。市委常委、市委教育工委书记朱丽萍为研究会《凝聚成长在理论旗帜下——写在天津师范大学学生中国特色社会主义理论学习研究会成立 20 周年之际》报告做出批示。市委教育工委副书记杨清海,团市委副书记刘亚男,我校党委书记杨庆山、党委副书记宁月茹出席会议。市教委相关处室、我校相关部门负责同志,各学院团委书记、研究会会员代表参加纪念会。

杨庆山在致辞中代表学校党委对研究会成立 20 周年表示祝贺,肯定了 20 年来研究会作为学生理论社团在我校思想政治教育工作中的重要地位及取得的突出成绩。他勉励同学们要坚定理想信念,为实现中华民族伟大复兴贡献青春力量。

杨清海在讲话中对师大研究会成立 20 周年表示祝贺。他指出,师大研究会是"社团育人"的成功范例,为积极探索我市大学生思想政治教育工作的新方法和新途径做了诸多有益尝试,提供了许多宝贵经验,在全国高校中具有一定的影响力。他对学校及研究会提出了三点希望。一是希望同学们有坚定的政治理想信念,勤于学习,开拓实践,做合格的社会主义建设者和接班人。二是希望师大研究会能积极发挥其思想教育的载体作用,把握政治方向,掌握学生需求,创造性地开展工作,做先进青年的生力军。三是希望学校进一步重视和加强大学生思想政治教育工作,打造像师大研究会一样的有效工作载体,合理配置学校资源,形成加强和改进大学生思想政治教育工作的强大合力。

研究会会长、政治与行政学院 2012 级学生乔显喆汇报了研究会五年发展建设情况。大会表彰了研究会近两年来的十佳分会、先进个人及品牌活动,聘任校关心下一代工作委员会副主任王辅成、马克思主义学院王秀阁、政治与行政学院佟德志等专业课教师为研究会理论导师。政治与行政学院分会会长、2014 级学生张静伟,1998 级校友、原物理系研究会分会会长、新华中学教师冯涛,理论导师代表王辅成分别发言。

纪念会后,研究会邀请市委党校科社教研部主任张殿军做了题为《坚定中国特色社会主义的理论自信》的主题报告。同时,由理论导师与会员代表共同参加的建设发展座谈会在会议中心第一会议室举行。

天津师范大学学生中国特色社会主义理论学习研究会是我市高校中率先成立的学生邓小平理论学习社团。自 1995 年成立至今,社团坚持以"擎旗铸魂、自树树人"为宗旨,以"自发性组织、自主性学习、自觉性实践"为特点,开展了大量生动、鲜活、富有成效的理论学习和社会实践活动,成为思想政治理论课的有益延伸和有效补充,为探索新形势下加强和改进大学生思想政治教育的新途径和新方法做了有益的尝试。目前,研究会已成为我校实施思想政治教育的有效途径,以及青年学生坚定理想信念、提升综合素质、实现全面发展的重要载体。

我校承办内罗毕大学孔子学院被确立为
"全球示范孔子学院"

国际交流处、国际教育交流学院

2016 年 1 月 1 日　554 期　第一版

日前,以"适应需求融合发展"为主题的第十届全球孔子学院大会在上海世博中心开幕。大会宣布,我国在已建 500 所孔子学院中,首批确立 15 所全球示范孔子学院。我校与肯尼亚内罗毕大学共同承办的内罗毕大学孔子学院在列,成为本市高校承办孔子学院中唯一的全球示范孔子学院。中共中央政治局委员、国务院副总理、孔子学院总部理事会主席刘延东向内罗毕大学孔子学院颁发"示范孔子学院"荣誉证书。内罗毕大学校长姆碧希代表孔子学院接受证书。

本届大会由孔子学院总部、国家汉办和上海市人民政府联合主办,上海市教委、华东师范大学承办。来自 130 多个国家和地区承办学校校长、孔子学院中外方院长,各国驻华使节以及中资企业代表等 2300 余人出席会议。我校校长高玉葆、副校长钟英华等出席。

我校与内罗毕大学共同承办的内罗毕大学孔子学院于 2005 年成立,是非洲第一家孔子学院。十年来,双方本着"友谊、合作、发展、共赢"的理念,不断增进友谊和信任,通过精诚合作,开拓创新,扎实工作,在中肯联合汉语国际教育本土师资培养、留华学者精英俱乐部建设、典型学生发掘塑造、推动肯尼亚普教中文课程开设等方面取得成效,曾连续六次获得"先进孔子学院"称号,一次获得"孔子学院创立奖"称号,被誉为"中肯教育交流史上的里程碑""绽放在非洲大陆上的文化奇葩"。

据悉,目前我国已在 134 个国家和地区建立了 500 所孔子学院和 1000 个孔子课堂,学员总数 190 万人。本届大会确立今后孔子学院的建设,将突出本土化,注重质量提升和内涵发展。今年,国务院总理李克强对肯尼亚进行国事访问,正式签署了中肯援建项目协议。内罗毕大学孔子学院新楼建设工程作为其中项目之一,已完成现场初步勘查设计工作,由国家商务部投资 8500 万元启动建设。

我校召开党的群团工作会议

校工会

2016 年 1 月 1 日　554 期　第一版

日前,我校党的群团工作会议在办公楼一楼多功能厅召开。校党委书记杨庆山,纪委书记、工会主席宁月茹出席会议。各基层党委、党总支书记、副书记,各基层分会主席及相关部门负责同志 80 余人参加了会议。会议由宁月茹主持。

杨庆山在讲话中对中央和市委关于党的群团工作会议精神做了深刻的阐释和解读,从事业长远发展和全局高度对我校各群团组织和基层党委提出明确的任务和目标。杨书记就进一步加强我校群团工作提出三点要求:一是提高认识,切实把思想、行动统一到中央和市委的精神上来;二是把握重点,发挥好群团组织的动员力、号召力、影响力;三是强化领导,为群团工作提供坚强保障。

宁月茹在总结讲话中强调,各群团组织和各基层党委要认真学习领会《中共中央关于加强和改进党的群团工作的意见》精神和杨书记关于我校群团工作的讲话精神,明确职责,加强领导,围绕我校中心工作,采取具体可行的措施,认认真真抓落实,确保各项工作落地生根,开创我校群团工作新局面。

会上,校工会常务副主席刁雅芸、校团委书记程勇、统战部部长展冬、校学生会主席张彬分别发言,介绍相关工作情况和做好新形势下群团工作的思路和举措。

我校召开宣传思想工作会议

宣传部

2016 年 1 月 22 日　555 期　第一版

1 月 7 日下午,我校在会议中心大报告厅召开宣传思想工作会议。校党委书记杨庆山出席并讲话,校党委副书记宁月茹做学校宣传思想工作报告。全体校领导、全体处级干部(含调研员)、在职教职工党支部书记和学生党支部书记、专职辅导员、第 13 期中青年骨干教师培训班学员和机关全体科级干部参加会议。会议由纪委书记胡英江主持。

校党委书记杨庆山发表讲话,他指出,本次会议是我校首次宣传思想工作会议,是新年伊始校党委召开的第一个会议,是学校在进入"十三五"规划开局之年召开的一次具有全局意义的重要会议,也是学校进入内涵式发展时期、在建设国内一流的教师教育特色综合性大学关键阶段召开的一次具有战略意义的重要会议。近年来,学校党委深入开展中国特色社会主义理论体系、社会主义核心价值观和中国梦宣传教育活动,引导师生增强道路自信、理论自信和制度自信,师生员工的思想政治素质不断增强,道德素养进一步提高,为学校的改革发展营造了良好的思想和舆论环境。在学校事业快速发展的关键时期,改革发展的任务艰巨,需要全校上下凝心聚力、攻坚克难,特别需要做好宣传思想工作,必须站位全局,统筹谋划,使宣传思想工作与党委中心工作合力合拍、同频共振,为学校事业快速发展注入强劲动力。为切实做好新形势下学校的宣传思想工作,杨书记强调要统筹谋划,齐抓共管,一是要抓好制度,形成大宣传工作格局,二是抓住重点,形成全方位育人格局,三是要抓好队伍,形成全员育人格局。杨书记鼓励大家齐心协力,锐意进取,奋力开创学校宣传思想文化工作新局面,为把我校建成国内一流的教师教育特色综合性大学汇聚正能量、做出新贡献!

校党委副书记宁月茹做了题为《高举旗帜凝心聚力不断开创宣传思想工作新

局面》的学校宣传思想工作报告。她从"围绕中心,理论武装扎实推进""丰富载体,精神文明创建持续提升""挖掘内涵,特色文化深入人心""精心策划,宣传工作成效显著"四方面总结了我校过去近五年的主要工作和基本经验,提出今后一个时期学校加强和改进宣传思想工作的总体思路和主要任务,就"加强理想信念教育""巩固思想道德基础""巩固壮大主流思想舆论""推动文化传承创新""构建宣传思想工作大格局"等几方面工作提出明确要求。宁月茹副书记在报告中倡议大家,在学校党委的坚强领导下,坚持以立德树人为根本,以奋发有为的精神状态和务实高效的工作作风,主动适应新常态、融入新常态、引领新常态,不断增强使命感、责任感和紧迫感,努力开创我校宣传思想工作新局面,为实现把我校建成国内一流教师教育特色综合性大学的目标而努力奋斗!

党委宣传部部长潘晖、党委学工部部长李靖、党委研工部部长易志云、马克思主义学院院长杨仁忠、教务处处长马希荣分别做了题为《强化立德工程,促进学校和谐发展》《加强专业化建设,提升科学化水平》《强化责任意识,明确导师职责,充分发挥导师在思想政治教育中的作用》《深入推进课程建设综合改革,充分发挥思想政治理论课主渠道作用》《教书育人,从规范课堂行为开始》的大会交流发言。

会上还印发了日前经党委常委会议审议通过的《中共天津师范大学委员会关于进一步加强和改进新形势下宣传思想工作的实施意见》等11个文件,为切实做好新常态下宣传思想工作提供制度遵循与保障。

我校佟德志教授被聘为教育部"长江学者"青年学者

人事处

2016 年 4 月 29 日 557 期 第一版

近日,教育部公布2015年度"长江学者奖励计划"入选名单,我校佟德志教授被聘为教育部"长江学者"青年学者。

佟德志现任我校政治与行政学院院长,教授、博士生导师,兼任教育部高校政治学类本科专业教学指导委员会委员等职,主要从事政治学理论的教学与研究工作。佟德志先后主持国家社科基金重点、一般以及重大项目的子项目4项,省部级项目多项。他先后在《政治学研究》《中国行政管理》《民族研究》等政治学、行

政管理学、民族学的学科级刊物上发表学术论文 10 多篇,核心期刊及其他论文
100 多篇,著作、译作 30 多部。其论文被《新华文摘》全文转载 4 次,《人大报刊复
印资料》转载 10 多次。佟德志教授还积极进行教学改革,成功完成研究型人才培
养实验班的改革,参与"马工程"重点教材《西方政治思想史》的编写,并主持完成
"十二五"规划教材。他先后获得教育部中国高校人文社会科学优秀成果三等奖
两次,天津市社会科学优秀成果二等奖二次、三等奖两次,天津市第七届教学成果
一等奖,教育部"精彩一课"等奖励。

我校部署"两学一做"学习教育活动

组织部

2016 年 5 月 30 日　　558 期　　第一版

　　5 月 6 日,我校在办公楼多功能厅召开"两学一做"学习教育部署会,校党委
书记杨庆山主持会议并讲话,校党委副书记宁月茹,副校长梁福成、王群生,纪委
书记胡英汀出席会议。各基层党委、党总支书记,机关各部、处(室),各直属单位
主要负责同志参加会议。

　　杨庆山书记在讲话中指出,"两学一做"学习教育是中央加强党的思想政治建
设的重大部署,学校党委根据中央、市委和市委教育工委关于"两学一做"学习教
育的相关精神和要求,结合我校实际,制订我校"两学一做"学习教育实施方案,各
单位要深刻理解做好"两学一做"学习教育的重要性,认真做好学习教育工作。他
强调,第一,要统一思想、提高认识,把思想和行动统一到中央和市委的要求上来。
第二,要准确把握学习教育中"基础在学,关键在做"的内在要求。全体党员要认
真学习《中国共产党章程》、党规、党纪和习近平总书记系列讲话精神,做"四有"
党员。第三,要扎实推进,确保学习教育见实效。要将关键动作做实,自选动作做
出特色;要加强制度建设,强化长效机制;要坚持围绕中心、服务大局、立足本岗,
把解决问题贯彻学习教育全过程,推动学习教育见实效。

　　宁月茹副书记就我校"两学一做"学习教育的组织实施,评选表彰 2016 年度
优秀共产党员、优秀党务工作者和先进基层党组织工作,党支部换届选举工作做
了具体部署和说明。

近日,校党委印发了《天津师范大学关于在党员中开展"学党章党规、学系列讲话,做合格党员"学习教育实施方案》,并发出通知,要求各基层党委、党总支认真贯彻执行。

通知强调,开展"两学一做"学习教育,基础在学,关键在做。要突出问题导向、增强针对性,"学"要带着问题学,"做"要针对问题改。"两学一做"学习教育不是一次活动,要突出经常性教育的特点,坚持抓在日常、严在经常,用好日常教育途径和教育方式,以党支部为基本单位,以"三会一课"等党的组织生活为基本形式,以落实党员教育管理制度为基本依托,根据学校党员领导干部、教师党员、学生党员等不同特点统筹安排,进一步加强师生思想政治教育,推动党的思想政治建设常态化制度化。

通知指出,此次学习教育活动的主要内容包括:学党章党规、学系列讲话、做合格党员。方法和措施是:4月底—5月上旬,扎实搞好动员部署;6月—11月,围绕专题学习讨论,创新方式讲党课;12月底前,召开专题组织生活会和民主生活会;12月底前,开展民主评议党员;坚持把解决问题贯穿学习教育全过程;深入开展"五好党支部"创建活动;立足岗位做贡献;党员领导干部做表率。

通知要求,各基层党委、党总支要根据方案要求,结合实际制订具体实施方案。开展"两学一做"学习教育的情况,要及时上报校党委。

孙学良教授当选加拿大工程院院士

物理与材料科学学院

2016年5月30日　558期　第一版

日前,我校物理与材料科学兼职教授、能源与材料工程中心主任孙学良教授当选为加拿大工程院院士。

孙学良教授是加拿大西安大略大学的终身教授,加拿大能源领域首席科学家,也是我校的著名校友。他长期以来与学校保持良好的合作关系,自2005年起担任我校兼职教授,2009年7月入选天津市特聘讲座教授,2013年12月入选天津市"千人计划",担任天津师范大学能源与材料工程中心主任。2015年10月,以该中心为依托平台,我校成功获批首个天津市国际联合研究中心、省部级研究平台

"天津市储能材料表面技术国际联合研究中心"。

加拿大工程院是加拿大国家学院理事会的三个成员之一,是国际工程与技术学院理事会会员,与世界各地著名工程类科研机构有密切联系。入选该工程院院士代表获得加拿大工程领域中最高成就的认可。目前,加拿大约有工程院院士300名。

我校举行庆祝中国共产党成立 95 周年
暨七一表彰大会

宣传部、组织部

2016 年 7 月 1 日　561 期　　第一版

6 月 30 日下午,我校在会议中心大报告厅举行庆祝中国共产党成立 95 周年暨七一表彰大会。校党委书记杨庆山做重要讲话,校党委副书记宁月茹主持会议,校纪委书记胡英江宣读表彰决定。全体党员校领导,全校处级领导干部,天津市优秀共产党员,天津市教育系统优秀共产党员、优秀党务工作者、先进基层党组织代表,天津师范大学共产党员标兵、优秀共产党员、优秀党务工作者、红旗党组织、先进基层党组织代表,2015 年度主题实践活动获奖党组织代表,各基层党委、党总支党务秘书、党支部书记和教工、学生党员代表参加会议。

校党委书记杨庆山在讲话中代表学校党委向受到表彰的先进党组织和优秀共产党员表示热烈的祝贺,向全校广大共产党员致以节日的问候。他指出,此次受到表彰的单位和个人是学校改革发展中涌现出来的先进典型,充分展示了共产党员立足岗位、爱岗敬业,脚踏实地、埋头苦干,攻坚克难、勇于创新,任劳任怨、默默奉献的精神风貌。他们对党充满感情,对本职工作兢兢业业,是我们身边的榜样,全校各级党组织和全体共产党员要向他们学习,努力在各自的岗位上为学校发展建功立业。

杨庆山指出,学校第七次党代会以来,学校党委带领全校师生深入学习贯彻习近平总书记系列重要讲话精神,认真落实市委市政府的决策部署,扎实开展"三严三实"专题教育,积极做好"两学一做"学习教育,坚持深化综合改革,坚持推进全面依法治校,坚持全面从严治党,按照学校第七次党代会提出的"建设国内一流的教师教育特色综合性大学"目标定位,紧紧围绕"立德树人"这个中心,坚持"特色立校、质量兴校、人才强校和改革创新"发展战略,争创"教学质量、科研能力、人才水平、学科实力和管理效能"国内一流,夯实创新、真抓实干,全面推进学校事业又好又快发展。校党委抓思想建设,提升青年教师思想政治素质;抓立德树人,提升学生思想政治素质;抓支部建设,提升基层党组织战斗力;抓干部队伍建设,提升领导班子执政能力;抓制度建设,提升党风廉政建设水平等方面取得新的发展,师生对学校领导班子和学校工作满意度逐年上升。

杨庆山强调,2016年是全面建成小康社会决胜阶段的开局之年,也是实施"十三五"规划和"双一流"建设的起步之年,我们要协调推进"五位一体"总体布局和"四个全面"战略布局,牢固树立创新、协调、绿色、开放、共享的发展理念,推进学校事业又好又快发展。

杨庆山代表学校党委提出三点要求。一是以支部建设为关键,扎实开展"两学一做"学习教育。把以党支部为基本单位、以"三会一课"等党的组织生活为基本形式、以落实党员教育管理制度为基本依托的"三个基本"要求落实到每个支部和每名党员,确保"两学一做"学在基层、做在基层、严在基层。扎扎实实做好支部换届工作。科学设置支部,选优配强党支部书记。强化党支部活动规范化、制度化建设。深入开展好"五好党支部"创建活动。进一步加强党员发展和教育管理工作。重点推进在高学历高职称人员、优秀青年教师中发展党员的力度,提高大学生党员发展质量。以民主评议党员制度为抓手,抓实民主评议党员工作。

二是以思想政治建设为核心,加强党员干部队伍建设。要强化理论武装。用习近平总书记系列重要讲话武装头脑、指导实践、推动工作,紧密结合学校实际,创新学习教育方式方法,引导大家自觉做"四讲四有"合格党员。要加强理想信念教育,大力弘扬社会主义核心价值观,推进中国特色社会主义理论体系进教材、进课堂、进头脑,切实增强广大师生的道路自信、理论自信、制度自信,牢牢把握意识形态工作领导权话语权主动权。要进一步提高素质能力。落实校领导联系党代表、离退休老同志和基层单位制度。坚持正确的用人导向,健全完善干部选拔任用机制,努力形成风正气顺心齐、想干会干干好的良好环境。

三是以制度建设为基础,积极营造风清气正的政治生态。要坚持民主集中制原则。细化党委常委会和校长办公会议事规则,针对重点领域和关键部位,健全廉政风险内控机制。要营造良好的政治生态,树正风,为想干事肯干事会干事的同志们营造一个良好的从政环境。让歪风邪气缺乏市场、缺乏空间,实现真正的山清水秀。要坚持不懈为群众办实事,努力调动广大干部师生员工的积极性,形成推动事业发展的强大合力。

杨庆山在讲话最后指出,让我们紧密团结在以习近平同志为总书记的党中央周围,围绕中心工作、服务大局,改革创新、奋发有为,为建设国内一流的教师教育特色综合性大学而不懈奋斗。

会上,1名天津市优秀共产党员,11名天津市教育系统优秀共产党员,4名天津市教育系统优秀党务工作者,5个天津市教育系统先进基层党组织,11名天津师范大学优秀共产党员标兵,70名天津师范大学优秀共产党员,11名天津师范大学优秀党务工作者,5个天津师范大学红旗党组织,30个天津师范大学先进基层党组织,40个主题实践活动获奖党支部,2个"主题实践活动优秀组织奖"单位受到表彰。校领导为获奖集体和个人颁发奖牌和荣誉证书。

天津市优秀共产党员新闻传播学院教师陈娜,天津市教育系统优秀党务工作者代表管理学院党委副书记姜德红,天津市教育系统先进基层党组织代表计算机与信息工程学院党委书记李静,天津师范大学先进基层党组织代表生命科学学院教工第一党支部张国刚老师,2015年度主题实践活动学生党支部一等奖代表外国语学院党委本科生低年级党支部书记宋倩作为受表彰代表先后发言。

我校学子包揽奥运男子 20 公里竞走冠亚军

体育科学学院、体育竞训中心

2016 年 9 月 30 日　562 期　第一版

北京时间 8 月 13 日凌晨结束的奥运会男子 20 公里竞走比赛中,我校学生王镇、蔡泽林包揽冠亚军。

比赛中,王镇以 1 小时 19 分 14 秒的成绩夺冠,蔡泽林以 1 小时 19 分 26 秒获得亚军,也走出了自己的赛季最好成绩。他们完美的配合、经典的战术让天津师范大学学子携手站在奥运最高领奖台,为中国代表队收获本届奥运会田径首金!

王镇,2009 年 9 月考入天津师范大学教育学(体育教育)专业学习,现为我校 2013 级体育人文社会学硕士研究生。蔡泽林,2010 年 9 月考入天津师范大学教育学(体育教育)专业学习,现为我校 2014 级体育人文社会学硕士研究生。

我校举行"讲述身边好故事"师生践行弘扬
天津师大精神首场报告会

宣传部

2016 年 11 月 28 日 564 期 第一版

10 月 27 日下午,"讲述身边好故事"——天津师范大学师生践行弘扬天津师大精神首场报告会在会议中心大报告厅举行。报告团九名成员与在场师生分享了他们身体力行天津师范大学精神的感人故事。校长高玉葆、校党委副书记宁月茹与 300 余名师生代表共同聆听了报告。

报告会上,城市与环境科学学院教师胡蓓蓓讲述了她提升学生科研创新能力,甘做人梯的无悔奉献;马克思主义学院教师王雪超分享了他享受课堂,用心讲好每一堂课的人生信念;美术与设计学院辅导员张家玮交流了他笔耕不辍,利用新媒体平台开展学生思想政治教育工作的成功经验;化学学院教师朱柏林介绍了他以苦为乐、以校为家,主动担当教学科研育人职责,传递正能量的不懈努力;新闻传播学院教师陈娜讲述了她主动承担当代杰出新闻学者口述实录研究重任,为新中国新闻学科建设记下宝贵一笔的新闻理想;文学院教师吕超分享了他对师大难以割舍的眷恋和把学术作为一种事业的价值追求;物理与材料科学学院教师李喜飞讲述了他矢志报国,争创荣校之誉的执着求索与奋斗;生命与科学学院辅导员孟亮讲述了我校研究生支教团成员在甘肃定西的服务奉献与成长蜕变;生命与科学学院教师黄辉讲述了他与青春做伴,教学相长,敬业爱生的真情投入。报告团成员从不同角度、不同侧面讲述了师大人在教学、科研、学习与生活中最鲜活、最基层、最温暖的故事,生动诠释了"爱国敬业、学高身正、改革创新、开放包容、艰苦创业、团结和谐"的天津师范大学精神,会场内不时响起阵阵掌声。

在我校近 60 年的发展历程中,一代又一代师大人为了学校的创立、改革和发展砥砺奋进,积淀并形成了师大人共同的精神品质和宝贵的精神财富。为让全校师生更加深刻地理解天津师范大学精神内涵,发挥师大精神的影响力、感染力,学校组建了天津师范大学精神报告团,邀请在全校师生中传承、弘扬、践行天津师大精神的典型代表,结合自身工作学习经历与体会,在全校范围开展宣讲,进一步激发广大师生的爱校之情、荣校之志,团结一心,为建成国内一流的教师教育特色综合性大学而努力奋斗。

我校召开思想政治工作会议

宣传部

2017 年 6 月 13 日 570 期 第一版

 5 月 27 日下午,我校在会议中心大报告厅召开思想政治工作会议。校党委书记荆洪阳出席并讲话,校党委副书记宁月茹做学校贯彻落实全国和我市高校思想政治工作会议精神情况报告。校党委副书记宋作勇主持会议。全体校领导、全体处级干部(含调研员)、在职教职工党支部书记和学生党支部书记、思想政治理论课教师、学生工作辅导员、学生党员代表参加。

    校党委书记荆洪阳在讲话中指出,全校思想政治工作会议是一个非常重要的会议,既是我校深入学习贯彻习近平总书记重要讲话以及全国和天津高校思想政治工作要求的会议,也是研究确定今后一段时期加强和改进我校思想政治工作思路和举措的会议。近年来,学校党委认真贯彻落实党的教育方针,坚持立德树人,积极弘扬社会主义核心价值观,在加强思想政治工作方面取得了重要进展。与此同时,我们还要看到,目前学校思政工作中还存在着一些问题和不足。

    荆洪阳代表学校党委,就进一步加强和改进学校思想政治工作提出五方面要求。一是要自觉用习近平总书记重要讲话精神统一思想认识,切实增强做好思想政治工作的紧迫感使命感。他指出,党的十八大以来,以习近平同志为核心的党中央,把高校改革发展和思想政治工作摆在突出位置,做出一系列重大决策部署。全国高校思想政治工作会议和我市高校思想政治工作会议的召开为我们开展思想政治工作提供了重要遵循,指明了正确方向。高校思想政治工作突出的是"政治",聚焦的是"思想"。要坚持把立德树人作为中心环节,把思想政治工作贯穿教育教学全过程,实现全程育人、全员育人、全方位育人。

    二是坚持一面旗帜管总,牢牢把握坚持社会主义办学方向这一根本遵循。荆洪阳强调,要在学校改革和发展中坚持"一面旗帜管总":高举中国特色社会主义伟大旗帜,坚持社会主义办学方向,坚持马克思主义指导地位,弘扬社会主义核心价值观。要深刻认识坚持社会主义办学方向的原则立场,解决好"为谁办大学""办大学为谁服务"的问题。要深刻认识抓好意识形态工作、巩固思想文化主阵地的重要性,解决好"思想"的问题。用实际行动诠释坚持社会主义办学方向不动摇,坚定扎根中国大地办国内一流的教师教育特色综合性大学的决心不动摇,培养又红又专、德才兼备、全面发展的中国特色社会主义合格建设者和可靠接班人。

三是坚持两大群体并进,全面抓好大学生思想政治教育和教职工思想政治工作。荆洪阳指出,要发挥课堂主渠道作用,使我校马克思主义第一主课的地位更加突出,重视发挥所有课堂的育人功能,实现从"思政课程"到"课程思政"的转变。要加强师德师风建设,将"以生为本"理念贯穿到教育教学、管理服务等各个环节,充分发挥教书育人、管理育人、服务育人的功能。要增强校园文化感召力,让形式多样、健康向上、格调高雅的文化熏陶、感化、引导学生成长成才。

四是坚持三级组织联动,肩负起加强思想政治工作的政治担当。荆洪阳指出,要强化校党委管党治党、办学治校的主体责任,牢牢掌握党对高校工作的领导权。要强化基层党委的政治责任,把思想政治工作的任务要求落实到基层各项工作。要强化师生党员为党工作的责任,发挥党支部战斗堡垒作用和党员先锋模范作用。

五是坚持三个着力,增强思想政治工作的时代感和针对性。荆洪阳强调,思想政治工作是一项常做常新的工作,必须与时俱进,着眼环境条件的发展变化,紧扣学校育人各个环节,着力联系师生实际开展思想政治工作,着力推进思想政治工作方法和载体创新,着力加强思想政治工作队伍和党务工作队伍建设,不断推动学校思想政治工作理念创新、手段创新、基层工作创新。

校党委副书记宁月茹做学校贯彻落实全国和我市高校思想政治工作会议精神情况报告。她指出,全国和天津市高校思想政治工作会议召开以来,学校党委把学习贯彻落实会议精神作为当前和今后一个时期的首要政治任务,深刻认识坚持党对高校领导工作的政治要求,牢牢把握立德树人这一根本任务,切实发挥主体责任,统筹谋划,周密部署,协调推进,把思想政治工作渗透到学校各项工作中去,把思想政治工作优势转化为学校发展优势。宁月茹在报告中回顾了我校前一阶段贯彻落实中央和市委思政会精神的主要情况,总结了学校思想政治工作取得的成绩和经验,并从强化思想理论教育和价值引领、加强对课堂教学和各类思想文化阵地的建设管理、强化教师队伍和专门力量建设、推进思想政治工作改革创新、加强和改善党对高校的领导五方面对下一阶段加强和改进我校思想政治工作的目标任务提出了明确要求。

校党委副书记宋作勇在总结讲话中指出,全校上下要提高认识,统一思想,做好思想政治工作会议精神的传达和学习,要把这次会议精神的学习与学习习近平总书记系列重要讲话精神,全国、全市高校思想政治工作会议精神结合起来,与学校发展实际结合起来,紧密联系工作实际,努力创新工作内容和方法,开创我校思想政治工作新局面。学校出台了《关于加强和改进新形势下思想政治工作的实施方案》,接下来还会陆续出台相应的配套文件,各单位、各部门要围绕重点任务,一件一件定措施,一项一项抓落实,将工作抓实抓细,抓出成效。

会上,教务处处长易志云、社科处处长赵雅文、学工部部长李靖、宣传部部长潘晖、马克思主义学院党委书记李建营先后以《把思想政治工作融入本科教学全课程全过程》《繁荣哲学社会科学实现立德树人目标》《点亮理想之灯,照亮前行之路——将思想政治教育工作融入人才培养全过程》《运用"互联网＋"宣传打造思想政治工作新平台》《推动思政课教学改革跃上新台阶》为题做了大会交流发言,从不同角度介绍了本单位开展师生思想政治工作的经验和体会。

为了深入学习贯彻全国和天津市高校思想政治工作会议精神,落实中央、市委、市委教育工委关于加强和改进新形势下高校思想政治工作要求,安排部署当前和今后一个时期学校思想政治工作,为我校建设国内一流的教师教育特色综合性大学提供强大动力和根本保障,学校召开了思想政治工作会议。做好思想政治工作是我校全面落实立德树人根本任务的重要途径,全校师生员工要紧密团结在以习近平同志为核心的党中央周围,牢固树立"四个意识",全面贯彻党的教育方针,在市委、市委教育工委的坚强领导下,把我校思想政治工作实践创新与落实市第十一次党代会精神,与开展"维护核心、铸就忠诚、担当作为、抓实支部"主题教育实践活动推进"两学一做"学习教育常态化制度化,与开展不作为不担当问题专项治理紧密结合,以更高的标准、更实的措施,锐意进取,担当作为,全面提升我校思想政治工作水平,以优异成绩迎接党的十九大胜利召开。

张家玮当选第九届全国高校辅导员年度人物

学生处、美术与设计学院

2017 年 7 月 10 日　571 期　第一版

6 月 17 日下午,2017 年全国高校辅导员工作现场会在北京交通大学召开。

第九届"全国高校辅导员年度人物"和第六届全国高校辅导员职业能力大赛获奖者在会上受表彰,我校美术与设计学院学工办主任、团委书记张家玮成功当选第九届"全国高校辅导员年度人物",全国仅10名辅导员获此殊荣。

我校重视辅导员队伍建设,涌现出全国优秀辅导员1名、全国辅导员年度人物2名、全国辅导员年度人物提名奖1名,我校是市属高校中唯一产生过2名辅导员年度人物的学校。在历届天津市十佳辅导员评选中均榜上有名。多名辅导员在全国辅导员职业能力大赛、天津市辅导员职业能力大赛中取得优异成绩。近年来,在天津市辅导员工作精品项目评选中,我校均有辅导员获批精品立项并取得终审评价"优秀"的好成绩。

当好东道主 办好全运会
第十三届全运会手球比赛在我校顺利举行

宣传部

2017年9月25日 572期 第一版

8月21日,中华人民共和国第十三届运动会手球项目比赛在我校体育馆拉开帷幕。来自全国9个省、市、自治区的16支参赛队在为期18天的比赛中角逐本届全运会手球比赛男女项目金牌。9月8日,在手球竞委会各工作处通力配合下,本届全运会手球比赛顺利结束,我校圆满完成了比赛各项工作,获得多方肯定与好评。

暑假期间,市委常委、市委教育工委书记程丽华来到我校,对全运会开幕式文体展演排练工作进行考察指导,看望并慰问了我校全运会开幕式文体展演导演组、学生志愿演员及相关工作人员。市政府副秘书长殷向杰、市委教育工委常务副书记杨庆山等陪同考察。

比赛期间,国家体育总局局长、党组书记苟仲文,国家体育总局副局长李颖川,天津市副市长、第十三届全运会组委会副主任兼秘书长曹小红,市教委主任王璟,市体育局党委书记、局长李克敏,团中央书记处书记尹冬梅、团市委副书记王凤以及国际手球联合会主席哈桑·穆斯塔法等先后来校视察、观摩手球比赛,对赛事组织和承办工作给予了高度评价。

8月28日,男子手球比赛率先产生金牌队伍。江苏队凭借精湛的技战术与默契的配合夺得冠军。山东队屈居亚军,北京队获季军。市政协副主席、第十三届全运会手球项目竞委会名誉主任、校长高玉葆,江苏省苏州市人民政府副市长徐美健为冠军江苏队颁奖。手球竞委会主任、校党委书记荆洪阳,山东省体育局巡视员刘明为亚军山东队颁奖。手球竞委会副主任、副校长王群生,北京市木樨园体育运动技术学校校长葛军为季军北京队颁奖。

9月7日,女子手球比赛落下帷幕。江苏队、安徽队、上海队分获女子项目的冠亚季军。在比赛结束后举行的颁奖仪式上,哈桑·穆斯塔法和江苏省体育局局长陈刚为冠军江苏队颁奖。王群生和安徽省体育局局长高维岭为亚军安徽队颁奖。手球竞委会主任助理、体育科学院院长田鑫和上海体育局巡视员郭蓓为季军上海队颁奖。

女子手球决赛前,我校与国际手联在体育馆贵宾厅签订合作协议,建立国际手球联合会天津师范大学手球培训中心,为推广和普及手球运动加强合作交流。哈桑·穆斯塔法代表国际手联为我校授牌,王群生代表手球竞委会和我校向哈桑·穆斯塔法赠送纪念盘。

为祝贺此次手球比赛取得圆满成功,国家体育总局手曲棒垒球运动管理中心特向我校颁发锦旗。中心主任郎维代表手曲棒垒球运动管理中心将印有"精彩全运在师大优质办赛师大人"的锦旗交到王群生手中,王群生向郎维赠送学校纪念盘。

我校体育馆作为本届全运会手球项目全部比赛的场馆,共承接比赛48场。经过将近一年的前期筹备,手球项目竞委会按照全运会手球比赛标准,对体育馆进行了全面提升改造。改造后,场馆可容纳2295名观众,配有运动员休息室、裁判员休息室、兴奋剂检查站、贵宾室、新闻发布厅等,具备IT网络和电视转播条件。

由我校教职工组成的全运会手球竞委会下设12个工作机构,赛前对竞赛组织、媒体运行、信息技术、安全保卫、兴奋剂检查等工作进行反复调研、充分论证,为全运会手球赛事期间的多种突发情况制订应急预案。通过测试赛、桌面推演和阶段性总结推动等方式,检验筹备工作的质量水平,确保正式比赛万无一失。

赛事期间,手球竞委会各工作部门以及校基建维修处、后勤管理处、膳食处的百余名工作人员和近200名志愿者密切配合、高效合作,以严谨细致的工作作风、热情周到的管理服务,共同保障了赛事顺利进行,圆满完成了本届全运会手球比赛的各项工作。

在本届手球比赛历时的18天中,共有包括新华社、人民日报、中央电视台、天津日报、天津电视台等在内的 95 家媒体近 300 名记者前来报道手球赛事。

除了手球竞委会的全体工作人员在本届全运会的精彩亮相外,我校师生还在全运会开幕式文艺演出、赛会主新闻中心志愿服务等工作中,用他们的辛勤付出书写着属于天津师范大学的全运故事。

8 月 27 日晚,第十三届全运会开幕式在天津奥林匹克中心体育场举行。我校 523 名学生志愿演员分别参演开幕式文体展演第一篇章《海河欢腾》《奥运梦圆》及第三篇章《千帆竞发》和《迎接圣火》的返场节目,其中,53 名同学作为观众导演负责开幕式观众引导和现场气氛带动。开幕式结束后,校党委书记荆洪阳、党委副书记宁月茹、副校长廉军率我校开幕式文体展演执行团队在一食堂迎接冒雨演出的志愿演员。荆洪阳高度评价了开幕式文体展演上我校同学的精彩表演,并对大家两个多月来的努力和付出表示衷心感谢。荆洪阳勉励同学们,今后继续发扬不怕吃苦、勇于拼搏的精神,为把我校建设成为国内一流的教师教育特色综合性大学而努力奋斗。

我校国家自然科学基金项目立项数创历史新高

科技处

2017 年 9 月 26 日　573 期　第一版

在刚刚公布的国家自然科学基金项目评审结果中,我校 2017 年共有 36 项科研项目获得立项,其中面上项目 12 项,青年基金 20 项,国际(地区)合作与交流项目 4 项,项目直接经费 1246.67 万元。项目获批数量和资助经费分别比去年增长 38.5% 和 50.9%,双创历史新高。此次我校国家自然科学基金立项取得优异成绩,标志着我校科研实力进一步增强,也为我校基础研究和学科建设工作起到良好的推动作用。

认真学习 积极宣传 抓好落实
我校兴起学习贯彻党的十九大精神热潮

宣传部

2017 年 10 月 30 日 574 期 第一版

　　10 月 18 日至 24 日,中国共产党第十九次全国代表大会在北京胜利召开,我校党委、各级党组织、全校党员干部和师生高度关注。学校党委统筹推进、周密部署,认真组织全校学习宣传贯彻党的十九大精神各项工作。10 月 30 日,我校在会议中心中报告厅召开学习贯彻党的十九大精神动员部署会。校党委书记荆洪阳传达了天津市领导干部大会精神和教育系统学习传达党的十九大精神宣讲会情况。校党委副书记宁月茹总结了我校自党的十九大召开以来学习宣传贯彻落实情况,并对下一阶段工作进行部署。目前,全校上下已经兴起了学习宣传贯彻党的十九大精神的热潮。

　　认真组织收听收看。大会召开前,校党委宣传部下发了《关于认真组织收听收看党的十九大开幕盛况的通知》,要求各基层党委、党总支要把组织党员干部、广大师生收听收看党的十九大会议盛况当作一项重要的政治任务,确保每一名党员第一时间及时准确了解党的十九大会议精神。10 月 18 日上午,我校师生员工利用电视、网络、广播等多种方式认真收听收看党的十九大开幕盛况。在会议中心大报告厅,全体在校校领导和党员干部、师生代表 400 余人集中观看了开幕会现场直播。全校各基层党委、党总支也组织党员师生共同关注这一历史性的盛会。10 月 25 日,校党委组织部分党员干部观看了新一届中共中央政治局常委同中外记者见面活动现场直播。

　　及时进行学习研讨。开幕会后,全校各基层党委、党总支迅速组织各支部开展集体学习研讨,在全校形成了热议党的十九大的良好氛围。10 月 28 日下午,校党委中心组在办公楼第二会议室围绕“深入学习贯彻党的十九大精神”开展集体学习研讨。10 月 28 日上午,我校召开“学习贯彻党的十九大精神,积极推进中国特色社会主义文化建设学术研讨会”,会上成立了天津师范大学习近平新时代中国特色社会主义思想研究中心。10 月 24 日,全校学工系统组织召开学习贯彻党的十九大精神专题会议。10 月 25 日,学校下发《天津师范大学学生“学习贯彻党的十九大精神,宣传践行社会主义核心价值观"活动实施方案》。10 月 26 日,学校召开团学骨干学习党的十九大精神报告会,邀请中共天津市委党校党史党建教研部钟龙彪教授为师生带来专题讲座。10 月 27 日,学校组织基层党委书记和部分党员代表参加教育系统十九大精神宣讲报告会。

开展多种实践活动。在党的十九大召开期间和召开后,学校积极组织开展内容丰富、形式多样的学习宣传实践活动,引导广大师生员工在实践中认真学习宣传贯彻党的十九大精神。马克思主义学院、政治与行政学院、文学院、体育科学学院、体育竞赛训练中心、新闻传播学院、国际教育交流学院、初等教育学院、化学学院、经济学院等纷纷结合自身专业特色,开展了"党的十九大精神进思想政治理论课课堂"专题研讨会、学子进社区宣讲党的十九大精神、少数民族学生庆祝党的十九大胜利召开、中外学生共庆党的十九大经典文学作品诵读会等实践活动,在校内外收到良好反响。

营造浓厚宣传氛围。学校充分利用各种宣传阵地开展全方位、多角度的学习宣传。学校官方主页及时发布师生学习宣传贯彻党的十九大精神相关情况,学校官方微博、微信持续推送相关信息,校报开辟"新时代新作为新亮点""学习宣传贯彻党的十九大精神"等专栏,全校 14 块电子屏滚动发布宣传内容,在校内主干道路安置了宣传道旗 260 面,布置主题宣传橱窗 20 个。此外,积极在校外媒体上发声,扩大我校学习宣传活动的影响力。10 月 28 日,中央电视台新闻频道《朝闻天下》栏目,报道我校政治与行政学院学生深入社区为居民讲解党的十九大精神的情况。人民日报、中国教育报等重要媒体刊发了我校教师畅谈党的十九大的感受体会,天津日报、天津电视台、今晚报、北方网等媒体就我校师生开展的相关活动进行了采访报道。

我校获批三项国家社科基金重大项目

社科处

2017 年 11 月 24 日　575 期　第一版

近日,国家社科基金重大招标项目(含专项项目)评审结果揭晓,我校共获批 3 项,创历史最好成绩。

获批项目包括:欧洲文明研究院张乃和教授的《英国经济社会史文献学专题研究》、历史文化学院杜勇教授的《多卷本〈西周史〉》、法学院郝磊教授的《社会主义核心价值观与我国商事立法完善》。其中,张乃和教授和杜勇教授获批的项目类别是 2017 年度国家社科基金重大招标项目,郝磊教授获批的项目类别是国家社科基金"把社会主义核心价值观融入法治建设"研究专项项目。上述项目获批经费各 80 万元,获批项目资助总额 240 万元。

近几年我校深入贯彻习近平总书记在全国哲学社会科学工作座谈会上的讲话精神,不断加大校内国家重大项目的培育力度,自 2015 年以来共有 12 个项目获得培育资助,先后有 2 项获批,有 3 项入选招标选题。2012—2016 年,我校已获得国家社科重大招标项目 4 项、专项项目 2 项以及教育部重大招标项目 1 项,今年我校在国家社科基金重大项目的立项数量上首次实现新突破。

我校接受本科教学工作审核评估

评建办

2017 年 12 月 31 日 577 期 第一版

12 月 25 日至 28 日,我校迎来本科教学工作审核评估专家组进校开展工作。25 日,本科教学工作审核评估专家见面会在会议中心多功能厅召开。专家组组长、北京师范大学原党委书记刘川生主持会议,专家组副组长、安徽大学党委书记李仁群,评估专家杭州师范大学校长杜卫、吉林师范大学校长杨景海、中央民族大学副校长宋敏、华侨大学副校长吴季怀、北京科技大学外国语学院院长张敬源、西安电子科技大学计算机学院院长王泉、暨南大学法学院/知识产权学院院长朱义坤出席见面会。市教委副主任白海力出席会议并讲话,校党委书记荆洪阳致欢迎词,校长高玉葆做本科教学工作报告。审核评估项目管理员阮伯兴,秘书董琛、李伟,市教委高教处处长连忠锋、副处长刘冰,以及学校领导班子全体成员、校党委委员、教学工作委员会委员、教代会执行委员会委员及各学院、机关各部(处、室)、各直属单位主要负责人参加会议。

四天的考察中,专家组紧扣"五个度"的主线,围绕"6 + 1"个审核项目,共听课、看课 73 节次;抽调毕业设计和论文 18 个专业 905 份;抽调试卷 30 门次 2461

份;访谈校领导共19人次;召开了16场座谈会;考察了2个校外实训基地及用人单位;走访了所有专业学院和与教学相关的职能部门,共访谈师生308人次。此外,专家组还考察了学校图书馆、体育馆、学生食堂等公共设施,对我校进行了全面深入的综合考察。

12月28日,我校本科教学工作审核评估专家意见反馈会在会议中心多功能厅召开。国务院教育督导委员会办公室主任、教育部教育督导局局长何秀超,市教委副主任白海力出席会议并讲话。组长刘川生代表专家组反馈了总体考察意见。专家组认为,我校秉承"以学生为本"的教育理念,不断深化本科教学改革,以提升专业内涵建设为主线,以深化三级课程改革为核心,以推进师资队伍建设和学校管理创新为抓手,以体制机制改革为重点,形成了与师大办学目标相契合的教育模式。学生培养效果较明显,基本实现了学校的人才培养目标。学校立足未来人才的培养要求,凝练了与我国高等教育发展方向相契合的培养目标,提出了"五个一体化"的育人体系,努力实现全员全过程全方位育人;建立了"职前职后一体化"的教师教育体系,形成了较为鲜明的办学特色。办学定位与人才培养目标较好地适应了国家和区域经济社会发展的需求。学校统筹规划教师队伍建设、优化师资结构,注重师德师风建设,保障教学经费投入和使用;完善教学设施设备,学科门类较全、布局相对合理,课程资源丰富。教学资源和师资队伍较好地保障了学校人才培养目标的实现。学校深化本科教学改革,规范教学过程,强化实践教学体系和第二课堂育人体系建设,创新教学方法和考核方式,不断完善教学质量保障体系,使各教学环节执行过程与监督过程形成循环闭合的完整流程。培养过程和质量保障体系有效运行。学校从招生环节入手,完善学生发展指导和服务体系,强化学风建设、学业指导、就业指导,不断提高育人实效,促进学生学业成绩提升。有效把握教学质量信息,把学生的成长与收获作为判断教育教学工作成效的主要依据。学生和用人单位的满意度逐年提高。会上,各位专家逐一做了精准点评,给予客观的评价和充分的肯定,同时指出学校本科教学工作存在的不足和薄弱环节,提出了整改意见和建议。

高玉葆代表学校对各位专家高度负责、不辞辛劳、深入细致的辛勤工作表示衷心感谢和崇高敬意,对何秀超同志的到来和白海力同志的出席表示热烈欢迎。他指出,此次审核评估使我校对高等教育发展形势有了更加清晰的定位和判断,帮助学校看到了差距、找准了位置、明确了进一步发展目标,学校将进一步提高政治站位,把立德树人作为学习贯彻落实党的十九大精神的一项具体措施和重要任务,按照专家组建议抓紧整改,并推动形成长效机制,切实将审核评估整改工作融入学校的改革发展之中,实现内涵发展,为天津市全面建成高质量小康社会、建设社会主义现代化大都市提供人才支持和智力服务。

市教委副主任白海力对专家组的评估工作给出了高度评价,希望学校高度重视专家们反馈的问题,结合学校的实际,明确整改方向,逐条落实见效,真正起到补短板、促改革、提质量、上水平的作用,市教委将严格检查审核评估之后的持续整改工作,确保整改措施得力、责任到位、效果显著。

教育部教育督导局局长何秀超指出,天津师范大学在近60年的办学历程中,始终坚持党的领导,坚持社会主义办学方向,服务于天津及周边区域的基础教育领域,坚守培养优秀师资的历史责任。他希望学校在迈向国内一流的教师教育特色综合性大学的过程中,以新的精神面貌落实十九大精神,推动高等教育内涵发展;要有新的气魄力度,不断深化改革协同推进,实现跨越式发展;要有新的历史担当,以学科建设为基础、人才培养为核心,加快一流大学和高水平大学建设;要有新的思想举措,做好整改落实,建章立制,形成质量保障体系长效机制。他要求学校认真贯彻以习近平总书记为核心的党中央决策部署,坚决完成教学改革发展任务,并祝愿天津师范大学的宏伟蓝图早日实现。

我校 7 个一级学科、15 个学科(群)入选天津市"双一流"建设项目

研究生院

2017 年 12 月 31 日　577 期　第一版

日前,天津市教委印发了《市教委关于公布天津市一流学科和特色学科(群)建设名单的通知》,我校 7 个一级学科入选天津市一流学科建设名单,分别是:政治学、马克思主义理论、教育学、心理学、中国语言文学、世界史、化学;15 个学科(群)入选天津市特色学科(群)建设名单,分别是:区域一体化与法治建设、国家治理、马克思主义意识形态与思想政治教育创新研究、创新教育研究、国民心理健康促进、中外文学文献与中国文化转型研究、新闻传播与社会发展、中国历史上的制度与文化、欧洲经济社会史、离子束与微纳薄膜材料表面技术、先进功能材料化学、生态城市与智慧城市建设、生物科学与生物技术、通信传感与智能一体化、数据分析与信息服务。

我校新增一批学位授权点

研究生院

2018 年 3 月 30 日　578 期　第一版

近日,《国务院学位委员会关于下达 2017 年审核增列的博士、硕士学位授权点名单的通知》(学位〔2018〕9 号)发布,经国务院学位委员会第三十四次会议审批,天津师范大学在 2017 年博士和硕士学位授权审核工作中,马克思主义理论、新闻传播学 2 个学科新增为博士学位授权一级学科,教育博士新增为博士专业学位授权点,体育学、天文学、材料科学与工程、计算机科学与技术、公共管理、图书情报与档案管理 6 个学科新增为硕士学位授权一级学科,金融硕士、社会工作硕士新增为硕士专业学位授权点。本次新增学位授权点,我校专业博士学位授权点获得突破,博士学位授权一级学科增至 8 个、硕士学位授权一级学科增至 35 个,硕士专业学位授权类别增至 15 个,为学校发展创造新的发展平台。

今后,学校将按照党的十九大实现高等教育内涵式发展的要求,紧紧围绕校第七次党代会提出的建设国内一流的教师教育特色综合性大学这一目标,加快落实校七届八次全委(扩大)会议精神,进一步加强学位授权点建设,做好研究生培养工作,不断提高研究生培养质量。

中国共产党天津师范大学委员会七届八次全委(扩大)会议召开

党委、校长办公室

2018 年 3 月 30 日　578 期　第一版

2 月 24 日,中国共产党天津师范大学委员会七届八次全委(扩大)会议在学校会议中心召开。全体校领导、党委委员、处级干部,党外人士代表、学科带头人和研究生院、学科建设办公室全体人员参会。校党委副书记宋作勇主持大会。

本次会议主题是:坚持不懈用习近平新时代中国特色社会主义思想武装头脑,深刻认识高等教育发展的新形势新任务新要求,以一流学科建设为龙头,深化综合改革,加快建设国内一流的教师教育特色综合性大学。

校党委书记荆洪阳做《以一流学科建设为龙头深化综合改革加快建设国内一流的教师教育特色综合性大学》的大会报告。荆洪阳指出,做好 2018 年全校工作,要坚持三个"一以贯之",增强危机感、紧迫感,坚定不移推进高质量发展;要坚持深化综合改革,全面提升办学水平;要加强党对学校工作的领导,坚持全面从严治党,以新气象、新作为为推进一流大学和一流学科建设提供坚强保证。

校长高玉葆结合大会报告和分组讨论情况部署学校工作,从四方面对新学期重点工作进行说明:一是本科教学工作审核评估整改方案制订与实施;二是落实学校党委七届八次扩大会议精神,以一流学科建设带动学校其他各项工作;三是筹备庆祝建校 60 周年系列活动;四是启动今年重点基建工程。

会议表决通过了全会决议(草案)和《2018 年党政工作要点》。在分组讨论和小组代表发言环节,与会同志结合自身工作,围绕学校事业发展中心任务和重点、难点,尤其是针对一流学科建设、提升育人质量、深化内涵发展、构筑人才高地、提高交流合作水平、加强思想政治教育工作等方面进行了客观分析,大家直面问题、踊跃发言,为学校事业发展出谋划策。

与会同志认为,大会所做的报告政治站位高、思路清晰、内涵丰富、重点突出,为学校未来的发展指明了方向、激发了动力,大家深受鼓舞、备感振奋,也增强了实现学校奋斗目标的信心和决心。与会同志表示,一定紧密团结在以习近平同志为核心的党中央周围,高举习近平新时代中国特色社会主义思想伟大旗帜,坚决维护核心,牢固树立"四个意识",牢牢抓住"双一流"建设的重要契机,团结一心再接再厉,为创建国内一流的教师教育特色综合性大学而继续奋斗。

我校荣获天津市"五一劳动奖状"荣誉称号

校工会

2018 年 5 月 8 日 579 期 第一版

4 月 26 日上午,天津市庆祝五一国际劳动节表彰大会在天津大礼堂召开。我校荣获 2017 年度天津市"五一劳动奖状"荣誉称号。

我校全体师生紧密团结在以习近平同志为核心的党中央周围,全面贯彻落实党的十九大精神,高举习近平新时代中国特色社会主义思想伟大旗帜,不断加强和改善党的领导,积极推动学校"双一流"建设,全面深入推进学校综合改革和"十三五"事业发展,锐意进取、扎实工作,学校党的建设和事业发展不断取得新成绩,各项工作得到师生的认可和好评。

学校将以此次荣誉为契机,继续贯彻落实党的十九大精神和中央、市委、市委教育工委的各项决策部署,全面贯彻党的教育方针,落实立德树人根本任务,加强内涵发展,推进"双一流"建设,努力把学校建设成为国内一流的教师教育特色综合性大学。

我校召开思想政治工作改革攻坚动员部署会

宣传部

2018 年 5 月 8 日 579 期 第一版

4 月 19 日下午,我校在会议中心大报告厅召开思想政治工作改革攻坚动员部署会。校党委书记荆洪阳出席并讲话,校党委副书记宋作勇主持会议。全体在校校领导、全体处级干部(含调研员)、在职教职工党支部书记和学生党支部书记、思想政治理论课教师、学生工作辅导员参加会议。

会议的主要任务是：坚持以习近平新时代中国特色社会主义思想为指导，深入学习贯彻党的十九大精神，贯彻落实高校思想政治工作会议精神，坚持以立德树人为根本，加强工作顶层设计，系统构建"大思政"工作格局，统筹推进"1131 项目"、"课程思政"创新改革、"一体化"育人综合改革和思想政治品牌战略，聚焦重点问题改革攻坚，切实提升我校思想政治工作质量和水平。

校党委书记荆洪阳在讲话中指出，2018 年是全面贯彻习近平新时代中国特色社会主义思想的关键之年，是推进高校思想政治工作改革的攻坚之年。3 月 15 日，全市召开新时代天津高校思想政治工作改革攻坚动员部署会，认真学习贯彻习近平新时代中国特色社会主义思想和党的十九大精神，全面总结全国和我市高校思想政治工作会议召开一年来的工作成果，深化新时代高校思想政治工作改革攻坚。他指出，2017 年，在市委和市委教育工委的领导下，我校深入贯彻落实全国和天津市高校思想政治工作会议精神，完善体制机制，全面统筹办学治校各领域、教育教学各环节、人才培养各方面的育人资源和育人力量。强化全员协同，切实发挥全体教师育人功能，充分挖掘各群体各岗位育人元素，全面实现育人目标。聚焦关键领域，将思想政治工作全面融入人才培养全过程、各环节，实现学校各项工作协同协作、互联互通。从加强理想信念教育、强化意识形态管理、建强思想政治理论课、打造精品校园文化、推进思政工作创新等方面对思想政治工作全面发力，着力构建全员全过程全方位育人体系。

荆洪阳强调，学校下一步将继续贯彻落实中央和市委、市委教育工委相关文件精神，按照《天津师范大学关于推进新时代高校思想政治工作改革攻坚的实施意见》，全面实施新时代高校思政工作改革攻坚，让思想政治工作做深做实。他代表学校党委，就落实好新时代思想政治工作改革攻坚讲了三点意见。一是要提高站位、把握方向，更加深刻地认识做好思想政治工作的重大意义。思想政治工作是高校的生命线，关系高校办学的政治方向、政治原则、政治立场，加强学校思想政治工作，是全面贯彻从严治党、坚持社会主义办学方向的根本要求，是全面落实立德树人根本任务的本质要求，也是我们学校加快建设特色鲜明的高水平大学进程的现实要求。二是要改革创新、精准施策，务求体现师大特色、形成师大品牌、凝聚师大力量。要以"1131"项目为牵引，扎实推进思想政治工作重点改革。突出一个首要，深入推动习近平新时代中国特色社会主义思想进教材、进课堂、进头脑。深化一项建设，增强基层党组织政治功能。实施"三大工程"，促进思想政治工作内涵发展。即实施思想政治工作质量提升工程，促进思想政治课教学质量提升，促进重点马克思主义学院建设；实施政治能力提升工程，坚持和完善高校党委领导下的校长负责制，健全重大事项议事决策制度，加强民主管理和民主监督；实施意识形态筑牢工程，落实高校党委意识形态工作政治责任和领导责任，加强意识形态阵地管理和舆情管控引导，开展意识形态工作内巡内查。培育一批品牌，形成我校思想政治工作特色。要全面实施"课程思政"改革创新，充分发挥课堂教学主渠道作用。强化"课程思政"机制创新，组建教研团队，建立教学督导队伍，加强教师队伍建设，充分利用学校人文社会科学集群优势，深入发掘各类课程的思想政治教育资源，建设一批思政选修品牌课、综合素养精品课、专业育人特色课。完善"课程思政"督导评价体系，开展专项教学改革研究，切实提升"课程思政"教学水平。三是加强领导、狠抓落实，聚焦聚力促进发展，推进改革攻坚取得实效。要切实加强领导，全面实施思政工作"一体化"综合改革。充分发挥学校党委的领导核心作用，成立学校思想政治工作委员会，负责组织领导和统筹推动全校思想政治工作，着力构建学校党委管总、思想政治工作委员会负责、各级党组织齐抓共管、有效配合的工作格局。要狠抓落实，高标准高质量做好各项工作。学校党委将强化评价考核和监督检查，把思想政治工作作为校领导班子和各级党组织以及党员干部考核评价的重要内容，完善大学生思想政治工作专项考核和相关目标考核制度，成立专项督查组，对学校各项思想政治工作改革攻坚任务开展情况和重点领域定期实行专项督查，确保各项工作落到实处。

宋作勇在总结讲话中指出，荆洪阳同志的讲话对当前和今后一个时期深化思想政治工作改革提出了明确要求，对于我们打赢2018年思想政治工作改革攻坚战具有重要的指导作用。他指出，这次会议将成为我校思想政治工作一个新的起点。各部门、各单位要以打攻坚战的姿态，聚力问题短板，精心组织、稳步实施各项重点工作，真正做到认识到位、组织到位、措施到位、责任到位、效果到位，在全校迅速兴起思政改革攻坚的热潮，把思想政治工作优势转化为学校发展优势，为加快建设国内一流的教师教育特色综合性大学提供精神动力和思想保证。

学工部部长薛思军、教务处处长易志云、马克思主义学院院长杨仁忠、校团委书记程勇分别以《坚持立德树人，强化协同攻坚——"一体化"推进学生思想政治工作质量提升》《完善全课程育人格局，实现课程思政改革创新》《筑牢思想政治理论课主渠道，打好思政工作改革攻坚战》《深化实践育人改革，上好"行走"的思政课》为题就落实思政改革攻坚任务做大会交流发言。

白学军入选教育部"长江学者奖励计划"特聘教授

人事处

2018 年 5 月 31 日   580 期   第一版

　　日前,国家教育部公布了 2017 年度"长江学者奖励计划"入选名单。我校白学军教授获批"长江学者奖励计划"特聘教授,标志着我校国家层次人才建设再次实现新突破。白学军教授担任国务院学位委员会心理学科评议组成员、教育部高等学校心理学类专业教学指导委员会副主任委员、中国心理学会前任理事长等重要学术职务,享受国务院政府特殊津贴。

　　国家教育部"长江学者奖励计划"是落实科教兴国战略,吸引和培养杰出人才,加速高校中青年学科带头人队伍建设的一项重大举措。通过特聘教授岗位制度的实施,延揽大批海内外中青年学界精英参与中国高等学校重点学科建设,带动重点学科赶超或保持国际先进水平,培养造就一批具有国际领先水平的学术带头人,以提高中国高校在世界范围内的学术地位和核心竞争力。

第二篇 **02**

| 继往开来 |

解放思想　把握关键　牢固树立科学的人才观

——在天津师范大学2014年人才工作会议上的讲话

校党委书记　杨庆山

2014年6月9日　533期　第五版

同志们：

今天的人才工作会开得很成功，会议主题鲜明，内容紧凑，是一次进一步统一思想、明确任务、加快实施的动员会。刚才，高校长代表学校领导班子系统地总结了2010年以来学校人才工作的情况，客观分析了近几年人才工作的成绩与不足，对下一阶段工作做出了全面部署，我完全同意。人事处处长徐瑛同志就相关文件做了解读，希望各单位结合实际，抓紧落实。心理与行为研究院、政治与行政学院、历史文化学院、化学学院负责同志代表学院从不同侧面介绍各自的人才工作经验，使我很受启发。梁启联教授和李喜飞博士也从个人角度做了发言，让我们看到了高层次人才对学校的拳拳之心，让我很受感动。

下面，我就落实中央和市委关于人才工作的部署，做好我们学校的人才工作提出三点意见。

一、坚持解放思想，不断深化对人才工作的认识

第一，人力资源是第一资源。2003年，中共中央国务院下达了进一步加强人才工作的规定，规定中第一次明确提出实施人才强国战略。2007年，人才强国战略作为发展中国特色社会主义的三大基本战略之一，写进了中国共产党党章和党的十七大报告，由此，人才强国战略的实施进入了全面推进的新阶段。同时，党的十七大报告还明确提出，要优先发展教育，建设人力资源强国，这也是我国首次提出由人力资源大国向人力资源强国转变的发展战略。党的十八大强调，要造就规模宏大、素质优良的人才队伍，推动人才强国战略的全面实施。党的十八届三中全会通过了《中共中央关于全面深化改革若干重大问题的决定》，其中特别提出要加快形成具有国际竞争力的人才制度优势，完善人才评价体制，增强人才政策开放，广泛吸引境外留学人才归国或来华创业发展。人力资源强国建设是与全面建

53

设小康社会和建设成为创新型国家目标相一致的。

第二，人才强校战略是第一战略。对一所学校来讲，发展战略会有很多，但我个人认为，人才强校战略始终应排在首要位置。学科评比虽然有四方面的测评指标，但仔细研究，我们会发现每方面都是与人才这个要素紧密相连的。教学科研和学校的办学声誉，归根结底都是人才问题。在《国家中长期教育改革和发展规划纲要(2010—2020)》中对建设一支素质优良、规模适度、结构合理的师资队伍提出了明确的规定和要求。在天津市召开的高校人才工作会议中，市委常委、市委教育工委书记朱丽萍同志提出，"要把思想认识行为统一到中央和市委对人才工作的决策部署上来，牢牢抓住'第一资源'，牢牢牵住人才工作这个'牛鼻子'，推动教育事业又好又快发展"。所以对于学校来讲，要坚定不移地将改革、发展和投入的重点落在人才上。至于人才对高校的重要性，我觉得我国著名的教育家、清华大学校长梅贻琦先生的"所谓大学者，非谓有大楼之谓也，有大师之谓也"讲得最为形象和深刻。他在主持西南联大日常工作时，学校硬件条件很差，但是却培养出了像杨振宁、李政道等一批享誉世界的大师，造就了西南联大的辉煌。所以对于高等院校来讲，梅贻琦老先生的"大楼大师"之说，寓意深刻。拔尖人才对于创建高水平的大学来讲至关重要。刚才会上几位老师的发言也从不同角度说明了这个问题。一流的人才造就了我们重点学科的核心竞争力，巩固了我们传统学科的优势地位，推动着学校综合实力的稳步提升。高校必须将人才工作摆在重中之重地位，大力实施人才强校战略，为建设世界知名的高水平院校培养和汇聚一流的人才队伍。

第三，人才工作是我们的第一职责。学校的建设和发展，需要我们做很多的努力，但是一定要有清醒的认识，无论是学校还是各个单位还是学科带头人，一定要把人的工作放在首位。关于人的重要性，毛泽东同志早在解放战争时期就提出了"存人失地，人地皆存，存地失人，人地皆失"的著名论断，时刻提醒我们人才的决定性、基础性、战略性作用。美国钢铁大王卡耐基曾提到：如果将我所有的工厂、设备、市场、资金全部夺去，但只要保留我的组织人员，四年之后，我仍将是一个钢铁大王。这些无不说明，事情的成败关键在于人，发展的动力来自人。同样，作为一所高校，无论哪一层级的负责人，都要把人才工作当成一项长期的事业，将人才工作视为一个共同职责、第一职责。

二、坚持统筹兼顾，牢牢把握人才工作的关键环节

统筹兼顾是科学发展的核心思想，我想从以下几方面来阐述。

第一，处理好数量、质量和结构的关系。近期，我校中心组学习期间，校领导班子围绕如何提高人才培养质量进行了深入的交流。一所学校的建设与发展,规模要适度,质量要优良,结构要合理。对于这三方面,我觉得严把质量关应摆在首位,即使我们的总体规模达不到要求,也不能牺牲质量扩大规模。同时,还应不断调整和完善结构,比如学缘结构等。从世界知名大学的发展规律来看,学缘结构应该尽可能地多样化,这样有利于多种学术思想、教学风格、科研方法的大融合。但是,完善学缘结构,也不能以牺牲质量为代价。要统筹兼顾,处理好质量、规模与结构的关系,这个关系中,应始终坚持质量第一。

第二,要德才兼备。在刚才的交流中,李喜飞博士也谈到了这个话题,要确保我们的师资队伍兼顾品德和能力。

第三,要处理好培养、引进和使用的关系。李源潮同志担任中组部部长时曾多次强调重在使用的思想,人才只有合理使用才能创造价值。我们引进人才也好,培养现有的人才也好,最终的目的是最大限度发挥他们的作用,这是我们人才工作的重要落脚点。目前,我校正在积极筹建教师发展中心,中心成立后,学校将遴选优秀教师赴海外深造,选择海外知名的高等院校学习国际领先的知识和技术。哪些人引进,哪些人培养,要有个整体、合理和科学的规划。就目前我校发展的现状来看,引进的重点主要是两个类别:一个是学科发展急需的带头人,学校要加大力度引进这类高层次的拔尖人才;二是学术后备人才,引进一些年轻的优秀的后备人才充实我们的师资队伍。

第四,要妥善处理拔尖人才、后备人才和梯队建设的关系。李克强总理在讲话中提到"没有青年人的后来居上,就没有科技的未来辉煌",在这一点上,教育工作和科技工作可遵循同样的道理。我们的梯队建设中,必然存在老中青的结合,其中青年人的选拔和培养有着重要的意义。人才工作要与学科重点发展方向高度一致,围绕中心工作,围绕重点方向来加以实施。

第五,处理好硬件条件和软环境建设的关系。用事业、感情、待遇留人引人,有的时候软环境更为重要,更长远深入,所以要做到事业留人、感情留人、待遇留人相互支撑,做好识才、容才、育才的工作。

第六,处理好专业技术人才和管理干部的关系。对于学校来讲,这两支队伍都很重要,如车子的两个轮子,缺一不可,如果任何一个轮子出现故障,都会影响前进的脚步。所以要重视管理干部队伍建设,从选拔、培养、管理、使用等方面入手,将管理干部队伍建设作为推动人才工作的一个重要环节加以落实。

三、坚持改革创新,全面推进人才强校战略实施

第一,坚持德才标准。目前,社会发展日益呈现多元化的特征,其中包括思想

的多元、多样多变,思想活动的选择性、多样性、多变性增强。在这种现状下,要求主流意识形态的主导地位在高校不能丧失。我们必须加强高校的思想政治工作,尤其是对青年教师。近几年,中组部、中宣部、教育部下发了《关于加强和改进高校青年教师思想政治工作的若干意见》,明确提出要加强高校青年教师队伍建设,提高青年教师思想政治素质,促进青年教师全面发展。我校前不久也讨论通过了青年教师思想政治工作的实施意见。2013 年,中央下发了《关于加强新形势下发展党员和党员管理工作的意见》中特别提到,高校要重点发展青年知识分子入党。因此,我们的思想教育的主阵地,我们的课堂不能丢,特别是站在课堂上的老师政治素质一定要过硬。

第二,主动创造机会。首先要创造条件,保持与中央、天津市相关单位的密切联系。最近,科技处选送了一位青年干部到国家基金委去挂职,我个人觉得这个十分必要,为我们科研建设搭建了与国家主管部门联系的直通车,受益匪浅。学校今后将继续加大向教育部、科技部、中宣部以及天津市区县局输送优秀教师和管理干部的力度,一方面,是锻炼我们的人员,另外一方面就是创建直通渠道,服务学校发展。

第三,利用好政策。目前,国家教育事业发展有很多的政策保障,天津地区也有配套的支撑机制,我们要深入解读、领会文件精神,充分利用政策资源,推进人才工作建设的不断深入。仅一个千人计划,就包含国家千人、创新千人、短期千人、外专千人很多种,要根据我们的实际情况积极、有效利用这些政策。

第四,充分利用校友资源。校友对母校的回馈是最无私的,只要他们有能力,定会竭尽全力帮助母校。我们师大拥有非常丰富的校友资源,比如数学学院要充分发挥龙以明校友的作用,让他为我们选好苗,能为数学学科的发展带来巨大的支持。陈省身大师回国以后建立了陈省身数学研究所,他认为选年轻人、选苗颇为关键。当然,选苗不仅需要伯乐精神,更需要专业、独到的眼光,当初被陈老选中的几位青年人现在都已经发展为学界翘楚。

第五,创新工作机制。这是我们的共同职责,每个人都有责任做好人才建设这项工作,有关部门和单位要积极联动、密切配合做好人才建设工作。要以高水平的工作推动人才队伍建设。这里要特别强调我们可以在工作机制上进行大胆的尝试和创新,可以在部分学院和学科先试先行,搞试验田。例如刚才梁启联院长讲到 tenuate,我觉得这个可以在有些学院进行尝试。另外可以引入市场机制,解放思想,打破常规,不求为我所有,但求为我所用。比如短期千人,不可能全职在校工作,如果两个月利用好了,就会发挥重要作用,就是成功。

第六,将工作落到实处。我们要将人才工作摆在工作计划的重要位置。作为改革、发展和投入的重点,要把更多的精力和资源投入其中。无论是学校领导还是各基层单位,要将人才工作作为重要指标加以考核。特别是学科带头人,要把年轻人的培养、梯队建设作为第一职责。

各级党组织,各分党委、党总支、党支部,要把软环境建设作为工作的重点,要在制度政策体系、学术氛围、管理服务、工作效率和水平、情感和人际关系、校园文化等方面积极地做好工作,营造一个好的软环境。总之,做好人才工作,观念是前提,机制是核心,环境是关键。

各位老师,人才工作充满了困难、矛盾和风险,这项工作既艰巨又光荣。我们要振奋精神、攻坚克难、埋头苦干、开拓创新,为天津师范大学的建设和发展共同努力。

认清形势 明确任务 大力培育具有我校
特色的高层次人才群体

——在天津师范大学 2014 年人才工作会议上的讲话

校长 高玉葆

2014 年 6 月 9 日 533 期 第五版

同志们：

经过充分的酝酿和周密的准备，我们今天在这里隆重召开 2014 年全校人才工作会议。这次会议不仅是我校 2004 年和 2010 年人才工作会议之后的第三次全校性研究部署人才队伍建设的专题会议，也是在落实"十二五"规划关键一年，深入贯彻天津市高校人才工作会议精神，聚焦高层次人才队伍建设的又一实际行动，更是在学校明确了"建设一流师范大学、跻身国内百强高校"目标后，进一步认清形势，明确任务，推动人才兴校、人才强校战略的具体举措，具有十分重要的历史意义和现实意义。

这次会议的主题是：进一步加强人才队伍建设，为实现百强目标夯实基础。百强目标承载着学校的发展历程，凝聚着几代师大人的梦想，彰显着当代师大人的自信与自强，是学校面向未来，与国家全面深化改革相呼应，顺应高等教育发展趋势的自觉选择，是振奋师大精神，昂扬师生斗志，实现事业发展的动员令。从本质上讲"百强"比较的是综合发展水平，其核心是教学科研能力，主要是对以人才为代表的师资队伍水准的评判。因此，人才特别是高层次人才在学校的发展中具有举足轻重的作用，人才队伍建设是学校工作的重中之重，人才兴校、人才强校是实现百强目标的根本途径。

下面，我简要回顾一下几年来学校人才工作的情况，部署下一阶段工作任务，并就做好高层次人才队伍建设提几点要求。

一、2010 年以来，我校人才队伍工作的基本情况

2010 年 5 月 13 日，学校召开了人才工作会议，系统总结了全校人才工作的成绩与不足，全面分析了面临的形势与任务，确定了学校人才工作机制和目标。四

年多来,学校党委、行政高度重视这一工作,相关职能处室密切配合积极推进,各学院主动出击广纳贤才,全校的人才工作扎实有序,成效明显。

(一)指导思想明确,工作机制健全

1.加强顶层设计。2010年人才工作会议以后,学校进一步加强了顶层设计,突出了人才工作的重要地位,牢固树立了"人才资源是第一资源,人才战略是第一战略,人才投资是战略投资"的工作理念。在学校"十二五"事业发展规划中明确提出"构筑人才'高地',实现高端人才队伍建设的重点突破,即在'千人计划''教育部长江学者奖励计划''国家杰出青年基金项目'等高层次人才的引进与培养方面有所突破"。在实际工作中,学校领导班子每学期专门研究人才工作2~3次,每年将人才工作列入学校党政工作要点,每学年的工作部署会和总结会都专门布置、总结全校人才工作,形成了以学校办学特色和优势、功能定位和发展目标为中心,以学科建设需要为重点,服务重点学科、重点专业、重点项目和重点实验室等事关学校发展大计的工作思路。四年来,按照"突出重点,合理配置"的基本原则,不断加大引进和培养力度,不断完善选才机制和路径,不断丰富聚才的手段和措施,使我校的人才队伍建设取得了良好的成效。

2.完善政策机制。2010年学校下发了《天津师范大学高层次人才引进与管理办法》《天津师范大学特聘教授引进与聘任办法》《天津师范大学"渤海学者"高层次人才工程计划实施办法》等文件,对高层次人才的引进、培养、服务和管理工作做出了全面的规定。为了加强领导规范环节,学校专门成立了人才工作领导小组和引进人才咨询委员会等工作机构,将学术考量与行政审核紧密结合;人事处、教务处、社科处、科技处、学科办等职能处室密切合作,以联席会议的形式协同工作,共同为学校选人、进人把好关口。学校还想方设法克服财务运转上的困难,依托天津市"十二五"综合投资规划,从经费上对人才工作予以特别支持,保证专款专用,四年来先后投入人才工作经费近3000万元,确保了各重点学科人才的引进与培养。

3.人才兴校的共识基本形成。在这方面学校主要采取了三个步骤。首先是造势,广泛宣传人才在学校发展中的重要意义,明确各学科人才工作任务,对照《天津市高等学校高层次人才引进和培养行动计划》分析自身不足,树立人才工作的紧迫感和使命感。其次是借势,即合理运用政策,按照"不求为我所有,但求为我所用"的原则,以特聘讲座教授形式先后聘请了北大等高校著名教授11人(其中院士1人,长江学者2人,国务院学科评议组成员1人)来校兼职工作,为历史、政治、中文、心理等学科承担实实在在的工作任务,发挥示范和带动作用。最后是成势,学校党政主要负责人亲自带队到各学院调研人才工作,兜底数、压担子,逐人落实,逐项检查,在全校上下初步形成了"人才兴校、人才强校"的共识和氛围。在人才的待遇上,学校做到了校外人才与校内人才同等对待,在2011—2015聘期面向校内人员开放了特聘教授岗位和渤海学者岗位,有8位校内人才进入这两个标志性岗位。

(二)工作扎实,人才队伍建设成效显著

1. 全职引进人才数逐年增加。2010年以来,共全职引进人才66人,接收博士毕业生134人。引进的66人中包括天津市青年"千人计划"1人,校渤海学者6人,A3、A4岗位7人,B1、B2岗位52人。引进的人员中年龄在35岁以下42人,占引进人员总数的64.3%;具有博士后经历的21人,占引进人员总数的31.8%。从引进人才数量上看,比较集中的单位有物理与材料科学学院9人,化学学院9人,生命科学学院8人,外国语学院8人,水资源与水环境重点实验室5人,历史文化学院4人,这5个单位引进人员占总数的65.2%。从引进人才级别上看,物理与材料科学学院引进天津市青年"千人计划"入选者1人,历史文化学院和心理与行为研究院各引进渤海学者2人,化学学院和生命科学学院各引进渤海学者1人。

2. 高层次人才群体初见端倪。经过4年来的不懈努力,依靠引进与培养并举,学校高层次人才队伍初具规模。目前,学校聘有双聘院士3人(刘丛强、何积丰、龙以明),资深教授2人,国务院学位委员会学科评议组成员3人,国家批准有突出贡献的中青年专家3人,享受政府特贴专家18人,国家级"新世纪百千万人才工程"人选1人,教育部"新世纪优秀人才支持计划"11人,天津市授衔专家3人,天津市"千人计划"9人(含外专千人3名),天津市特聘教授12人、天津市"131"人才工程第一层次人选12人,还有29人受聘校级标志性岗位,初步建成一支适应我校事业发展需要,结构优化、素质优良、协调发展的高水平人才队伍。目前,学校正在积极引进"教育部长江学者"特聘教授、国家"特支计划"领军人才、教育部长江学者创新团队主要负责人1人,已完成引进前期工作,即将启动调动程序。

3. 人才梯队建设全面铺开。学校本着"吸引外部人才,用好现有人才、培育未来人才"的总思路,4年来在人才队伍的后备力量储备上也下了很大功夫。从2012年年底起,学校按照市教委统一部署,启动了系列后备人才培养工程。先后获批"学科领军人才"培养计划人选10人,"中青年骨干创新人才"培养计划人选19人,"优秀青年教师"资助计划人选51人,已下拨培养经费970万元。其中"学科领军人才"培养计划旨在培养未来重点学科的领军人才,资助力度为自然科学60万元,人文社科30万元,培养周期3年。"中青年骨干创新人才"培养计划旨在培养重点学科方向带头人,资助力度为自然科学45万元,人文社科24万元,培养周期3年。"优秀青年教师"资助计划旨在培养具有发展潜力的青年教师,为未来专业建设储备人才,资助力度为自然科学3万元,人文社科1.5万元,培养周期2年,培养期内实行导师制,为导师提供培养经费0.5万元。此外,天津市"131"人才培养工程第二、第三层次人选也已经启动,29名教师入选,2013年投入经费56万元。同时,获批天津市第二批"用三年时间引进千名以上高层次人才"资助人选11人,获得市级资助经费89万元。上述人才培养计划的实施,将为我校百强目标提供较充足的人力资源保证,为学科的可持续发展预备人才梯队。

二、目前人才队伍建设中存在的问题

在全面客观地看待我校人才队伍建设取得成果的同时,我们也要清醒地认识我校人才队伍建设面临的困难和不足,尤其要用开放的思维、发展的理念和百强的标准分析这些问题,认清存在的差距,为下一步的工作明确方向。目前,我校人才队伍建设存在的主要问题是:

(一)高层次人才总量偏少,国家级标志性人才稀缺

虽然目前我校形成了一定规模的高层次人才群体,但是与学校的师资队伍总体量相比,与学科建设需要相比,与天津市兄弟院校相比,与已列百强的师范院校相比,国家级标志性人才工程入选者可以说是凤毛麟角。从目前天津市高校"十二五"期间高层次人才分布来看,也能发现我校的不足:医大人才总计44人,其中国家"千人计划"3人,长江学者1人,国家杰青2人,市"千人计划"21人,"新世纪百千万"1人,"教育部新世纪"6人,市特聘教授10人;工大总计18人,其中市"千人计划"5人,"新世纪百千万"1人,"教育部新世纪"2人,市特聘教授10人;理工大学总计18人,其中"市千人计划"8人,"新世纪百千万"1人,教育部新世纪3人,市特聘教授6人;师大总计15人,市"千人计划"9人(含外专3人),"教育部新世纪"3人,市特聘教授3人;科大总计12人,其中长江学者1人,市"千人计划"5人,"教育部新世纪"2人,市特聘教授4人;中医药大学总计10人,其中长江学者1人,国家杰青1人,市"千人计划"1人,"教育部新世纪"4人,市特聘教授3人。当然,这些人才的数量与学校的学科专业分布特别是理工科、医科的实力有极大关系,但是,我们必须清醒地看到在天津市地方院校中已经有若干名教师进入国家级人才工程行列。

(二)各学院、学科高层次人才分布不均衡

"十二五"期间,我校获批的9位天津市"千人计划"入选者中5人在物理与材料科学学院,2人在电子与通信工程学院,1人在心理与行为研究院,1人在新闻传播学院。新获批的"教育部新世纪人才"3人中生命科学学院1人,心理与行为研

究院 2 人,天津市特聘教授分别是心理与行为研究院 2 人,文学院 1 人。15 位高层次人才主要集中在 6 个单位,如果按市级重点学科口径统计是 4 个重点学科。全校还有 6 个市级重点学科和 3 个市级重点培育学科,在高层次人才建设中存在空白点。当然,学科建设成效不能够只看人才数量,人才数量也不能完全代表学科水平,但是人才队伍规模是学科建设的刚性任务,是学科排名的重要依据,各学院应予以足够的重视。

(三)受客观条件制约,我校对高层次人才的吸引力还不足

这里的客观因素之一是学校没能进入"211 工程",许多国家、教育部层面的支持政策和建设经费拿不到,在吸引人才方面和其他有平台的院校不能平等竞争。客观因素之二是我们建设了现代化的新校区,虽然在市委市政府的支持下,债务压力得到了大部分缓解,但是资金短缺的问题尚未得到根本性的解决,教职工的待遇和收入水平与其他高校相比并不具有优势。客观因素之三是学校由传统师范大学转型而来,传统优势学科主要集中在人文社会科学领域,自然科学领域尚处在爬坡攻坚阶段,而工科基础更加薄弱,现有博士点全部集中在文科,不利于理工科人才队伍发展壮大。从主观上讲,部分学院、学科负责人的人才观念需要进一步解放。

三、今后一个时期我校人才工作的任务和需要注意的问题

今后一个时期,学校将进入国家全面深化改革、高等教育实现内涵式发展的关键机遇期,新一轮的高等教育改革即将开始。能否实现百强目标,关键看下一个五年。因此,全校上下要进一步统一思想,形成"学校要发展,关键在人才"的共识,着力建设人才高地,催化人才聚集效应,实现学校事业发展。

(一)总体思路

以邓小平理论、"三个代表"重要思想、科学发展观为指导,树立科学的人才观,走内涵式发展道路,紧密围绕建设教师教育特色,教学研究型综合性大学的办学定位,以建设一流师范大学、"跻身国内百强高校"为目标,以高质量完成"十二五"综合投资规划人才队伍建设任务为前提,以进一步加强高层次人才引进与培养为核心,创新人才工作理念,拓宽人才工作视野,广开人才引进渠道,通过吸引外部人才、用好现有人才、培育未来人才,不断提高我校高层次人才的数量和质量,努力建设一支适应我校事业发展需要,结构合理、素质优良、学术优异的高水平人才队伍。

(二)目标任务

以引进和培养高层次人才为重点,实施"学科领军人才"培养计划、"中青年骨

干创新人才"培养计划和"优秀青年教师"资助计划,加快促进现有人才脱颖而出,助力未来人才健康成长。争取利用 2~3 年的时间,新引进和培养 5 名国家级人才,8 名省部级人才,10 名以上学科领军人才,20 名以上中青年骨干创新人才,50 名以上优秀青年人才,全面提升学校人才队伍素质和水平,造就一支师德高尚、业务精湛、结构合理、充满活力、人才辈出的高素质专业化教师队伍,为我校内涵发展提供坚实的人力资源保障。

在上述工作目标和任务中包含以下几层含意。一是未来几年国家级人才工程要有收获,要通过引进和培养在国家"千人计划"、教育部长江学者奖励计划、国家"特支计划""国家杰出青年基金项目"和"国家优秀青年基金项目"等实现零的突破。在这方面,学校的思路是立足培养现有人才,创造条件让校内人才脱颖而出,同时主动出击,大力引进已经获得这些称号的人才,创造条件让他们全职调入我校工作。二是全力争取省部级人才称号,使省部级人才基本覆盖各个重点学科。要充分借助我校国际交流与合作的优势,放眼海外,走出国门,依托教育合作拓展人才合作,从学生交流上升到教师间的教学科研交流,广泛开展海外引智。这其中要注意处理好短期与长期人才项目的关系,引进的人要确实有用,能够做我们做不好或还一时做不了的事。三是要注意与各学科专业的人才梯队建设相结合。引进的人才一定要与现有的学科优势相匹配、相契合,主要补足现有梯队建设的短板,一定要考虑年龄结构、学历结构、学缘结构和专业方向,一定要用得顺手、用得上、见到效果。四是要特别注意以才引才和人才聚集效应的发挥。高层次人才的引进不仅仅是为学科发一些文章,拿若干个项目,更重要的是带领我们的学科专业与国内外研究前沿接轨,进入高水平研究领域。因此,人才的作用不是单一的而是综合的,关键是看学科怎么开发,怎么利用。五是对人才的评价要有创新。要借鉴科学的方法和专业的人才评价机构做法,对人才的学术水平和发展潜力做出全面、公正、客观的评判。既不埋没人才,也不降低人才标准。六是要把握人才的培养方向。这是与学校的办学特色和百强目标紧密相连的,在现阶段,要紧密围绕为天津市、为京津冀一体化服务的主题,理科强调产学研结合和转化应用,文科要注重在深化改革中为政府决策提供咨询服务。

(三)在高层次人才队伍建设中应注意把握好以下几个关系

1. 外部引进与自主培养的关系。引进与培养是高层次人才队伍建设的两方面,缺一不可。引进的目的是"拿来主义"为我所有,带来的是新思维、新方法、新视野和新成果。新成员的加盟必然有一个熟悉新环境、适应新岗位、融入新团队的过程,更需要我们去扶持、去关心、去服务,也需要我们的包容、理解和鼓励。培养的目的是使自有人才早日脱颖而出,这部分人才具有深深的学校传统文化的烙印,是我们自身造血机制的作用发挥,是学校健康发展的结果。自有人才对学校的价值观念具有天然的认同,对传统优势学科自觉地继承,是学校发展可依靠的中坚力量。我校 56 年的办学实践证明,我们有基础、有能力,能够培养出自己的高水平人才。

2. 拔尖人才与整个师资队伍的关系。拔尖人才应具有精湛的学术、全面的素质、优良的学风和勇于担当的精神,应该既是团队的佼佼者又是教师中的普通一员。各学院、各部门应该树立培养拔尖人才的意识,积极创造条件,主动搭建平台,为人才拔尖铺路搭桥。同时,作为拔尖人才,也应始终牢记自己是学校普通一员,牢记是学校培养和同事们的帮助才成就了自己的事业,想方设法把一个人的优秀扩展成一个团队的优秀,主动担起建设创新团队的重担。各学院学科负责人,要关心那些有发展潜力的教师,不吝赐教,下功夫培养,传承学术思想,培养学术接班人。

3. 高层次人才与学校百强目标的关系。高层次人才是实现学校百强目标的前提和保证,高层次人才群体的数量和质量直接影响学校的排名。这里以我校"十二五"期间全职引进人才的科研立项和产出,简要分析一下他们对学校的贡献率。4 年来,全职引进人才共获得奖项 23 个,其中市教学名师奖 2 项,市社科优秀成果一等奖 3 项、二等奖 5 项、三等奖 9 项,市科技进步三等奖 1 项,中国侨界贡献奖 3 项。在承担国家级项目方面,人文社科引进人才承担了全校 28.57% 的项目,经费总额占到 25.27%;自然科学引进人才承担了全校 61.67% 的项目,经费总额占到 69.11%。研究成果方面,人文社科引进人才发表高水平专著占全校总数的 45.21%,发表学科级论文占全校文科学科级论文的 26.61%;自然科学引进人才发表学科级论文占全校理科学科级论文的 48.94%,发表 SCI、EI 文章占全校总数的 51.85%。这些数据清楚地表明,引进人才在科研上的贡献率举足轻重,是学校实现百强目标的中坚力量。

同志们,实践告诉我们,不论是落实高校内涵式发展的总要求还是实现我校"跻身国内百强高校"的奋斗目标,人才队伍建设都是决定学校事业成败的关键,加强高层次人才队伍建设是学校的重大战略举措。这次会上杨书记还要就党管人才问题提出要求。下一阶段,学校将继续坚持人才兴校、人才强校战略,把人才队伍建设作为学科建设的核心任务来抓,特别是要下大力气引进和培育高层次人才,用 3~5 年时间,造就一个梯次结构合理、充满创新活力、具备发展后劲的具有师大特色的高层次人才群体。

学术共同体的凝聚：世界史学科人才队伍建设的体会

历史文化学院院长、教授　侯建新

2014 年 6 月 9 日　533 期　第六版

天津师范大学世界史学科是国内具有较大影响力的科学研究和人才培养单位。目前拥有一级学科博士学位授予权,世界史本科专业为天津市品牌专业,欧洲经济－社会史是天津市重点学科、重中之重学科,"欧洲文明研究院"是天津市高校人文社科重点研究基地。建立了从世界史本科到博士后流动站完整的科研和教学体系。经过 20 多年的打拼,以侯建新教授为带头人的学术团队,学科特色鲜明,研究方向凝练,推出一批高质量的系列学术成果,特别是欧洲社会转型和中西文明比较的研究成果,在我国学术界有广泛影响。

一、确立发展方向,带动人才聚集

世界史科学的发展过程,就是人才的聚集和养成过程。20 世纪 90 年代中后期,我们通过对国内世界史学科发展的评估,结合自身的比较优势,将欧洲经济－社会史确立为该学科的主要发展方向,在全国率先倡导引进欧洲经济－社会史学科,成立"欧洲经济－社会史研究中心",打造自己的学术品牌,得到广泛认同,也产生了直接的人才吸引效应。2000 年以来,先后引进东北师范大学世界中世纪史研究所所长、德国史和教会史专家王亚平教授,武汉大学城市史、英国史专家刘景华教授,北京师范大学希腊史专家、全国世界上古史学会理事长郭晓凌教授。近年又吸引了国内世界史学科的后起之秀、吉林大学博士生导师张乃和教授等加入,形成了一支高水平世界史学科队伍。

毋庸讳言,天津师范大学作为地方高校,为引进人才提供的政策和待遇无法与国内一流高校相比。我校的世界史学科队伍建设不是靠出格的待遇,也不是简单拼凑而成,而是靠事业和学术理念吸引优秀学者的加入。在长期的学术交往中,这些学者认同了我们的理念和学术志向。虽然研究领域不同,但都运用经济－社会史的理论与方法,围绕中西社会转型问题进行探讨,显示出良好的互动性、协作性与团队精神。以报效国家和社会的理念感召人才,以事业吸引人才,以人才吸引人才,是世界史学科队伍建设的基本做法。这是我校世界史学科取得成功的关键。

二、以战略眼光储备人才,充实学术队伍

世界史长期以来是历史学下属的二级学科,所占比例很小,导致国内高校世界史队伍普遍规模有限。我们认为,世界史学科不仅具有学术价值,在当代中国也有极大的现实意义,要想在国内高校争得一席之地,就要未雨绸缪,抢抓先机。从2000年开始,学科有计划地进行了长期的人才储备,接纳了一批优秀的博士毕业生,培养了一批具有潜力的中青年骨干。2010年教育部学科目录调整中,世界史成为一级学科,世界史人才成为高校争相吸纳的对象,我们由于前期的储备得以从容应对,顺利获批了世界史、中国史两个一级学科博士学位授予权。

学科发展为世界史学科人才提供了成长的机遇,一批中青年骨干获得了相应的平台,多人入选天津市高校"学科领军人才培养计划""中青年骨干创新人才培养计划""优秀青年教师资助计划"、"131"创新型人才培养工程及天津市"五个一批"高层次人才计划。以新生代学者作为带头人成功申报"天津市高等学校创新团队"。在刚刚结束的国家社科项目评审中,天津师范大学世界史学科一次性获批三项国家项目,而且都是毕业不久的博士或博士后,表明后继人才队伍的质量和潜力。目前,我校世界史专兼职研究人员达到25人,其中博士生导师15人,95%的成员有国外研修经历。不论是规模还是质量,在国内高校中已处于前列。

三、以课题为纽带,促进学术共同体的形成

在学术队伍的建设上,世界史学科另一个做法是不求所在,但求为我所用。多年来,学科逐渐形成以课题为纽带,跨院校、跨地区的高层次人才协作模式。2012年,侯建新教授领衔申报的"欧洲文明进程研究"获批国家重大招标项目,为天津师范大学首例。该课题设有17个子项目,吸收了北京大学、中国社会科学院、南京大学、山东大学、中国人民大学、华东师范大学及英国伯明翰大学等高校和研究机构的著名学者,形成了学术攻关队伍,目前进展顺利。

学科与国内外高校和科研机构保持着频密的交流,外聘兼职博士生导师或兼职教授中,包括中国社会科学院、北京大学、中国人民大学、中山大学、北京师范大学等以及英国剑桥大学、丹麦哥本哈根大学等国外高校和研究机构的学者;同时也有我校教师应聘为南京大学、东北师范大学特聘教授和客座教授,不断深化与国内外学术界的联系与协作。此外,受邀来访的知名学者每年均有十多名,在实现资源共享的同时,提升了学科的影响力,逐渐形成了以天津师范大学世界史学

者为主的学术共同体。

　　人才队伍建设为世界史学科的发展夯实了基础。2012年在教育部学科评估中,世界史排在14名。目前,世界史学科成员担任的学术兼职有中国世界古代中世纪史研究会会长(国家一级学会),中国世界古代史理事长,中国世界中世纪史理事长、秘书长,以及英国史学会副会长、德国史学会副会长等;设有经济－社会史评论网站,还是世界中世纪史网站的主持单位,主办有《经济－社会史评论》刊物,在国内世界史学科发展中承担着重要的角色。近年来,世界史学科为南京大学、山东大学、兰州大学等院校师资输送了一批优秀的毕业生,成为这些985、211院校的骨干教师。

彰显人才聚集效应 推进 2011 协同创新

心理与行为研究院副院长、教授 白学军

2014 年 6 月 9 日 533 期 第六版

实施"高等学校创新能力提升计划"是贯彻落实党的十八大和十八届三中全会精神,全面提高高等教育质量,支撑人力资源强国和创新型国家建设的重要举措;是深化教育领域综合改革,推进高等教育与科技、经济、文化更加紧密结合的重要抓手。在校领导的亲自指挥下,我们以"国民心理健康评估与促进"为主题,主动联合北京师范大学、华南师范大学、南开大学、浙江大学、陕西师范大学、空军航空大学等单位申报了天津市级 2011 协同创新中心。

协同创新中心的目标能否实现,关键是能否聚集高水平人才。在学校的大力支持下,开展了以下几方面的工作。

一、创吸引人才的高地

在过去 30 多年的时间里,沈德立先生领导的心理学团队,通过努力拼搏建成拥有心理学一级学科博士点、博士后科研流动站、教育部人文社会科学重点研究基地、国家重点学科的一流的学科,吸引了许多高层次人才或有发展潜力的人才纷纷加盟。例如,两位教育部长江学者特聘教授、两位渤海学者、一位天津市特聘讲座教授、一位天津市外专"千人计划"加盟本学科。此外,还有一大批毕业于国内外知名高校的博士或博士后来我学科工作,这些新鲜血液的加入,为我学科发展储备了后备人才。

二、建高水平科研平台,给高层次人才提供施展才华的舞台

心理学是一门实证性很强的学科。沈德立先生所创的"实验儿童心理学"就特别强调用实验的手段开展科学研究。要想让高层次人才发挥最大作用,必须提供他们发展的高水平科研平台。

1. 购置了国内第一台 256 导 ERP 仪,建立一流的 ERP 实验室。该实验室培养出心理学科的第一篇优博论文获得者吕勇博士,而且成功吸引了许多知名学者

教授,他们分别用 ERP 开展社会认知的脑机制研究和语言障碍者的脑机制研究,承担多项国家自然科学基金项目,发表多篇高水平的 SCI 论文。

2. 建国际一流的眼动实验室。该实验室在科学研究的成果上,已成为发表研究论文全国第一、在国际刊物上发表论文占全国第一;在人才培养上,我们近五年每年都与国外知名大学联合培养博士研究生,连续两年举办全国眼动仪使用高级培训班,为全国高校培养了近 300 名眼动仪使用的人才;在国际学术交流上,由我们发起的"中国国际眼动研究学术会议"已成功举办六届,成为继欧洲眼动大会之后的另一个国际眼动学术交流平台。

3. 建虚拟认知实验室。我们建立起虚拟认知实验室,特聘加拿大麦克马思特大学的孙弘进教授作为天津市特聘讲座教授。同时还吸引了美国范德堡大学博士后刘仙芸博士加入我学科。

4. 心理健康实验室。我们一方面将国民心理健康素质研究作为主攻科研目标,先后设立十个大项目,目前由北京大学等单位的知名专家领衔开展研究;另一方面与教育部人文社会科学重点研究基地北京师范大学发展心理研究所联合建立婚姻家庭与青少年心理咨询实验室。聘请基地主任、长江学者方晓义教授负责该实验室工作。我本人接替主持天津市重大科技计划项目"天津市民心理健康素质监测系统开发",获得 200 万元资助,目前进展顺利。

三、学校领导高度重视让人才备感尊重和信任

在 2011 协同创新中心的培育过程中,学校领导亲自出马,抓人才队伍的建设。为了得到北京师范大学、华南师范大学和南开大学等兄弟单位的支持,高玉葆校长礼贤下士,亲自登门,到这些学校与其校领导、学科带头人进行协调沟通。杨庆山书记上任伊始,来心理与行为研究院进行调研,并明确指示,学校要大力支持心理学建设与发展,使我院师生深受鼓舞,这股正能量也传递到了与我们协同的兄弟单位的心理学同行。

目前,心理学科已拥有国务院学位委员会评议组成员 1 人,"新世纪百千万人才"工程国家级人选 1 人,天津市"千人计划" 1 人,天津市特聘讲座教授 2 人,天津市授衔专家 1 人,"教育部新世纪优秀人才" 4 人,天津市"131"第一层次人选 4 人,学科领军人才 1 人,中青年骨干创新人才 3 人,天津市"五个一批"人才 1 人,天津市创新团队 1 个。

引进与培养并重　建设国内西方政治思想史研究重镇

政治与行政学院院长、教授　马德普

2014 年 6 月 9 日　533 期　第六版

　　人才工作是高校教学科研和学科建设的基础性工作。一个学校没有高水平的师资队伍，也就不可能有高水平的教学质量、科研成果和学科平台。人才历来是高校稀缺的资源，各所高校都在争夺。政治与行政学院的西方政治思想史学术团队，能够在国内政治学界占有一席之地，在西方政治思想史领域里能够成为国内公认的重镇，得益于我们在团队建设上坚持了引进与培养并重的方针。具体来说，我们主要从以下两方面进行了团队建设。

　　第一，注重自身培养是团队建设的主要方式。天津师大西方政治思想史学术团队的奠基人和带头人是徐大同先生，他于 1978 年从北京大学来到我校，1979 年起招收中外政治思想史专业的硕士研究生，高建教授就是他招收的第一个硕士生。在此后的研究生培养中，他先后留下了 3 位学生，即高建、吴春华和常士阍 3 位同志。他们 4 人组成了天津师范大学政治思想史学科的最初团队。徐先生言传身教，给这些年轻同志定任务压担子，让他们在教学科研中不断得到成长。经过将近 20 年的艰苦奋斗，以他们为主出版了 2 部《西方政治思想史》教材，以及《20 世纪西方政治思潮》《中西传统政治文化比较研究》等多部学术著作，承担了 4 项国家社科基金项目，并最终拿到了博士学位的授予权。

　　我本人于 1999 年以教授身份被引进到天津师大，当年也开始跟随徐大同先生攻读博士学位。后来，我们又接着把佟德志、刘训练 2 位年轻的博士留校，使得团队由原来的 4 人扩展到 7 人，学术实力有了更大的提升。在此后的 7 年时间内，团队的学术成果呈现井喷式的涌现。据不完全统计，从 1999 年到 2006 年这 7 年间，出版的学术著作有：《当代西方政治思潮（70 年代以来）》《现代西方政治思想》《当代西方自由主义》《普遍主义的贫困》《西方政治思想史（五卷本）》等著作 10 多部，同时翻译西方政治思想学术著作 10 多部，出版《中西政治文化论丛》6 辑，承担国家社科基金重大项目 1 项，一般项目 6 项，教育部重大项目 1 项，获批了一级学科博士学位授予权、建立了博士后科研流动站、被评为国家重点学科，政治文化研究所成为天津市第一批人文社会科学重点研究基地。这些成果的取得使我们团队成为国内名副其实的西方政治思想研究重镇——和其他高校相比，承担该领域国家项目最多，出版该领域学术成果最多。

团队取得的这些成就在很大程度上得益于徐先生对年轻同志的精心培养和放手使用。在徐先生的培养下和大家的努力下，这些团队成员都已成长为国内著名或知名的学者，他们在学界承担着各种学术职务，其中全国学会副会长 2 人，国务院学位委员会政治学学科评议组成员 1 人，教育部政治学教学指导委员会委员 1 人，还有 1 人进入"教育部新世纪优秀人才"支持计划，2 人获得"五个一批"人才资助。

第二，从外部引进人才，改变学缘结构，是近几年团队建设的主要着力点。如果从人才引进的角度来讲，我们这个团队的创始人徐大同先生是第一个被引进的人才，我本人虽然是第二个被引进的，但从学缘结构上讲，属于徐门的学缘。为改变近亲繁殖的状况，从 2007 年起，我们开始从 985 高校引进人才。第一个引进的是毕业于武汉大学的高春芽博士，后又陆续从中山大学、清华大学、北京大学和中国人民大学引进了几位年轻博士。这不仅极大地改善了学缘结构，而且进一步增强了团队的活力。

对这些引进的博士，我们也大胆使用，积极培养。他们也不负众望，表现优秀，尤其是高春芽和高景柱两位年轻同志，来校的第二年就拿到国家社科基金项目，今年他们又有希望拿到第二个国家社科基金项目。由于队伍的壮大，团队的科研实力进一步得到加强。2007 年以来该团队获得国家社科基金重大项目 1 项，重点项目 2 项，一般项目和青年项目 8 项；出版了一批高水平的西方政治思想研究著作，如《在平等与责任之间——罗纳德·德沃金平等理论批判》《理性的人与非理性的社会：奥尔森集体行动理论研究》《现代西方民主的困境与趋势》等 8 部；主编出版了有关西方政治思想的三套译丛，一套《马基雅维利全集》，两套研究丛书。

回顾我们团队建设的历程，既有欣慰也有遗憾。欣慰的是，通过几十年艰辛的努力，我们不仅建成了一个素质优良、结构合理、团结协作、能够持续发展的学术团队，也培养了一批年轻有为、思想活跃、富有潜力、获得学界广泛认可的优秀人才；而且，我们产出了一批有影响的学术成果，巩固了国内研究重镇的地位。遗憾的是，虽然我们尽了最大的努力去引进人才，但由于种种条件的限制，一些愿望还是落空，我们的团队建设和学术成就离我们的期望和学科建设的需要还有距离。我们决心，再接再厉，继续奋斗，引进和培养更多更好的优秀人才，建设更强更有影响的学术团队，产出更多更好的学术成果，为我国的现代化和政治文化建设做出更大的贡献。

回顾与展望——写在天津师范大学研究生教育35周年

副校长兼研究生院院长　王群生

2015年1月1日　541期　第二版

　　2014年是天津师范大学开展研究生教育35周年。35年在人类文明史上只是短短一瞬,但对天津师范大学这样一所始建于1958年的大学来讲,却经历了自身发展的关键时期,实现了由传统师范教育为主的教学型师范院校向教师教育特色的综合性大学的蜕变。35年来,天津师范大学的研究生教育紧随国家发展步伐,从无到有、由小变大、由弱渐强,目前已累计为国家和天津市培养了近12000名专门人才,他们分布在祖国各个地区、各行各业,正在为国家的现代化建设做出贡献。我校研究生教育不但为学校转型做出了突出贡献,而且已成为天津市研究生教育的一股重要力量,在全国也具有一定的影响。35年来,我校研究生教育经历了以下四个发展阶段。

　　一是起步阶段,从1979年到1995年。这是我校学位与研究生教育起步并走上正轨,取得初步发展时期。在此期间,国务院学位委员会共组织了5批新增学位授权点审核工作。我校于1981年获得首批硕士学位授予权,经过5批的学位授权点审核,到1995年已有13个二级学科获得硕士学位授予权。在获批的13个硕士点中,有11个属于人文社科领域,2个属于理工科,分别是1986年第3批学位授权审核,获批的第一个理学硕士点——物理化学硕士点,1993年第5批学位授权审核获批的环境地理学硕士点。在这一阶段学校也在积极准备,争取成为博士学位授予单位。至1994年,国务院学位委员会已批准沈德立、王兰垣、米家榕、缪方明、庞卓恒、徐大同6人为博士生导师。沈德立先生还于1992年受聘为国务院学位委员会第三届学科评议组成员。

　　二是迈上新台阶并稳步发展阶段,从1996年到2006年。在此阶段,国务院学位委员会共组织了第6～10批共5批新增学位授权点审核工作。在1996年第6批学位授权点审核工作中,我校被批准为博士学位授权单位,中外政治思想、发展心理学2个学科获得博士学位授权,研究生教育从此迈上了新台阶。随后,1998年第7批学位授权点审核工作中,科学社会主义与国际共产主义运动、史学理论及史学史 2 个学科获批博士学位授权;2003 年第 9 批学位授权点审核工作中,比较文学与世界文学、马克思主义与思想政治教育 2 个学科再获批博士学位授权,心理学获批博士学位授权一级学科;2006 年第 10 批学位授权点审核工作中,政治学、历史学又获批博士学位授权一级学科。经过第 6～10 批学位授权点评审,至 2006 年,我校共有博士学位授权一级学科 3 个,博士学位授权二级学科 22 个,硕士学位授权一级学科 11 个,硕士学位授权二级学科 97 个。同时,为适应国家和天津市对应用型高级专门人才培养的需要,我校还于 1996 年获批全国首批试办教育硕士专业学位研究生教育高校,并于 2005 年获批公共管理专业硕士点。在人才培养方面,徐大同先生和沈德立先生指导的两篇博士学位论文分别获得 2003 年和 2006 年全国优秀百篇博士学位论文,展现了我校在优秀高端人才培养方面的水平。

三是快速发展阶段,从 2007 年到 2012 年。虽只有 5 年,但由于抓住了国家政策调整的机遇,我校研究生教育得以快速发展。在重点学科建设方面,2007 年,我校发展与教育心理学和政治学理论两个学科成功获批国家重点学科,实现了学校国家重点学科零的突破,使我校学位与研究生教育又跨上了新的高度;进入"十二五",我校 10 个一级学科于 2011 年获批天津市第四期市级重点学科,另有 3 个一级学科于 2013 年被增补为天津市重点培育学科。学位点建设方面,在 2010 年第 11 批学位授权点审核和后续调整中,我校获批教育学、中国语言文学、中国史和世界史 4 个博士学位授权一级学科(增加 17 个博士点),获批数学、化学、地理学、生物学、生态学、统计学、工商管理等 17 个硕士学位授权一级学科(增加 45 个硕士点),博士点、硕士点增量位居天津市地方高校首位。特别是教育学一级博士点的获批,填补了天津市的空白,为做强教师教育特色奠定了基础。至 2012 年年末,学校共有博士学位授权一级学科 6 个,博士点 39 个,博士后流动站 6 个,硕士学位授权一级学科 28 个,硕士点 142 个,研究生教育综合实力位居我市高校前列;专业学位硕士点建设方面,先后获得了法律硕士、汉语国际教育硕士和工商管理硕士共 3 个专业学位授权点,特别是在 2010 年,抓住专业学位发展契机,又获得了 6 个专业硕士学位授权点,使专业硕士学位授权点总量达到 11 个,居天津市地方高校首位。2010 年教育部批准全国 64 所高校开展专业学位研究生教育综合改革试点工作,我校教育硕士和汉语国际教育硕士两个专业学位获批立项,这也是天津地区唯一的一所"教育部开展专业学位研究生教育综合改革试点高等院校"。

在导师队伍建设方面,学校抓住 2008 年国务院学位委员会学科评议组换届机遇,成功推荐本校侯建新、马德普、白学军 3 位教授成为国务院学位委员会第六届学科评议组成员(其中后两位为首次进入),使我校拥有国务院学科评议组专家数位列全国地方高师院校首位,我市地方高校第二;同时,成功推荐阴国恩、钟英华、闫国利3位教授为专业学位教育指导委员会委员(其中后两位为首任),使我校在国家研究生教育政策制定、质量保证和监督体系建设方面有了更多话语权。

四是步入质量时代阶段,从2013年至今。随着《教育部　国家发展改革委　财政部关于深化研究生教育改革的意见》(教研〔2013〕1号)等系列文件的颁布,我校学位与研究生教育也步入了内涵提升、综合改革的质量时代。学校制定了《天津师范大学深化研究生教育改革实施意见》(师大政发〔2014〕86号)等系列改革文件并召开我校第二次研究生教育工作会议,启动了研究生教育综合改革。

纵观我校研究生教育35年的发展历程,面对新阶段强化内涵发展的任务,有两条基本经验应予以坚持。

其一,密切关注高等教育和经济社会的形势发展,适时推出顶层设计,抓住并用好我校研究生教育发展的战略机遇期。高等教育是中国特色社会主义的重要组成部分,其发展态势取决于总体改革的进程和需要。地方高校只能顺应这一大势,超前谋划,抢抓机遇,才能实现自身的发展蓝图。35年来,无论是首批硕士授权点的获得、博士授权单位的突破,还是新世纪以来的规模扩大,无一不是强化了机遇"窗口"意识,突出了学校层面的主导作用。目前对研究生教育质量的重视,既是高等教育外延扩大后的必然要求,又是高校发展的又一次机遇;虽然强化培养质量客观上要求管理下沉到学院和学科层面,但学校仍然要肩负重构发展战略、统筹资源的重大责任。

其二,客观认识本校的发展条件,坚持实事求是原则,运用改革模式和开放举措组织研究生教育的资源配置。教育生产力的形成归根结底是资源配置问题。在这方面,不同层次的教育和不同背景的学校,所拥有的资源条件是不同的。虽然教育过程本身具有相似性,但不同学校在实现该过程中的特点和做法应该是不同的。35年来,我校研究生教育发展迅速,目前已拥有的6个博士学位授权一级学科、39个博士学位授权二级学科、28个硕士学位授权一级学科、142个硕士学位授权二级学科和13个硕士专业学位类型,已基本建立起综合性大学研究生教育学位授权体系,校内招生选拔和培养质量保证体系也已基本建立。目前需要特别关注两个问题:首先,需要逐步推出课程资源、科研信息资源共享的实施方案,使本市乃至国内外的优质教育资源能够为我所用;其次,进一步打通本科和研究生教育的资源共享渠道,建构我校全面提高教育质量的新常态。

35年过去了,许多开创并壮大研究生教育的领导、学者已经退出了岗位,我们感激他们为学校研究生教育发展做出的贡献。今后,我们能为学校研究生教育、能给这所积淀深厚的大学的发展做些什么?答案只有一个:我们只能更加努力,因为我们拥有一份历史,这份历史是开创的历史、光荣的历史,更是奋进的历史。刚刚召开的我校第七次党代会已经为我校未来的发展做出了总体部署,学校第二次研究生教育工作会议也对研究生教育综合改革提出了具体要求,环顾四周,兄弟院校的快速发展,使我们只能理性地认识自己取得的成绩。今后我们要坚持立德树人,服务需求,改革招生选拔、分类培养、导师责权等机制,加快完善学位授权体系、质量保证体系和研究生奖助体系,努力营造浓厚的学术氛围和育人氛围,努力提高研究生教育质量,构建我校研究生教育新体系。我们要继续踏实工作、砥砺前行,为实现学校的奋斗目标和宏图伟业奋力拼搏,为事业更好地传承,尽到我们的责任。

坚持以德立人和实证精神 培养研究生的创新能力

心理与行为研究院院长 白学军

2015 年 3 月 27 日 544 期 第二版

今天参加学校的研究生教育工作会议,感觉非常兴奋。首先祝贺我校研究生教育工作会议胜利召开! 今天,我作为研究生指导教师的代表,站在此庄严而神圣的讲台来发言,心中既感到荣幸,又非常惶恐不安。这不仅因为我面前坐着许多前辈,他们学识、修养都比我高;还因为我深知自己年轻,才疏学浅,思想道德修养和政治觉悟都需要进一步提高。

因此,以下所汇报的内容,如有不妥,请多批评指正!

我是从 1996 年开始成为硕士研究生导师,2003 年成为博士研究生导师。近两年来,我在培养研究生的过程中取得了一点小的成绩。

2013 年,我指导硕士研究生郭志英,其毕业论文被评为 2012 年度天津市优秀硕士学位论文。

2013 年我指导的硕士研究生李士一、王中婷,2014 年的周菘、王超、史立蒙获得国家奖学金。

在读博士研究生张慢慢,2013 年获国家奖学金,2014 年获校博士新人资助计划人选。

2013 年,我与英国南安普顿大学联合培养的博士研究生梁菲菲获得了国家奖学金、天津市农商行创新奖学金特等奖、研究生专业英才奖。

2014 年,我指导的博士研究生孟红霞毕业论文获得天津市优秀博士学位论文。

2014 年毕业的博士研究生贾丽萍,在学期间两获国家奖学金。由其参与完成的论文发表在学科级刊物《心理学报》并成《心理学报》2013 年发表论文中引用率最高的论文,2014 年被《心理学报》评为上一年度优秀论文。

这些成绩的取得主要有以下几点经验,与大家分享。

第一,学科发展是保障。

我校心理学科的发展,已为研究生们提供了非常好的科研环境和实验研究平台。心理学科在近半个世纪的发展中,以实验心理学为引领,强调将主观的心理活动用客观手段和方法加以记录和分析,特别是对脑的活动的监测,大大提升了心理学科学化的水平。如果没有国内一流的心理学实验室,不可能有好的研究成果。我要感谢学校领导及相关部门长期对心理学科的投入。

2000年以沈先生为首席科学家领导的心理学科团队,成功申请到了教育部仅在6所地方高校中设立人文社会科学重点研究基地。我校是6所高校中唯一一所办学历史不过50年的学校。由于科研条件的改善,我在沈先生的支持下,首先为博士研究生提供每人仅3平方米的工作空间,这极大地激发了他们的学习积极性。因此我相信,同辈之间的相互交流不仅能促进研究生们的团队意识、合作精神的培养,更能提高他们的科学研究能力和创新能力。

第二,团队导师的通力合作。

心理学科博士点创始人沈德立先生,生前特别重视博士研究生指导教师组的建设。最早的导师组成员有沈先生、阴国恩教授和我。之后,又有了梁宝勇先生加入。

从选题到研究方案以及到具体实验的实施,都需要听取导师组的建议。这一优良的学风已经被我们学科全体导师所继承并发扬光大。例如,我们的汉语阅读的眼动研究团队,每一位导师能做到在学生遇到问题请教时,都认真、耐心、细致地解答或解决。在讨论研究方案时,都是献言献策。我们深知,个人的力量是有限的,但团队的力量是无限的。目前,我校的汉语阅读眼动研究取得了让国际同行关注、国内同行羡慕的成就,成为国内汉语阅读眼动研究的学术中心。

第三,坚持"人以德立"。

我的导师沈德立先生生前讲过这样一段话,我在这里转述一下:"人总要有一种精神,不能光考虑物质利益。不能以自己为中心来考虑问题,要多想想国家和人民的需要,还要想想其他同志的利益。"

沈先生是这样说的,更是这样做的。他被心理学界和教育学界公认是"人以德立"的典范。

作为研究生导师,表率作用非常重要。教师的一言一行,都会对学生产生深刻而深远的影响。

根据自己的求学和工作经历,我总结出作为一名研究生导师,应该教会自己的弟子们两样本领。从1996年开始指导研究生到现在,我发现:如果学生能够做到这两点,不仅他们在学期间优秀,而且毕业后也会优秀。相反,那些不能做或不愿意做的学生,不仅在学期间表现一般,而且毕业后也很平常。

这两项本领是什么呢?

它们是:"吃苦"和"吃亏"。

吃苦有四层次含义:第一,坚持且有韧性;第二,守住清贫;第三,下得了苦功夫,能够流汗;第四,以苦为乐,苦中作乐!

吃亏有四层次含义:第一,多奉献,少计较;第二,多主动和积极帮助他人,少被动和消极等待;第三,多公心,少私心;第四,多交流与合作,少封闭。

第四,培养学生的科学精神和创新意识。

实事求是科学精神的核心,开拓创新是科学精神的本质。

心理学作为一门实证的学科,我们从研究生一入校,就加强他们实验方法和动手操作能力的培养,让学生掌握一种或几种心理学实验仪器的使用。

同时,在导师的指导下,找准所要主攻的科研问题,从浅入深地进入科学的前沿。通过让研究生完成一项一项的实验活动,来培养他们的科学研究能力。

多年以来,在科学研究上我采用"模仿、改造、创新"模式来培养研究生。将许多心理学爱好者变成了心理学的高级专门人才。通过让研究生亲自尝试科学研究中的成败,从而领悟科学研究的真谛。

能为国家培养高级专门人才,是我们这些研究生导师的光荣与责任。我在此倡议,全体导师应以"只争朝夕和时不我待"的精神,加倍努力工作,为实现我校"国内一流的教师教育特色综合性大学"奋斗目标添砖加瓦。

仅以北京师范大学资深教授、著名心理学家林崇德先生(他是我的导师)的座右铭同大家共勉:

教师应努力培养出"能超越自己的学生"。

专业学位研究生实践教学需要避免的几个误区

——以教育硕士实践教学为例

教师教育学院院长　王光明

2015 年 4 月 17 日　545 期　第二版

专业学位是针对社会特定职业领域的需要,培养具有较强专业能力和职业素养、能够创造性地从事实际工作的高层次应用型专门人才而设置的一种学位类型。目前,我国已基本形成了以硕士学位为主,博士、硕士、学士三个学位层次并存的专业学位教育体系,并将逐步加大专业学位研究生教育规模。

我校 1996 年开始招收教育硕士(全国首批),2010 年获批全国专业学位研究生教育综合改革试点校,2013 年在全国教育硕士综合改革试点校评估中获得优秀成绩。多年来,我们不断探索教育硕士实践教学的改革之路,下面总结出的教育硕士实践教学要避免的几个误区,既是教育硕士研究生教育改革的成果,又会对其他类型专业学位研究生教育改革有一定的启示作用。

误区一:实践教学等同于技能训练

教育硕士的实践教学环节不同于教学技能的训练,不是简单的"见习 + 实习"。实践教学中的"实践"既包含师生到基础教育一线进行实践,又包含师生的自主实践;"教学"不仅指外显的教学技能,还包括教学目标与教学内容等内涵性的基本要素。

基于此,凸显实践的教学意蕴应有两层意义:一是教育硕士师生能够共同驾驭基础教育实践的教学环节,必须掌握基础教育新课程理念与内容,具备研究基础教育实践问题的教研能力。二是教育硕士师生都要有较强的实践教学能力。教师的教学本身应具有示范性和见习价值;硕士生则应能居于较高观点分析学科的课程体系,拥有娴熟的教学技能,理科生还应具备较强的实验操作能力。

误区二：将实践教学的任务简单交给基地校的实践指导教师来完成

建设一支驾驭基础教育实践教学的师资队伍，是保证教育硕士培养过程中实践教学质量的关键所在。要对学科教学方向的教育硕士导师提两点基本要求：首先，要对本学科基础教育的课程标准了如指掌，对于基础教育的课程内容融会贯通；其次，要对基础教育实践有较强的教研能力。我们强调教育硕士导师每周一次到基础教育田野实践，协同基础教育教师参与教研、备课、研课、评课等活动，对存在的问题，做诊断，开"药方"。

通过基础教育服务项目不但提高了教育硕士指导教师驾驭基础教育实践的能力，而且为我校教育硕士课程建设提供了生成性教学资源，对保证教育硕士课程的基础教育实践品位，具有积极的反哺作用。

误区三：重视实践性是部分课程和部分教师的任务

重视实践性是对专业硕士所有课程内容和所有课程教师的基本要求。

凸显实践韵味是对每门课程的要求。学位课程担负着形成课程理念、教学观与学生观的任务，这不能靠灌输，要通过"从理到例"的案例，通过学思结合的活动来完成；专业课程要通过"从例到理"的案例，通过知行统一的活动让学生经历知识与应用相结合、理论与实践相结合、认知与实验相结合，从而理解知识，锻炼教学技能。陶行知先生推崇"教学做合一"。现实存在的"按我说的做，但不要照我做的做"形成的知行割裂、言行不一使教育硕士不能对所学教育理念完全认同。拥有教学示范性，是对承担每门教育硕士课程教师的基本要求。

误区四：见习就是将学生带到实践基地让学生去做观摩

见习是开阔学生视野，获得实践技能不可或缺的环节，但要避免井底之蛙式样的见习，要让学生熟悉多元化色彩的教育实践。

见习可以请基础教育优秀教师来授课、讲座或座谈，也可通过观摩国内外优秀教师的教学视频，组织教学技能大赛，走访特色基础教育学校等方式来实现。譬如，我们组织部分教育硕士生到杜郎口中学等校做观摩，在这些学校进行教学演习，并与中学教师深入交流。

除显性见习外，任课教师的教学示范具有隐性见习的价值。例如，我们学科教学（数学）方向聘请了四位特级教师、一位中学校长（博导、教授）为教育硕士授课，他们丰富的实践经验、理论功底及启发性案例的选取，不但具有示范性，还为学生隐性见习提供了极好机会。

误区五:实习要求与种类千篇一律

学生实践能力不一,实践导师类型客观上也有差异,实习种类不宜千篇一律。我校教育硕士实习探索多元化的方法,保证实习效果。

1."在岗"职业实习模式。推荐教学技能和专业水准较高的学生参加半年到一年的"在岗"实习。教育硕士生相当于代课教师,实践指导导师对学生要经历课堂"面对面"、信息技术遥控、反思交流等指导过程。

2."不在岗"实习模式,分为"职业融入式"和"职业非融入式"(游学)。

职业融入实习模式:教育硕士生融入实践导师所在学校的班级,参加命题、批改作业、答疑和部分课程的教学工作,完成每周至少一次的教学演习、每月至少两次的实地教学任务。导师对学生要经历教学设计、课外演习、课堂"面对面"等指导过程。

职业非融入实习模式:学生不在实践指导教师所在单位实习,而是跟随他们到各实践学校实习,相当于导师的教研"秘书",完成每周至少一次的教学演习、每月至少一次的实地教学任务。导师对学生要经历教学研究设计、成果表达、演习、课堂"面对面"等指导过程。

误区六:专业学位研究生可淡化科研要求

有人认为,专业学位的研究生可淡化科研要求,这种观点是不正确的。各类研究生都需要科研,只是学术型重学术创新,而专业硕士侧重应用研究。譬如,我们联合加拿大多伦多大学的同行,让学术型研究生参与开发数学学习策略、数学元认知等量表,而让教育硕士研究生基于这些量表开展使用手册的应用研究。

教育硕士的学位论文选题要特别注重应用性研究,体现教育实践意蕴。

1. 基于基础教育教学内容的问题做选题。学科教学方向教育硕士的论文选题不能去"基础教育课程教学内容化",即不能空谈泛论,或单做一项调查。我们要求学科教学方向的教育硕士论文围绕服务基础教育过程中发现的真问题或是课程教学过程中生成的问题做选题。

2. 基于教师的基础教育研究课题做选题。对待教育问题,不能简单地摸着石头过河,而要以研究的视角去审视、分析、解决教育实践问题。我校与天津市翔宇教育基金会合作组建基础教育实践研究所,秉承"联合协作,注重实践,互惠互利,共同发展"的原则,预判和解决基础教育实践的真问题,将问题上升为课题,推进教学研究与实践紧密结合。我们部分教育硕士学位论文选题就源于该研究所申报成功的课题或其他基础教育省部级及以上课题。

　　培养专业硕士实践能力的改革不是简单针对某一要素做局部改革,而是要整体把握实践教学的架构,做综合改革,这是保证专业硕士研究生培养系统中凸显实践教学内涵的前提条件。为此,要有相应的外部条件做保障。其一,亟待建立专业硕士任课教师科研绩效的评价和管理的新机制,引导教师重视实践的研究;其二,加快硬环境平台的建设,不论分散培育或集中培养,都要在组织结构、实验环境等方面进行投入,支撑实践培养模式。

开展学位授权点合格评估的思考

学科建设办公室主任、研究生院常务副院长　郭龙健

2015 年 5 月 18 日　546 期　第二版

　　继教育部、国家发展改革委和财政部颁布《关于深化研究生教育改革的意见》后，国务院学位办又推出了《学位授权点合格评估办法》和《关于开展学位授权点合格评估工作的通知》等文件，文件确定于 2014—2019 年开展学位授权点合格评估工作。谈起教学水平评估，大家并不陌生，那么，立足于提高研究生教育质量的《学位授权点合格评估办法》推出的意义是什么？如何开展学位授权点合格评估？评估将对研究生教育产生哪些影响？弄清这些问题将对进一步深化我校研究生教育综合改革具有重要意义。

一、要切实提高研究生教育质量，必须打破学位授权点"终身制"

　　我国自 1981 年颁布《学位条例》以来，研究生教育迅速发展，从最初每年授予不足 1 万人硕士、博士学位，发展到现在每年授予硕士、博士学位 60 多万人。30 多年来，我国已累计培养了 50 多万博士、400 多万硕士，他们分布在各行各业，成为各行各业的领军人物和骨干力量。在肯定成就的同时，我们也清楚地看到，我国研究生教育在迅速扩张的同时面临着突出的一些问题，首先是质量上，研究生的创新能力和实践能力存在缺陷，还不能满足我国全面建设小康社会和建设创新型国家对高端人才的需要，一些高校存在着追求发展速度、轻视培养质量的倾向；其次是研究生教育质量保证体系的建设相对滞后，不能很好地适应研究生教育的快速发展，一个典型的现象是学位授权点基本上是能上不能下。

　　《学位条例》第十八条明确规定："国务院对于已经批准授予学位的单位，在确认其不能保证所授学位的学术水平时，可以停止或撤销其授予学位的资格。"可以说在法理层面上，学位授权点不是"终身制"，不是一朝获批，就终身受用的。随着学术自身和社会发展对人才需求的变化，高校办学目标的调整和师资力量的变化，学位授权点也要进行动态调整，主动适应需求。新推出的《学位授权点合格评估办法》紧扣服务需求和提高质量这一改革主线，提出对学位授权点开展周期性

和常态化的评估,从而打破学位授权点的"终身制",以促进我国研究生教育健康发展。

二、学位授权点合格评估是高校内部质量保证体系建设的重要内容

研读国务院学位办新推出的《学位授权点合格评估办法》等文件,可以发现学位授权点合格评估可概括为力求实现以下几个转变:引导培养单位由过去的被动接受评估转向一种日常的、主动的、自发的内在评估,强化常态性的内部质量保证体系建设;评估方法由以定量为主转向定性与定量相结合;评估主体由过去的政府主导转向以培养单位自评为主并充分发挥第三方同行专家的作用。新推出的评估办法,没有规定统一刚性标准,不设立烦琐的程序,充分考虑到培养单位的现实需要,允许各单位根据情况,统筹博士点与硕士点、学术学位与专业学位评估,允许其自主确定评估方案、自主安排评估时间与进度,鼓励有条件的高校积极开展国际评估或认证,根据其自我制定的标准,结合学科发展的未来前景或人才培养与社会需求间的适应性,自主调整学位授权点,这些办法措施都是在打破过去评估工作中的"被动式",鼓励高校结合自身学科与培养特色自我诊断、自主调整,从而引导其围绕自身定位明确培养目标、创新培养机制和形成特色,在最大程度上保护培养单位的自主权和形成特色。

从评估内容上看,新推出的学位授权点合格评估不同于学科评估,不是以科研为主导的评估,评估报告的呈现以写实为主,特别突出研究生培养的质量、特色和效益,淡化量化规模指标,克服了以往重量轻质、见物不见人的不良导向,把人才培养质量,而不是将科研水平置于核心地位,如学术学位授权点评估重视研究生的科研素质与创新能力、专业学位授权点评估重视研究生的实践与职业能力。可以说,学位授权点合格评估力求使评价导向从过去的"重科研"转变为以人才培养质量为核心。

三、开展合格评估需要注意的问题

第一,避免评估走过场。以培养单位自我评估为主,很容易产生走过场和形式化的现象,偏离评估目标。为避免评估走过场,要进一步细化评估办法,培养单位应制订一个明确而具体可行的自我评估方案。评估方案的严肃性、科学性、合理性与可行性本身,就是自我评估质量的体现。

第二,评估无统一标准,不等于没有基本要求,各培养单位一定不能触碰基本要求的底线。以自评为主的合格评估虽然不设立统一标准,但标准和要求可能更高,各培养单位的合格标准要与其发展目标和办学水平相一致,这个标准不能低

于国家基本要求,也不是一成不变的,要随着人才培养水平的提高而不断提高。在办法中,国家也提出了国家和省级学位委员会要对各培养单位学位授权点合格评估进行抽检的具体要求。

第三,评估不是完成任务,而是通过迎评,促进校内质量保证体系建设的过程。要通过准备学位授权点合格评估,健全学校、学院两级学位授权点合格评估领导机构和学术机构,依据学校研究生教育的目标定位,制定各一级学科和专业学位博士、硕士学位人才基本要求、学位授权点合格标准并完善相应的质量保证体系建设。

第四,评估是手段,经过建设,需进一步诊断问题才是评估的目的。合格评估的目的,不是简单地判定学位授权点是否合格,而是评判其人才培养规格、特色和标准是否符合办学定位,还存在哪些问题,需要采取什么举措来解决问题。因此,无论是自评报告还是同行专家评议意见,其主体内容构成应该包括写实性、分析性、诊断性和规划性等多个部分,尤为突出问题诊断和改进措施。

第五,要通过准备学位授权点合格评估,主动调整结构,优化学位授权体系。我国学位授权审核制度实行了30多年,在学位授权点布局基本完成的前提下,放权给各培养单位依据区域经济社会发展的需要和人才培养的条件自主调整学位授权点是我们国家的既定方针。准备学位授权点合格评估的过程实际上也是各授权单位优化学位授权体系的过程,敢于放弃培养质量不高的学位授权点,主动调整建设已形成一定特色和优势或能为区域经济社会发展培养创新人才的学位授权点是本轮次学位点合格评估给各培养单位提供的契机,各培养单位应抓住机遇,主动优化学位授权体系,服务于社会发展需求和学校的办学定位。

围绕中心 服务大局 开创工会工作新格局

校工会常务副主席 刁雅芸

2016 年 1 月 1 日 554 期 第四版

今年 7 月中央党的群团工作会议在北京召开,习近平总书记出席会议并发表重要讲话,由党中央专门召开群团工作会议,这在党的历史上还是第一次,规格之高、影响之大,前所未有,具有里程碑意义。天津市委、教育部、总工会等各级党委(组)也先后召开专题会议,部署党的群团工作,由此可见党的群团工作已经进入了新阶段,开启了新篇章。作为群团组织之一的校工会,我们深知地位越是受到重视,肩负的责任就越是重大,下面我代表校工会就如何贯彻落实中央群团工作会议精神提出几点想法。

一、坚持党的领导,明确工作思路

坚持党的领导,这是做好工会工作的根本保证。我们要自觉服从校党委的领导,贯彻校党委决策部署,在思想上、政治上、行动上始终同校党委保持高度一致。

1.认真组织学习十八届三中、四中、五中全会精神,中央和市委党的群团工作会议精神,全面落实学校群团工作会议部署,努力做好团结教职工、组织教职工、服务教职工的工作,自觉承担起引导教职工听党话、跟党走的政治任务,为夯实党的执政基础和群众基础做出贡献。

2.明确工作思路和目标。进一步贯彻落实学校第七次党代会精神,强化内涵发展,强调重心下移,充分发挥基层工会的作用,校院两级工会一起围绕"民主管理、勤勉服务、开拓创新、凝心聚力"的工作理念,打造"民主、和谐、温暖、快乐"的工会文化。工作中既要围绕学校工作主线搞好"公转",在大局下思考,在大局下行动;又要聚焦服务教职工搞好"自转",寻找工作的结合点和着力点,以真心、真情、真诚服务广大教职工,努力创建学习型、服务型、创新型工会,这就是我们的工作目标。

二、加强民主管理，推动和谐发展

校工会要成为校党委联系广大教职工的桥梁和纽带，要成为教职工思想的关心者、意见的代言者、权利的维护者。为了发挥好这"三者"的作用，就要经常深入教职工中，倾听他们的呼声，反映他们的意愿，做好他们的思想工作，把校党委的决策部署变成教职工的自觉行动。

1. 认真做好第六届教职工代表大会暨第十届工会会员代表大会的换届工作，做好教代会代表、分团团长、分会主席的培训工作，为进一步统一思想、凝聚力量，促进和谐校园建设，推动学校各项事业内涵式发展奠定坚实基础。

2. 做好教代会提案的征集、协调督办等工作，加大提案的落实力度。对教职工关心的热点问题，以及涉及面大、关注度高的重点提案，提交校领导办公会，供领导决策参考。提倡各承办部门负责人主动与提案人加强面对面的交流与沟通，以便形成共识并落实到位。

3. 强化维护教职工合法权益的意识，这是工会组织的基本职责。要引导教职工正确行使民主权利，在依法治校、科学决策、民主监督与管理等方面充分发挥作用。在这方面校工会要大胆履责、积极作为，依法依章程开展活动，努力赢得教职工的信赖和支持，最广泛联系和团结教职工，真正帮助教职工解决实际问题。

三、激发创新活力，服务中心工作

改革创新是工会工作保持生机的不竭动力，服从服务于党的中心工作是工会工作的重要使命。加大创新力度，服务学校工作大局，既是我们工作的价值所在，也是我们不懈追求的工作目标。

1. 把竞赛作为激发教职工创新能力的重要载体，推动形成竞赛活动的长效机制。继续举办我校青年教职工基本功竞赛，组织优秀选手参加天津市高校青年教师教学基本功竞赛以及师德演讲比赛等；进一步深化"五比双创"劳动竞赛，充分激发教职工的工作热情、创新潜能和创造活力，为广大教职工搭建勤奋工作、创新工作的平台。

2. 广泛宣传和推广"劳模创新工作室"制度。学校已下发实施文件，并且白学军教授领衔的劳模创新工作室的工作备受市教育工会领导的关注，已被列入重点创新项目加以支持。要大力弘扬劳模精神，充分发挥劳动模范和先进人物的示范引领作用，激励和带动广大教职工在学科专业创新、指导学生创新创业、服务学校和社会发展等方面发挥更多的作用。

3. 围绕"提升教师素养，提高教学质量"这一永恒主题，校工会将鼓励各基层分会开展青年教师"拜名师、结对子"活动,一帮一地传授教学技能和教学经验。积极探索实施"青年教师新知论坛"等活动的轮值制度,充分调动各学院的积极性,由各学院轮流与校工会联合开展活动,努力将"青年教师新知论坛""教授联谊学术沙龙"等活动打造成受教师欢迎的品牌活动,搭建教授、青年教师学术交流沟通的平台。

四、强化服务意识,发挥凝聚作用

为教职工服务是校工会的天职。要把服务学校工作大局与服务教职工有机结合起来,立足职责定位,突出主责主业,坚持服务教职工的生命线。

1. 进一步增强群众观念。经常同教职工进行面对面、手拉手、心贴心的零距离接触,增进对教职工的真挚感情,多为教职工做好事、办实事、解难事,努力成为教职工信得过、靠得住、离不开的知心人、贴心人。

2. 积极开展丰富多彩、形式多样的文体活动,满足教职工多层次的精神文化需求,凝心聚力、提振士气,为校园文化建设贡献力量。积极支持并鼓励基层学院开展"教工活动日"等教工喜闻乐见的各类活动。此外,依托各学院,深入挖掘潜能,激发基层工会活力,继续开展"物理好玩""子衿讲堂""遇见生命""心理健康公益大讲堂"等各类系列活动。

3. 继续做好对劳动模范、专家人才以及生活困难教职工的慰问和帮扶工作;做好教职工大病救助金管理及发放工作;做好教职工一年一度的体检工作;做好退休教职工的慰问工作,送上组织的关怀;实施教职工心理援助计划,进一步把我校教职工心理沙龙活动开展起来,通过开展瑜伽、烘焙等丰富多彩、形式多样的心理沙龙活动,丰富教职工生活情趣,缓解教职工心理压力,创建和谐工作氛围。

4. 进一步加强校院两级教工活动中心和教师之家的建设。改善教工活动中心的硬件环境,做好活动中心的管理工作,使教工活动中心真正成为教职工开展活动、放松心情、增进感情、喜欢去、愿意去的良好场所。

五、注重自身建设,增强工会活力

1. 加强工会的制度建设。2. 加强工会的组织建设,做好工会干部的培训工作,不断提高思想政治素质、业务能力和工作水平。3. 做好工会的宣传工作。4. 加强工会的调研工作。

围绕中心定好位　服务发展尽职责

——我校留学人员联谊会、归国华侨联合会工作情况报告

统战部部长　展　冬

2016 年 1 月 1 日　554 期　第四版

留学归国人员和归侨侨眷是党的统一战线事业的重要工作对象,联谊会、联合会按照章程开展活动是统一战线凝心聚力的重要体现,也是党的群团工作的重要组成部分。多年来,在校党委的正确领导下,天津师范大学留学人员联谊会和归国华侨联合会始终坚持"围绕中心定好位,服务发展尽职责"的工作思路,分别开展了卓有成效的工作。借此机会我代表两个组织简要介绍工作情况,同时汇报一下下一步的工作打算。

一、适应新形势,谋求留联会新发展

留联会以"凝心聚力、服务发展"为目标,以"重大节日庆祝活动、送温暖活动、助发展活动"三大活动为载体,通过组织建设,努力使留联会成为校党委联系留学人员的桥梁和纽带,使留学归国人员成为学校事业发展的人才库和生力军。

(一)加强组织建设,留联会成为人才的"集聚地"

2008 年 11 月我校在天津市属高校中率先成立留学人员联谊会。2013 年,为了更好地适应学校建设、社会发展和留联会组织建设的需要,结合我校留学归国人员队伍不断扩大的实际,在人员相对集中的外国语学院、音乐与影视学院、国际教育交流学院成立了分会,分会结合自身专业特点开展活动,成效明显。

截至目前,我校有海外学习、工作经历的人员 284 人,其中副高级以上职称 154 人,博士 123 人,硕博士生导师 102 人。留联会成员充分发挥智慧和才能,在教育教学、科学研究、服务地方经济等方面都取得了令人瞩目的成绩。4 人分别荣获 2009 年、2011 年、2013 年中国侨联颁发的"中国侨界贡献奖"(创新人才奖),化学学院团队荣获"中国侨界贡献奖"(创新团队奖),4 人被聘为天津市特聘教授,2 人获天津市优秀留学人员称号。

(二)丰富活动内容,留联会成为学校和留学人员的"连心桥"

一是开展重大节日纪念活动。与校侨联联合举办"情系中华、心连五洲"大型

摄影展庆祝新中国成立 60 周年,举办"回顾昨天、彰显今天、展望明天"庆祝中国共产党成立 90 周年联谊活动,参与"携手齐颂统战情,同心共筑中国梦"庆祝建国 65 周年联欢会等。通过重大节日纪念活动,对留联会成员进行爱国、爱党、爱家乡的教育和思想引领。

二是开展助发展活动。留联会成员参加学校重大会议,学校重要决策前征求意见已形成惯例。中秋座谈会,与校领导直接对话,围绕学校提高教学科研和管理水平提出积极建议。借助天津市留联会这个平台,在更高层面上进行交流,在服务天津经济社会发展上出实招、上水平。组织参加各种交流会,帮助留学人员加强创新、创业交流,邀请优秀留学人员面向联谊会成员和国际标准化课程实验班学生做系列学术讲座。留联会成员创办的科技有限公司,在科研成果转化为生产力的道路上迈出了可喜一步。

三是开展送温暖活动。定期走访慰问留学归国人员,特别是其中的重点人物。按照政策,留联会成员子女升学加分问题得到了圆满解决。

(三)发挥自身优势,留联会成为扩大学校影响的"新载体"

一是发挥外联优势,提升学校声誉。选送的国画、摄影作品入选"天津滨海高新区文化艺术节优秀作品集";自 2009 年留联会常务副会长孟广文教授代表天津市留联会参加中国留学人员第一届"留学报国杯"乒乓球友谊赛获男队冠军后,师大留学人员连续参加此项赛事,均获得好成绩。

二是发挥智力优势,当好参谋助手。佟德志教授提出的《天津应注意加强多种语言表现,提高国际化水平》的建议,在政府工作决策层面发挥了积极作用。四人参加天津市委统战部组织的选派党外专家到区县挂职服务活动,为区域经济发展提供智力支持和服务。

三是发挥专业优势,参与科技扶贫。留联会会长韦福祥教授等赴河北省阜平县开展科技扶贫,为革命老区的旅游业发展和产业规划献计出力,在当地树立了良好形象,提高了学校的美誉度。留联会成员参加京津冀协同发展研讨会,就京津冀区域合作与发展路径展开研究;参与丝路与自贸区学术交流与考察,协助举办"一带一路"倡议学术报告等。

二、凝聚侨心、发挥侨力,努力做好侨务工作

师大侨联成立于 1991 年,现有归侨侨眷 120 人。多年来,侨联坚持"以服务凝心,以感情聚力",围绕学校中心工作发挥了独特作用。目前,2 人任市侨联常委,2 人任市侨联委员,1 人任缅华同侨会会长。1 人荣获全国侨联系统先进个人称号(我市共 7 名),2 人荣获全国归侨侨眷先进个人称号(我市共 25 名),1 人当

选我市出席全国九次侨代会代表(我市共 21 名)。

(一)关注侨生,维护侨益

一是认真落实党的侨务政策,依法保护归侨侨眷合法权益。按照天津市侨办有关政策,做好新侨、侨眷的重新认定工作,配合解决华侨子女升学加分问题。开展侨法宣传月活动,落实老侨生活补贴政策,配合市侨办为老侨办理意外伤害保险,为患重大疾病的老侨申报困难补助。协助市侨联做好空巢老侨的服务工作,实实在在为他们解难、办事。

二是对归侨做到政治上关心,感情上尊重,生活上照顾。通过电话、电子邮件等方式解读侨务政策,宣传侨界动态,向他们通报情况,使他们了解政治形势,了解天津市经济发展和学校工作情况。

(二)体察侨情,慰暖侨心

一是靠前服务,把慰问做细,多种形式做好各类慰问。除平时电话慰问,生病入院慰问外,坚持在中秋节和春节前入户慰问,帮助他们解决生活中遇到的难题。每年元旦春节前向归侨、侨眷、台胞、台属和海外校友邮寄、发放贺年卡(慰问信)达 300 余张(2013 年起改发电子贺卡慰问信),联络感情,宣传学校事业发展取得的成绩。

二是精心谋划,把联谊做深,积极主动开展联谊活动。2014 年完成侨联换届,选举了新一届委员会。在庆祝新中国成立 60 周年之际,与校留联会共同举办"情系中华、心连五洲"大型摄影展,摄影展资料和光盘被中国华侨历史博物馆珍藏。组织赴滨海新区参观、游海河夜景等有益身心健康的联络联谊活动,把归侨组织起来、团结起来。

三是绵绵用力,把友谊做长。关心关注海外侨友,在马航失联、泰国菲律宾洪水等自然灾害和突发事件发生后,代表学校,及时给予关注和慰问,使海外侨友能及时感受到来自祖国和学校的温暖。我校归侨撰写的《党与统一战线中的挚友——华侨》等文章发表在《天津统一战线》等统战刊物上。

(三)汇聚侨智,发挥侨力

一是积极参加学校组织各类工作会议、情况通报等活动,深入开展调研,针对我市经济发展、侨法实施等问题提出意见建议。开展"储备能力、助力就业"主题讲座,为我校学生提供职业生涯规划和求职技巧指导,增强学生的职业竞争力。

参加"中国创造"之路论坛、"环渤海经济区位作用"研讨会,参与天津市留学人员联谊会、滨海新区、南开区海联会有关侨界事务、海内外科教事务的咨询工作,参与天津市民心工程——天津市家庭教育大讲堂的授课工作。

二是积极推动华文教育和文化交流。原侨联主席蔡秀慧等老师多次接待美国北卡州商会、北卡大学及香港归侨访团人员,向他们讲述国内的变化,介绍学校和滨海新区概貌。为美国"爱故乡活动"制作"天津风光"电子版相片,宣传天津发展的巨大变化。原侨联委员罗伯良老师参与创建天津华社组织,为马来西亚华文学校筹款,并参与组织艺术团体到马来西亚的义演,增进交流,弘扬中华文化。

三、乘势而上,扎实工作,再创新业绩

党的群团工作会议为我们的工作和自身建设发展指明了方向,在今后的工作中我们将不断创新工作思路和方法,结合实际,积极履行职能,坚持发挥桥梁纽带作用,坚持围绕中心,服务大局,为学校事业发展更广泛地凝聚人心,汇聚正能量。

具体做好以下三方面的工作。

一是加强思想引领,把留学归国人员和归侨侨眷紧紧地团结在党的周围。二是加强关爱服务,把留学归国人员、归侨侨眷的心紧紧地连在一起。三是加强自身建设,把组织真正建成留学归国人员和归侨侨眷之家。

新局面　新发展　新作为

校团委书记　程　勇

2016 年 1 月 1 日　554 期　第四版

今年下半年,党中央和市委相继召开党的群团工作会议,印发《关于加强和改进党的群团工作的意见》,团市委前不久组织了专题读书会,全市 200 多名团干部集体学习了中央和市委的群团工作会议精神,在学习中,不仅心潮澎湃,同时也感到肩上责任重大。下面结合我校共青团工作实际和个人所思所想,就新时期高校共青团如何发挥党的助手和后备军作用,如何进一步增强共青团组织的政治性、先进性和群众性,如何更加紧密地凝聚和服务所联系的青年群众,谈几点感想。

一、学习会议精神,深刻认识定位,开创新局面

由党中央召开党的群团工作会议,在历史上是第一次。会议上,习近平总书记从巩固党执政的阶级基础、群众基础的战略高度,从党和国家事业长远发展的全局高度,深刻阐明了党的群团工作的一系列重大理论和实践问题,具有很强的战略性、思想性、针对性,是指导新形势下党的群团工作的纲领性文献。团中央书记处原第一书记秦宜智同志强调,全团要把学习贯彻中央党的群团工作会议精神作为当前和今后一个时期的首要政治任务,切实把会议精神贯彻落实到团的各项工作中去,推动共青团工作乘势而上,开创新局面。

二、剖析自身不足,找准工作"痛点",实现新发展

新时期,我校各级团组织在校党委和团市委的关心指导下,围绕中心大局,推进各项工作。但当前共青团工作的外部环境正在发生显著变化,共青团肩负的责任和使命更加重大,面对新形势、新任务、新起点,我们必须客观、冷静、全面地分析面临的挑战:一是组织挑战,共青团对青年的吸引力和凝聚力有降低的趋势。在师大,共青团组织保持了较好的覆盖面,但随着社会经济发展和学校教学模式的变化,师大共青团的固有阵地和传统组织工作形式,已经不能适应新时期的需求。二是职能挑战,对青年事务相关资源的有效协调不够。共青团作为青年事务协调者的角色,随着市场经济的深化,高校青年学生成长问题日益复杂化,校团委对校内外各项资源协调的有效性存在严重不足的情况。三是工作挑战,对满足青年学生新增需求不够。随着社会发展,青年的思想观念发生了深刻的变化,价值取向日趋多元,行为更加务实,主体意识、个体意识不断增强。在这种大背景下,对团的工作要求更高,我校共青团现有的工作手段和服务方式针对性不足,对满足青年的丰富需求表现出不足。我们充分认识到,如果不能很好地面对这些挑战,奋起直追,共青团不仅是跟不上时代、不适应发展的问题,而是会被青年边缘化、被党政边缘化,甚至失去组织存在的价值,我们充分认识到,在党长期执政的历史条件下,共青团的任务、担子不是轻了,而是更重了。通过深刻反思问题的根源,结合"三严三实"专题教育,推进从严治团,对现有问题通过思想教育、制度安排、考核激励着力一一破解。

三、不断强化职能,奋力乘势而上,共创新作为

全校各级团组织要抓住当前的历史机遇,在校党委和团市委的领导下,进一步解放思想,切实增强政治意识、责任意识、机遇意识、问题意识、忧患意识、改革意识,按照"凝聚青年、服务大局、当好桥梁、团要管团"四维工作格局,重点聚焦存在的突出问题,研究探索改革举措,引入互联网思维,做好以下四方面工作,切实保持和增强"政治性、先进性、群众性",努力开创共青团工作新局面。

一是练好内功,提高"颜值",增强思想引领实效。练好内功是指夯实基层团组织建设工作,摒弃形式化活动,健全团支部生活,进一步发挥"示范团支部"的示范效应,推进更多规范团支部的建设,加强支部书记培训,让青年学生更多地"遇见"共青团,解决团员意识不强、归属感不强的问题。所谓提高"颜值"是指通过提高团日活动策划水平,鼓励网络互动和实践历练等形式的创新,增强思想教育工作的吸引力。在此基础上,校团委继续深入开展"四进四信""奋斗的青春最美丽"中国梦主题教育活动和践行社会主义核心价值观主题活动;加快思想政治理论实践课程的教改工作;提高志愿服务和社会实践工作的管理组织水平;依托青年网络文明志愿者队伍,持续做好日常正能量传播。

二是用好"青年之声"新媒体平台,回应青年成长需求。抓住全国百所试点高校建设机遇,利用我校团属新媒体工作和"8890"热线服务台较好的工作基础,年底之前建成"两微一网一热线"的服务平台,组建涵盖机关领导、教师专家和团干部的答复专家队伍,采用日常接听答疑、碎片化专题回复、午间热线交流互动、专题约稿等形式,倾听和回应青年学生成长需求,并引入大数据思维对问题进行梳理分析,增强线下活动策划的针对性,提高服务的精细化、个性化水平。

三是建好"创梦广场"众创空间,为青年师生提供创新创业大舞台。在大众创业万众创新的大潮下,青年学生(包括青年教师)作为创新意识和能力最强的群体,需要创新创业的舞台和氛围。校团委以"创梦广场"众创空间为平台,科学合理进行规划设计,争取在寒假中完成大部分硬件建设,梳理规范规章制度,组建好学生创业社团,逐步完成创业实践通识教育模块建设,建立合理的运行模式,尽早面向学生创客提供服务。

四是发挥艺术教育中心作用,做好校园文化建设工作。为了更好地满足我校学生对校园文化艺术活动的需求,校团委加强艺术教育中心的工作,在现有"一团一节"(艺术团、校园文化艺术节)的基础上,让公共艺术教育工作走下去,走出去。为民乐团、舞蹈团、合唱团、话剧团提供活动场地,组织周末户外演出活动,搭建网络展示与欣赏平台,让校园文化艺术活动日常化、精品化、普及化,提高学生参与文化艺术活动的比例,让更多的学生在师大校园中提升艺术文化素养。

在天津师范大学党的群团工作会议上的发言

校学生会主席　张　彬

2016 年 1 月 1 日　554 期　第四版

　　我校学生会是在学校党委的领导和团委的具体指导下,以"全心全意为广大同学服务"为工作宗旨的群众组织,是全校各级各类学生组织的核心。多年来,学生会围绕学校党政工作中心,服务大局,在引领广大青年学子坚定理想信念,务实有效地服务同学们成长成才,合理有序地表达和维护广大同学的利益诉求等工作层面做了许多工作,取得了一些成绩。

　　但在取得成绩的同时,我们也清醒地认识到,学生会工作存在的问题也不容忽视,比如有些工作开展缺乏深入探讨听证,不能完全找准同学们的需求;有些活动的组织偏于注重形式表面,缺乏思想性、教育性的深度挖掘等。鉴于此,学生会将着力于以下几方面做好工作。

　　一、将思想引领作为首要任务,坚持不懈地用社会主义核心价值观引导青年学生

　　一方面,学生会要继续坚持理论学习。思想引领工作不仅要靠温情的感动,更要靠理性的说服,打铁还需自身硬,如果自己对于马克思主义基本理论以及党和国家的新论断、新思路一知半解,那做好思想引领工作便沦为一句口号。我们将继续完善理论学习制度,从学生会干部做起,真学真用,入脑入心,才能做好学生会思想引领工作。

　　另一方面,学生会应善于将思想引领工作做得有声有色。在做好传统形式的思想教育工作的同时,我们应以更加贴近学生生活的工作载体为途径,主动适应当前同学"网络生存"的新特质,将互联网作为思想引领的重要阵地,有效地传播党的思想主张,关注网络时代下青年学生的成长状况,借助同学们喜欢的流行时尚元素,努力把"大道理"转化为90后同学易于接受的"代际语言",将社会主义核心价值观融入同学的"代际认同"中,用身边的优秀典型,用鲜活动感的形式,激励同学们更好地成长。

二、构建长效机制,务实有效地服务青年学生全面发展

发挥学生会贴近同学生活实际的优势,为全校同学的成长提供更加理想的服务,用真诚奉献的精神探索惠及每位同学的服务机制,让更多的同学在学生工作中受益是学生会一直坚持的工作目标。

多年来,学生会组织的校园文化品牌活动深受同学们的关注与喜爱。下一步,我们将继续坚持做好这些品牌活动。我们将加强活动组织前期调研,力争在活动覆盖面和参与度上有所突破,同时在活动质量和活动效果的提升上下功夫,使活动真正有乐有教,真正服务于广大同学的全面发展。

三、搭建沟通桥梁,合理有序地表达和维护青年学生正当权益

学生会作为学校和同学们之间的桥梁纽带,不仅需要善于发现问题,更要做到精于解决问题。健全和完善现有的学生代表大会制度是进一步发挥学生会桥梁纽带作用的关键。按照全国学联的要求,我建议将学生代表大会的召开年限从四至五年调整为两年一次,同时扩大学生会常任委员会人数,健全学生代表和常任委员的提案工作制度,为同学们搭建自由交流的平台,创造合理有序表达同学们心声和解决普遍利益诉求的渠道和路径,探索出一套学生会参与校园管理工作模式。

深化认识　齐抓共管
切实做好新形势下学校宣传思想工作

—— 校党委书记杨庆山在我校宣传思想工作会议上的讲话

校党委书记　杨庆山

2016 年 1 月 22 日　555 期　第二版

同志们：

今天，我们在这里召开全校宣传思想工作会议。刚才，宁月茹同志代表学校党委做了报告，对学校过去几年的宣传思想工作进行了总结，根据中央和市委的相关要求，对学校今后的宣传思想工作进行了部署。宣传部、学工部、研工部、马克思主义学院、教务处主要负责同志做了交流发言，就如何做好新形势下宣传思想工作进行了介绍。下面，就做好我校的宣传思想工作，我谈三点意见。

一、深刻认识做好新形势下宣传思想工作的重要意义

首先，宣传思想工作是党的一项十分重要工作。十八大之后，召开了全国宣传思想工作会议。习近平总书记在这个会上做了重要讲话，他强调经济建设是党的中心工作，意识形态工作是党的一项极端重要的工作。只有物质文明建设和精神文明建设都搞好，国家物质力量和精神力量都增强，全国各族人民物质生活和精神生活都改善，中国特色社会主义事业才能顺利向前推进。这讲的是宣传思想工作的地位和作用。习近平总书记指出，宣传思想工作就是要巩固马克思主义在意识形态领域的指导地位，巩固全党全国人民团结奋斗的共同思想基础。同时要坚持道路自信、理论自信、制度自信，人民有信仰国家才有希望。这是宣传思想工作的目标任务。习近平总书记强调，宣传思想工作一定要把围绕中心、服务大局作为基本职责，胸怀大局、把握大势、着眼大事，发挥保障作用。他还强调党性和人民性从来都是一致的、统一的。思想对一个组织或是对一个人来讲具有长远的根本的作用。在学校开展宣传思想工作中，各级党委要承担主体责任，这是政治责任，要形成思想自觉。

其次，高校思想政治工作有着极其特殊的重要性。这跟高校的使命是高度一致的。中央各部委对高校宣传思想政治工作都非常重视,全国宣传思想工作会之后,陆续出台了一些文件,最重要的是 2015 年 1 月出台的《关于进一步加强和改进新形势下高校宣传思想工作的意见》,这个意见是纲领性的。2014 年 12 月第二十三次全国高等学校党的建设工作会议召开,习近平总书记做出重要指示强调,高校肩负着学习研究宣传马克思主义,培养中国特色社会主义事业建设者和接班人的重大任务。加强党对高校的领导,加强和改进高校党的建设,牢牢把握高校意识形态工作的领导权,是办好中国特色社会主义大学的根本保证。办好中国特色社会主义大学要坚持立德树人,把培育和践行社会主义核心价值观融入教书育人的全过程。强化思想引领,牢牢把握高校意识形态工作的领导权,坚持和完善党委领导下的校长负责制,不断改革和完善高校的体制机制。全面推进党的建设的各项工作,有效发挥基层党组织的战斗堡垒作用和共产党员先锋模范作用。坚持党的教育方针,坚持社会主义办学方向,加强和改进思想政治工作,切实把党要管党,从严治党落到实处。

最后,高校思想政治工作的重点是青年教师和青年学生。2013 年 5 月中组部、中宣部、教育部联合发文《关于加强和改进高校青年教师思想政治工作的若干意见》,我们学校在 2014 年出台了《中共天津师范大学委员会关于加强和改进青年教师思想政治工作的实施意见》。高校思想政治工作的对象不光是学生,也包括教师,而青年教师是重点。第一要培养师生正确的价值观,对一个人来讲,价值观就是他的品质和信仰信念。第二要培养师生的社会责任感,坚定中国特色社会主义自信。对青年同志来说,要正确看待、正确处理自由和责任、权利和义务,有多大的自由就有多大的责任,没有绝对的自由,有权利就要尽义务,也没有绝对的权利。第三要注重品质、习惯、方法、素养的培养,怎样待人处世、怎么掌握正确的学习方法等,这比书本上学到的专业知识更为重要,作用更为长远。我们在培养人的过程中、在开展思想政治工作中,首先要解决的是针对性的问题。我们要了解师生的需求,要清楚需要重点解决哪些问题。这很重要,我们必须加以思考。

二、深刻认识高校宣传思想工作面临的新形势

第一个新形势是敌对势力对高校的渗透日益加剧。当前,主流意识形态与多样思潮并存激荡。从全国来看,中国梦作为大家共同理想信念的主流本质没有变,马克思主义作为意识形态的指导地位以及我们共同的思想基础没有变,但同时又存在着多元多变的问题。西方采取把我们的个别问题普遍化、一般化,一般问题政治化的手段,对我们渗透和西化的核心是削弱中国的核心竞争力和发展的活力。网络是目前斗争的主阵地。青年人是使用网络的主体,敌对势力认为利用网络对青年人进行渗透是便捷有效的渠道。互联网已经成为舆论斗争的主战场，我们面临的形势更加复杂严峻。

第二个新形势是思想政治工作的针对性和时效性面临着重大挑战。我们改革开放30多年取得了巨大的成绩，但是也带来了一些问题。可以用"三个并存"来概括。一是对现有体制高度认同和对现实担忧并存，一些社会问题、作风问题、腐败问题包括网络暴力等给人民群众带来很多忧虑；二是对全面深化改革的期待和对切身利益冲突的并存，大家都希望改革，但是当原有利益与新增利益不平衡时，就会产生心理失衡；三是敌对势力的西化异化之心与国内西方宪政民主思潮并存，一些人宣扬西方的新自由主义，推崇完全的自由化，企图动摇我们的理想信念、自信和共识，消减我们的斗志。大家对这些思潮的本质要有充分的认识。

第三个新形势是师生思想动态的变化使高校思想政治工作难度加大。全国在校大学生、45岁以下的青年教师占到74.5%。青年同志有很多的优点，但是没有经历过艰苦年代和严格的党内生活的锻炼，没有经历过复杂的问题和严峻的考验锻炼，而我们面对的形势是复杂的，是多元、多变、多样性的。如何引导青年师生判断是非、明辨是非，我们还需要做很多工作。

三、齐抓共管，切实做好新形势下学校的宣传思想工作

第一抓好制度，形成大宣传的工作格局。宣传马克思主义、党的路线方针政策，培育和践行社会主义核心价值观，要落细落常落实，增强政治意识、忧患意识、责任意识和主动意识。学校成立领导小组，各个学院成立相应的机构，主要负责同志要抓这项工作，分管领导把这项工作作为重要工作常抓不懈，完善中心组学习，建立考核评价机制，提供人财物的保障。这次会议文件对思政课经费、专职学生工作队伍岗位设置、中青年教师担任辅导员或班主任工作、研究生导师作为思想政治教育工作第一责任人等均予以明确，这都是重大的制度保障措施。

第二抓好重点，形成全方位育人的格局。首先是抓好课堂教学、学科建设主阵地。教育的目的是立德树人，促进学生全面发展，价值观是人生的方向，树立正确的价值追求比学好专业知识更为重要。所以，我们一定要帮助学生树立正确的政治方向，让他们能够形成观察和分析社会的正确立场、观点和方法。做到这一点课堂必须是主渠道。另外一个重点是抓好校园文化，会议文件中包括弘扬天津师范大学精神、加强和改进校园文化建设两个文件，内容都非常重要。实践锻炼也是育人的有效途径之一，学生的自我教育、自我管理，团支部、党支部、班级、学生会、研究生会等都可以发挥作用。

第三是抓好队伍，形成全员育人的格局。坚持教书育人、管理育人、服务育

人,育人是学校每一位教职工的职责。这次会议文件中,每个文件都谈到了队伍建设,我们一定要抓住关键点,人就是关键点。针对队伍建设,我们要解决好三个问题,第一个是入职聘任高标准,把严关口;第二个是入职以后严格管理,全面培养;第三个是大胆使用,搭建平台,助力成长。我们建一流的大学就必须有一流的队伍,就要严格管理队伍。

同志们,加强和改进学校宣传思想工作,是一项战略工程、固本工程、铸魂工程,事关党对学校的领导,事关全面贯彻党的教育方针,事关中国特色社会主义事业后继有人。做好学校宣传思想工作,是党和国家赋予我们的责任使命,是完成学校改革发展艰巨任务的前提保障。让我们勠力同心,锐意进取,奋力开创学校宣传思想文化工作新局面,为把我校建成国内一流的教师教育特色综合性大学汇聚正能量、做出新贡献!

高举旗帜 凝心聚力 不断开创宣传思想工作新局面

——校党委副书记宁月茹在我校宣传思想工作会议上的报告

校党委副书记 宁月茹

2016 年 1 月 22 日 555 期 第二版

同志们：

我校宣传思想工作在校党委的领导下，坚持"高举旗帜、围绕大局、服务发展"的理念，坚持团结鼓劲、凝心聚力的原则，用科学理论武装师生头脑，用高尚师德引领教师言行，用大学文化涵育学生成长，强化校园宣传队伍建设和宣传平台创新，大力提升内外宣传水平，宣传思想工作跃上新层面、实现新突破，为学校的科学发展与和谐校园建设提供了坚实的思想保证、精神动力、舆论支持和文化条件。

一、过去五年的主要工作

(一)围绕中心，理论武装扎实推进

始终坚持把思想理论建设摆在首位，坚定不移地用中国特色社会主义理论体系武装头脑、指导实践。强化校院两级中心组学习，精心设计学习主题，利用精品报告、干部培训网络学院、中心组学习沙龙、理论研讨会等平台，认真学习贯彻党的十七大、十八大精神，深入学习习近平总书记重要讲话精神，采取集中学习、网上自学、研讨交流等形式，增强理论学习的吸引力与感染力，提高学习效果。自2010 年以来，累计邀请校内外专家学者作中心组学习报告 44 场，干部网络学院累计开设 60 门课程，上传 2000 余篇文字资料、558 个视频资料，每年举办哲学社科类讲座 40 余场。

(二)丰富载体，精神文明创建持续提升

注重对意识形态的引导和常态化管理。扎实推动中国特色社会主义理论体系进教材、进课堂、进头脑。高度重视思想政治理论课建设，不断深化思想政治理论课教学改革和实践教学创新，多次在天津市和全国思想政治理论课教学评比、竞赛中获奖。师德师风建设常抓不懈，着力培育师德典型，开展感动师大人物评选和师德先进个人、集体评选，涌现出一大批爱岗敬业、治学严谨、教书育人的教师典范。深度挖掘以王辅成同志为代表的一批先进人物事迹,开展宣传报道。组织研究生支教团、自强之星报告会,丰富精神文明活动的深入开展。抓住网络阵地,注重舆论引导。以新空气思想政治教育网站和天津师范大学官方网站为平台,建立"天津师范大学'红旗党组织''共产党员标兵'优秀事迹介绍""培育和践行社会主义核心价值观""校第七次党代会"等专题网页,在广大师生中弘扬主旋律,传播正能量。

(三)挖掘内涵,特色文化深入人心

坚持专业育人与文化育人相结合,着力打造氛围浓厚的校园文化。2013年,学校建成永久性校史馆,三年来,接待参观两万余人次,成为爱校荣校的教育实践基地、学校对外宣传的窗口和我校文化建设的重要标志。规范了学校"视觉识别系统",初步形成了美观、规范并具有师大特色的视觉形象氛围。开展新校区道路、文化景观、楼宇、学生公寓组群命名工作,建造"八里台校区纪念园""校友林"等一批校园景观,开办求是讲坛、继之讲堂,举办双周音乐会、校园美术展,评选"感动师大"人物,开展研究生支教活动,诚信教育等,成果显著,社会影响广泛。组织召开大学文化与师大精神研讨会,开展"师大精神"大讨论活动,共同凝练体现全校师生共同意志的"师大精神"表述语,取得良好效果。

(四)精心策划,宣传工作成效显著

《天津师范大学报》发挥传统纸质媒体优势,围绕学校中心工作,注重新闻深度报道和理论层次的提升,讲好"师大故事"。校园网主页和新空气网站注重时效性、准确性,每年累计发布新闻、消息1600条以上。校园广播创新收听方式,实现户外、室内和网络三种收听渠道全覆盖。天津师范大学官方微信正式上线以来,累计编发微信640期,推送消息1600余条,关注用户32000余人,以全面准确的校园新闻、及时有效的信息发布,受到全校师生及校友的广泛关注与好评。新闻中心围绕学校中心工作和重大活动完成宣传片、宣传册制作等工作,年均拍摄整理新闻图片约4万张、摄录编辑新闻素材约200小时。

学校采取对内对外宣传互促新方式,注重提升对外宣传水平,不断扩大学校的影响力、知名度、美誉度。推行媒体信息预告制度,定时向中央及地方媒体推送学校活动预告,编发"外宣简报",组织媒体宣传团集中报道我校研究生支教团感人事迹,受到社会各界的极大关注。中央及天津媒体(含主要网络)每年累计报道我校新闻3000余条。

5年来,学校宣传思想工作硕果累累。学校先后获得全国文明单位和全国精神文明建设先进单位称号。天津师范大学官方网站和新空气思想政治教育网站3次荣获"全国高校百佳网站"荣誉称号。完成教育部人文社会科学重大课题《高校师生思想变化轨迹和规律研究》,获得全国纪念思想政治教育学科设立30周年优秀成果4项,获得天津市优秀调研成果、思想政治工作优秀成果等奖项40余个。多个二级单位获得全国文明单位、天津市文明单位、天津市三八红旗集体、天津市教工先锋号、天津市师德先进集体等称号。获得全国五一劳动奖章,天津市五一劳动奖章、道德模范、三八红旗手、师德标兵、教学名师等市级以上荣誉称号的教师58人次。

以上成绩的取得,得益于学校党委的正确领导,得益于学校相关部门和各学院的大力支持,得益于全校师生的共同努力。在此,我代表学校党委和行政向为宣传思想工作做出贡献的师生表示崇高的敬意和衷心的感谢!

宣传思想工作与学校改革发展稳定大局紧密相连。近年来,学校党委按照中央和天津市委、市委教育工委要求,深入开展中国特色社会主义理论体系、社会主义核心价值观和中国梦宣传教育活动,引导师生增强道路自信、理论自信和制度自信,师生员工的思想政治素质不断增强,道德素养进一步提高,为学校的改革发展营造了良好的思想和舆论环境。同时,也应该清醒地认识到,学校宣传思想工作还存在亟须加强的薄弱环节,突出表现在:教师教书育人的政治意识和实际能力需要进一步提高,新时期大学生思想政治教育的针对性、实效性需要进一步增强,网络等新媒体运用和管理能力需要进一步提升,宣传思想工作制度化、规范化需要进一步加强。

面对复杂严峻的国际国内形势、多元文化价值取向的冲击、新兴媒体的飞速发展,学校宣传思想工作必须坚持中国特色社会主义理论旗帜引领,正面宣传,团结稳定鼓劲,针对师生普遍关心的热点、难点、疑点问题,自觉发声、主动发声,为建设国内一流的教师教育特色综合性大学提供坚强保障。

二、加强和改进宣传思想工作的主要任务

(一)加强理想信念教育

扎实推进思想理论建设,积极组织专家学者开展马克思主义理论、中国特色社会主义和中国梦、习近平总书记系列重要讲话精神和社会主义核心价值观的研究阐释。整合相关学科力量,培养一批中青年理论骨干,形成一批高质量理论成果。把思想政治理论课建设列入学校重点课程、重点学科建设,深入推进思想政治理论课建设综合改革,进一步健全保障机制。用好教材,建好队伍,抓好教学,努力把我校马克思主义学院建成全国重点马克思主义学院。

在广大学生中深入开展中国特色社会主义和中国梦教育,加强党史国史和形势政策教育,把培育和践行社会主义核心价值观融入思想教育全过程,使之成为学生的价值追求和自觉行动。深化"德育一体化"育人机制,着力解决学生面临的心理健康、学业职业生涯规划、就业创业、家庭经济困难等现实问题。

(二)巩固思想道德基础

推动师德师风建设,以提高教师思想政治素质和职业道德水平为重点,建立健全师德建设的教育、宣传、考核、监督、激励和惩处的长效机制,引导广大教师做党和人民满意的"四有"好教师,树立良好的师德风范和师德形象。加强"天津师范大学教师发展中心"建设。坚持把中青年教师的思想政治工作作为党建工作的重要内容。建立健全中青年教师社会实践和校外挂职制度,以对口帮扶,政产学研合作等为载体,推动教师挂职锻炼和学访交流,促进专业学院与业界相互贯通、深度融合,促进中青年教师全面成长。

密切关注师生的思想动态,定期开展师生思想状况调研。准确把握重点难点热点问题,快速有效处置突发、敏感舆情,做到舆论引导与解决问题相结合。

(三)巩固壮大主流思想舆论

加强宣传思想阵地管理。加强课堂管理,强化教学纪律,坚决抵制在课堂教学中传播违法、有害观点。教师要自觉依托课堂,倡导和践行社会主义核心价值观,使课堂成为激发弘扬正能量的坚强阵地。严格执行报告会、论坛、研讨会、讲座等审批制度。加强校园网络安全管理。加强网络信息发布审核制度,灵活运用新媒体,广泛开展价值引领,主动占领网络阵地,营造风清气正的网络舆论环境。加强报刊发行和活动管理。加强学校各类报刊、出版物的建设和管理。实行大学生社团成立注册审批和年度检查制度,对挂靠的社会组织加强监督。规范接受境外资助审批程序,有重点地加强涉外科研项目保密审查。

统筹推进宣传思想工作队伍建设,加强党政干部、专业教师、共青团和学工干部、信息员和网评员、学生宣传骨干五支队伍的建设。搭建开放式、多样化的培训平台,不断提升宣传思想队伍的综合能力。

坚持用马克思主义新闻观指导新闻宣传工作,增强新闻宣传效果。创新媒体传播方式,加强对外宣传和网络宣传工作,内外联动,加强与各级各类媒体的沟通,确保主流媒体对我校的正面宣传的不断体现,继续增强学校美誉度和社会影响力。制定政策,吸引优秀人才参与网络文化建设。

(四)推动文化传承创新

弘扬和发展天津师范大学精神。倡导和发扬"勤奋严谨、自树树人"的校训,"诚实守信、勇于担当"的校风,"学思并重、知行合一"的学风。着力于提高全校凝聚力,全面弘扬和发展全校师生共同遵循的理想信念、价值取向、精神人格和行为规范。着力于发挥天津师大精神的影响力,使每一位师生员工成为天津师大精神的承载者、传播者和践行者，使师大精神成为促进学校改革发展的强大动力。

进一步加强校园文化建设。以精神文化建设为核心，以制度文化为保障，以环境文化建设为载体，以行为文化建设为抓手，树立文化育人的理念。围绕学校"一个中心、四大战略、五个一流"的目标，通过全力打造崇尚真理的学术文化、高雅大气的艺术文化、竞争协作的体育文化，建设健康向上的网络文化、重在参与的社团文化、友爱包容的宿舍文化，进一步彰显学校特色，提升文化育人水平。

（五）构建宣传思想工作大格局

从系统的、战略的角度把宣传思想工作与学校提升办学软实力、促进内涵建设等结合起来，构建党委统一领导、党政齐抓共管、宣传部门组织协调的宣传工作大格局。强化"守土有责、守土负责、守土尽责"责任机制，充分调动和发挥各主体的积极性和创造性，加强协同，促进宣传思想工作主体融合。主动运用新媒体，优化传统媒体，构建多位一体、聚合联动的全媒体宣传格局，促进宣传思想工作渠道融合。建好用好管好网络、课堂、讲坛、社团等载体，发挥阵地的支撑保障功能，促进宣传思想工作阵地融合。统筹推进学校党政干部、思想政治理论课教师和哲学社会科学课教师、辅导员和班主任、心理健康教育教师和学生骨干等宣传思想工作队伍建设，培育建设网络评论队伍，促进宣传思想工作队伍融合。通过主体融合、渠道融合、阵地融合、队伍融合，形成全体师生共同参与、共同关心支持宣传思想工作的浓厚氛围和强大合力。

同志们，今后一段时期宣传思想工作的目标任务已经明确，关键是抓落实、出成效。让我们在学校党委的坚强领导下，坚持以立德树人为根本，以奋发有为的精神状态和务实高效的工作作风，主动适应新常态、融入新常态、引领新常态，不断增强使命感、责任感和紧迫感，努力开创我校宣传思想工作新局面，为实现把我校建成国内一流教师教育特色综合性大学的目标而努力奋斗！

强化立德工程 促进学校和谐发展

党委宣传部部长 潘 晖

2016 年 1 月 22 日 555 期 第三版

党的十八大报告把立德树人作为教育的根本任务。我校始终坚持立德治教,多年来,紧密结合实际,创新制度建设,强化师德教育,严格师德考评,树立师德典范,不断提升师德建设水平,推动人才强校。

我们的主要做法和基本经验是:

一、完善制度建设,建立师德规范

学校坚持把制度建设作为全面加强师德建设的基础性工作。建立了师德规范分类标准。由宣传部起草、教代会通过的《天津师范大学教职工职业道德规范》及《天津师范大学教职工职业道德规范评价办法》成为我校师德建设的核心制度,引导教职员工依法从教,严谨治学,教书育人,为人师表。建立了师德考评机制。将师德情况纳入教师岗位考核与教师评价体系,作为职务聘任、职称晋升、年终考核、评选先进的重要依据。在教师职务聘任中设置部分高级岗位,向师德表现突出、教学成绩显著的优秀中青年教师倾斜。建立了较为完备的监督机制。出台我校学术规范及违规处理管理办法,建立学术举报和调查反馈制度,开辟书记信箱、校长信箱等绿色通道,坚决惩治学术腐败,净化学术空气。多年的建设使我校形成了一套教书育人、管理育人、服务育人的有效运行机制,以严格的制度保障师德师风建设。

二、开展师德教育,强化立德树人

坚持师德教育常抓不懈。多年来,我们将师生的思想政治教育、大学文化建设与营造师德氛围紧密结合,通过组织报告会、研讨会、座谈会,开展理论征文等多种方式开展师德教育活动,培育全校师生的共同价值追求。坚持以青年教师为重点。每年在新引进人才和新入职教师岗前培训中,把校史、校风、校训教育和职业道德、学术规范作为培训的重要内容。基层学院主要领导亲自对新任教师开展师德谈话;组织部十余年坚持开办"中青年骨干教师培训班",加强思想引领和政治锤炼;2014 年,学校出台《加强和改进青年教师思想政治工作的实施意见》,进一步强化对青年教师的教育培养和师德师风建设。

三、深入调查研究,指导师德实践

　　坚持开展思想动态调查,对教师职业道德状况进行分析,定期听取教师关于师德师风建设的意见建议。不断加强师德建设理论研究,完成教育部人文社会科学重大课题《高校师生思想变化轨迹规律研究》和天津市教育系统重点调研课题,出版《高校师德建设研究》《求索新篇》等师德研究专著和论文集。在中央教科所组织的全国师德建设研究征文活动中,我校《实施立德工程　强化师德建设》论文获得一等奖。

四、坚持典型引路,引领师德建设

　　通过开展"感动师大人物""师德先进个人"等评选表彰活动,涌现出一大批爱岗敬业、治学严谨、教书育人的教师典范。近年来,先后有 4 人被评为全国模范教师和优秀教师,37 人次被评为天津市教学名师和市级优秀教师,2 人被评为天津市德业双馨十佳教师,20 人被评为天津市师德先进个人。第四届全国道德模范候选人王辅成老师致力于大学生"三观"教育的不懈追求感染校园师生、"光脚跑万米,为国争光荣"的马拉松世界冠军张莹莹成为践行社会主义核心价值观的优秀典型,形成了树立一个典型、带动一片教师、吸引一群学生、引领一批先进的校园风尚,我校也两次获得全国文明单位称号。

　　在师德建设不断向前推进的过程中,我们也清楚地看到目前师德建设中存在的问题:有的教师政治信念不够坚定,教书育人相脱离;有的教师综合素质不高,缺乏师表作用;有的教师学术研究浮躁,缺少创新精神等。学校也存在重视教师教学科研,但服务关怀不足的问题。这些都需要我们在今后的工作实践中认真加以解决。

　　今后我们将坚持四个结合,切实提升师德师风建设工作效果。一是坚持思想引导与制度约束相结合。既着重对教师进行思想教育,提高教师的思想政治素质,又切实加强制度建设,依靠制度规范师德行为,形成长效机制。二是坚持正面引导和解决问题相结合。既要弘扬师德建设的主旋律,讲敬业、讲奉献,又要着力解决师德存在的突出问题,找差距、刹歪风,同时要为教师解决实际困难,为教师成长铺路搭桥。三是坚持学习教育和活动引领相结合。既要组织好集中学习,又要开展好形式多样的配合活动,使教师在学习中受教育,在活动中有提高,让师德建设活动丰富多彩、扎实有效。四是坚持师德建设与素质提升相结合。既要积极探索新常态下师德建设的方式方法,强化师德建设的措施保障,又要努力提高教师的政治素质、业务素质、文明素质,使师德成为教师的一种信念坚守、一种专业素养、一份博爱情怀和一种道德约束。

　　师德建设是学校创新发展的不竭动力,师德建设永远在路上,在今后的工作中,要不断完善工作机制,不断丰富工作内容,按照习近平总书记提出的"四有"好老师的标准,努力铸就一支忠诚于教育事业,"精其业、美其德、爱其生"的高素质教师队伍,以优良的师德师风带动校风学风,促进学校科学发展、和谐发展。

加强专业化建设 提升科学化水平

——关于学生工作队伍建设的探索与思考

党委学工部部长 李 靖

2016 年 1 月 22 日 555 期 第三版

学生工作队伍是高校宣传思想教育的骨干力量。在长期的工作实践中,在学校领导高度重视和协同单位大力推进下,我校不断完善"德育一体化"育人格局,有力提升了大学生思想政治教育的针对性和实效性。主要情况如下。

一、坚持政策保障,多方合力,构建学工队伍全员化格局

近年来,学校党委在天津市高校率先出台了加强和改进学生思想政治教育工作、加强辅导员队伍建设的意见以及青年教师担任班主任工作的实施意见等文件,着力构建了一支以基层学院专职辅导员和学生工作部门兼职辅导员为主、以专任教师班主任和心理健康教育中心咨询师为辅,专兼结合、优势互补的工作队伍,并形成学生工作辅导员、理论课教职员、党政干部讲解员、老同志宣讲员、学生骨干信息员协同工作的良好局面。

二、坚持改革创新,多措并举,提升学工队伍专业化素质

学校始终贯彻"以加强思想建设为根本,以选优配强队伍为重点,以提高职业能力为核心,以完善激励机制为保障"的思路,推进学工队伍整体素质稳步提高。

首先,科学规划,选优配强。一是,坚持质量导向和内涵发展,明确选聘条件、规范选聘程序、加大配备力度、严把辅导员入口关。2011 年开始研究生人数超过150 人的学院陆续配备专职辅导员,2015 年全校行政管理干部招聘指标全部用于充实辅导员队伍;免试攻读思政类研究生担任辅导员的推荐名额由 6 名逐步扩大到去年的 12 名。二是,学校下发专项文件,大力推进中青年教师担任班主任。五年来,青年教师班主任队伍平均每年 280 人,占全校班主任总数的 75% 以上。三是,加强心理健康教育队伍选拔与配备。严格按照教育部 1:5000 的师生比配备心理健康专职教师,并组建了包括专业学科教授、注册督导师、注册心理师、精神科医师在内的专兼职教师团队、师资结构合理、资源优势共享,在我校学生心理健康教育工作中发挥了重要作用。

其次,构筑平台,提升能力。按照立标准、建机制、提质量、促发展的总体思路,构建科研、教学、实践三位一体的辅导员培养体系。推行辅导员博培、科研助力、实务训练、岗位锻炼和素质拓展"五项计划";完善"四个结合"的培训模式,依托我校天津市辅导员骨干培训基地的优势,形成新聘辅导员和班主任岗前培训、实务讲解、沙龙研讨、网络教育、校外培训和职业技能大赛实训等分层分类的培训项目以及赴甘肃定西希望学校等地开展社会实践活动;支持专兼职心理咨询教师参加专业培训,开展督导、研讨和高层次学访交流,不断提高其职业素养。

最后,完善制度,健全保障。完善辅导员双重管理、考核评价、岗位流动和工作规范,推进辅导员队伍"专业化培养、双线化晋升、常态化交流、多样化发展"。从 2010 年开始对辅导员评聘专业技术职务职称坚持单列指标、单独评审;坚持把辅导员队伍作为校、院党政管理干部培养和选拔的重要来源,加强校内岗位交流和校外挂职锻炼;落实青年教师评聘高一级职称与从事班主任工作挂钩政策;制定《基层学院学生工作考核评估指标体系》等依据,各学院在此基础上完善了辅导员班主任例会、安全稳定周报、定期下宿舍等工作规定,促进学工队伍建设规范化和管理科学化。

此外,创先争优,营造氛围。学校每年开展优秀辅导员、班主任等专项工作的表彰。在学风、师德、思想政治工作评优中都将青年教师担任班主任作为重要的考察内容;通过组织表彰会、职业能力大赛展示、校园媒体宣传等多种渠道大力弘扬优秀学生工作者的先进事迹,提升队伍整体的认同感、荣誉感和责任感。

三、坚持问题导向,多点突破,推进学工队伍科学化建设

在学校各级领导关心支持下,学生工作队伍建设取得显著成效:我校先后有 9 名辅导员考取博士研究生,上百人次在市教委、团市委的各类评比中获奖,涌现出全国优秀辅导员、全国辅导员年度人物。在历届天津市十佳辅导员评选中均榜上有名。1 名辅导员作为天津市唯一代表晋级全国辅导员职业能力大赛总决赛。近 3 年来学校中层干部选拔中,5 名 80 后基层辅导员脱颖而出,走上领导干部岗位。3 年来,我校辅导员主持、参与省部级项目 8 项、委局级项目 13 项,12 人次参编著作,累计约 120 万字。1 名辅导员 3 次入选全国百篇优秀博客,并从其百万字博文中优选 30 万字集结出书。辅导员担任思想政治理论课实践教学、《诚信导论》《职业生涯规划》等课程的教学工作,其中实践教学观摩课受到教育部领导的高度评价。3 年来学校对近百名优秀班主任进行表彰,班主任中涌现出教学名师、师德标

兵、优秀共产党员等 32 名;在市、校青年教师教学基本功竞赛中获奖的有 30 名;"感动师大"年度人物,涌现出青年夫妻班主任、全国"五一劳动奖章"获得者等深受学生尊敬和爱戴的优秀班主任代表。

　　取得成绩的同时,我们也深感任务艰巨,此次会议下发了《关于进一步加强和改进学生工作队伍建设的实施意见》,突出体现了对学工队伍高标准选聘、严要求培养、重力度使用。我们将全面积极推进文件的贯彻落实,逐步配齐专兼职辅导员,进一步搭建实践平台,突出专业培养,完善绩效考核,畅通发展路径,充分调动学工队伍的主动性和创造性,高扬育人理想、强化自身修养,以己贡献助力学校事业弦歌不辍,桃李芬芳。

教书育人从规范课堂行为开始

教务处处长　马希荣

2016 年 1 月 22 日　555 期　第三版

　　我校新出台文件《关于进一步加强课堂纪律的实施办法》,该文件是由校党委提出,责成教务处和研究生院联合草拟,并经校常委会讨论通过,聚焦于课堂行为准则的文件,该文件从"明确教师课堂行为准则""严格学生课堂行为规范"以及"完善课堂纪律长效机制"三方面,对教师、学生和管理人员分别提出了具体要求。我就这份文件的出台谈两点体会和三点建议。

　　体会一:这份文件充分体现了我校扎实做好宣传思想工作的态度和决心

　　首先,面对新形势新任务,在高校做好宣传思想工作,其重要意义不言而喻。要培育和弘扬大学精神,把高校建设成为精神文明建设示范区和辐射源,课堂管理是最好的抓手,因为它是教师教书育人的重要场所,是学校开展宣传思想工作、实现人才培养目标的主阵地。如果课堂中所有的教学活动都能很好地做到坚持社会主义办学方向、围绕立德树人的根本要求、师生彼此传递的都是"中国特色社会主义道路自信""理论自信"和"制度自信",那么高校的意识形态建设无疑会是成功的。

　　其次,这份关于"课堂纪律"的管理文件有个不同于以往教学管理文件的显著特点:不是针对某一主体,而是既面对教师、管理人员,同时也面对学生,这就意味着,课堂中、师生间多了一份彼此的监督,体现了自律与他律有机统一。教师在规范学生课堂行为的同时,学生也在用一把尺子衡量教师的行为是否符合规范。

　　体会二:这份文件映射了我校宣传思想工作从关键处抓起的务实精神

　　课堂的主体是教师和学生,关于课堂上教师和学生的行为要求,学校都有相关的规定。如《天津师范大学教学工作规程》对教师的教学环节和行为做了规定;《本科生学生学籍管理规定》《学生课堂考勤管理办法》《学生违规违纪处分暂行规定》等文件,对学生的课程学习、课堂表现都提出了具体要求和行为规范。然而,这次结合新时期的工作要求,仅就"课堂纪律"专门出台管理文件,正是强调了抓好课堂纪律的重要性所在。严格的课堂管理、井然的课堂纪律无疑是顺利进行教学活动的基本保障,而教师的责任意识、阵地意识和底线意识,更是培养全面发展合格人才的关键所在。

建议一:立德方能育人

"以立德树人为根本任务"是党的十八大、十八届三中全会明确的我国教育工作发展的总方向,是我校第七次党代会部署的中心工作,更是我国高等教育的根本使命。"立德树人"不是一句抽象的口号,它最终要求高校教师在课堂上要处理好知识传授、能力培养和价值观塑造三者的关系。而要做到这一点,首先要求的还是教师要守好政治底线、法律底线和道德底线。

当教师内在的政治信仰坚定、理想信念清晰,他的教学理念也一定会是健康有益的,进而他外在表现的教学行为就不会是无目的、随心所欲的,更不会是违背社会伦理道德和国家意志的。而这样的老师所影响的学生自然就会在"潜移默化"中实现道德品质的塑造和正确价值观念的树立。

建议二:律己方能律人

从概念上说,"课堂纪律"是对教师"教"的行为与学生"学"的行为施加的外部准则与控制,当这些准则逐渐被接受或内化时,教师与学生能实现自觉的自我指导和自我监督。正如孩子是父母的镜子一样,学生的学习状态往往也是教师教学状态的映射。学生学习往往是通过教师的教学行为来理解教师的要求,并参与教学活动过程,从而掌握知识、发展能力、形成个性品质。严师才能出高徒。

学校多年重视教育教学改革,不断完善教学质量监控体系,教风、学风、校风建设取得了显著进步,但是,在学校不定期的课堂教学秩序检查中我们发现,还是不同程度地存在学生违反课堂纪律的现象。而这种消极甚至萎靡的课堂状态,通过现代化手段被有意或无意地传播着。导致这些不良现象的原因很复杂,其中,教师自律不严以及对课堂教学疏于管理是重要的因素之一。

我们的校训"自树树人"始于师范院校"学高为师,身正为范"的精神,要将正确的社会价值观传递给学生,首先就要求我们每个教师自身成为美好的大学精神的代言人,没有自律,他律就无从谈起;自律严格,他律就会易于被学生接受。这也正是"身教重于言教"的教育智慧所在。

建议三：用心方能感人

严明的纪律、严格的管理对于学校的发展起着非常重要的作用。但同时，我们需要认识到，这些外显甚至有些呆板的规则是特定历史阶段约束不良现象的必需，但它只是一个底线。我们需要的是各级管理者以及教师在育人过程中更多地发挥感性化的作用，用心专注教育，不仅身在课堂，心也在课堂；不仅心在课堂，心的方向也要与社会主义核心价值观保持一致。

当教师的教学行为与学生的学习行为都是用心而不带有任何"被迫"和强制性的时候，当教师忘了功利而教，学生忘了分数而学，真正彼此陶醉在全然的精神互动、纯粹的享受学术乐趣和学习兴趣，而达到"教无定法"的境界时，我们大学育人就是成功的了。无为而治，将纪律真正内化于心才是教育的终极目标。

强化责任意识　明确导师职责
充分发挥导师在思想政治教育中的作用

党委研工部部长　易志云

2016 年 1 月 22 日　555 期　第三版

研究生教育是培养高层次人才的主要途径,是国家创新体系的重要组成部分。在师生共同努力下,我校研究生教育承担着为国家为天津地方社会培养创新主力军的职责和使命。但是,在我国高速发展与深化改革的背景条件下,研究生的教育与培养面临着新的挑战。校党委、校行政审时度势,强化研究生思想政治教育,落实和完善研究生思想政治教育制度和机制,从研究生的培养规律和路径出发,进一步强化和明确导师在研究生培养中的作用和责任人的地位。

一、导师在研究生思想政治教育中负有首要责任

思想政治教育是研究生教育的重要组成部分。2010 年国家教委、中宣部颁布的《教育部关于进一步加强和改进研究生思想政治教育的若干意见》中明确指出:导师是研究生德育工作的重要力量,充分发挥导师在研究生思想政治教育中首要责任人的作用。

我校研究生培养实行导师负责制,导师作为研究生培养的第一责任人,负有对研究生进行思想政治教育、学科前沿引导、科研方法指导和学术规范教导以及职业规划指导与帮助的责任。在培养研究生的过程中,导师有对研究生进行思想政治教育的首要责任。导师肩负着宣传马克思主义,培育和弘扬社会主义核心价值观,为实现中华民族伟大复兴的中国梦提供人才保障和智力支持的重要任务。

落实教书育人的责任,需要导师坚持育人为本、德育为先,将培养研究生良好的政治思想素质、道德素质、心理素质以及正确的世界观、人生观、价值观放在首要位置,并贯穿于研究生培养的专业学习、学术研究的全过程。坚持立德树人、为人师表,在职业道德规范、学术学风方面以身作则。坚持改革创新,加

强研究与探索,把握学生思想状况,增强研究生思想政治教育工作的针对性和实效性。

二、现阶段研究生思想政治教育的调研分析

一般而言,由于学习和研究特点,客观上造就研究生具有相对独立的意识和活跃的思想,乃至他们的学习、生活相对分散,这也使得研究生的教育工作更加复杂。为研究生的成才、成就和发展服务、助力,为研究生的学术安全把舵,我们进行了关于研究生思想政治教育状况调研。调研涉及主要问题是:研究生的思想状况及需求、导师在研究生心目中的影响力和作用力、导师对研究生思想政治教育所需的助力点和支持力等问题。调研结果分析表明:第一,在压力疏导方面。有92.6%同学认为目前他们面临着学业、就业等方面压力,导致了浮躁和急功近利等问题。第二,导师对学生学习满意度方面。65.3%的导师认为:目前研究生学业专注度不高,学术不深入。第三,78.8%同学认为导师的成长历程令人敬佩和值得效仿,有42.3%和25.9%的研究生认为导师对他们在社会责任培养上的影响非常大和比较大。

可见,师之恩,于其责。做好研究生的思想政治教育工作是社会发展的要求,也是对研究生成长负责任的教育态度和导师职业态度。导师是研究生思想政治教育工作的重要力量,在研究生成才道路上是导师也是引路人、培养者,导师担当着教书育人的责任和使命。

三、充分发挥导师在研究生思想政治教育中的作用

研究生培养是一个系统工程,结合我校研究生教育工作的总体要求,在校党委和校行政的领导下,充分发挥导师在研究生思想政治教育工作中的作用,今后将从以下几方面加大工作力度。

1. 强化服务,扎实为导师思想政治教育工作助力。以"勤奋严谨,自树树人"的校训为依归,提升导师做学生思想政治教育工作能力和水平。协助导师把育人导入研究生培养的各个环节;组织专题工作会议、调研、交流、培训等,加强导师探讨研究生教育发展的动态和发展方向;打造交流平台,搭建师生交流桥梁,拓展导师进行思想教育的空间和途径。

2. 凝练成果,增强研究生思想政治教育工作的实效性。积极探讨引领研究生成长与成才方向的思路与途径,凝练导师们的工作经验和成果,做好《研究生导师思想政治教育创新研究》实践项目的培育与服务工作,进一步增强研究生导师进行思想政治教育工作的实效性。

3.树立楷模,充分发挥先进工作者的榜样引领作用。在执行《天津师范大学研究生指导教师岗位职责及考核管理办法》的基础上,对导师开展思想政治教育工作进行专项考评,设立"研究生导师育人"专项奖励,充分肯定和发挥研究生思想政治教育先进工作者和优秀组织者的榜样引领作用,倡导和维护崇尚师德的良好风气,促进导师扎实开展研究生思想政治教育工作。

深入推进课程建设综合改革
充分发挥思想政治理论课主渠道作用

马克思主义学院院长　杨仁忠

2016 年 1 月 22 日　555 期　第三版

马克思主义学院成立 10 年来,思政课建设取得长足发展,较好发挥了大学生思想政治教育主渠道作用。

一、10 年来的主要做法

1.校领导高度重视。校党政领导大力支持思政课建设,在天津市属高校率先成立马克思主义学院,率先保证专项经费,较早制定了加强思政课教师队伍建设文件。校思政课领导小组及时讨论、解决思政课建设中的问题,把思政课列入学校优先发展规划。学校高度重视是取得成绩的前提。

2.明确并始终贯彻教学改革思路。思路决定出路。早在建院伊始,学院就确立了思政课改革总体思路,即深化课堂教学改革,探索课堂教学与实践教学、专任教师与专职辅导员相统一,形成主渠道与主阵地合力的思政课教学新模式。10 年来,始终沿着这一思路不断深化改革,教学实效稳步提升,生评教成绩由 82.93 分提高到 92.6 分。在所有的 4 门课程中,2 门建成市级精品课,2 门建成校级精品课;3 门课程获教育部高校思政课"精彩一课",居全国高校之首;3 个项目入选教育部思政课难重点解答课题。教育部以简报形式向全国推广我院与团委等部门合作探索的实践教学模式。教改成果获天津市优秀教学成果二等奖,《中国教育报》两次给予报道。

3.不断创新教学方法。学院从课程建设实际出发,抓住影响实效性的重难点问题,深入进行教学研究,创新教学艺术。10 年来,思政课教师获批教育部教研教改项目 10 项,天津市重点教研教改项目 1 项、一般项目 6 项,校级项目多项。探索并实施了专题教学、优秀生免试改革、小组化学习、讨论辩论式教学、微信公众号辅助等教学方法,提高了中国化马克思主义进教材、进课堂、进头脑的成效。1 名教师获天津市青年教师教学基本功竞赛一等奖,5 名教师获二等奖。

4. 配齐建强高素质师资队伍。政治素质强、业务过硬的高水平师资队伍是思政课建设的根本。10 年来,我们坚持培养与引进并重,出台了教师在岗进修和攻读学位等系列政策,加大引进力度,教师队伍建设取得新突破。教学科研团队入选首届全国高校思政课教学科研团队择优支持计划,学术创新团队入选天津市高校创新团队建设计划。学院有全国思政课"教指委"委员 1 人,全国高校优秀思政课教师 1 人,首批全国高校思政课教学能手 1 人,首批全国高校思政课教师年度影响力人物 1 人,首批全国高校优秀中青年思想政治理论课教师择优资助计划 1 人。1 人获批天津市"五个一批"人才,1 人入选天津市高校学科领军人才培养计划,2 人入选天津市高校中青年骨干创新人才培养计划,3 人入选天津市高校中青年骨干教师出国研修计划。

5. 坚持以科研支撑教学,加强学科建设。我们以马克思主义理论学科博士点、博士后流动站为学科平台,要求每名教师都有明确学科归属,围绕学科重大理论和实践问题开展研究,注重以科研成果支撑课堂教学,为思政课提供坚实学科支撑。马克思主义理论学科建成了天津市重点学科,获批天津市中国特色社会主义理论体系研究中心天津师范大学基地。在 2012 年全国学科评比中,位列 123 个参评单位的第 31 名,在全国地方高校中居第 7 名,百分位是 10%。

二、思政课建设存在的突出问题

1. 思政课教师队伍数量缺口大,高层次人才不足。按照教育部师生比规定,我校思政课教师至少应在 60 人,但目前只有 35 人。师资短缺导致教学班偏大,影响教学实效。师资队伍中,全国有影响的高层次人才不足。

2. 以科研支撑教学的学科平台有待于进一步拓展。学科尚未获得一级博士点,学科影响力有待进一步扩大。

3. 教学改革需进一步深化,教学实效有待提高。教师的教学水平发展不平衡,部分教师教学理念滞后,青年教师教学水平有待提高。

三、深入推进课程建设综合改革的举措

1. 提高教师整体素质,培育一支教学科研皆强的师资队伍。把政治素质作为教师聘用的首要标准。立足自主培养,加大引进力度,形成专兼结合、结构合理的教学人才体系,力争在 5 年内人数增至 60 名左右。继续落实马克思主义学院一系列支持政策,通过出国进修、国内访学、学术交流、社会实践等培养途径,打造一支理想信念坚定、师德高尚、理论功底扎实、教学效果良好的高水平队伍。

2. 加强学科平台建设,做大做强马克思主义理论学科。进一步凝练学科方

向,壮大学科队伍,扩大学科影响,争取一级学科博士学位授予权。高水平建设好天津市中国特色社会主义理论体系研究中心天津师范大学基地,力争继续获批天津市重点学科,为建成全国重点马克思主义学院奠定基础。

3.深化改革,提高教学实效性。以高质量完成"全国高校思政课教学科研团队"建设任务为抓手,进一步推进教学改革。深入研究教学难重点,提高教学内容的科学性、说服力;强化问题导向,增强教学针对性;培育推广优秀教学方法,促进理论教学与实践教学、课堂教学与网络教学有机结合,力争获批教育部思政课教学方法择优推广项目、天津市思政课优秀教学团队、天津市思政课名师工作室。

4.进一步完善教学评价体系,调动教师积极性。完善思政课生评教指标体系,明确评价导向,优化评价机制,改革评教方式,合理运用评教结果。紧密结合思政课教学实际,构建科学规范、运行有效、有利于激发教师积极性的综合评价体系。

围绕中心　服务大局　改革创新　奋发有为
为建设国内一流的教师教育特色综合性大学不懈奋斗

——校党委书记杨庆山在庆祝中国共产党成立
95 周年暨七一表彰大会上的讲话

校党委书记　杨庆山

2016 年 7 月 1 日　561 期　第一版

同志们：

今天，我们在这里召开大会，热烈庆祝中国共产党成立 95 周年，总结交流党建工作成绩和经验，表彰在学校改革发展稳定工作中涌现出来的先进党组织和先进个人。在此，我代表学校党委向受到表彰的先进党组织和优秀共产党员表示热烈的祝贺！向全校广大共产党员致以节日的问候！

刚才，陈娜、姜德红、李静、张国刚、宋倩 5 位同志的发言非常生动，很受启发，令人振奋。这次受到表彰的 5 个红旗党组织、30 个先进党组织、11 名共产党员标兵、70 名优秀共产党员、11 名优秀党务工作者、40 个主题实践活动获奖党支部、2 个主题实践活动"优秀组织奖"获奖单位，他们是学校改革发展建设中涌现出来的先进典型，充分展示了共产党员立足岗位、爱岗敬业，脚踏实地、埋头苦干，攻坚克难、勇于创新，任劳任怨、默默奉献的精神风貌，他们对党充满感情，对本职工作兢兢业业，是我们身边的榜样，全校各级党组织和全体共产党员要向他们学习，努力在各自的岗位上为学校发展建功立业。

95 年来，我们党团结带领全国各族人民，经过艰苦卓绝的斗争，取得了革命、建设、改革的伟大胜利和辉煌成就，建立了新中国，建立了社会主义制度，取得了社会主义建设的伟大成就，使中华民族的命运发生了历史性变化，使中华民族伟大复兴展现出前所未有的光明前景。十一届三中全会后，探索建立了中国特色社会主义并取得了改革开放的巨大成绩。十八大以来，以习近平同志为总书记的党中央从实现中华民族伟大复兴全局出发，深刻阐明了新形势下我国改革发展的重大理论和实践问题，有力推进了中国特色社会主义的历史进程，开创了中国特色社会主义事业新局面。

学校第七次党代会以来,学校党委带领全校师生深入学习贯彻习近平总书记系列重要讲话精神,认真落实市委市政府的决策部署,扎实开展"三严三实"专题教育,积极做好"两学一做"学习教育,坚持深化综合改革,坚持推进全面依法治校,坚持全面从严治党,按照学校第七次党代会提出的"建设国内一流的教师教育特色综合性大学"目标定位,紧紧围绕"立德树人"这个中心,坚持"特色立校、质量兴校、人才强校和改革创新"发展战略,争创"教学质量、科研能力、人才水平、学科实力和管理效能"国内一流,夯实创新、真抓实干,全面推进学校事业又好又快发展,学校事业取得新的进步,师生对学校领导班子和学校工作满意度逐年上升。在此,我代表学校党委向支持学校发展的社会各界,向辛勤工作在教学、科研、管理等岗位上的教职员工,向刻苦学习、蓬勃向上的青年学生表示衷心的感谢!

在这些工作中有很多体会,也取得了一些成绩,下面为大家做一个总结。

一、抓思想建设,提升青年教师思想政治素质

一是强化思想理论武装。召开学校宣传思想工作会议,制定《加强和改进宣传思想工作的实施意见》《关于建立健全师德建设长效机制的实施办法》《进一步加强和改进青年教师思想政治工作的实施意见》等系列文件。校党委连续14年举办中青年骨干教师培训班,切实提高中青年骨干教师思想政治素质。二是加强实践锻炼。出台《关于青年教师担任班主任工作的实施意见》等文件,青年教师通过担任班主任工作,更深入地了解学生所思所想,更快地完成角色转换,也更深刻地体会到教书育人的双重责任。

二、抓立德树人,提升学生思想政治素质

长期坚持并不断深化"德育一体化"机制,制定《加强学生工作队伍建设的实施意见》《关于进一步落实研究生导师思想政治教育责任的实施办法》等文件,形成以辅导员为主,思想政治理论课教师、专业教师班主任、关工委老同志、心理咨询师为辅的育人队伍。一是开设内容丰富形式生动的主题实践教育活动,举办好"开学第一课",建设好"旗帜讲台",坚持12年在全国首创思想政治理论课实践教学模式,坚持12年125名学生党员参加研究生支教团志愿服务西部,在校园中开办"诚信银行""诚信超市"、诚信考场。二是注重新媒体建设,网上党校新颖便捷,官方微信覆盖广泛,新媒体党建工作平台已近50个。三是强化纪律观念。制定《进一步加强课堂纪律的实施办法》,下力气抓学生开学依规按时返校注册。

三、抓支部建设,提升基层党组织战斗力

一是抓关键环节。不断优化党支部设置,选好用好党支部书记,抓好党支部书记培训,完善《处级党员干部联系基层党支部制度》,强化《党支部工作手册》管理。二是培育宣传优秀党员典型。王辅成同志入选我市"三严三实"专题教育巡回报告团,张莹莹同志光脚跑万米勇夺世界冠军。三是高质量起步开展"三严三实""两学一做"学习教育。校党委以上率下,扎实推进,做到规定动作不走样,自选动作有特色。

四、抓干部队伍建设,提升领导班子执政能力

按照好干部标准选人用人,建设"四铁"队伍。一是加强领导班子建设。制定《进一步加强领导班子建设的若干意见》等,不断提升班子的执政水平。二是抓好干部队伍建设。换届中坚持推进分类管理和重心下移改革,加大处级班子和干部考核中的互评力度,有计划地交流处级干部 59 人,坚持扩大民主,坚持群众公认的原则,坚持公开、民主、竞争、择优原则,通过多渠道、多形式的民主推荐和考察,一批具有高学历、高职称、年富力强的年轻干部脱颖而出,走上领导岗位,干部队伍的结构明显优化,后备干部队伍得到加强。三是加强多形式干部培训。举办"新聘期处级干部培训班"、分党委书记党群部门负责同志培训班等,分层次开展各类培训 2500 人次。

五、抓制度建设,提升党风廉政建设水平

一是认真贯彻执行民主集中制。制定《党委常委会议、校长办公会议事决策清单》《"三重一大"决策清单》《处级机构岗位职责》,强化制度落实。二是完善党风廉政建设制度。制定党风廉政建设系列实施办法,健全经济责任审计相关制度。三是发挥党委主体责任,召开党风廉政建设会议,认真执行党风廉政建设责任制。

2016 年是全面建成小康社会决胜阶段的开局之年,也是实施"十三五"规划和"双一流"建设的起步之年,我们要协调推进"五位一体"总体布局和"四个全面"战略布局,牢固树立创新、协调、绿色、开放、共享的发展理念,推进学校事业又好又快发展。下面,我代表学校党委提出三点要求。

一、以支部建设为关键,扎实开展"两学一做"学习教育

把以党支部为基本单位、以"三会一课"等党的组织生活为基本形式、以落实

党员教育管理制度为基本依托的"三个基本"要求落实到每个支部和每名党员,确保"两学一做"学在基层、做在基层、严在基层。一是扎扎实实做好支部换届工作。要科学设置支部,以有利于促进中心工作,围绕学科建设、教学科研、学生学习生活、成长成才设置支部,坚持便于开展活动原则,一般不跨行政建制建立支部,原则上正式党员三人以上要单独设置党支部。巩固本科生"低年级有党员、高年级有党支部"的格局。要选优配强党支部书记。严格标准条件,机关直属单位后勤党支部要有处级干部担任支部书记,教师党支部书记要具有高级职称,有较强的号召力和组织能力,有很高的素质和能力,学生党支部要有辅导员、班主任和高年级党员担任,做好支部书记的培训工作。二是强化党支部活动规范化、制度化建设。按照"两学一做"学习教育总体部署,深入开展好以"支部班子好、党员管理好、组织生活好、制度落实好、作用发挥好"为内容的"五好党支部"创建活动。对全校党支部进行全面摸底,做好分类定级。针对每一个支部做好清单管理整改落实,严格标准进行考核评定。完善《基层党支部工作细则》,加强督促检查。三是要进一步加强党员发展和教育管理工作。重点推进在高学历高职称人员、优秀青年教师中发展党员的力度,提高大学生党员发展质量。以民主评议党员制度为抓手,真正把党的思想政治建设抓在日常、严在经常。认真对照党员标准,对党员思想表现、工作作风、遵守纪律、履行职责、发挥作用、道德品行等情况进行重点评议。坚持全面覆盖,抓实民主评议党员工作,用好评议结果。

二、以思想政治建设为核心,加强党员干部队伍建设

一是要强化理论武装。按照"基础在学、关键在做"的要求,把学习党章党规与学习系列讲话有机结合起来,用习近平总书记系列重要讲话武装头脑、指导实践、推动工作,紧密结合学校实际,创新学习教育方式方法,引导大家自觉做"四讲四有"合格党员。二是要加强理想信念教育,充分发挥思想政治工作的重要作用,大力弘扬社会主义核心价值观,推进中国特色社会主义理论体系进教材、进课堂、进头脑,切实增强广大师生的道路自信、理论自信、制度自信,牢牢把握意识形态工作领导权话语权主动权。三是要进一步提高素质能力。落实校领导联系党代表、离退休老同志和基层单位制度,加强学校领导调研工作。坚持正确的用人导向,健全完善干部选拔任用机制,努力形成风正气顺心齐、想干会干干好的良好环境,推进各级领导班子成为领导科学发展的坚强核心,加强干部专题培训,增强针对性和实效性。

三、以制度建设为基础，积极营造风清气正的政治生态

一是要坚持民主集中制原则。细化党委常委会和校长办公会议事规则，制定议事决策清单，明晰权力边界，规范权力运行，针对重点领域和关键部位，健全廉政风险内控机制，加强内部审计工作，用制度管事管人。二是要优化净化政治生态，做到山清水秀。政治生态是党风、政风、社会风气的综合体现，政治生态的状况，直接决定着从政环境的好坏，关系着党的形象和人心向背。要树正气，树正风，为想干事肯干事会干事的同志们营造一个良好的从政环境。让歪风邪气无市场、无空间、无机会，实现真正的山清水秀。中共中央政治局 6 月 28 日下午就严肃党内政治生活、净化党内政治生态进行第三十三次集体学习。中共中央总书记习近平同志在主持学习时强调，我们党 95 年的奋斗历程充分表明，严肃认真的党内政治生活、健康洁净的党内政治生态，是党的优良作风的生成土壤，是党的旺盛生机的动力源泉，是保持党的先进性纯洁性、提高党的创造力凝聚力战斗力的重要条件，是党团结带领全国各族人民完成历史使命的有力保障，是我们党区别于其他非马克思主义政党的鲜明标志。习近平总书记强调，开展严肃认真的党内政治生活，是我们党的优良传统。我们党从成立之日起，就高度重视党内政治生活，在长期实践中逐步形成了以实事求是、理论联系实际、密切联系群众、批评和自我批评、民主集中制、严明党的纪律等为主要内容的党内政治生活基本规范。习近平总书记强调，要激浊扬清，坚持激浊和扬清两手抓，让党内正能量充沛，让歪风邪气无所遁形。坚持正确用人导向，真正让那些忠诚、干净、担当的干部得到褒奖和重用，让那些阳奉阴违、阿谀逢迎、弄虚作假、不干实事、会跑会要的干部没市场，倡导清清爽爽的同志关系。这是习近平总书记最新的重要讲话里的几段，具体内容还请大家自行学习，有很强的现实意义和针对性。三是要坚持不懈为群众办实事。关心师生的工作、学习和生活，特别是青年教师和困难学生，我们要千方百计为他们排忧解难，努力调动广大干部师生员工的积极性，形成推动事业发展的强大合力。

同志们，我们要以开展"两学一做"学习教育为契机，积蓄正能量，汇集促进学校快速发展的强大动力。全校党员干部要立足岗位做奉献，把心思和精力用在干事创业中，在推进改革发展稳定各项工作中当标兵、做示范。做到想干愿干积极干，能干会干善于干，坚决守住安全、稳定、廉政三条底线，确保干成事不出事，切实完成好党赋予的使命。让我们紧密团结在以习近平同志为总书记的党中央周围，围绕中心工作、服务大局，改革创新、奋发有为，为建设国内一流的教师教育特色综合性大学而不懈奋斗。

把思想政治工作融入本科教学全课程全过程

教务处处长　易志云

2017 年 6 月 13 日　570 期　第四版

　　教育的任务始终是培养人才、服务社会发展。习近平总书记在全国高校思想政治工作会议的讲话中指出:"要坚持把立德树人作为中心环节,把思想政治工作贯穿教育教学全过程,实现全程育人、全方位育人。"我们的校训是:勤奋严谨自树树人。从总书记的讲话到校训的灵魂要求我们:为育人上好每一堂课,办好育人每一件事。

　　长期以来,我校坚持以立德树人为中心,将学生思想政治教育、道德情操、爱国教育潜移默化融入专业教学、引领专业教学,为专业人才的成长、事业发展把握方向。

一、加强师德建设,强化课堂阵地意识

　　师德建设是提高教学质量的基础和关键,作为专业课教师,以自身的政治素质、职业修养和广博专业知识视野,寻找思想政治、德育教育的渗透点,产生着"融汇""润物"的教育效果。

　　加强师德建设,使教师保持着优良教风和敬业精神,强化专业教师课堂阵地意识,努力使教师做到三个结合,即课程的教学目标同思想道德、政治素养结合起来、课程的教学过程与学生人格培养结合起来、课程的教学内容与学生职业素养构建结合起来。

　　其一,课程的教学目标同学生思想道德、政治素养教育结合起来。专业课程是原理、定理类的内容贯穿始终,教师在讲授时设计课程,把思想道德、政治素养教育渗透其中。如课程讲授以积极的态度不回避我国社会经济、科技等发展实际,教育学生要认清差距,找出根源,加倍努力,激发学生担当实现中华民族伟大复兴"中国梦"的责任和使命感。

　　其二,课程的教学过程与学生人格培养结合起来。曾经的一则新闻给了我们启发:有一堂传统的专业课《人体解剖学》,在课堂上讲解专业理论知识外,还安排学生拜访遗体捐献志愿者,当听到志愿者说"宁愿你们在我身上划错千刀万刀,也不愿你们在病人身上划错一刀"的时候,学生们的反响十分强烈,激发起对科学的尊敬。一堂普通的课程因融入了人生观、价值观的教育,而提升了学生们的道德和人格修养。

其三,课程的教学内容与学生职业素养构建结合起来。课堂教学要有帮助学生初步树立正确的职业道德观念的功能和作用。"亲其师则信其道",专业课教师要恪守自己的职业道德,以严谨的治学态度,儒雅的言谈举止和仪容仪表,从教学态度到教学方法,都要体现出对学生、课程、教学、职业的尊重与热爱,做学生职业道德养成的示范者。

二、加强制度与激励机制建设,强化责任、落实责任

学校始终将思想政治工作放在教育教学首位,注重思想引领和导向,通过加强制度与激励机制建设,加强教学质量监控,强化教师的责任意识和使命意识,落实角色责任。

首先,不断完善课堂管理、落实教师教育责任的制度与机制。如《教职工职业道德规范》《教学事故认定办法》《教学质量评价办法》《教师教学成果奖励办法》《关于进一步加强课堂纪律的实施办法》等系列文件均对规范教师教学行为、加强师德建设做出明确的规定。同时,对于课堂上教师有违反四项基本原则的言论等严重政治行为,均属于一级教学责任事故,并予以严肃处理。

其次,以校院两级教学督导,有效推动教师发展和学生成长,引导和督促教师,尤其是青年教师严守教育教学纪律和学术规范;坚持学术研究无禁区、课堂讲授有纪律,杜绝有损国家利益和不利于学生健康成长的言行。同时,坚持校、院领导听课制度。每学期各级领导均会深入教学一线,到学生课堂听课、评课,把握教学质量;切实做好本科教学评估,提升教学质量。

三、加强职能部门建设,提升管理与服务水平

学校加强教学职能部门规范管理,高标准要求,不断提升管理与服务水平。教学职能部门积极遵循教育规律、思想政治工作规律、学生成才规律,加强思想政治理论课程建设和课堂教学管理,完善教材体系,创新教学方法。积极支持和服务学院办好"双周音乐会""校园美术展"等工作,实现了实践教学活动、社团、竞赛等与课堂教学的有机融合,把思想价值引领贯穿教育教学全过程和各环节。

既严格管理,为育人护航,又周到服务,为育人保驾。以育人为核心,做好支持与服务,如积极推动"马工程"重点教材的使用。截至2016年,在学校涉及"马

工程"教材使用的23门课程中17种教材已采用"马工程"统一教材,并计划于"十三五"期间,加强相关专业、相关课程"马工程"教材课程教师的培训,引导和鼓励任课教师加强对工程重点教材研究,改革教学方法,将教材优势转化为教学优势。

　　高校的学生思想政治教育、道德修养教育是我们的使命,是我们的责任,要进一步加强和改进新形势下思想政治工作融入本科教学全课程全过程,一方面,加强本科教学全课程全过程建设、管理与服务,提升教学育人的实效性和针对性;另一方面,积极创新教学方式,将教师的"教"与学生的"学"融合,升华学生优秀人格养成教育,努力为培养社会主义合格建设者和可靠的接班人而努力做好教学工作。

点亮理想之灯　照亮前行之路

——将思想政治教育工作融入人才培养全过程

党委学工部部长　李　靖

2017 年 6 月 13 日　570 期　第四版

多年来学校始终以"立德树人"为根本,完善"德育一体化"机制,形成全员、全方位、全过程的育人格局,全力提升了思想政治工作的针对性和实效性,为国家和社会培养了一批批"德业并重、知行合一、人格健全、勇于担当"的有为人才。学工部门以"五强化、五推进"模式,积极探索实施"德育创新"工程。

一、强化思想引领,推进价值观教育课程化

我校以诚信教育课程化建设为着力点,重点推进诚信教育工作,从 2011 年开始,面向全校开设《大学生诚信导论》通识课程,将专业理论与诚信意识融入学生的生活实际。中国教育报要闻版头条以《诚信课成了热门课》为题报道了我校诚信教育的做法和成效。授课团队编写的课程教材《诚信导论》《诚信导论新编》先后出版发行。

学校探索创立"旗帜讲坛",积极推行党政领导、相关部门领导、基层学院党委书记为学生讲党课,举办好"开学第一课"上好"最后一课",及时将七一讲话、长征精神、党的十八届六中全会精神等内容融入形势政策课教育教学、新生入学教育、毕业生廉洁入职教育中去,推进教育内容和教育模式的不断创新,增强教育实效。

二、强化载体创新,推进思想教育网络化

加强新媒体育人平台建设,弘扬主旋律,实现思想政治教育工作线上线下全覆盖。学校重点实施"红色网络"工程,建设校院两级新媒体平台近 50 个。全力打造"数字学工",建成 12 个信息化系统,学生事务 APP 平台应用广泛,"青年之声"被团中央确立为全国 100 所试点高校之一。总结我校案例汇编而成的《大学生网络思想政治工作研究与实践》一书,入选教育部高校德育成果文库。刚刚获评第九届全国高校辅导员年度人物的张家玮老师精选十年间创作的20万字网文以《心里的话——一个高校辅导员的网络微日志》为名结集出书。

近期,学校进一步整合资源,成功申报"天津市思想政治教育新媒体建设示范校",进一步将思政工作传统优势与信息技术高度融合,筑牢网络育人新阵地。

三、强化育人合力,推进思政队伍专业化

我校坚持发挥"德育一体化"育人优势,打造一支思想政治过硬、业务能力强、甘于服务奉献的"专职为主、专兼结合、优势互补"的思政工作队伍。

首先,大力加强辅导员队伍建设。以《进一步加强和改进学生工作队伍建设的实施意见》为指导,建立科研、教学、实践"三位一体"的培养体系和工作评价体系,推行辅导员职业能力提升"五项计划",搭建辅导员职业发展"三大"平台,推进辅导员队伍专业化、职业化发展。

其次,建设协同工作队伍。一是落实党政领导联系学院、处级干部联系班级、支部制度,组成上下联动的党政干部队伍;二是依托学校心理学科优势,建立专兼结合的心理健康教育教师团队;三是通过聘请理论课教师担任社会实践导师和"旗帜班"理论导师、专门下发文件推进青年教师担任班主任等途径,着力建设一支教书育人的教师骨干队伍;四是发挥老同志政治优势,构建一支在大学生中富有影响力的关工委队伍;五是通过党员骨干旗帜班、树人团校、实践服务先锋岗等阵地,着力培养一支发挥作用突出的学生骨干队伍。

四、强化实践体验,推进教育实践品牌化

注重实践体验环节,打造学生教育工作品牌。从入学到毕业,从职业到事业,从成长到成才,将思想政治教育深度融入人才培养的各个环节。

一是打造诚信教育工作品牌。配合诚信课程建设,连续7年开展"诚信教育宣传月"活动,组织诚信公开课、诚信班会大赛、学生诚信守则征集、诚信校园文化作品大赛及诚信课堂、诚信考场创建,学院探索开办"诚信银行"和"诚信超市",获评天津市校园文化精品育人项目和辅导员精品立项。今年学工部加强学生诚信档案建设,制订工作实施方案和诚信评价指标体系,完善诚信奖惩机制,全面推进诚信校园建设。

二是打造文化育人工作品牌。依托专业学院创办中华优秀传统文化学习体验中心;打造友爱包容的公寓文化,建设宿舍文化育人阵地;将专业育人与文化育人相结合,开展"勤读讲坛"、书香品读等活动,营造浓厚的学风校风,凝塑共同的价值追求。

三是打造党员教育工作品牌。连续10余年开展"创最佳党日"和"主题实践活动",创办"旗帜班",加强新生党员和党员骨干培训工作,构建学生党员校外、学校、学院三级实践服务基地,将理论学习、参观考察、党课宣讲和实践服务有机结合。

四是打造服务育人工作品牌。坚持围绕学生、关照学生、服务学生,将解决思想问题与实际问题紧密结合。连续举办32届心理健康宣传月,完善"奖、助、勤、贷、减、免、补"困难生资助体系,开展"职业生涯规划大赛""牵手校友读大学"、就业创业培训、精准帮扶等工作。研工部创办"研究生素养历练基地",致力于研究生综合素质提升,将服务育人落到实处。

五、强化榜样示范,推进教育引领典型化

学校坚持选树先进典型。以"中国梦""师大梦""成才梦"为主题开展"师大圆梦人"评选等活动,用学生喜闻乐见的形式传递师大学子立志、拼搏、成才、报国的正能量。在榜样事迹的带动下,在我校设立的高校首个校园献血屋,每年都要接待千余名学生无偿献血,见义勇为、拾金不昧、支教奉献等善举都展示了我校学生积极追求进步、勇担社会责任的良好精神风貌。

人无德不立,国无德不兴,国之德谓之大德,大学之道在明德。学工队伍将继续深入贯彻落实高校思想政治工作会议精神,为学生点亮理想的灯、照亮前行的路,以德育实践创新为实现中华民族伟大复兴的"中国梦"培育更多德才兼备、知行合一的高素质人才而接续奋斗。

运用"互联网+"宣传　打造思想政治工作新平台

党委宣传部部长　潘　晖

2017 年 6 月 13 日　570 期　第四版

运用互联网等新媒体,加强和创新高校思想政治工作,使之富有时代活力、更好立德树人,是宣传工作面临的新课题。

由党委宣传部负责运营的天津师范大学官方微信,在 2014 年 2 月 14 日正式上线,也开启了我校"互联网+"宣传的工作新阶段。截至目前,关注用户接近 5 万,累计发送图文消息 2000 余条,受到师生用户广泛好评,其影响力曾获得全国高校官微排行榜第一名,单条图文阅读量突破 10 万。

一、小而深,在立意的"思想性"上下功夫

官微自诞生起,就肩负起新闻舆论工作的职责和使命,始终高举旗帜、引领导向,鼓舞士气,成风化人。既讲实现民族伟大复兴的大道理,又讲学校内涵发展的小目标;既有弘扬社会主义核心价值观的主旋律,又聚焦师生所思所想所盼的小话题;既有宣传思想领域的"大众菜谱",又根据师生多样化需求形成"小灶菜单";不仅结合重大活动、重要节日、纪念日开展主题宣传,又融入日常,抓在经常,体现校园特色、师大特色。设计"身边感动""师大故事""支教故事""浓情校友路"等多个板块,展现学校党建成果、发展成就和师生风采。这种大小兼备、见微知著的内容组合,推动思想政治工作从不同层次、不同角度"飞入寻常百姓家",使宣传工作更接地气、更聚人气。

官微在内容组织上,注意围绕主题主线,把视角对准新闻背后的故事,让报道内容生动起来,让宣传对象鲜活起来。去年,"师大精神报告会"连续举行了四场,官微密集配发了 14 条推送,既有报告人的优秀事迹,又有聆听者的心得体悟,也有工作人员的筹备过程,多角度、多侧面,生动注释了师大精神,展现了每一名参与者的可贵品质。

二、小而美,在内容的"亲和性"上下功夫

网络阅读不同于传统阅读,官微力求把握用户群体的阅读规律、阅读兴趣,在亲和性上下功夫,运用网言网语,提高用户黏合度,精心打造让师生愿意接受、真心喜爱的教育内容。

正如习近平总书记指出的:"好的思想政治工作应该像盐,最好的方式是将盐溶解到各种食物中自然而然地吸收。"为了使官微的思想政治工作自然而亲切,我们努力在形式上下功夫,采用图示、语音、视频等多种方式,让宣传内容"唱起来""动起来""活起来";努力在语言上下功夫,标题为王的设计思路、网络用语的重新解构,把枯燥的"说教"变成有趣的"唠嗑",更加入耳入心。"和天津师大人谈恋爱""手把手教你赚回学费""师大人的名义"等热词在官微的重新诠释下,赋予了学校优良校风学风的内涵。"有一种蓝叫师大蓝""师大今昔,可曾拨动你的心弦""天津师大我还是很喜欢你"都进一步激发起师大人的爱校情怀,朋友圈被官微的一次次刷屏,正是师大人天涯共此时的同频共振。

"我的大学,小薇相伴",这是官微的宣传语,美设学院学生设计的卡通形象"师小薇"作为代言人,见证了官微的一路成长,之后精心打造 2015 级播音与主持艺术专业尚虹同学作为形象代言人,成为天津市首家,也是唯一推出真人形象代言人的官微。线上线下,"师小薇"以其清新亮丽、健康向上的形象参与到宣传活动中,受到广大师生喜爱,已经成为宣传师大的一张亮丽名片。

三、小而快,在推送的"即时性"上下功夫

即时性是新媒体的显著特征。官微充分发挥新媒体优势,以更快的速度报道学校最新发生的新闻。在兼顾稿件的速度与质量前提下,对于学校重大活动,做到当天事当天报,满足广大师生及时了解掌握最新资讯的需要;其他校园活动,做到上午举行的活动下午报,下午举行的活动转天报,并形成长效机制。

官微能够做到快速反应,得益于完善的采编流程和强大的运行团队。宣传部每周召开选题例会,规划确定推送内容、安排采访计划;全校百余名基层单位通讯信息员教师与学生记者每天及时采集校园信息;稿件记者—微信主编—宣传部副部长三级编审制度确保每一条信息的发布质量;同时借力宣传部在采编、摄影、摄像、广播等方面的媒体资源优势,建立起聚合联动的全媒体融合机制,既确保了信息的快速准确,又实现了新闻宣传的全方位多角度立体化,有效提升了宣传工作的传播力、引导力和感染力。

经过三年多的建设,官微已经逐渐成为我校最具影响力的微信平台。但它依然存在短板与不足,在互动性、服务性等方面有待进一步完善。今后,我们将继续丰富官微功能,开通"微信党课"等板块,探索与校内其他新媒体平台的互动与融合,推动我校功能互补、协同发展的新媒体矩阵建设,助力学校思想政治工作。

繁荣哲学社会科学　实现立德树人目标

社科处处长　赵雅文

2017 年 6 月 13 日　570 期　第四版

　　"立德树人"是新时期党的教育方针所规定的高等教育根本任务,是大学的立身之本和对人才培养的基本要求,有极其丰富的内涵和深远的语意,其意就是通过正面教育来引导感化和激励人,通过合适教育来塑造改变和发展人,以此"培养又红又专、德才兼备、全面发展的中国特色社会主义合格建设者和可靠接班人"。习近平总书记在全国高校思想政治工作会议上的讲话中指出:"要坚持把立德树人作为中心环节,把思想政治工作贯穿教育教学全过程,实现全程育人、全方位育人。"高校思想政治工作形式多样、渠道广泛,有直接专门的思政课,有间接渗透的专业课,有寓教于乐的活动课,还有导师和管理者的榜样引领,但不管怎样都需要春风化雨、润物无声、直抵心灵。

　　哲学社会科学有着较强的社会主义意识形态育人功能,贯穿着马克思主义的科学立场观点方法,对加深大学生对中国特色社会主义和治国理政新思想的理解和认同、鼓励大学生树立远大志向和培养高尚情操、促进大学生快速成长、成才和成功有着极其重要的价值和作用,因此我们要发挥好哲学社会科学的育人功能,充分挖掘哲学社会科学的思想政治教育资源,将哲学社会科学的优秀研究成果转换、转化成"立德育人"的生动教材,实现高校教书育人的"殊途同归"。

　　第一,组织全校人文学科教师认真学习和深刻领会习近平总书记"在哲学社会科学工作座谈会上的重要讲话"精神,理解和把握其思想精髓。佟德志代表我校教师在天津市专题研讨会上发言,侯建新、马德普、白学军、杨仁忠、孙瑞祥在全校专题会上分别从国际视野、人类文明、学科担当、思政教学、部校共建等视角做了理论和实践意义上的阐释和交流。为落实习近平总书记讲话精神,我校积极组织相关学科深入研讨,进一步明确了哲学社会科学研究"坚持道路自信和理论自信"、用"四个意识"统领高校哲学社会科学的思想共识,强调要自觉抵制西方意识形态的侵入,为此特别出台了《天津师范大学境外基金资助项目的管理办法》文件,通过学院、保卫、国交、宣传和社科等多个部门严格审核流程。在各级各类项目申报和结题的审核中,我们尤其加强了选题、论证和研究结论的政治导向,坚决把好意识形态这一重要关卡。

第二,充分发挥我校人文学科的积淀和优势,通过获批高水平项目和发表优秀成果不断加强习近平"治国理政"新理念新思想新战略的科学阐释和中国特色社会主义理论的深入研究。2016年,《中国特色社会主义协商民主研究》和《基于"四个全面"的国家治理战略研究》获批国家社科重大项目;《社会公众参与社会治理体制机制创新研究》《党中央"治国理政"文化主权战略与传播研究》和《新媒体视域下马克思主义新闻观研究》获批天津市社科重大委托项目;2017年上半年,《理论自信教育:思政课的重要着力点》《全球网络安全治理面临新变化》等4篇文章在《人民日报》和《光明日报》上发表。这些项目和成果彰显了我校人文学科的坚实基础与研究实力,体现了我校人文学科研究者对习近平治国理政新思想、习近平在全国哲学社会科学会议上讲话、习近平在全国高校思想政治会议上讲话等精神的深刻理解与领悟。

第三,整合并汇集我校人文学科的研究资源和骨干力量,通过重点学科牵动和整合嫁接等方式打造精品智库,以高水平智库成果来服务地方经济与社会发展、培养合格建设者和可靠接班人。"十三五"期间,我校要充分利用国家和省市重点学科、研究基地和博士授权学科优势,深化并推进学科融合创新,特别是要加强和做好"国民心理健康""国家治理战略""推进法治政府""天津基础教育"和"天津舆情与社会治理"等智库建设工作,要在天津政治、经济、文化、教育等发展中发挥出我校哲学社会科学的特有价值和积极作用,在天津哲学社会科学繁荣发展和现代化大都市建设中体现出"师大之为"和"师大之进"。

第四,积极做好运用哲学社会科学研究成果的育人工作,把优秀高水平学术成果通俗易懂、潜移默化地结合进课堂教学和课外实践,通过高端的理论设计引领和塑造大学生的核心价值观。有的教师很好地把教育规划项目《社会主义核心价值观在高校公共音乐教育中的渗透与应用》与课堂教学和表演实践结合在一起,通过"歌剧片段专场"和"系列话剧展演"传播进取向上的正能量;有的教师将市社科项目《"微"视域下的高校思想政治教育》和教委项目《五四社团与中国共产党创建关系研究》的研究成果转化成自己"微信公众号"的重要内容,以此帮助和引导大学生树立正确的人生观、世界观和价值观,让学生在潜移默化中受到思想教育。这些案例充分体现了哲学社会科学在立德树人中的独特价值和重要作用。

但同时我们看到,通过哲学社会科学渠道推进高校思想政治工作,我们还有许多事情可做,还有很大空间需要拓展。在加强和改进新形势下高校思想政治工作中,哲学社会科学肩负重要使命,它应该有所作为,能够有所作为,而且必须有所作为。

推动思政课教学改革跃上新台阶

马克思主义学院党委书记 李建营

2017 年 6 月 13 日 570 期 第四版

思想政治理论课是大学生思想政治教育的主渠道。我们决心深入贯彻中央、天津市委精神,落实学校党委加强思政课建设的要求,推动思政课教学改革迈上新台阶。

一、建院以来思政课的主要做法与经验

第一,校领导高度重视。

校党政领导大力支持思政课建设,在天津市属高校率先成立马克思主义学院,率先保证专项经费,2009 年在天津市率先制定《关于进一步加强高等学校思想政治理论课教师队伍建设的实施意见》,2016 年出台《进一步加强思想政治理论课建设意见》。

第二,明确教学改革思路。

建院伊始,学院就确立了思政课改革总体思路,即深化课堂教学改革,探索课堂教学与实践教学、专任教师与专职辅导员相统一,形成思政课教学的新模式。12 年来,学院始终沿着这一思路不断深化改革,教学实效稳步提升,生评教成绩提高 10 分左右。在 4 门课程中,3 门课程获教育部高校思政课"精彩一课",居全国高校之首;建成了 2 门市级精品课,2 门校级精品课。教育部以简报形式向全国推广学院与团委等部门合作探索的实践教学模式。教改成果获天津市优秀教学成果二等奖,《中国教育报》两次给予报道。

第三,不断创新教学方法。

学院从课程建设实际出发,抓住影响实效性的重难点问题,深入进行教学研究,创新教学艺术。实施了专题教学、优秀生免试改革、小组化学习、讨论辩论式教学、微信公众号辅助等教学方法,提高了中国化马克思主义进教材、进课堂、进头脑的成效。目前,思政课教师获批教育部教研教改项目 12 项,天津市教研教改项目 7 项。1 名教师获教育部思政课教学能手,全国思政课教师年度影响力人物,成为天津市首批思想政治理论课名师工作室主持人;2 名教师蝉联天津市思想政治理论课青年教师教学技能大赛第一名。

第四,坚持以科研支撑教学。

我们以马克思主义理论学科博士点、博士后流动站为学科平台,要求每名教师都有明确的学科归属,围绕学科重大理论和实践问题开展研究,注重以科研成果支撑课堂教学,为思政课提供坚实的学科支撑。马克思主义理论学科建成了天津市重点学科。在 2012 年全国学科评比中,位列 123 个参评单位的第 31 名,在全国地方高校中居第 7 名,百分位是 10%。

二、推进思政课教学改革跃上新台阶的举措

我们坚决贯彻中央、天津市委精神,明确进一步加强马克思主义学院的思路和目标,即以提高师资队伍整体素质为根本,以深化教学改革为核心,教学、科研、学科同向,发展自己与服务天津市思政课建设并重,在建设好天津市重点马克思主义学院的基础上,力争全国重点马克思主义学院。

为落实思政课教学改革的核心地位,推进思政课教学改革跃上新台阶,需要重点做好以下工作。

第一,进一步明确教学改革思路。

领会中央精神,总结经验,跟踪重大理论动态,瞄准关键问题,在原有思路的基础上,我们将进一步深化思政课教学改革的思路确立为"一根本,一核心,四统一"。即以生为本,以提高课堂教学质量为核心,探索实践教学与课堂教学相统一、专任教师与专职辅导员相统一、教师主体与学生主体相统一、传统教学与现代信息技术应用相统一。

第二,完善"三题三入"课堂教学模式。

坚持实效第一,按照"问题导入、课题深入、专题进入"的思路,继续深化教学改革。在学生思想困惑、课程重难点、社会热点的结合处提炼"问题",以学院立项等方式鼓励教师将"问题"转化为"课题",然后将"课题"研究成果引入教学专题。

第三,发挥教学团队作用。

建立 8 个学院教学改革团队,凝聚各方面力量解决制约思政课教学改革的难题,发挥团队和教研室多个主体的教学改革积极性。建设 4 个"问题链"教学法改革创新团队,1 个考试改革创新团队,1 个现代信息技术有效融入课堂教学改革创新团队,1 个讨论式教学法改革创新团队,1 个实践教学"五同"模式优化教学改革团队。

第四,筑牢提高思政课教学实效的队伍、科研、学科基础。

实施"筑巢引凤"人才引进计划、"筑巢育凤"人才培育计划。向现有教师加大培养力度,利用重点马克思主义学院建设经费给予申报课题、出版成果方面的支持,支持青年教师进入博士后流动站,到国内外高水平大学访学。建设高水平的思政课特聘教授队伍。凝心聚力,确保获得马克思主义理论一级博士授权。实现国家和教育部重大项目零的突破,引导科研成果向教学转化。

第五,出一批标志性的教学改革成果。

建成1门国家精品资源共享课——"形势与政策课",力争1个国家教学团队——思想政治理论课教学团队,新获1项教育部思想政治理论课优秀教学科研团队项目,1项教育部教学经验择优推广项目,力争全国大学生思政课公开课比赛一等奖,培养1名天津市教学名师,2门课获得天津市思政课精品课程建设项目,争取省部级教学成果奖。

第六,服务天津思政课建设上层次。

举办京津冀马克思主义学院院长高层论坛,每年举办天津师大"纲要"课名师讲堂暨天津市思政课教师培训,每年承办天津市思政课新入职教师培训,建立天津市思政课骨干教师研修基地。

新时代高等教育要有新作为

天津师范大学党委理论学习中心组

2017 年 12 月 15 日　576 期　第一版

党的十九大指出:经过长期努力,中国特色社会主义进入了新时代。这一重大政治论断,体现了党对中国特色社会主义的高度自信,对党和国家事业所处历史方位的科学把握。在建设中国特色社会主义新时代,高等教育要有新气象,更要有新作为。

一、新时代的高等教育要有新气象

建设中国特色社会主义新时代有着丰富的内涵。它是承前启后、继往开来、在新的历史条件下继续夺取中国特色社会主义伟大胜利的时代,是决胜全面建成小康社会、进而全面建设社会主义现代化强国的时代,是全国各族人民团结奋斗、不断创造美好生活、逐步实现全体人民共同富裕的时代,是全体中华儿女勠力同心、奋力实现中华民族伟大复兴中国梦的时代,是我国日益走近世界舞台中央、不断为人类做出更大贡献的时代。

建设中国特色社会主义新时代是在实践中开辟的。在长期努力的基础上,党的十八大以来的五年,以习近平同志为核心的党中央高度重视教育事业,把教育摆在优先发展的战略位置,在立德树人、改革创新、促进公平、提高质量等方面砥砺前行,使教育事业全面发展,中西部和农村教育明显加强。教育事业的全面发展是开辟中国特色社会主义新时代洪流中的一股重要力量。

新时代既是对历史的延续,更是对未来的期许。我们的前途必然光明,但道路注定不平坦,需要付出更大的努力。今天,我们比历史上任何时期都更接近、更有信心和能力实现中华民族伟大复兴的目标。相应地,今天,我们对高等教育的需要比以往任何时候都更加迫切,对科学知识和卓越人才的渴求比以往任何时候都更加强烈。夺取全面建成小康社会决胜期伟大胜利的期许,建设社会主义现代化强国的呼唤,最终实现中华民族伟大复兴中国梦的召唤,都要求高等教育落实好十九大精神,在摆位更"优先"上下功夫,优先发展包括高等教育在内的教育事业;在坚持正确方向更"坚定"上下功夫,牢牢把握中国特色社会主义办学方向;在教师队伍、学科建设更"强"上下功夫,培育更多优秀师资、更多一流学科和一流高校,建设高等教育强国;在质量更"好"上下功夫,全面提高教育质量,提升人才培养水平;在机会更"公平"上下功夫,不仅要保证人民的子女能上大学,还有更公平地上"好大学"的机会。

二、新时代的高等教育要有新作为

新时代高等教育有新作为,要求我们必须高高擎起习近平新时代中国特色社会主义思想旗帜。党的十九大报告指出,建设教育强国是中华民族伟大复兴的基础工程,必须把教育事业放在优先位置,深化教育改革,加快教育现代化,办好人民满意的教育。高等教育战线要全面学习、深入研究习近平新时代中国特色社会主义思想,特别是其中的教育思想,用新思想武装头脑,贯彻于高等教育发展全方位全过程。坚持问题导向,对照新时代新思想寻找当前工作中的差距、问题和薄弱环节,用新举措、新奋斗、新成就谱写中国高等教育发展新篇章。

新时代高等教育有新作为,要求我们必须坚持党对高等学校的全面领导。这是我国高等教育的本质特征,也是巨大优势。我们要在党的全面领导下,以马克思主义为指导,始终坚持中国特色社会主义办学方向,全面落实党的教育方针,把立德树人作为教育的根本任务,回答好高校培养什么样的人、如何培养人以及为谁培养人这个根本问题,为人民服务,为中国共产党治国理政服务,为巩固和发展中国特色社会主义制度服务,为改革开放和社会主义现代化建设服务。在党的旗帜下,按党的主张、意志和使命,办中国特色社会主义教育,办人民满意的教育,办世界一流的现代高等教育。

新时代高等教育有新作为,要求我们必须找准社会主要矛盾的转化对高等教育提出的新要求。深入研究社会主要矛盾转化带来的深刻影响,找准制约办好人民满意的高等教育、影响满足人民日益增长的美好生活需要的突出问题,贯彻以人民为中心的发展观,落实教育优先发展的战略要求,统筹从教育大国迈向教育强国的方向和任务,确定重点领域、关键环节,在新的层次、更高水平上全面实现高等教育内涵式发展,把教育公平推上新台阶,不断增强人民群众的获得感、幸福感,为决胜全面建成小康社会、建设社会主义现代化强国、最终实现中国梦培养更多德、智、体、美全面发展的社会主义建设者和接班人。

新时代高等教育有新作为,要求我们必须抓好思想政治工作。高校的根本任务是培养人,思想政治工作从根本上说是做人的工作。各级党委要把高校思想政治工作摆在重要位置,加强领导和指导,形成党委统一领导、各部门各方面齐抓共管的工作格局,突出办好思想政治理论课,抓好学生日常思想政治工作。要把思想政治工作贯穿教育教学全过程,实现全程育人、全方位育人。

新时代高等教育有新作为,要求我们必须抓紧抓好高等教育战线的全面从严治党工作。打铁还需自身硬。为实现党对高校的全面领导,就需要贯彻好新时代党的建设总要求,把政治建设摆在首位,夯实思想建设这一根基,建设高素质专业化干部队伍,持之以恒正风肃纪,夺取反腐败斗争压倒性胜利,健全监督体系建设,全面增强执政本领,从而切实提高高校党建质量和水平,为办好人民满意的高等教育、建设社会主义教育强国提供根本保证。

当前,新时代的旗帜已经飘扬,新时代的航船已经开启。高教战线的全体人员必将紧密团结在以习近平同志为核心的党中央周围,不忘初心,牢记使命,继续奋斗,从而取得新时代高等教育发展的新胜利。

为实现教育强国目标积极作为

校党委书记　荆洪阳

2017 年 12 月 31 日　577 期　第一版

　　党的十九大指出:经过长期努力,中国特色社会主义进入了新时代。高校肩负着学习研究宣传马克思主义、培养中国特色社会主义事业建设者和接班人的重大任务,是实现"两个一百年"奋斗目标的重要基础,在新时代建设中国特色社会主义的新征程中,天津师范大学要坚持立德树人根本任务,准确把握党和国家对办好人民满意教育的新要求,在实现高等教育内涵式发展和教育强国的目标中积极作为。

　　在学校工作中全面加强党的领导,以习近平新时代中国特色社会主义思想为指导,牢固树立"四个意识",坚持中国特色社会主义办学方向,把贯彻习近平总书记提出的"四个服务"作为学校一切工作的出发点,全面落实党的教育方针,坚持不懈传播马克思主义科学理论、坚持不懈培育和弘扬社会主义核心价值观、坚持不懈促进高校和谐稳定,坚持不懈培育优良校风和学风,把学校建设成为宣传党的主张、贯彻党的决定的坚强阵地。要把学校的发展同新时代推进中国特色社会主义伟大事业和党的建设新的伟大工程紧密联系在一起,坚持社会主义办学方向不动摇,坚定扎根中国大地办大学的决心不动摇,让师生不懈努力的生动实践与党同心,与国家战略和民族复兴大业同频共振,与伟大时代相互塑造、相互成就。

　　习近平总书记指出,中国梦是历史的、现实的,也是未来的;是我们这一代的,更是青年一代的。高校的根本使命就是培养人才,肩负为决胜全面建成小康社会、建设社会主义现代化强国、最终实现中国梦培养更多德、智、体、美全面发展的社会主义合格建设者和可靠接班人的神圣职责。要回答好高校培养什么样的人、如何培养人以及为谁培养人这个根本问题,就要从进行伟大斗争、建设伟大工程、推进伟大事业、实现伟大梦想的高度,坚持把立德树人作为根本任务,坚定不移地把思想政治工作贯穿于学校教育教学和管理服务中,实现全程育人、全员育人、全方位育人。遵循思想政治工作规律,遵循教书育人规律,遵循学生成长规律,着眼环境条件的发展变化,推动学校思想政治工作理念创新、方法创新、基层工作创新。继续强化教师教育人才培养特色,把"增强学生社会责任感、创新精神、实践能力"贯彻到学校教育全过程,完善学科专业教育与教师职业养成教育相结合的教师教育模式,培养和造就品德高尚、学业优良、能力胜任、身心健康、行为文明、特长突出的基础教育后备师资,实现"教师教育特色成为全体学生的品格操守,成为全校的育人风格"。

建设教育强国是中华民族伟大复兴的基础工程,新时代社会主要矛盾的转化对高等教育提出了更高要求,高等教育进入高质量发展阶段。作为一所有着近60年办学传统的教师教育特色综合性大学,天津师范大学将坚持"服务和引领天津及周边区域教师教育、服务区域经济社会发展、服务国家发展战略"的办学定位,进一步贯彻落实新发展理念,从适应人民群众对优质教育的需求出发,着力解决学校在发展上的不平衡不充分,补短板、强基础、建机制,努力在全面提升人才培养质量、聚集和优化人才队伍、全面深化综合改革、创新治理体系、彰显教师教育特色等重点领域和关键环节取得新突破,推动学校内涵发展、创新发展、协调发展、特色发展,不断提高教育教学质量,不断增强科学研究实力,不断提升社会服务水平,不断优化文化传承创新成果,不断扩大国际交流影响,全面推动学校各项事业再上新台阶。

新时代的旗帜正在飘扬,新时代的航船已经开启。天津师范大学全体师生将不忘初心,牢记使命,继续奋斗,在实现中华民族伟大复兴中国梦的征程中做出新贡献。

天津师范大学构建"一体化"育人体系
切实提高思想政治工作质量

2017 年 12 月 31 日 577 期 第二版

天津师范大学深入学习贯彻党的十九大精神,全面落实全国高校思想政治工作会议精神,围绕"立德树人"根本任务,遵循思想政治工作规律,探索构建"一体化"育人体系,切实提高思想政治工作质量。

强化思想引领,推进课上课下一体化。一是以"第一主课"为核心,深化主渠道教育教学改革。探索完善"问题导入,课题深入,专题进入"教学模式,推行思政课"按着讲""接着讲""对着讲""引着讲""顶着讲""活着讲""精着讲""特着讲"课堂讲授"八讲法";创新课程设计,组建 10 个校级形势与政策课教学组和 20 余个二级学院教学组,实现 8 个学期对全体本科生进行党的十九大精神等内容的教学全覆盖。二是以价值引领为重点,推进社会主义核心价值观教育进课堂。以诚信教育为重点,开设《大学生诚信导论》通识课程,编写出版《诚信导论》《诚信导论新编》教材。三是以主阵地建设为协同,建立课上课下联动机制。探索创立"旗帜讲坛"、学生党员骨干"旗帜班"、大学生骨干培训班等育人阵地,推进校领导、基层学院党委书记为学生讲党课,定期举办"开学第一课""上好最后一课"等活动;打造"知行计划"学生第二课堂成绩单体系,促进学生全面发展;创新实践育人,实施"社会实践导师制",加大"研究生支教团""三山行"社会实践团队等影响力品牌建设。

强化全员协同,推进工作队伍一体化。一是打造思政名师团队。打造了以全国思政课教学标兵、影响力人物、最美思政课教师为代表的中青年骨干教师团队,建成天津市首批名师工作室,入选教育部首批高校思政课教学科研团队择优支持计划。二是建设高素质辅导员队伍。出台加强辅导员队伍建设的意见、加强和改进学生工作队伍建设的实施意见等,建立科研、教学、实践"三位一体"的培养体系和工作评价体系,推行辅导员职业能力提升"五项计划",搭建辅导员职业发展"三大"平台,以"三个同等对待"推进辅导员队伍专业化、职业化发展。三是建设五支协同工作队伍。落实党政领导联系学院、处级干部联系班级、支部制度,建立专兼结合的心理健康教育教师团队,选派专业教师担任班主任、实践导师、理论导师,组建关工委宣讲团和二级学院关工委队伍,培养作用突出的学生骨干队伍。四是营造全员育人氛围。制定建立健全师德建设长效机制的实施办法、落实研究生导师思想政治教育责任的实施办法等文件,加强师德师风建设;将思想政治工作与统战工作、人才工作、知识分子工作结合起来,选树师德先进典型,实现正向激励。

强化阵地融合,推进线上线下一体化。一是建设"红色网络"新媒体育人平台。建设"天师勤读""继之青年""旗帜""星空"等网络教育和新媒体平台近50个,抓住重大纪念日、重大时事等内容弘扬主旋律,传播正能量,实现思想政治工作线上线下全覆盖。二是建设信息化管理服务平台。自主开发建成包括12个信息化平台在内的"数字学工"系统,建设"两微一网一热线""青年之声"服务体系,开通天津首个校园民生热线,巩固"在线师大"服务阵地,全力服务学生校园生活和成长成才。三是加强网络思政工作探索研究。汇编《大学生网络思想政治工作研究与实践》,入选教育部高校德育成果文库;全国辅导员年度人物张家玮出版发行20万字网络微日志《心里的话——一个高校辅导员的网络微日志》;学校被确立为天津市首批"思想政治教育新媒体建设示范校"和全国100所"青年之声"平台试点建设高校之一。

强化问题导向,推进项目育人一体化。一是凝练特色育人品牌。建设集《诚信档案》课、"诚信教育宣传月"活动、学生诚信档案评价奖惩机制、"诚信银行"等示范基地建设为一体的诚信育人品牌,创建学生中华优秀传统文化学习体验中心等文化育人品牌,加强"创最佳党日"和"主题实践活动"等党员教育品牌建设,打造感动师大人物、师大精神报告团及师大圆梦人等师生榜样引领品牌。二是建设协同育人项目。设立研究生素养历练基地项目、校园文化精品育人项目、学风建设特色项目、辅导员精品育人项目、学生工作特色项目等协同育人项目平台,加大支持力度,推动育人重点、难点任务的协同研究与攻坚。

强化育人链条,推进校内校外一体化。一是构建家校共育机制。建立学业预警制度、学生心理状况告知制度、学院家长会和重大典礼家长参与制度、家长参与学生教育和管理等制度,形成教育合力。二是建立校社合作机制。建设校外社会实践教育基地143个,探索实践校企合作、订单式培养、顶岗实习等学校社会联合培养机制,建设校内外创新创业实训基地,借助政府、企业、校友力量合力服务创新创业人才培养。

（本文发表于教育部《高校思想政治工作简报》2017年第77期）

建设国内一流的教师教育特色综合性大学

——在本科教学工作审核评估专家见面会上的讲话

校长　高玉葆

2017 年 12 月 31 日　577 期　第四版

尊敬的刘川生组长、李仁群副组长、白海力副主任、各位专家、各位领导、老师们：

大家上午好！在深入学习贯彻落实党的十九大精神、深化教育改革之际，我们非常荣幸地迎来了本科教学工作审核评估专家组的各位专家。下面，我从三方面向各位专家和领导做汇报。

一、高度重视、强化领导，扎实推进评建工作

学校党政领导班子高度重视评建工作，成立由校党委书记、校长担任组长的评建工作领导小组，并从全校抽调得力干部，组建了评建工作办公室和自评报告组、数据与材料组、专家组、宣传组、综合协调组等专项工作组，认真做好各项评建工作。

自 2017 年 5 月学校正式启动评建工作以来，我们始终把本科教学审核评估工作作为落实立德树人根本任务、推动学校内涵发展、提高本科人才培养质量的难得机遇和重要举措。2017 年 9 月，学校召开七届六次全委（扩大）会议，认真研究本科教学工作，并达成共识：一流大学应有一流本科教育，要把重视本科教育作为全校教师的共同价值追求和自觉行动；一流本科教育是落实"立德树人"根本任务的必然要求，是"双一流"建设的重要内涵。在此基础上，深入研究了争创一流本科教学的规划和措施。

在自评自建工作中，学校始终坚持"以评促建、以评促改、以评促管、评建结合、重在建设"的方针，深刻理解和全面把握审核评估"五个度"的科学内涵，牢固树立人才培养中心地位，以人才培养质量为核心，以教学基本状态数据为主要依据，以教学质量保障体系建设为主要内容，推动本科教学工作迈上新台阶。

经过全校上下齐心协力，各项工作扎实推进，取得了显著成效。

一是认真研究高等教育发展中的共性问题和学校自身发展中的个性问题，落实立德树人根本任务,实现内涵发展,主动适应经济社会发展需要,立足天津市,面向京津冀,服务于"一带一路"、京津冀协同发展和滨海新区开发开放等倡议、战略,服务于天津及周边区域基础教育,办学定位进一步明确,教学中心地位进一步巩固,教育教学质量进一步提升,教师教育特色和三全育人特色进一步彰显,人才培养目标与区域经济社会发展需求、学校办学特色的适应度不断提高。

二是不断深化本科教学改革,创新人才培养模式,实行学业弹性制,构建"厚基础、宽口径、一专多能的复合型人才"的培养体系,积极探索创新实验班、国际化标准课程班,把创新创业教育贯穿人才培养全过程;彰显教师教育办学特色,形成了学科专业教育与教师职业养成教育相结合的教师教育模式;积极探索并创新了全员全过程全方位的育人体系,取得丰硕的育人成果,较好地达成了人才培养目标。

三是加强师资队伍建设,采取有力措施,不断提高教育教学水平;保障教学经费投入,完善教学设施设备;科学设置专业,优化培养方案,丰富课程资源,多渠道吸纳社会资源,不断提高教师和教学资源条件的保障度。

四是深化教学改革,规范教学过程,强化实践教学体系和第二课堂育人体系建设,创新教学方法和考核方式,不断完善教学质量保障体系,形成质量监控、质量信息利用、质量改进等闭环系统,提高人才培养系统运行的有效度。

五是完善学生发展指导和服务体系,强化学风建设、学业指导、就业指导,不断提高育人实效,促进学生学业成绩提升,把学生的成长与收获作为判断教育教学工作成效的主要依据。校内评价和第三方调查的结果显示,学生和用人单位的满意度逐年提高。

二、不忘初心、立德树人,办学成效日益彰显

(一)人才培养中心地位不断强化

在近 60 年的办学历程中,学校全面贯彻党的教育方针,坚持社会主义办学方向,落实立德树人根本任务,坚持内涵发展,坚持"服务和引领天津及周边区域教师教育、服务区域经济社会发展、服务国家发展战略"的办学使命,秉承"勤奋严谨、自树树人"的校训,继承和弘扬天津师范大学精神,培育"学思并重、知行合一"的学风和"诚实守信、勇于担当"的校风,争创"教学质量、科研能力、人才水平、学科实力和管理效能"国内一流,努力建设国内一流的教师教育特色综合性大学,为天津市全面建成高质量小康社会、建设社会主义现代化大都市提供人才支持和智力服务。2017 年 1 月,中共天津市委书记李鸿忠带队到我校调研,对学校工作给予高度评价。

(二)教育教学改革持续深入

学校以提升人才培养质量为核心,以"本科教学质量与教学改革工程"为引领,以优化学科专业布局、创新人才培养模式、健全质量保障体系为重点,全面深化教育教学综合改革。积极探索多元化的人才培养模式,开展卓越教师"3 + 1 + 2"本硕连读、拔尖创新人才实验班、国际化标准课程班、学业弹性制、育人联动机制等一系列培养模式改革。突出分类培养,建设通识课程体系;统筹谋划,构建创新创业教育体系和实践教学体系;积极开展第二课堂育人,促进学生成长成才。整合校内资源,建设职前职后一体化的教师教育体系。

目前,中学教师教育专业获批为教育部卓越中学教师创新培养专业,小学教育专业入选国家卓越教师培养计划,是教育部中小学骨干教师培训基地,有教育部高等学校教学指导委员会委员 11 人,6 个教育部特色专业建设点,16 个天津市品牌专业建设点,5 个天津市战略性新兴产业相关专业建设点,8 个天津市优势特色专业建设点,12 个天津市应用型专业建设点,2 个国家级实验教学示范中心,9门国家级精品资源共享课、25 门市级精品课程,1 个国家级教学团队、11 个市级教学团队、2 个天津市"十二五"综投教学创新团队。获得国家级教学成果一等奖 1项、二等奖 7 项,全国首届高校青年教师教学竞赛文科组一等奖 1 项,首届全国思想政治课教学标兵 2 人。

(三)人才培养质量不断提高

学校坚持以立德树人为根本,通过持续不断地开展教育教学改革、教风学风建设,使教学管理和教学活动更加规范,教学内容进一步优化,教学方法进一步改进,人才培养质量不断提高。

近三年来,学校本科生获得师范生教学技能大赛、大学生数学建模竞赛、"挑战杯"课外科技竞赛、大学生演讲比赛、大学生人文知识竞赛、全国大学生艺术展演等省部级以上奖励 500 余项。在奥运会、世界田径锦标赛、世界大运会、全国大运会等国内外重大赛事中,获得金银铜牌百余枚。

本科生年均就业率达 90% 以上,用人单位对应届毕业生的总体满意度为97%。建校以来,天津师大毕业生广泛分布在天津市及周边地区的教育、学术、政治、经济、文化、体育等领域。据统计,天津师范大学校友担任天津市 16 个区教育局主要领导职务有 21 位,担任天津市各区中小学校长 803 位,其中中学校长 296位,小学校长 507 位。天津市未来教育家人选中,近七成是我校本科毕业生。

(四)科研和社会服务能力不断增强

学校始终坚持为社会服务,通过科技创新和成果转化,增强学术竞争力和服务区域经济社会发展能力。近三年来,获国家自然科学基金 125 项、天津市科学计划项目 88 项;国家社科基金等省部级以上项目逐年增长,共获 456 项,其中国家社科重大招标项目和重点项目 10 项。发表三大索引论文 1054 篇,CSSCI 论文 954 篇,出版学术著作 105 部,授权专利 331 件,其中发明专利 300 件。2 项成果入选《国家哲社优秀成果文库》,获得教育部高等学校科学研究优秀成果奖(人文社会科学)7 项,市哲学社会科学优秀成果奖 21 项,市科学技术奖 5 项。

在近期公布的天津市一流学科和特色学科群建设名单中,我校获批 7 个市一流学科、15 个特色学科(群),基本涵盖学校的主要学科和主要专业,为人才培养质量的进一步提高奠定了坚实基础。

(五)国际交流不断扩大

加强国际交流,多渠道、全方位为教师搭建国内外研修平台,鼓励教师积极开展国际交流合作,与境外 159 所大学和教育机构建立了稳定的合作交流关系,是首批国家教育部"来华留学示范基地"。近三年,学校聘请高水平外籍专家 160 人(其中 22 人为国家级、省部级"千人计划"外籍专家)来校工作;59 名师生获批国家留学基金委资助(其中,青年教师 25 名、学生 34 名);派出 378 名中青年骨干教师赴海外进修学习、参加国际会议和合作研究;447 名学生赴境外交换培养;累计选派 858 名学生到 46 个国家、60 名教师到 17 个国家承担汉语教学工作;与美国哥伦比亚大学合作建立全球学习联盟,成立"创新教育国际联合研究中心"。

承办全国首批、非洲首家孔子学院——内罗毕大学孔子学院,并荣获首批"全球示范孔子学院"称号,承办全球唯一一以"海上丝绸之路"命名的海上丝路孔子学院、教师教育特色的泰国曼松德·昭帕亚皇家师范大学孔子学院和英国赫尔大学孔子学院。9 次荣获全球"先进孔子学院"称号,1 次荣获"孔子学院创立奖"最高荣誉称号,3 次荣获"孔子学院先进中方合作机构"称号,2 人荣获"孔子学院先进个人"称号,1 次荣获"海外汉语水平考试优秀考点"。

(六)教师教育特色不断凸显

自 2004 年启动教师教育改革以来,学校不断强化教师教育特色,积极投身于京津冀一体化战略中的区域教育协同发展,通过更新人才培养理念、探索人才培养模式、强化课程教材建设、提升师范生学科教学能力、促进教师专业发展、提高教育研究水平、搭建合作交流共享平台等,促进教师教育人才培养质量持续提升。

教师教育改革以来,我校已培养 1.2 万名师范生,在教育行业的就业率逐年上升。学校作为教育部"国培计划"示范基地,承担着教育援疆、天津市中小学教师继续教育培训等多项任务。

创新"大学—地方政府—中小幼学校(U－G－S)"教师教育协同发展模式,与 16 个区教育局签订了"促进教育均衡发展服务基础教育"合作协议,以校政、校校合作模式扩大优质基础教育资源的供给。举办基础教育论坛,编制基础教育蓝皮书,数次得到天津市副市长曹小红的批示,实现了天津市基础教育质量和我校教师教育培养质量的共同提升。

(七)立德树人成效显著

学校始终秉承"育人为本、德育为先"的教育理念,20世纪90年代初创造性地提出了"德育一体化"育人理念,并在20多年创新发展实践中,不断赋予其新的时代内涵。全国高校思想政治工作会议后,学校深入学习贯彻习近平总书记重要讲话精神,不断完善"德育一体化"体系,彰显学校鲜明的育人特色和办学风格,形成和完善了"课上课下一体化""工作队伍一体化""项目育人一体化""线上线下一体化""校内校外一体化"的育人工作体系。

继承"三山行"精神,组织开展踏寻足迹"延安行"、扶贫支教"西部行"、希望工程"陇上行"等社会实践,坚持开展求是讲坛、双周音乐会等品牌文化活动,培养优良学风,涵育学生成长,扎实落实全员全过程全方位育人,取得了显著成效。教育部、市委教育工委先后刊发简报,《光明日报》《中国青年报》《天津日报》等多家媒体在重要版面予以报道。

党的十九大召开以来,学校开展了内容丰富、形式多样、覆盖广泛、效果突出的学习宣传贯彻落实工作,在加强全校师生学习研讨的同时,组织师生深入社区、中小学,开展卓有成效的宣传活动,把学习和宣传十九大有效结合起来,促进立德树人根本任务的深入落实。《新闻联播》《朝闻天下》《人民日报》《天津新闻》《都市报道60分》等媒体报道80多次。

三、坚持问题导向,以评促建、整改提质

当前,学校事业发展仍然存在六方面的问题和不足:(1)学科发展不平衡,理科博士学位授权点还没有实现零的突破;(2)人才培养与社会需求的契合度还有一定差距,在创新创业实践能力培养方面还有待加强;(3)教师教育改革三年行动计划的执行和教育学部成立后的一系列行动,显著拉近了我校与天津市各区教育系统的距离,但由于合作项目执行时间不长,对基础教育的影响力还有待进一步提高;(4)高端领军人才和有重大影响的学术带头人及创新团队比较少,高层次人才的培养、引进工作还有待进一步加强;(5)承担国家级重大科研项目的能力不足,重大、重点项目偏少,自然科学领域尚没有重大项目立项,高水平的标志性成果不多,特别是缺乏国家级科学技术奖和国家级人文社科一、二等奖,科技创新和服务社会能力需要进一步提升;(6)校院两级领导班子领导事业科学发展的能力与创建国内一流大学的要求还不完全适应,管理体制和管理水平有待进一步完善和提高。

今天,各位评估专家莅临学校开展本科教学审核评估工作,对学校来说机遇难得,我们备感珍惜,真诚希望各位专家为我们把脉开方,多提宝贵意见和建议。我们一定积极配合好专家组的工作,虚心接受专家组的指导,切实抓好整改落实,为实现学校"十三五"发展目标、办人民满意的国内一流的教师教育特色综合性大学奋力前行。

最后,祝愿各位专家、各位领导在天津师范大学期间身体健康、心情舒畅、工作顺利!

谢谢大家!

抢抓新机遇　展现师范院校新作为

天津师范大学党委理论学习中心组

2018 年 3 月 30 日　578 期　第一版

当前,建设教育强国是中华民族伟大复兴的基础工程,我们要深刻领会和准确把握办好人民满意教育的新要求,紧紧围绕统筹推进"五位一体"总体布局和协调推进"四个全面"战略布局,全面贯彻党的教育方针,推进质量变革、效率变革、动力变革。我们作为一所培养基础教育师资的综合性大学,在"加快一流大学和一流学科建设,实现高等教育内涵式发展"的历史性机遇期推进高质量发展,坚持以习近平新时代中国特色社会主义思想为指导,加强顶层设计和战略谋划,加快体制机制创新,增强发展活力和动力,以一流学科建设为龙头,坚定不移深化综合改革,坚定不移推进高质量发展,加快建设国内一流的教师教育特色综合性大学,用实际行动展现新时代新作为。

一、聚焦学科发展特色,创新学科融合"新思路"

以学科建设为龙头,引领学校各项事业发展,是我国高等教育改革和发展的经验总结。我们已经走过了追求数量的时期,今后要把工作重点调整到优化学科结构、强化学科发展特色上,实现从解决"有没有"到解决"好不好"的转变。在学科发展策略上,首先要科学分析学科发展趋势,以面向世界科技前沿、面向经济主战场、面向国家重大需求的广阔视野,聚焦科学发展和重大社会实践问题,体现前瞻性。其次要充分发挥比较优势,坚持"有所为有所不为"的原则,科学分析谋划建设重点,集中优势力量发展优势学科,体现可行性。最后是要突破原有学科建设界限,促进学科交叉融合,借势发展,培养新的学科建设增长点,体现创新性。下一步目标是以国家和省部级重点学科和高水平特色学科(群)为核心,重点建设积淀深厚、特色鲜明的学科,按"一院一策""一学科一策"去规划学科,精心打造学科高峰,提升学术创新能力、提升学科综合竞争力。

二、突出教师教育特色，服务国家改革"新目标"

落实一流教师教育目标，是学校事业发展的重中之重，也是彰显办学特色的具体体现。落实一流教师教育目标，应建立以实践为导向的学科建设和科学研究模式，突出服务基础教育和研究基础教育，加快产出促进基础教育发展的科研成果。学校科研管理部门在科研立项的孵化、培植与申报方面加大支持力度，以2017年中标立项的国家教师教育重点课题"教师核心素养和能力建设研究"作为工作推动切入点，围绕教师队伍建设的重大战略需求开展学术研究。

三、建立分类管理模式，贯彻人才至上"新理念"

将人才队伍建设放在事关学校发展全局的战略位置，充分发挥学校党委在人才队伍建设中的领导核心作用，大力推进人才强校战略的实施。研究制定学校深化教师聘用管理制度改革实施意见，建立以质量为导向、分类管理为核心的教师聘用与管理制度。按照"分类管理、科学评价"的原则，建立以教学科研型、教学为主型、科研为主型等多种类型岗位相辅相成、协调发展的教师岗位分类管理制度。根据"按需设岗、公开招聘、平等竞争、择优聘用"的原则，建立以提升新教师质量为导向的预聘制度，以激励新晋升高级职务的教师保持教学科研水平为导向的准聘制度，以杰出成果、杰出人才为导向的特聘制度，形成现行聘用体系与预聘、准聘和特聘制度相衔接的教师聘用管理体系。进一步完善绩效工资制度，深化实施校院教师聘用两级管理，通过在人才工作方面实施一系列"组合拳"，形成有利于学校人才聚集、有利于激发教师活力、有利于提升人才培养质量与科学研究水平的制度环境和具有师大特色的教师职业发展体系。

四、加强新型智库建设，对接地方社会"新需求"

我们要始终倡行在学科基础研究和理论研究上"既要顶天又要立地"，鼓励专家学者积极承担重大战略、重大政策和重大项目决策研究，为解决区域经济社会发展问题提供智力支持，为国家和地方发展献计献策。学校以国家重点学科心理学和政治学牵头组建"语言、心理与认知科学研究院"和"网络内容建设与综合治理研究院"等系列跨学科融合创新团队，瞄准国家发展战略和天津社会需求，做好深度智力支持。通过办好《天津市基础教育发展报告》（蓝皮书）、开展京津冀教育协同发展战略研究、举办高端基础教育论坛和重要学术会议，高质量做好天津市基础教育决策服务和京津冀教育协同发展战略服务，深化教育改革经验，讲好基础教育故事，扩大学校在国内和国际基础教育领域的影响力。

五、强化党的统一领导,提升立德树人"新环境"

加强党对学校一切工作的全面领导,为实现学校内涵发展提供根本保证。坚持把政治建设摆在首位,坚定不移推进全面从严治党,持续改进作风建设,以提升组织力为重点,推动基层党组织全面进步、全面发展,以优良党风带校风促学风。坚持把立德树人作为根本任务,深入贯彻落实全国高校思想政治工作会议精神,进一步继承和发扬"德育一体化"传统,完善"大思政"工作格局,构建思政工作考评指标体系,坚定不移地把思想政治工作贯穿于学校教育教学和管理服务中,实现全程育人、全员育人、全方位育人。坚持以文化人、以文育人,用中华优秀传统文化和革命文化、社会主义先进文化为师生筑魂立根打底色,推动社会主义文化繁荣昌盛,为学校加快内涵发展提供思想文化保障。

落实立德树人根本任务
坚决打赢新时代思政改革攻坚战

——校党委书记荆洪阳在我校思政工作
改革攻坚动员部署会上的讲话

校党委书记 荆洪阳

2018 年 5 月 8 日 579 期 第二版

同志们：

思想政治工作是学校党委常抓不懈的一项非常重要的工作。2016 年我校召开了宣传思想工作会议,2017 年召开思想政治工作会议,今天我们在这里召开思想政治工作改革攻坚动员部署会,这是对加强和改进我校思想政治工作的一次再动员再部署,是我们进一步统一思想、坚定改革、落实任务、创新思路的一次新起点新征程。

2018 年是全面贯彻习近平新时代中国特色社会主义思想的关键之年,是推进高校思想政治工作改革的攻坚之年。3 月 15 日,全市召开新时代天津高校思想政治工作改革攻坚动员部署会,认真学习贯彻习近平新时代中国特色社会主义思想和党的十九大精神,全面总结全国和我市高校思想政治工作会议召开一年来的工作成果,深化新时代高校思想政治工作改革攻坚。会议指出,推进高校思政改革攻坚,是培养担当民族复兴大任的时代新人、办好高水平大学的迫切需要。会议出台了《关于新时代天津高校思想政治工作改革攻坚的实施意见》和 2 个配套文件,其中《关于新时代天津高校思想政治工作改革攻坚的实施意见》是整个思政改革攻坚的总纲,配套文件包含了 3 个实施方案和 7 个重点项目建设方案,对各高校在思政改革攻坚中"改什么、怎么改、什么时间改"都提出了明确的要求。会议要求全市高校要迅速兴起思想政治改革攻坚的热潮,努力构筑高校思想工作新优势,推动高校教育发展取得新突破。

回顾 2017 年,在市委和市委教育工委的领导下,我校深入贯彻落实全国和天津市高校思想政治工作会议精神,对思政工作全面发力,从加强理想信念教育、强化意识形态管理、建强思想政治理论课、打造精品校园文化、推进思政工作创新等方面下功夫、花力气,着力构建全员全过程全方位育人体系。

一是完善体制机制,全面统筹办学治校各领域、教育教学各环节、人才培养各方面的育人资源和育人力量。

已经形成"学校党委统一领导、党政主要负责人亲自主抓、党政工团各方面既分工负责又相互贯通的领导体制和工作机制";成立校、院两级"德育一体化"工作领导小组和两级评估体系,定期研究制订工作方案,召开全校思政工作会议,从育人理念、教育方式、队伍建设、条件保障等方面进行系统设计,不断探索"三全育人"长效机制。全市改革攻坚动员部署会后,校党委迅速行动,按照会议要求,组建学校党委教师工作部,成立巡察工作领导小组、巡察工作办公室和巡察组,不断完善工作机制。

二是强化全员协同,切实发挥全体教师育人功能,充分挖掘各群体各岗位育人元素,全面实现育人目标。

学校以提高师资队伍整体素质为根本,以深化教学改革为核心,打造教学、科研、学科同向并进的教师团队,一批以全国思政课教学标兵、影响力人物、最美思政课教师为代表的中青年骨干教师,在思政课教学中发挥引领带动作用,让学生爱上思政课;在辅导员队伍专业化、职业化建设方面探索实践新路,实施辅导员职业能力提升"五项计划"(科研助力计划、博培支持计划、实务训练计划、岗位锻炼计划、素质拓展计划),搭建"三大"平台(课堂教学平台、工作研究平台、职业发展平台),让我们的辅导员有自信有底气有本事,以全国辅导员年度人物为代表的辅导员队伍成为学生青春领路人;充分发挥党政领导、专业教师、关工委老同志、学生骨干等思政工作队伍在育人方面的经验、优势与特色,在落实立德树人根本任务上同向同行、聚合联动;不断加强师德师风建设,选树先进典型,实现正向激励,第四届全国道德模范候选人、全国最美五老王辅成老师致力于大学生"三观"教育的不懈追求感染师生,引领先进的校园风尚。

三是聚焦关键领域,将思想政治工作全面融入人才培养全过程、各环节,实现学校各项工作协同协作、互联互通。

加强理想信念教育和意识形态管理,统筹组织学习宣传党的十九大精神,深入贯彻习近平新时代中国特色社会主义思想,抓好党员和师生常态化学习教育,扩大理论宣传阐释的覆盖面与影响力;注重思想政治理论课建设,自2005年以五同模式(同对象、同目标、同重点、同进度、同考试)深入开展理论课实践教学,去年全面实施"形势与政策"课教学改革,获批天津市重点马克思主义学院,建成我市首批名师工作室,入选教育部首批高校思政课教学科研团队择优支持计划;全面开展校园文化建设,着力打造崇尚真理的学术文化、高雅大气的艺术文化、竞争协作的体育文化,形成较为完备的大学文化体系,形成一批受到师生青睐的文化品牌,实现了润物无声、以文化人的育人效果。

去年年底,教育部《高校思想政治工作简报》刊发我校"德育一体化"育人经验,《光明日报》整版刊发"完善德育一体化育人体系——天津师范大学以十九大精神统领育人格局"典型经验。不久前,在市委教育工委、市教委公布的 2017 年度天津市大学生思想政治教育工作考核结果中,我校以大学生思想政治教育工作年度考核综合分数排名第一的成绩获评"2017 年度大学生思想政治教育工作优秀单位"。这些成绩都体现了我校在继承育人优良传统的同时,不断与时俱进、不断探索创新。

与此同时,我们仍然要看到,在不断推进思想政治工作取得新进展的具体实践中,我们还存在招法不多、措施不实等问题,制约着学校思政工作的进一步提升。当前和今后一段时间是学校内涵发展的爬坡期,也是提升办学水平的机遇期,更是推动学校思想政治工作上水平、上台阶的关键期。下一步,学校将继续贯彻落实中央和市委、市委教育工委相关文件精神,按照《天津师范大学关于推进新时代高校思想政治工作改革攻坚的实施意见》,全面实施新时代高校思政工作改革攻坚,让思想政治工作往深里做,往实里做。刚才,学工部、教务处、马克思主义学院和校团委的负责同志就落实思政工作改革攻坚任务,从各自分管领域交流了下一步开展思政改革攻坚的工作思路和主要措施。我们全校各部门、全体教职工都要行动起来,共同担起"思政责",用实的办法、硬的举措,推动改革取得新进展、新成效。

下面,我代表学校党委,就落实好新时代思想政治工作改革攻坚讲三点意见。

第一,提高站位、把握方向,更加深刻地认识做好思想政治工作的重大意义。

党的十八大以来,以习近平同志为核心的党中央,始终把教育作为培养人才、治国安邦的大事,对高等教育改革发展做出一系列重大决策部署。习近平总书记在全国高校思想政治工作会议上的重要讲话,深刻回答了高校培养什么样的人、如何培养人以及为谁培养人这一根本问题,为做好新形势下高校思想政治工作、发展高等教育事业指明了方向。全国和天津市思政会召开以来,我校出台一系列落实举措,在人员配备、考核督导、奖励激励等方面给予政策保障,取得一定工作成效。但我们也应该看到,仍有不少同志对这项工作的重要意义还存在着认识上不到位、思想上不重视、行动上不积极等问题。有人认为,思想政治工作是"虚"的,看不见、摸不着,与中心工作无关;也有人认为,思想政治工作是某些党群部门的事情,与自己部门关系不大;还有些专业教师认为思想政治教育就是思想政治理论课教师、辅导员的本职工作,与专业教学无关。这些观点都是片面的,不可取的。我们必须认识到：培养中国特色社会主义事业建设者和接班人的重大任务，是实现"两个一百年"奋斗目标的重要基础，在新时代建设中国特色社会主义的新征程中，坚持立德树人根本任务，准确把握党和国家对办好人民满意教育的新要求，是实现高等教育内涵式发展和建设教育强国目标的根本保障。我们必须认识到：思想政治工作是高校的生命线，关系高校办学的政治方向、政治原则、政治立场，是不可动摇的根本问题。我们必须认识到：进一步明确加强学校思想政治工作，是全面贯彻从严治党、坚持社会主义办学方向的根本要求，是全面落实立德树人根本任务的本质要求，也是我们学校加快建设特色鲜明的高水平大学进程的现实要求。

此次思政改革攻坚，是在我们高校思想政治工作发展进入了一个新阶段、积累了一些好经验、出现了一些新问题的关键时期，进行的一场查找短板断点、破除顽疾难题、提升工作水平的思政攻坚战。全体党员干部必须树立"大思政"的战略眼光和政治站位，增强全局意识和政治意识，以思想政治工作统领教育事业各个领域的改革发展，从体制机制入手，敢于刀刃向内，敢于破除藩篱，敢于动真格、硬碰硬，以创新推进改革，以改革驱动发展，突出重点、建立规范、完善机制、落实责任，构建符合新时代发展需要的，具有学校新气派、新特色、新高度的思想政治教育工作体系，争当全市高校思想政治工作改革攻坚的排头兵、先行者。

第二，改革创新、精准施策，务求体现师大特色、形成师大品牌、凝聚师大力量。

一是，以"1131"项目为牵引，扎实推进思想政治工作重点改革。"1131"项目中，第一个数字"1"是突出一个首要，深入推动习近平新时代中国特色社会主义思想进教材、进课堂、进头脑。这是当前全市教育系统的头等大事，是高校主课中的"主课"。其中，进教材教案是基本保障，进课堂是中心环节，进头脑是最终目的。我校要通过规范教材使用编写、加强理论研究阐释、开展全员集中培训、加大宣传宣讲力度、开展系列主题教育活动等将该项工作落实落地。此前，我校圆满完成了习近平新时代中国特色社会主义思想进"中国近现代史纲要"的《教学指导方案》的编写任务，面向全市高校"中国近现代史纲要"课教师开展系统培训。下一步要在开展高层次宣讲、推进高效能学习等方面继续抓实"三进"工作，确保取得实效。第二个数字"1"是深化一系列工作，推进党建质量提升。要坚持实施基层党组织"对标争先"计划，推进党支部建设标准化、规范化，深化"五好党支部"建设，抓好党支部书记"双带头人"工程，抓实基层党组织工作，深化"维护核心、铸就忠诚、担当作为、抓实支部"主题教育实践活动，推进"两学一做"学习教育常态化制度化。第三个数字"3"是实施"三大工程"，促进思想政治工作内涵发展。实施思想政治工作质量提升工程,促进思想政治课教学质量提升,促进重点马克思主义学院建设;实施政治能力提升工程,坚持和完善高校党委领导下的校长负责制,健全重大事项议事决策制度,加强民主管理和民主监督;实施意识形态筑牢工程,落实高校党委意识形态工作政治责任和领导责任,加强意识形态阵地管理和舆情管控引导,开展意识形态工作内巡内查。第四个数字"1"是培育一批品牌,形成我校思想政治工作特色。培育思想政治课品牌,建设好马克思主义学院和名师工作室,推出习近平新时代中国特色社会主义思想示范课和实践教学创新课;培育"课程思政"品牌,构建以思政必修课为核心,思政选修课、综合素养课、专业课为辅助的"一核三环"机制,建设"课程思政"系列优质课程;培育思想政治工作特色品牌,全面深化新时代"一体化"育人体系建设,提升思政工作质量;选树思政模范典型,定期开展各项评选活动,发挥思想政治工作队伍和学生骨干的榜样引领作用。

"1131"项目是对此次思想政治工作改革各项具体任务的整体概括。我们要突出抓好体系化、精细化、品牌化建设,紧紧围绕新时代历史方位,充分发挥传统优势和创新成果,按照快速建设"一院一品"、逐步拓展"一院多品"、延伸推进"百花齐放"三级递进的总体思路,在较短时间内、有重点地打造一批具有我校新特色、代表我校新水平、体现我校新气象的高校新时代思政工作品牌,形成百花齐放、百家争鸣、争奇斗艳的良好态势。

二是,全面实施"课程思政"改革创新,充分发挥课堂教学主渠道作用。加强高校思想政治工作,是所有教师的首要职责,也是所有课程的首要功能,推进"课程思政"改革攻坚,要打破思政教育"孤岛化"、思政教师"单兵作战"的窘境,引导广大专业教师把"术业"背后的"道"讲出来,不仅"授业",更能"传道、解惑",讲出情怀、植入信念、播撒信仰,确保各门课教师都能守好一段渠、种好责任田,使各类课程形成协同效应。要强化"课程思政"机制创新,成立专项办公室,组建教研团队,建立教学督导队伍,从制度机制上为"课程思政"的改革创新提供保证。充分发挥思想政治必修课主渠道作用,加强教师队伍建设,深化思政课教育教学改革,不断提高思想政治理论课的影响力和感染力。建设"课程思政"系列优质课程,充分利用学校政治、历史、心理、新闻等人文社会科学集群优势,深入发掘各类课程的思想政治教育资源,建设一批思政选修品牌课、综合素养精品课、专业育人特色课。完善"课程思政"督导评价体系,开展专项教学改革研究,切实提升"课程思政"教学水平。

同志们,改革攻坚绝不是一句口号,对照新的目标要求进行我校思政工作改革创新,我们的方向是明确的、目标是清晰的,必须增强改革定力,激发创新活力,摒弃"吃老本"思想，不等不靠、敢闯敢试，围绕重点领域、突出改革重点，以闯关夺隘、攻城拔寨的精神推进改革攻坚各项工作取得实效。

第三，加强领导、狠抓落实，聚焦聚力促进发展，推进改革攻坚取得实效。

习近平总书记指出"做好高校思想政治工作，要因事而化、因时而进、因势而新"。这是加强和改进高校思想政治工作的基本方法。我们在做好思想政治工作的过程中，要把实效性放在首位，条件不具备就创造条件、机制不匹配就完善机制、方法不科学就改进方法，真正把各项工作的重音和目标落在育人效果上，切实做足育人大文章、唱响育人最强音，使教育教学更有温度、思想引领更有力度、立德树人更有效度，使我校思想政治工作更好地适应学生成长诉求、时代发展要求、社会进步需求，不断提升工作科学化水平。

一是切实加强领导，全面实施思政工作"一体化"综合改革。充分发挥学校党委的领导核心作用，成立学校思想政治工作委员会，负责组织领导和统筹推动全校思想政治工作，着力构建学校党委管总，思想政治工作委员会负责，各级党组织齐抓共管、有效配合的工作格局。全面落实思想政治工作主体责任，作为校党委书记，我将承担起学校思想政治工作第一责任人的职责，学校党委分管领导要全面承担起思想政治工作直接领导的责任，学校党政职能部门、各基层党委书记也要切实承担起落实各项任务的工作职责。

同志们，思想政治工作是一项涉及面广、贯穿于各方面工作的系统性工程，我们必须树立"大思政"工作理念，推动全员全方位全过程育人，将思想政治教育各环节紧密衔接，把思想政治教育融入教学、科研、管理、服务中，贯穿教育教学全过程各环节，构建课程、科研、实践、文化、网络、心理、管理、服务、资助、组织十大育人体系，形成同频共振的育人合力，切实提高学校思想政治工作整体水平。

二是必须狠抓落实，高标准高质量做好各项工作。各单位、各部门要全面落实学校党委的安排部署，明确"项目书"、画好"施工图"，按照"项目化""工程化"的方式，确定目标责任，做好思想政治工作任务分解，保证各项工作责任到人、层层推进，发扬钉钉子精神，将我校思政工作的盲点、难点一个一个地填补，一项一项地突破，确保改革攻坚任务顺利完成。学校党委将强化评价考核和监督检查，把思想政治工作作为校领导班子和各级党组织以及党员干部考核评价的重要内容，完善大学生思想政治工作专项考核和相关目标考核制度，成立专项督查组，对学校各项思想政治工作改革攻坚任务开展情况和重点领域定期实行专项督查，确保各项工作落到实处。

同志们，新时代属于坚定者、奋进者、搏击者，属于一切以新的精神状态和奋斗姿态开创未来的人。我们要以习近平新时代中国特色社会主义思想为指导,以坚定的思想自觉、政治自觉、行动自觉,抓紧抓实抓好思想政治工作这一事关全局、事关未来的大事,不忘教育强国之初心、牢记民族复兴之使命,不忘立德树人之初心、牢记人才培养之使命,认真履职尽责,凝聚起立德树人的磅礴力量,切实做到理直气壮有定力、坚定清醒有作为,不断开创思想政治工作新局面,奋力谱写我校思政工作改革攻坚的崭新篇章!

为建设教育强国贡献力量

努力实现高等教育内涵式发展

校党委副书记 宋作勇

2018 年 5 月 8 日 579 期 第二版

    建设教育强国是中华民族伟大复兴的基础性工程,事关国家发展、民族未来。其中,推动高等教育内涵式发展是建设教育强国的重要任务。习近平同志在党的十九大报告中对高等教育发展提出了明确要求:"加快一流大学和一流学科建设,实现高等教育内涵式发展。"新时代要有新作为。高等教育只有实现内涵式发展,才能为实现"两个一百年"奋斗目标、实现中华民族伟大复兴的中国梦源源不断培养大批德才兼备的优秀人才。

    在提高教育教学质量中建设"双一流"。我国高校要实现内涵发展,必须始终把提高教育教学质量作为出发点和落脚点,一切工作都要服从和服务于学生的成长成才,尤其要注重提升本科教育教学质量。为此,要切实加强师资队伍建设,建设高层次人才队伍,不断提升教学育人水平。积极推动高层次人才为本科生上课,鼓励高水平科研成果转化成教学课程。建设"双一流"是我国高校在新时代的奋斗目标,也是提升教育教学质量的有效措施。高校在"双一流"建设中要坚持有所为有所不为,哪个学科办得好、有基础、符合社会发展趋势和需求,就加大力量投入,反之就主动精简。要立足实际、突出特色、调整结构,构建优势学科引领,多学科相互支撑、交叉渗透、协调发展的学科体系。以"双一流"建设为引领,带动教育教学质量整体提升,推动高等教育内涵式发展,全面提升教学育人水平。

    增强创新发展能力。以量的扩张为主的传统高等教育发展方式已难以为继,新时代必须更新观念,走创新驱动、质量优先、内生增长的道路,做到人才培养与时代变化相适应、与经济社会发展相融合,为高等教育内涵式发展开辟新空间。应积极应对网络信息技术发展带来的以自主学习为主要特点的学习方式的变化,探索提供差异化、个性化、多样化的教育服务,使教育教学由以教为中心向以学为中心转变、由以教师为中心向以学生为中心转变。积极应对云计算、大数据、人工智能带来的知识更新加快、周期缩短的新情况,探索加快科研成果转化的方式,及时为学生提供更多前沿知识。

增强服务经济社会发展能力。我国高校要充分发挥在人才培养、科学研究、社会服务和文化传承方面的作用,明确自身在服务国家发展中的定位,瞄准国家发展战略问题、科技发展前沿问题、国计民生重大问题、区域经济社会发展关键问题等开展研究,为社会主义现代化强国建设提供高水平的智力支撑和服务。广泛深入开展与企业的合作,把更多科研成果转化为现实生产力。加强新型智库建设,坚持以重大现实问题为导向,开展全局性、战略性、前瞻性研究,为党委和政府决策建言献策,当好参谋助手。

围绕办好人民满意的教育下功夫。中国特色社会主义进入新时代,我国社会主要矛盾已经转化为人民日益增长的美好生活需要和不平衡不充分的发展之间的矛盾。办好人民满意的教育,是满足人民日益增长的美好生活需要的题中应有之义。从现有情况看,高校在人才培养上还存在不能满足人民群众期待的地方。比如,一些课程内容陈旧,不能满足培养卓越人才的需要;一些专业脱离社会和市场的实际需要;一些毕业生协作精神和意志品质薄弱,不能满足实际工作岗位的需要。高校作为人才培养的供给端,必须树立科学人才观,坚持因材施教。一方面,面向高端、追求卓越,强化拔尖创新人才的培养,努力培养各领域的领军人物;另一方面,坚持面向大多数,把提升学生就业能力作为重要努力方向,推动跨专业交叉培养,与科研院所和行业企业联合培养,让学生的知识面更宽、技能更强、就业面更广。

面向新时代 以审核评估整改为契机
全面推进"一流本科"建设

——2018 年本科教学工作报告

副校长 梁福成

2018 年 5 月 31 日 580 期 第四版

同志们、老师们、同学们:

花开灿烂,春意正浓,今天我们在这里召开 2018 年本科教学工作会议。本次会议的主题是:面向新时代,以审核评估整改为契机,全面推进"一流本科"建设。本次会议的主要任务是:认真贯彻落实党的十九大精神,以习近平新时代中国特色社会主义思想为指导,全面总结 2017 年学校本科教育教学工作,部署 2018 年度工作,动员全校,面向新时代,以本科教学工作审核评估和整改为契机,打造一流本科,建设一流专业,培养一流人才,实现本科教育的高质量内涵发展。

一、2017 年取得的新成绩

2017 年是不平凡的一年,这一年全校上下齐心协力,奋力拼搏,圆满完成教育部本科教学审核入校评估工作。在此,衷心感谢各位老师和同学的辛勤付出,感谢大家为学校本科教学工作的建设与发展做出的贡献! 2017 年也是催人奋进的一年,自 2017 年本科教学工作会议以来,学校本科教育工作取得了新的可喜进展,主要表现在:

1. 扎实推动思想政治教育工作。遵循教育规律、思想政治工作规律、学生成长成才规律,加强思想政治理论课程建设和课堂教学管理,完善教材体系,创新教学方法,努力把思想价值引领贯穿教育教学全过程和各环节。推进"课程思政"建设工作,使习近平新时代中国特色社会主义思想进教材、进课堂、进头脑。学校哲学社会科学领域相关课程全部覆盖"马工程"教材,10 门课程推荐参评市级"课程思政"改革精品课,13 堂"特色示范课堂"被市教委推荐参评教育部哲学社会科学优秀教师"特色示范课堂"。

2. 切实提升专业内涵建设。组织召开 2017 年本科教学工作会议,与全校教师共谋教学发展大计。获批 8 个市级优势特色专业建设项目、12 个市级应用型专业建设项目;批准 15 个校级优势特色专业建设项目、22 个校级应用型专业建设项目和 5 个优势特色(培育)专业建设项目;新增"智能科学与技术"本科专业;获批第 11 届天津市高等学校教学名师 2 人、市级教学团队 2 个,评选校级教学名师 5 人、首届优秀教学团队 7 个。深化通识课程、学科基础课程、专业课程三级课程平台建设,36 门在建通识选修课、19 门在建优秀课、2 门在建精品课完成结项验收工作,共认定优秀课 22 门,精品课 3 门。"儿童发展""西方政治思想史""中学地理教学设计"三门课程升级改造为 MOOC 并在爱课程网"中国大学 MOOC"平台上线。

3. 持续强化实践教学建设工作。完成 184 位校创新创业导师队伍建设工作。其中 1 名校内教师和 5 名校外创新创业兼职导师入选首批全国万名优秀创新创业导师库,2 名校内教师和 7 名校外创新创业兼职导师入选天津市优秀创新创业导师人才库。积极推进学科和"双创"竞赛,2017 年学科竞赛获奖 63 项,本科生创新活动、技能竞赛获奖 19 项,其中"GW——丹环汽车节能环保专利产品体系"首获中国"互联网+"大学生创新创业大赛国赛铜奖,文艺、体育竞赛获奖 136 项。发挥国家级实验教学示范中心的辐射引领作用,做好天津市实验教学示范中心建设各项任务,3 个市级实验教学示范中心建设单位顺利通过验收,正式获评市级实验教学示范中心。

4. 深入推进教学综合改革。进一步深化创新创业教育改革,获批天津市首批深化创新创业教育改革示范高校。加强教学改革研究,获批 1 个教育部新工科研究与实践项目、8 个市级教学改革项目,33 个校级教学改革项目完成结项验收工作。认真总结、凝练、推广优秀教学成果,评选校级教学成果奖一等奖 26 项、二等奖 20 项,推荐参评市级高等教育教学成果奖 22 项、国家级高等教育教学成果奖 2 项。

5. 改革提升教师教育育人质量。举办 2017 年基础教育论坛,编写天津市基础教育发展报告。落实教学实践环节,规范教育实习见习基地工作,建立小学、中学教育实习基地 76 个。促进教师队伍建设,继续组织教育学部 20 名教师赴美国哥伦比亚大学、密西根大学学习,组织哥伦比亚大学教授林晓东及其团队来津为我校师生及基础教育代表做报告,促进教师教育国际化水平提升。积极组织基础教育教学成果奖申报工作,4 项申报成果获批天津市基础教育教学成果奖一等奖。获批中学卓越教师培养创新项目,实现我校从"卓越小学教师"到"卓越中学教师"创新培养的全面贯通。

二、新时代我校本科教学面临的问题

2017 年 12 月 25 日至 28 日,受教育部高等教育教学评估中心委派,以北京师范大学原党委书记刘川生为组长的评估专家组一行 9 人对我校开展本科教学审核评估现场考察工作。进校前,专家组认真审阅了学校自评报告和数据分析报告等材料,形成了审读意见,制订了进校考察工作计划。审核评估过程中,专家组紧扣"五个度"的主线,围绕"6 + 1"的审核项目,按照"全面考察、独立判断"工作要求,共听课、看课 73 节次;抽调毕业设计和论文 18 个专业,905 份;试卷 30 门次,2461 份;访谈校领导共 19 人次;召开了 16 场座谈会,考察了 2 个校外实训基地及用人单位;走访了所有教学院系和与教学相关的职能部门,共访谈师生 308 人次。结合进校前对学校自评报告、数据分析报告的审读,形成了审核评估报告。总体上,专家组认为学校重视人才培养工作,坚持以立德树人为根本任务,在继承优良传统的基础上,不断推进教学改革。具体而言,专家组对我校学生培养的效果给予了充分肯定,并表示学校基本实现了人才培养目标,教学资源和师资队伍较好地保障了学校人才培养目标的实现,培养过程和质量保障体系有效运行。最后,从坚守教师教育特色、加大一线教学投入、加强师资队伍建设、完善教师评价机制、学科专业协调发展五方面提出了改进建议。通过本次审核评估反馈的意见,站在新时代的历史背景下,学校本科教学主要面临的问题可归纳为以下四方面。

(一)目标定位

一方面,学校总体发展目标和办学定位明确。从学校发展现状看,在近 60 年的办学历程中,学校虽然在人才培养、科学研究、社会服务、文化传承创新、国际交流合作等方面形成了良好的格局,但相较于建设国内一流的教师教育特色综合性大学的发展目标,尚存在较大差距。此外,如何坚守师范教育,如何协调好教师教育特色与综合性大学的发展关系,实现办学效益最大化,也是亟待解决的问题。

另一方面,学校个别专业办学定位模糊。2017 年,各专业围绕学校办学定位和本科人才培养总目标,完成了新版本科生培养方案的修订工作。可以说,各专业已经解决了目标定位"有没有"的问题。但目标定位是不是符合国家经济社会发展战略,能不能适应天津经济社会发展要求,对学校办学优势和特色有没有支撑作用,支撑作用有多大,与学校本科人才培养目标是不是对接,对接紧不紧密,这些问题已从目标定位"有没有"上升为"准不准"的问题。学校个别传统人文专业,在"学科专业教育 + 教师教育"特色发展的办学理念下,仍将人才培养目标定位局限于教师培养,未能根据专业发展趋势和竞争形势,及时调整专业育人思路;与国家和区域经济社会发展需求适应度有待提升,与兄弟院校相比,专业特色不鲜明、不突出。因此,各专业要深入研究,广泛调研,统一思想,凝聚共识,进一步明确目标定位的内涵、明确实现路径以及阶段性任务。

(二)人才培养体系

在专业建设方面:一是各专业发展不均衡、不充分,部分理工学科对本科专业支撑能力弱,应用型专业与经济社会发展需要之间尚有差距。二是综合优势未得到充分发挥。全校 70 个专业归属于 32 个专业类,分布在 23 个学院,专业布局相对分散。学科专业之间的交叉融合、相近专业资源的共建共享机制有待深化和完善。三是专业发展的国际视野有待进一步拓宽。如新建工科专业在专业认证及国际认证方面缺乏经验,在专业教学、人才培养等方面仍处于探索阶段,亟待增强交流与学习,创新办学理念。

在课程建设方面:一是"课程思政"育人体系不够深化。如通识选修课程模块与新时代贴合度不够,习近平新时代中国特色社会主义思想有关课程尚未及时纳入通识课程体系;专业课程"课程思政"元素尚未有效融入。二是通识选修课程各模块比例不均衡,个别模块在课程门数上距离建设目标还有较大差距。如"哲学与心理学",仅占通识选修课程总量的 6%,"工具知识与创新创业"仅占 10%,这些模块均须新建大量课程。三是通识课程与学科基础课程、专业课程改革联动尚有不足。如何理顺三者之间的关系,明确各类课程应该侧重什么、突出什么,如何统筹共享分散在 23 个学院的课程资源,是当下学校课程结构改革中亟须深入破解的问题。四是线上线下混合式教学改革向纵深发展面临挑战。信息技术对于课程教学模式尚未有实质性的触动,教学仍然以教师为中心、以讲授为主要模式,没有激发学生学习的积极性和主动性;教师大多关注传统教学手段的翻版或技术层面问题,如电子讲稿上传、技术工具操作方法等,关注教学设计较少。

在实践教学方面:一是实践类课程学分比重有待提升。各专业 2017 版培养方案实践学时占总学时的比例平均为 37%,实践类课程学时比例虽然基本达到规定要求,但学分比例尚须提高,且课程设置仍有实践性、知识应用性、技能训练性比例偏低的问题。二是实践教学水平有待提高。尽管学校历年本科教学工作会议始终强调实践教学改革,近年来的实践教学水平也确有提升,但部分专业特别是应用型专业,与经济社会发展对人才培养的要求尚存在较大差距,改革力度亟待加强。对于学校为数不多的工科专业,在国家新工科发展背景下,应继续在课程建设上不断完善,避免"工科理科化"的倾向。三是实践教学基地数量相对较少,无法充分满足学生实践教学的需求。目前,学校共有 340 个校外实践教学基地,7 个校内实习基地。由于见习实习集中安排在大三、大四学年,这意味着每一所实践教学基地平均每年要承担约 50 名学生见习实习的指导任务,而能承接大量实习生的基地单位为数不多,因此实践教学基地的建设任务仍很艰巨。四是校外实践导师、行业教师的力量发挥不足。如何更好地发挥这支队伍的指导作用,提升其对实践教学的指导效果,尚需制定更加有效的政策。

(三)质量管理

学校内部教学质量保障体系尚需完善。一是质量管理应着眼人才培养全过程,因此本科培养过程的各个环节、各个要素都要进一步加强过程监控与反馈改进。除课堂教学评估外,还应下大力气关注专业评估、课程评估以及教学运行质量评估等。二是教师评价主要依赖学生评教成绩的局面尚未打破,多元评价指标体系应尽快建立。三是校院两级督导的职责应随教学改革的不断深入而进一步细化,避免督导空白点,促进两级督导形成合力。四是反馈、帮扶、改进机制尚未有效建立,应在加强过程动态监控的基础上完善信息反馈渠道、健全帮扶与改进机制,进而有效提升质量管理水平。五是教学质量管理数据的采集与分析不够深入。21世纪是信息时代,是大数据时代,这就要求充分利用信息技术,采集反映本科教学状态的各类数据,并以事实为依据,加强教学质量的监测、分析,充分发挥质量数据存史、预警的功能。

(四)师资队伍建设

师资队伍建设虽是老生常谈的问题,但一直是大学功能得以充分发挥的重要抓手,随着学校规模的发展和外部环境的变化,师资队伍建设的新问题不断涌现。近年来,学校在教师数量、结构、教学能力等方面还存在一些问题,对于青年教师自身发展的关注尚显不足,不利于学校教育事业的可持续发展,具体表现为:一是专任教师总数偏少,部分学院和专业生师比过高,师资队伍规模需进一步扩大,结构需进一步优化。2017年,23个本科教学单位中有7个单位的生师比超过了学校平均水平(18.85∶1),生师比超高学院占到学院总数的30.4%;38个专业生师比超过学校的平均值,占到当年全校专业总数的55.1%。二是职称比例不平衡。高职称比例教师(46.4%)较十年前的水平评估时(46.8%)略有下降,境外学缘的教师比例不高,仅为10.8%。三是高层次领军人才紧缺,制约学科专业的建设和发展。此外,高薪引进的人才不能仅关注科研论文与项目,还应做到科研反哺教学,让广大学生受益,要把"教好课"写进人才引进合同,加入教学方面的考核。四是教师教学能力培训须加强。教师主动学习教育信息化技术积极性不高,还不能完全适应"互联网+"时代高校教学需求;部分专任教师教学方法比较陈旧,依赖PPT的现象比较明显;新进青年教师的教学能力还需进一步提升。五是青年教师生存压力过大,教学工作量过于沉重,限制了青年教师的成长发展,不利于提升学校人才培养质量。

出现上述问题,表明我们的视野还不够远、站位还不够高。我们要有强烈的紧迫感和危机意识,进一步解放思想,在明确定位的前提下,凝聚共识、凝聚智慧、凝聚力量,以审核评估整改为契机,全面推进"一流本科"建设。

三、2018 年本科教学工作新举措

(一)明确办学方向与人才培养目标定位,着力高质量内涵发展

自觉以习近平新时代中国特色社会主义思想为指导,回答好"为谁培养人、培养什么样的人、如何培养人"这一根本问题。着眼高等教育的"四个服务",紧密对接京津冀协同发展和"一带一路"倡议,进一步明确自身在国家经济社会发展战略和天津市经济社会发展中的地位与作用。发挥学校办学特色与优势,培养德、智、体、美全面发展、厚基础、宽口径、高素质、一专多能的复合型人才,和"学科专业教育＋教师教育"为主体的教师教育模式培养适应基础教育发展需要、学科专业教育高水平、教师专业化培养高质量的"四有"好老师的人才目标定位下,谋篇布局、整体谋划、系统设计,推动各种办学优势向人才培养积聚和转化,支持各学院围绕自身优势,突出特色,涵含本科教育系列成果,不断培养出具有天津师范大学特质的高素质、多样化人才。学校一流本科建设的具体思路为:坚持以立德树人为根本任务,以促进学生发展为中心;构建"强文理、兴工科、精艺体"的专业综合发展格局;坚守教师教育特色,以提升专业内涵建设为主线,以深化三级课程改革为核心,以加强师资队伍建设为抓手,以健全管理体制机制为重点,协同实现思想政治立场坚定、社会道德高尚、师大特质突出、综合素质优秀的一流人才培养目标,持续彰显我校本科育人工作亮点和特色,在全国同类高校发挥引领和示范作用。

(二)优化专业布局,推进本科教学改革

专业建设是本科教学工作的载体,是高等教育内涵发展的重要组成部分。2018 年学校将着力推进专业的分类发展,优化专业布局。一是出台《天津师范大学关于加强应用型本科专业建设试点工作的实施方案》,全面启动应用型专业试点建设工作,加大专业对应用型人才培养的力度,探索应用型人才培养模式改革。二是做好增量,着力发展"新工科"以及服务"中国制造""创新中国""健康中国"战略的新兴专业,筹备新工科专业认证。三是健全专业动态调整机制,出台《天津师范大学本科专业设置与动态管理实施办法(试行)》。

(三)紧抓课程建设,发挥课堂教学主渠道作用

课程是推动高等教育改革和实现高质量内涵发展的核心,是高校落实立德树人根本任务的关键环节。要紧紧抓住课程改革这一核心要素,强调每门课程都有育人功能、每位教师都承担育人责任,构建全员、全方位、全过程的"大思政"教育

体系,激发"课程思政"活力,有效推动学校"课程思政"建设工作。这也是今年全校教学工作的重中之重。

2018 年,一是重点启动"课程思政"改革,创新思想政治理论课建设体系,统筹推进课程育人。按照市教委统一部署,构建以思想政治必修课为核心,思想政治选修课、综合素养课、专业课为支柱的"一核三环"课程体系,有序推进"思想政治必修课程混合教学模式改革专项项目"(每年 10 项)、"'一院一品牌'新时代系列思想政治选修课"(25 门)、"'一院一精品'综合素养课"(每年 25 门)及"'一院一特色'专业育人课"(每年 25 门)的建设,充分发挥思想政治必修课的主渠道作用以及思想政治选修课、综合素养课、专业课的阵地作用,实现专业教师课程育人的主体作用,切实使各类课程与思想政治理论课同向同行、协同协作,实现思想政治教育贯穿本科教育教学全课程、全过程。二是不断适应新时代的发展要求,深化通识选修课程模块的升级改造,搭建以"习近平新时代中国特色社会主义思想与民族复兴"系列选修课程为龙头,以"中华优秀传统文化与民族精神""社会历史与人类文明""社会生活与艺术经典""社会科学与公民意识""自然科学与人类发展""工具知识与创新创业""教师教育与立德树人"七个模块为支撑的,以生为本、体系完备的新时代通识选修课程体系,辐射于全校学生。三是转变思维,调整运行机制,充分调动专业学院发挥通识教育作用的积极性,根本解决通识教育与专业教育缺乏融通、专业教师担当通识教育使命得不到专业学院重视与支持的现实矛盾。四是积极打造精品在线开放课程。2017 年 12 月,教育部公布了第一批精品在线开放课程认定结果,在全国 490 门被认定的精品在线开放课程中,我校榜上无名。下一步,学校将进一步支持精品资源共享课程向慕课升级改造,做好精品在线开放课程的培育工作,同时大力支持教师开展网络课程建设。广大教师也要解放思想,了解和紧跟新时代要求,积极参与在线开放课程建设。

(四)加快内部质量保障体系建设,为教育教学质量持续提升保驾护航

一是建立"课程思政"督导评价制度,在原有课程评价体系的基础上,根据"课程思政"特点构建一套具有系统性、针对性、可操作性的课程质量评价标准,涵盖教学大纲、内容、态度、能力效果等各方面。同时,健全监管制度,形成有效的约束和激励机制。建立"课程思政"教学评价反馈机制。注重课堂教学质量的反馈和改进,扩大学生课程教学反馈的范围和手段,充分利用网上教学质量监控平台,实时了解学生课堂吸收率和满意率,及时提升改进授课质量,形成教学质量监控闭环,切实提升"课程思政"教学水平。二是出台并实施《关于进一步加强本科教学质量保障体系建设的实施方案》,完善学校教学质量保障体系。

（五）加强师资队伍建设,筑牢人才培养之基

师资队伍是实现教育教学目标的基础,要牢牢抓住师资队伍这个"牛鼻子",进一步深化师资队伍建设。一是完善教师选聘及管理制度,有力促进人才培养第一责任的落实。严把教师选聘入口关,实行思想政治素质和业务能力双重考察,坚持师德一票否决制。二是深化人事制度改革,确保教师把主要精力投入教学和人才培养中,充分发挥教学环节和师生互动在促进学生全面成长中的主渠道作用。完善教师分类管理制度,加大业绩奖励、聘期考核、职称评聘等制度对育人工作的倾斜力度,突出对个人和单位教育教学业绩和师德考核,确保建设一支工作热情饱满、教学效果突出、教学科研各有侧重的教师队伍,为全校本科课程教学、实践教学、学科竞赛、大学生创新创业教育以及"知行计划"、班主任制等的顺利开展提供保证。三是出台并启动《天津师范大学青年教师教学能力提升计划》,多措并举提升教师教学水平。

（六）深化教师教育改革,全面提升教师教育人才培养质量

教师教育是学校办学的优势、特色和立身之本,因此,我们要坚守师范院校的本位,将教师教育摆在学校优先发展的突出位置。一是要着力做好恢复师范生招生工作。力争2018年在部分专业开始招收师范生,做好我校师范生人才培养方案和师范生管理规定的制订工作,确保将教师教育特色有效辐射全校本科生,从根本上夯实学校办学立校之基。二是继续实施教育部卓越教师培养改革试点项目。在师范生培养方面,深化"学科专业教育高水平,教师职业养成教育高质量"的双高模式改革;实施本硕连读,进一步提升"3＋1＋2"人才培养模式的质量和规模,扩大推荐免试攻读教育硕士的学生数量,提高教育硕士研究生培养质量,实现量质齐升。三是以教育部师范类专业三级认证为契机,努力提升师范生培养质量。认真制订我校师范专业认证方案,通过认证工作,促长板,补短板,努力使我校成为首批通过教育部认证的师范院校,全面提升我校师范生人才培养质量。

栉风沐雨六十载,春华秋实满甲子。同志们,同学们,让我们把思想统一到党的十九大精神上来,要把问责机制、把对合格党员的标准要求纳入本科教学工作,不忘初心,矢志于业,不畏艰难,砥砺前行,合力谱写2018年本科教学工作新篇章,用一张张扎实的成绩单为学校六十年华诞献礼!

第三篇 **03**

| 学思践悟 |

用好三方面资源 综合创新中国特色社会主义政治学

2016 年 5 月 30 日 558 期 第二版

习近平总书记在哲学社会科学工作座谈会上的重要讲话中,创造性地提出了"融通生成说",并指出特别要把握好三方面资源:马克思主义的资源、中华优秀传统文化的资源以及国外哲学社会科学的资源。哲学社会科学的现实形态是古往今来各种知识、观念、理论、方法等融通生成的结果,中国特色社会主义政治学的综合创新,同样要用好这三方面资源。

首先,中国特色社会主义政治学的综合创新面向世界、面向未来,是一个开放的体系。我们的学术研究,尤其是政治学研究的概念、理论和方法很多来自西方。比如,民主、法治、平等、自由,这些都是政治学研究最核心的关键词。可是,这些词语都来自西方。如果回到 1840 年前,这些概念很少有人听过,更别提使用。现在无论是专家学者,还是普通百姓,都在使用这些概念,已经习以为常。这正是中国特色社会主义政治学综合创新的典型案例。

其次,中国特色社会主义政治学综合创新的体系是中国特色的。正如习近平总书记指出的,如果不加分析地把国外学术思想和方法奉为圭臬,一切以此为准绳,那就没有独创性可言了。他明确提出,要推动中华文明创造性转化、创新性发展,激活其生命力。作为社会科学理论工作者,我们有责任让世界知道"学术中的中国""理论中的中国""哲学社会科学中的中国",让世界知道"发展中的中国""开放中的中国""为人类文明做贡献的中国"。

最后,也是最重要的,中国特色社会主义政治学综合创新的体系是以马克思主义为指导的。坚持以马克思主义为指导是当代中国哲学社会科学区别于其他哲学社会科学的根本标志,必须旗帜鲜明地加以坚持。在革命、建设、改革各个历史时期,我们党坚持马克思主义基本原理同中国具体实际相结合,产生了毛泽东思想、邓小平理论、"三个代表"重要思想、科学发展观等重大成果。但是,这一进程远未结束。我国哲学社会科学的一项重要任务就是继续推进马克思主义中国化、时代化、大众化,继续发展 21 世纪马克思主义、当代中国马克思主义。

恩格斯在回忆欧洲的文艺复兴时指出,这是"一个需要巨人而且产生了巨人"的时代。这一次,世界历史把目光从欧洲转向了中国。正如习近平总书记所说的那样,当代中国,是一个需要理论而且一定能够产生理论的时代,是一个需要思想而且一定能够产生思想的时代。作为新时代的知识分子,只有勇立潮头,引领创新,才能不辜负这个伟大的时代。

增强看齐意识 践行看齐意识 做合格党员

政治与行政学院教授 魏继昆

政治与行政学院2015级中共党史专业博士生 甄玉平

2016年6月22日 560期 第二版

2016年1月,习近平总书记在政治局会议上首次提出共产党人必须增强"政治意识、大局意识、核心意识、看齐意识"。其中"看齐意识",与其他三种意识一样多次被强调。增强看齐意识,这是一个新的重大的论断,它事关中国共产党事业发展的方向及其全局,是加强党的自身建设的一个极为重要的思想。在这里,看齐意识特指共产党人必须经常、主动向党中央看齐,向党的理论和路线方针政策看齐。在新的历史条件下,这一重要的思想原则,为广大党员和干部进一步地投身改造世界的新的伟大斗争,提供了行动指南,确立了根本遵循。

首先,从历史上看,增强看齐意识,是夺取中国革命胜利的"关键武器"。早在1945年4月,在中共"七大"预备会议上,毛泽东就郑重地向全党提出了增强看齐意识的问题。他指出:"一个队伍经常是不大整齐的,所以就要常常喊看齐,向左看齐,向右看齐,向中看齐。我们要向中央基准看齐,向大会基准看齐。"同时特别强调:"看齐是原则,有偏差是实际生活,有了偏差,就喊看齐。"毛泽东强调看齐是"基准",是"原则",这是增强看齐意识的关键和实质。因为在20世纪40年代中期,中国正处于世界反法西斯战争和夺取全国抗战彻底胜利的关键阶段。在国内,"两条道路、两种前途"的斗争相互交织,就是建立一个独立、自由、民主、统一、富强的新中国,争取光明的前途,还是沦为一个半殖民地半封建的、分裂的、贫弱的中国而走向黑暗的歧途。在此时刻,中国共产党虽然已经是一个全国范围的、广大群众性的、在思想上政治上组织上巩固的马克思主义的政党,但是依然面临严峻的挑战和考验。革命尚未最后成功,依须不懈奋斗努力。此时,毛泽东强调向党中央看齐意义重大,它为全党步调一致地夺取抗战的最后胜利和中国革命的彻底胜利指明了方向,凝聚了正能量。

其次,增强看齐意识,是实现全面从严治党的动员令。中共十八大以来,中国共产党把全面从严治党纳入"四个全面"的战略布局,党风廉政建设和反腐败斗争取得重大进展。与此同时,党的建设依然任重而道远。特别是"有的党员无视政治纪律和政治规矩,口无遮拦,妄议中央;有的不是主动让权力'进笼',而是琢磨如何'破窗';有的说起改革头头是道,真刀真枪时却不想动自己盘里的菜"。为确保"四个全面"战略布局深入推进,亟须党在"新常态"下达到新的团结与统一。对此,习近平总书记特别要求全党尤其是各级领导干部要不断增强看齐意识,也就是要自觉地向党中央看齐,向党的理论和路线方针政策看齐。这是从严治党的动员令,必须科学认识和准确把握。

再次,增强看齐意识,也是夺取全面建成小康社会决胜阶段伟大胜利的动员令。当下,中国共产党正带领全党全国各族人民为夺取全面建成小康社会决胜阶段伟大目标而不懈奋斗,举国上下充满了必胜的信心和力量。但是,前进的道路依然不会平坦和笔直。特别是我国仍处于并将长期处于社会主义初级阶段的基本国情没有变。目前受世界经济复苏乏力的影响,我国经济下行压力加大,国内长期积累的矛盾和风险进一步显现。在此条件下,全党必须不断增强看齐意识,做到目标一致,聚合力量,攻关越险,唯其如此,才能实现全面建成小康社会的伟大目标。

最后,增强看齐意识,更是实现中华民族伟大复兴"中国梦"的重要法宝。"上下同欲者胜,奋斗才能赢得未来。"实现中华民族伟大复兴的中国梦,是近代以来先进中国人的夙愿,也是当代中国共产党人最大的价值追求。我们党是一个有着8800多万名党员的大党,如果没有看齐意识,就会造成个人主义和分散主义盛行,"中国梦"的实现只会化为一种空想。因此,全党尤其是党员干部都必须在"中国梦"的目标下团结起来,自觉增强看齐意识,做到"政治上站稳立场、思想上辨明方向、行动上令行禁止"。

综上所述,我们认为,在新的历史条件下,共产党员增强看齐意识,最为重要的就是做到知行合一。具体说来,就是在思想上,必须始终坚持马克思主义的科学信仰,共产主义远大理想和中国特色社会主义信念不动摇。坚持党的基本理论、基本纲领、基本路线、基本经验不动摇,在政治上始终保持绝对清醒,沿着党引领的伟大目标前进。在行动上,要以"铁一般的信仰、铁一般的信念、铁一般的纪律、铁一般的担当"为志向,在各自的岗位上,坚持求真务实,真抓实干,特别是要以"踏石留印"的过硬作风,为实现中华民族伟大复兴"中国梦"而步调一致地拼搏。

运用国际视野 切实提高人文社科研究水平
为国家软实力提升贡献力量

国务院学科评议组召集人、欧洲文明研究院

院长、教授 侯建新

2016 年 6 月 22 日 560 期 第五版

习近平总书记指出,如果没有先进的科学技术,一个国家不会走到世界的前列,没有繁荣的人文社会科学也不会走到世界的前列。这就是把人文社会科学上升到国家强盛的高度来认识。我个人认为在实际中,我国理工科与人文社会科学的地位不是很平衡。这种不平衡对一个国家、一个民族带来的危害是很深远的,时间越久,危害越大。一个国家不能只有物质和经济,没有精神,人文社会科学在某种意义上来讲就是一个民族的精神、智慧和灵魂。我想起两个人来,一个人是袁隆平,他是著名的水稻专家,他的贡献极大,帮助解决了中国人的吃饭问题,吃饭问题很重要,世界上百分之九的耕地要养活这么多人,一直是个很大的问题。但是我们也不应该忘记另一个人,这个人多少有些遗憾,他就是马寅初先生。为什么我们吃饭问题这么难,因为耕地少,人口过度地膨胀,不成比例地膨胀,20 世纪 50 年代的时候,马寅初先生就提出来要节制人口,计划生育,真是有先见之明。我们想,马寅初先生的建议也可以说是他的研究成果,他本身就是一个著名的经济学家,一个有独到见解的学者,如果我们认真思考他的建议,采纳他的建议,少生几亿人,何必再为这几亿人的吃饭问题费脑筋? 而且不只是吃饭问题,是整个人口社会结构问题。今天在座的有的可能是独生子,不是独生子也是独生子的家长,这个问题给中国带来的问题甚为重大,影响极深,不是一代人消化得了的事。如果我们很好地采纳了这些建议,真正把这些人文社会科学学者提出的意见当作一笔财富,我们可以少走很多弯路。很明显,人文社会科学本身也是一种生产力,事关综合国力。诸如此类的事是很多的,我觉得我们应该通过这样一个学习,真正认识人文社会科学的重要性。说到底,一个民族如果只有物质,没有精神,能走多远,值得怀疑。很遗憾的是,我们的新一代普遍不重视文科。想起我们那个时候学文科是因为喜欢文科,如喜欢历史、喜欢文学而去学习,现在很多时候不是因为喜欢,而是因为理科不行,所以老师让学文科,或被迫选文科。当然不全是这样,但这种倾向是危险的,也是可悲的。文脉传承,兹事体大,我真心希望全国家、全党、全社会真正落实这件事。

第二点要说的是怎样有一种中外兼具的视野做到学术为我所用,确实提高我们的研究水平,这也是一个很大的问题。习近平总书记报告也提到我们要立足中国、借鉴国外、关怀人类、面向未来,这就要求我们有很宽阔的视野。这种学问不是关起门来,也不是自说自话,而是要有国际视野和大眼光,最后成果要有助于提升中国的软实力。我们历史学科以欧洲史见长,我们承担了国家重大招标项目,参加者包括北京大学在内的全国 11 个学术单位,还有国外的一所大学。我们的目的就是梳理中国人的研究结果,在建立中国人的世界史话语体系中贡献一份力量。我们研究欧洲历史,一直在思考一个问题,就是回答中国的问题,为我所用,就是要增强中国的软实力。我们几十年以来经济发展的确很快,但是我们想一想它和文化的发展是否平衡? 回答是不够平衡的。文化的发展不能只计数量,不看质量。我参加过国家广电总局一个评审会,总局局长说我们现在每年的出版物数以万计,世界领先,但是真正有质量的不多,令人堪忧。所以,应当看到成绩,也要看到问题。作为我们人文社科工作者,要主动担负起自己的那份责任,潜心学术,追求精品力作,努力使我国的文化发展水平与大国地位相适应。

继承人类文明优秀成果 创造中国风格和中国气派的哲学社会科学

国务院学科评议组成员、政治与行政学院教授 马德普

2016 年 6 月 22 日 560 期 第五版

最近,我阅读了习近平总书记的讲话,留下非常深刻的印象,感到总书记的讲话和我长期以来的许多想法非常吻合。具体体会如下。

习近平总书记充分地阐释了哲学社会科学在中国特色社会主义建设中的地位和意义。习近平总书记在这一次讲话中将哲学社会科学的地位和意义提得更高了。在实际生活中人们常常可能更加重视自然科学,而并不是特别重视社会科学,但我认为社会科学作为国家的软实力,在一定意义上比自然科学更加重要。举个例子来说,撒切尔夫人曾经说过一句话,她说:"中国永远不可能成为大国。因为中国只能生产电视机、不能生产思想。"生产电视机是自然科学的事情,然而自然科学再发达,科技再发展,如果没有思想,就不能成为大国。这句话说明成为大国最重要的特点就是要有思想,而思想就是靠人文社会科学。我们在这方面的确很落后,现在习近平总书记强调要加强这方面的发展,确实非常重要。

习近平总书记的讲话正确地指出了我国哲学社会科学发展应走的道路。一是要体现继承性和民族性。这里强调了要把握好三个资源,即马克思主义资源、中华优秀传统文化资源、国外哲学社会科学的资源,并将三者统一起来。二是强调要体现原创性、时代性。认真研究、解决时代面临的重大而紧迫的问题,推动理论创新。目前我国社会科学领域原创性的东西太少,我们不能够跳出局限,创造自己新的理论,这是我们最大的问题。三是要体现系统性、专业性,不断推进学科体系、学术体系、话语体系建设和创新,努力构建一个全方位、全领域、全要素的哲学社会科学体系。

习近平总书记提到了我国哲学社会科学研究中存在的一些具体问题。比如说学风问题,学术评价体制问题,包括学术研究体制问题。这里一方面有学者本身的责任,另一方面管理者也有责任。怎么判断一个学术成果或一个学者的水平,我觉得到现在为止我们还没有把这个评价体系搞好。我多次提到,我们国家

现在科研体制问题很大,其中一个问题就是项目导向。这种项目的研究都是团队性的,但是真正的精品著作没有两个以上的人写的。习近平总书记讲的思想史上的代表人物,没有一个是国家项目资助出来的。思想史上的名著没有一本是两个以上的人写的。我们目前这种大兵团作战式的哲学社会科学科研体制真的很难出高水平的成果。这些问题是妨碍我国哲学社会科学发展的重大障碍,应该通过改革加以解决。

习近平总书记在讲话中涉及了很多思想史上的人物,这些人物都是我校政治学学科研究的对象,也是我校政治学学科研究的强项,这充分表明了政治思想史研究的重要性,同时也是对我们研究的鼓舞和鞭策。研究这些思想家,既涉及文化传承问题,也涉及文化创新问题。你不了解这些思想家,文化就没办法传承;同时,你不了解这些思想家也不可能有创新,因为创新都是在前人的基础上创新的,你不知道前人有什么思想,你怎么能创新呢? 为了继承人类文明的优秀成果,也为了创造中国风格和中国气派的哲学社会科学,我们今后一定要将这方面的研究推向一个新水平。

做有"心"人，自觉担当起构建中国特色哲学社会科学的重任

国务院学科评议组成员、教育部人文社会科学重点研究基地心理与行为研究院院长、教育科学学院院长、教授　白学军

2016 年 6 月 22 日　560 期　第五版

习近平总书记在哲学社会科学工作座谈会上的重要讲话，对全体哲学社会科学工作者寄予殷切期望和郑重嘱托，是我们党在新时期指导哲学社会科学发展的纲领性文献。在习近平总书记的讲话中，提出心理学是加快完善对哲学社会科学具有支撑作用的学科。作为一名心理学工作者，应该做出应有的贡献。

如何才能自觉担当起构建中国特色哲学社会科学的重任呢？

一是坚持正确的方法论。习近平总书记号召我们，自觉坚持以马克思主义为指导，自觉把中国特色社会主义理论体系贯穿研究和教学全过程，转化为清醒的理论自觉、坚定的政治信念、科学的思维方法。哲学社会科学工作者必须有了正确的世界观、方法论，才能更好观察和解释自然界、人类社会、人类思维各种现象，揭示蕴含在其中的规律。

二是坚持以问题为导向。习近平总书记指出：从柏拉图的《理想国》到库兹涅茨的《各国的经济增长》，这些著作都是时代的产物，都是思考和研究当时当地社会突出矛盾和问题的结果。问题导向是马克思主义世界观和方法论的重要体现，是党的优良传统和宝贵经验。习近平总书记指出："每个时代总有属于它自己的问题，只要科学地认识、准确地把握、正确地解决这些问题，就能够把我们的社会不断推向前进。"当前，抓哲学社会科学工作，从哪里入手？怎么才能抓出成效？关键一点是坚持问题导向，正视问题，找准问题，解决问题。

三是勇于担当，独立思考。要把社会责任放在首位，严肃对待学术研究的社会效果，自觉践行社会主义核心价值观，做真善美的追求者和传播者，以深厚的学识修养赢得尊重，以高尚的人格魅力引领风气，在为祖国、为人民立德立言中成就自我、实现价值。只有以我国实际为研究起点，提出具有主体性、原创性的理论观点，构建具有自身特质的学科体系、学术体系、话语体系，我国哲学社会科学才能

形成自己的特色和优势。

四是推动形成崇尚精品、严谨治学、注重诚信、讲求责任的优良学风,营造风清气正、互学互鉴、积极向上的学术生态。广大哲学社会科学工作者要树立良好学术道德,自觉遵守学术规范,讲究博学、审问、慎思、明辨、笃行,崇尚"士以弘道"的价值追求,真正把做人、做事、做学问统一起来。要有"板凳要坐十年冷,文章不写一句空"的执着坚守,耐得住寂寞,经得起诱惑,守得住底线,立志做大学问、做真学问。

坚持以马克思主义为指导推进学院工作再上新台阶

天津市中国特色社会主义理论体系研究中心天津师范大学

基地负责人、马克思主义学院院长、教授　杨仁忠

2016 年 6 月 22 日　560 期　第五版

习近平总书记在哲学社会科学工作座谈会上的重要讲话系统阐述了马克思主义在人类文明进步和我国哲学社会科学繁荣发展中的重要作用,强调:"坚持以马克思主义为指导,是当代中国哲学社会科学区别于其他哲学社会科学的根本标志,必须旗帜鲜明加以坚持。"这体现了对我们从事哲学社会科学研究尤其是从事马克思主义理论教学和研究者的殷切期望。作为马克思主义学院教师,我们备感鼓舞,同时也深感责任重大、使命光荣!

马克思主义学院作为高校马克思主义理论教学、研究、育人和宣传的主阵地,是马克思主义的研究者、传播者、推动者。在全国积极推进马克思主义学院建设的大好形势下,习近平总书记的重要讲话在更高层面上明确了高校马克思主义学院的目标定位、职责使命和发展方向。为此,我们要以讲话精神为指导,做好如下工作。

一是要真学真懂真信马克思主义,夯实马克思主义理论学科的研究基础和信仰基础。我们要按照习近平总书记要求,学习研究马克思主义,这就是:"要刻苦钻研原著",不能满足于阅读辅助材料;"要在掌握马克思主义基本原理上下功夫",而不是纠结于细枝末节的考究;"要坚持运用科学理论,研究新情况,解决新问题",而不是满足于书斋里的闭门造车;"要联系改造主观世界的实际,重点解决好理想信念问题"。我们要以这种扎实可靠的科学研究为基础,进一步加强马克思主义理论学科的规范化建设,进一步凝练学科方向,汇聚学科队伍,扩大学科影响,把马克思主义理论学科建设成为哲学社会科学优势学科,构建以马克思主义理论学科为引领,相关学科为补充,有效支撑思想政治理论课建设的学科体系,从而夯实马克思主义学院的学科基础。

二是要坚持以人民为中心的研究导向,在推进马克思主义中国化、时代化、大众化的过程中提升学术水平,取得研究成果。习近平总书记在讲话中指出:"坚持以马克思主义为指导,核心要解决好为什么人的问题。"为谁著书立说,这是根本

性、原则性问题。任何哲学社会科学都不同程度地反映着一定阶级的利益要求。我们是社会主义国家，只有坚持以人民为中心的研究导向，哲学社会科学才会有所作为，我们的马克思主义理论研究才会有无穷的生命力。这就要求我们必须跳出"象牙塔"，紧密贴近中国社会的现实实践，贴近广大人民群众的生活实际，最大限度地满足广大人民群众日益增长的精神文化生活需要，从而增强马克思主义理论和哲学社会科学的吸引力、感染力、影响力和生命力，进而"在指导思想、学科体系、学术体系、话语体系等方面充分体现中国特色、中国风格、中国气派"。

三是要深化课堂教学改革，推进马克思主义理论"进教材、进课堂、进头脑"，巩固马克思主义理论教育的主阵地。课堂教学是宣传、传播马克思主义的主阵地。为此，我们要深化教学改革：完善教学内容专题化，实现教材体系向教学体系转化；突出学生本位，引入启发式、参与式教学方式，推进教学手段现代化；进行考试方式改革，推行以考核思想政治教育为主要内容的考试考核方式；加强教学改革研究，提升教学实效性。加强对教案编写、课件制作、课堂教学组织的研究，努力形成一批精彩教案、精彩课件，打造一批精彩课堂。努力把马克思主义理论课建设成为学生真心喜爱、终身受益、毕生难忘的优秀课程。

四是要坚持以育人育才为中心的发展战略，建设一支理想信念坚定、师德高尚、理论功底扎实、教学效果良好的高水平师资队伍。培养"先进思想的倡导者、学术研究的开拓者、社会风尚的引领者、党执政的坚定支持者"，这既是习近平总书记提出的我国哲学社会科学的人才发展战略，也是我们马克思主义学院建设的目标归宿。习近平总书记指出："要从人抓起，久久为功。""要把这支队伍关心好、培养好、使用好。"为此，我们首先要实施以育人育才为中心的发展战略，严格落实学院师资队伍的学科、专业和课程"三位一体"的选人标准和发展目标，构筑学生、学术、学科一体的综合发展体系。其次要实施人才建设工程，着力发现、引进、培养理想信念坚定、师德高尚、马克思主义理论素养深厚、勇于开拓创新的学科带头人，以及年富力强、锐意进取的中青年学术骨干，从而形成梯队衔接科学，年龄结构、学缘结构、职称结构合理的人才体系。最后要完善人才遴选、业绩考核、评先奖优、师资培训、学术交流、社会实践等各项规章制度，建立科学规范的激励机制和奖惩体系，增强马克思主义理论教学和研究队伍的荣誉感、责任感、获得感、幸福感，从而形成一支对马克思主义理论真学、真懂、真信、真用的师资队伍。

以马克思主义新闻观为统领　打响天津"部校共建"品牌

新闻传播学院院长、教授　孙瑞祥

2016 年 6 月 22 日　560 期　第五版

　　5 月 17 日,习近平总书记在哲学社会科学工作座谈会上发表重要讲话,强调要加快构建中国特色哲学社会科学。习近平总书记的"5·17"重要讲话,在我国哲学社会科学发展史上具有里程碑式的重大意义。新中国成立 60 多年来,党和国家最高领导人专门就哲学社会科学工作发表重要讲话,做出重大指示,这在我党历史上还是第一次。讲话内容之丰富、论述之深刻、视野之开阔、涉及之全面是从来没有过的。它是我党关于哲学社会科学工作最重要的一份马克思列宁主义纲领性文献,具有一定的理论价值与指导意义。

　　习近平总书记重要讲话的一个鲜明特点,就是突出问题意识。整个讲话讲了四个大问题,而在每一个大问题中,习近平总书记不但讲了成绩、讲了思想认识、讲了工作方针,还用相当篇幅讲了不足和缺憾。

　　我特别注意到,新闻学被列入"对哲学社会科学具有支撑作用的学科"之中(排序为哲学、历史学、经济学、政治学、法学、社会学、民族学、新闻学、人口学、宗教学、心理学等)。习近平总书记在谈到存在问题时说:"总的看,我国哲学科学还处于有数量缺质量、有专家缺大师的状况,作用没有充分发挥出来。"总书记批评了一些错误状态:在有的领域中,马克思主义被边缘化、空泛化、标签化,在一些学科中"失语"、教材中"失踪"、论坛上"失声",进而要求广大哲学社会科学工作者必须坚持以马克思主义为指导,树立为人民做学问的理想。

　　新闻传播学涉及意识形态和上层建筑领域,具有鲜明的政治属性。中央对这一学科的发展高度重视。值得注意的是,就在这个座谈会前不久,中央召开了"2·19"新闻舆论工作座谈会,去年召开了文艺工作座谈会,2013 年 8 月 19 日还召开了宣传思想工作会议。这一系列重要会议的召开,是党中央和习近平总书记为加强思想文化、新闻舆论和意识形态工作进行的整体布局,具有重要战略意义。

　　在我看来,新闻传播学属于习近平总书记讲话中提及的"新兴学科、交叉学科、前沿学科"范畴。自 20 世纪初美国密苏里大学建立首个新闻学院,20 世纪 30 年代美国艾奥瓦大学建立第一个大众传播博士点以来,新闻传播学教育在西方走过了一个世纪的历程。我国自 1918 年北京大学新闻学研究会成立至今,新闻学教育已有近 100 年历史,自改革开放后西方传播学引入中国,传播学教育已有近 40 年历史。

进入 21 世纪,新闻传播学科在中国获得了空前蓬勃的大发展,目前全国各大院校设立了 1080 个相关专业,在校生近 20 万人,从事相关教学科研工作的专业人员达到 10 万人,在短时间内形成了一定的规模和影响力。但总体看,我国新闻传播学科发展历史不长、理论积淀还很薄弱,特别是在构建具有中国特色新闻传播学学科理论体系方面还存在很多问题。比如,关于马克思主义新闻观在中国的实践问题就存在不少模糊认识,有的认为马克思主义新闻观产生年代太早,现在已不适用;有的将马克思主义新闻观与新闻自由等简单对立起来看待,这些都需要我们在理论上加以澄清。

当前,全国新闻院校关注的一个热点话题就是"部校共建"。大家知道,中宣部、教育部 2013 年在全国推广复旦大学"部校共建"模式。我们新闻传播学院就是天津市委宣传部与天津师范大学共建单位,在天津这是唯一一家,每年经费投入达 600 万元。"部校共建"的任务目标,就是要坚持以马克思主义新闻观为统领,以创新新闻传播人才培养机制、培养为党所需为党所用的一流新闻传播人才为出发点和落脚点,把新闻传播学院建设成为国内知名学院。要实现这一目标,必须以理论研究为先导,以学科建设为平台。

下一步我们要把工作着力点放在下列几个主要方面。一是积极组织师生认真学习习近平总书记在哲学社会科学工作座谈会上的讲话,充分认识讲话的重大意义,深刻领会精神实质和丰富内涵,进一步找准学院科研方向,强化研究特色。二是按照"部校共建"总体要求,进一步深化马克思主义新闻观理论研究。以市委宣传部设立的"天津市中国特色社会主义理论体系研究中心"为平台,紧密围绕"马克思主义新闻观与当代实践"这条主线,以课题立项等形式完成一些高质量有特色的研究项目,推进新闻传播学理论建设。三是按照中宣部部署,借鉴上海、江苏等地兄弟院校经验,建立并逐步完善国情市情教育课程,认真研究创新课程实施方案。四是以我校国家级实验教学示范中心为依托,结合校级智库"天津舆情与社会治理研究中心"工作任务,打造一个中型规模的舆情社情分析实验平台,发挥教学、科研、培训、咨询等多重功能,出版舆情社情研究报告供党政机构决策参考,提高社会服务能力和水平。五是进一步采取措施,提高新闻传播人才培养质量,努力为提高党的新闻舆论传播力、引导力、影响力、公信力提供更加有力的人才智力支撑。创新新闻传播人才培养机制,强化实践育人,努力培养全媒型、专家型新闻传播后备人才。

"两学一做"学习体会

著名政治学家、我校资深教授、校务委员会副主任　徐大同

2016 年 9 月 30 日　562 期　第二版

　　针对近期开展的"两学一做"系列学习活动,我在认真学习《习近平总书记系列重要讲话读本》以及习近平总书记最近"在哲学社会科学工作座谈会上的讲话"的基础上,结合自己的研究工作,谈一下个人的三点学习体会。

　　首先,我认真遵守党的纪律,忠于党的事业。当年我从北京调至天津工作时,当时有不少人推荐我参加民主党派,但我还是毫不犹豫地选择了加入中国共产党。我拥护以习近平总书记为核心的党中央的各项路线、方针和政策,在个人的工作和生活中,绝对没有违背党的路线、方针和政策。我对以习近平总书记为首的党中央的各种精神和方针有着明确和清晰的认识,在工作和生活中认真贯彻,并按照党的要求检查了自己的各项工作。根据对当前国际局势以及中国目前地位的判断,我对中国的前途有着极大的信心。

　　我还坚持学习习近平总书记的系列讲话,比如,习近平总书记领导的党中央有关我国的五大社会经济发展的"指南针"的论述,包括:以"创新、协调、绿色、开放和共享"为内核的发展理念,以"结构改革、改革开放、社会公平正义、营造政治的绿色春天和全面建成小康社会"为主要内容的具体推进策略,以"全面建成小康社会、全面依法治国、全面深化改革和全面从严治党"为精髓的"四个全面"的论述,等等。

　　其次,我在党的路线和方针政策的指导下开展学术研究活动。近年来,我撰写了一系列论文,具体说来,主要有《从政治学角度研究中国古代政治思想史》(《政治思想史》,2010 年第 1 期)、《中国人民拒绝自由主义,接受共产主义的文化基因》(《政治学研究》,2012 年第 3 期)、《西方政治思想史研究:回顾与前瞻》(《马克思主义与现实》,2012 年第 5 期)、《为中国社会和政治发展研究政治学》(《天津社会主义学院学报》,2012 年第 5 期)、《孔子仁政、德治、礼范的治国之道》(《政治思想史》,2013 年第 1 期)、《先秦法家权势、法治、心术的治国之道》(《政治学研究》,2013 年第 5 期)、《墨翟兼爱互利、尚同尚贤、节用节葬的社会政治观》

(《政治思想史》,2014 年第 1 期),《老子道法自然、积德守道、小国寡民的君主南面术》(《政治思想史》,2014 年第 4 期)、《研究政治思想史要洋为中用、古为今用》(《政治学研究》,2014 年第 4 期)、《深入·比较·借鉴》(《人民日报》,2015 年 6 月 15 日)和《准确认识西方政治民主制度》(《红旗文稿》,2015 年第 15 期)。我还在整理上述相关论文的基础上,出版了《中国传统政治文化讲录》(江苏人民出版社,2015 年)一书。这些研究成果始终坚持马克思主义的基本原理和立场,贯彻落实科学发展观,坚持为人民服务、为社会主义服务的方向,坚持贴近实际、贴近群众、贴近生活。

最后,我想就如何贯彻习近平总书记最近"在哲学社会科学工作座谈会上的讲话"精神来指导我们的西方政治思想史研究谈一些看法。我去年在《人民日报》上发表的《深入·比较·借鉴》一文就可以表明我们的西方政治思想史研究应该如何贯彻习近平总书记的讲话精神。

改革开放以来,我国的西方政治思想史研究取得较大发展,学科体系渐趋完善,专题研究不断深入。这些成绩的取得,关键是坚持在马克思主义指导下进行深入研究、比较研究和借鉴参考。这也是新形势下这一学科发展必须坚持的原则和方向。我国目前处于社会主义初级阶段,我们目前所做的一切都是为了实现共产主义而服务的,深入研究意味着坚持以马克思主义为指导深入研究西方政治思想史。对西方政治思想的介绍是了解、认识和研究西方政治思想的基本前提。多年来,我们通过各种渠道了解西方政治思想的历史和现状,在这方面做了大量工作。但随着时间的推移、科学的进步、水平的提高,我们需要更加完整、准确地认识西方,介绍西方政治思想史的工作还应继续。我们过去无论是对西方政治思想名著、专著的翻译,还是对通史、人物的专题研究,以今天的标准来审视,恐怕仍有许多不足,需要更正、补充和修订。这涉及两个问题。一是要认识到各种政治思想无不是时代的产物。所谓适时而生、应时而变,它不仅受当地当时的经济、政治和文化等因素的制约,而且受思想家所处的生活条件、环境等的影响。一切政治思想都是一定经济基础上的上层建筑中意识形态的组成部分,都有其鲜明的阶级性、时代性。二是在评价问题上,应进行更加细致的研究。研究西方政治思想主要不是做文字诠释和细节考证等工作,而是联系各时代经济、政治和文化的历史背景,了解各种思想产生的根源和存在的根据,掌握各种思想间的联系和具体思想的深层内涵。我们应当从马克思主义基本原理出发,对西方各种政治思想进行历史的、实事求是的客观分析。

比较研究就是开展中西政治思想的比较研究,揭示两者的共性与差异,取得更深刻的认识。这既有利于我们深化对中国传统政治文化的认识,也有利于我们加深对西方政治思想的了解,使政治学这门学科更好地为我国发展服务。在比较研究时,应注意政治文化的民族性。在人类发展的历史长河中,各民族由于所处的条件不同,形成了形式各异的民族文化,包括各自的政治文化。各民族的政治文化在长期发展过程中,逐步成为一种政治文化定势。这种定势往往被该社会的政治、法律制度确认下来,并深入每个社会成员的心灵和习惯之中,取得全体社会成员的共识,构成该民族政治文化的特质,并区别于其他民族的政治文化。在研究不同民族的政治文化时,不能褒此贬彼,或贬此褒彼,而应进行科学的比较,探寻其各自存在的理由和利弊得失,进而推动自己民族的政治文化建设。

借鉴参考是指从我国国情出发,坚持"为我所用",借鉴参考西方政治文明的有益成果。坚持以马克思主义为指导,从我国基本国情出发研究问题,是我国政治学研究必须坚持的根本原则。在这一前提下,一方面要看到西方社会在历史发展的各个阶段中政治思想家曾提出的一些有价值的思想和主张。特别是近代以来,他们结合各自国家、各自时代的实际情况,在关于如何建设、维护和发展国家政权等方面,提出过一些有益的看法和见解,值得我们借鉴和参考。另一方面,借鉴参考是有原则的,这个原则就是要从我国国情出发,为我所用。我们不是"为了研究而研究西方",而是"为了中国而研究西方",也就是说通过研究西方政治思想的发展规律,总结其经验教训,以提高我们认识国家、组织国家、治理国家的水平,为我国社会主义现代化建设服务。对此,我们在研究中必须有清醒认识,任何政治思想以及政治制度的产生和发展都要适应本国、本民族的社会特点和时代需要,我们要对其采取批判的研究态度。

我们学科和专业的发展应该沿着习近平总书记的讲话所指引的方向和目标去努力和奋斗,在实现中华民族伟大复兴的道路上贡献我们的一己之力!

强化党员身份意识　努力做合格教师

政治与行政学院教授　王　力

2016 年 10 月 28 日　563 期　第二版

作为一名共产党员和马克思主义理论专业教师,在认真学习了中共中央办公厅印发的《关于在全体党员中开展"学党章党规、学系列讲话,做合格党员"学习教育方案》(以下简称《方案》)以及相关文件后,我深刻领会到党中央做出这样重大决策的目的之一是强化党员的身份意识,立足本职工作岗位,做一名合格的党员和社会主义的建设者。《方案》第一部分提出的四个"着力解决"之一就是要"着力解决一些党员党的意识淡化问题",其主要表现是缺乏看齐意识,不守政治纪律和政治规矩,在党不言党、不爱党、不护党、不为党,组织纪律涣散等,这些问题根源于个人思想中共产党员身份意识的严重缺失。党员缺失身份意识自然就丧失宗旨意识,更谈不上什么守规矩、讲大局,因此,继党的群众路线教育实践活动和"三严三实"专题教育之后,党中央决定在全体党员中开展"学党章党规、学系列讲话,做合格党员"的大规模的学习教育活动,目的是引导广大党员树立坚定的理想信念,提高党性觉悟,自觉按照共产党员的标准规范自己的言行。要实现这一目标,在增强政治意识、大局意识、核心意识、看齐意识,坚定正确的政治方向的基础上,还要强化共产党员的身份意识,即通过学习,使每一个党员时刻牢记自己是一名共产党员,是一个有组织的人,进而才能自觉遵守党章党规、自觉约束自己的言行,立足本职工作岗位,朝着合格的共产党员努力奋斗。

一、强化"身份意识"是增强宗旨意识、规矩意识、责任意识、看齐意识的基础

时刻牢记自己是一名共产党员,这是做一名合格党员的基础。面对市场经济中各方面利益的诱惑,社会评价中财富和权力凸显的社会趋势,作为中国工人阶级先锋队的中国共产党党员的身份变得模糊,共产党员的先锋模范作用不像战争年代那样突出。更有一些共产党员忘记了自己的身份,把自己与普通群众等同,这就在日常生活和工作中难免人云亦云,难免失去政治方向、违背政治规矩而不自知,无法自觉遵守党章党规,更谈不上什么理想信念。特别是一些党的领导干部,不仅起不到模范带头作用,反而利用自己掌握的权力结党营私、贪污受贿,做出了败坏社会公德和人伦道德的龌龊勾当,败坏了党风民风,产生了极其恶劣的社会影响。这些人虽然身在党和政府的领导机构,但是与党员的身份不符,虽然平时也参加党组织的各项活动,但在他们的内心里早已丢掉了党员的身份意识。

通过认真研读党章,重新唤起我们每一个党员的身份意识,树立坚定的理想信念,时刻牢记并自觉践行党的全心全意为人民服务的宗旨。在党支部集体逐条逐句通读党章的过程中,我更加明白作为共产党员必须履行的义务、应该承担的责任,更加清楚党的民主集中制原则的具体要求以及党的各级组织的产生、职权等,更加深刻领会到党中央在全党开展"两学一做"的真切用意,就是通过学习,强化我们自身的党员身份意识,在此基础上,增强每一位党员的宗旨意识和责任意识,促使每一位党员在工作岗位上切实履职尽责,起到模范带头作用。

通过认真学习《中国共产党廉洁自律准则》《中国共产党纪律处分条例》等,我更加明白了作为一名共产党员必须遵守党的各项纪律。对于有着 8800 多万党员的中国共产党,没有严明的纪律和明确的规定就无法约束党员的日常行为,更无法保证党的纯洁性和先进性。党的十八大以来,党中央为适应全面从严治党的实践需要,对 2003 年 12 月中共中央印发的《中国共产党纪律处分条例》进行了重新修订,2015 年 10 月新修订的《中国共产党纪律处分条例》(以下简称《条例》)正式发布。新《条例》分三篇共计 130 条,明确了从"警告"到"开除党籍"五类纪律处分,除规定党员违法犯罪不仅受到党纪处分还要受到国家法律的惩处外,《条例》重点对违反政治纪律、组织纪律、廉洁纪律、群众纪律、工作纪律、生活纪律等具体行为和处分的类别给出了明晰的界定,这是树立规矩意识的基础。特别是《条例》用了 18 条的篇幅明确了违反政治纪律的具体行为及其相应的处分类别,如通过互联网或报刊、讲座、论坛等方式,"公开发表坚持资产阶级自由化立场、反对四项基本原则,反对党的改革开放决策的文章、演说、宣传、声明等"的党员,给予开除党籍处分。新《条例》的突出特征是对党员的生活纪律做了明确的规定,如对违背社会公序良俗、违反社会公德等行为造成不良社会影响的,按照情节轻重给予相应的处分。这一规定可以起到以党风的根本好转带动民风向好的良性循环作用,进一步强化党员身份意识和规矩意识。严明的纪律彰显了以习近平为总书记的党中央全面从严治党的决心、信心。通过学习党规党纪,重塑维护党章、遵守党纪的思想自觉,进一步强化了自身的规矩意识。

通过研读习近平总书记系列重要讲话,我对党中央治国理政新理念新思想新战略的认识有了进一步提高。实现中华民族伟大复兴的中国梦凝聚了中华民族各方力量,全面建成小康社会目标明确、责任重大,需要每一位共产党员坚定走中国特色社会主义道路的信心，自觉与党中央保持高度一致，把自觉贯彻党中央的重大决策和战略部署具体化到我们每一位共产党员的工作岗位上。时刻牢记自己是一名共产党员，处处以党员的标准要求自己，明确自己是一名有组织的共产党员。明确的身份意识督促自己自觉尊崇党章、遵守党规，宗旨意识、规矩意识、责任意识就会内化于心，就会固化为我们日常行为自觉遵守的准则和观念。如果我们每一个党员都能够树立起坚定的党员身份意识，每一个人都向身边的党员看齐，真正在全社会起到模范带头作用，真正成为社会风气的引领者，中国共产党就会得到全国人民的爱戴和拥护，党的执政地位会更加牢固。

二、充分发挥人文社会科学的育人功能，努力做一名合格的马克思主义理论专业教师

"两学一做"的最终落脚点是"做"。学什么很明确，做什么和如何做需要我们每一位共产党员认真思考。党中央要求做合格党员，具体到每一个人如何做合格共产党员就有所不同，我认为首先要立足本职工作岗位，从日常工作做起。我个人作为一名马克思主义理论专业的高校教师，在日常教学中，不断强化自己的身份意识，时刻牢记自己是一名共产党员，处处以党章的要求为标准，立足课堂教学，通过深度研修马克思和恩格斯原著，让学生真正体悟到马克思和恩格斯的思想深度和人格魅力，及时把党的新理论传播给学生，积极发挥课堂教学的文化育人功能，为培养社会主义建设事业合格接班人打下坚实基础。比如，我在《马克思主义原理原著》第一节课上，逐字逐句通读马克思在 23 岁时写的《〈黑格尔法哲学〉批判导言》，结合马克思写作此文的历史背景和理论创作的逻辑线索，让学生领略一位同龄人的卓越才华和社会担当，让一个鲜活的思想家形象跃然纸上。全文逻辑之严谨、思想之深刻以及马克思作为年轻人特有的激情让学生深感敬佩和仰慕，读完此文后，绝大多数同学改变了对教科书模式的马克思主义的看法，开始建立对马克思主义的理论兴趣，进而逐步达到对马克思主义及其中国化理论成果的真学真信。

强化自己党员教师的特殊身份，在教学中自觉努力向学生讲清中国选择社会主义、探索社会主义道路的逻辑和历史线索，彰显中国选择社会主义的历史必然性以及探索社会主义建设道路的艰难和曲折历史，坚定学生对于走中国特色社会主义道路的决心和信心。作为一名党员，我们有义务及时宣讲党中央的重大决策和方针政策，主动抵制和应对丑化党和国家形象、虚无党的历史等不良现象，以实际行动把"两学一做"推向深入。

行路致远　砥砺前行

以习近平总书记系列重要讲话精神为指导扎实做好学校宣传思想工作

党委宣传部部长　潘　晖

2016 年 11 月 28 日　564 期　第二版

党的十八大以来,以习近平同志为核心的党中央高度重视宣传思想工作,2013 年 8 月 19 日,习近平总书记在全国宣传思想工作会议上发表重要讲话,站在党和国家全局的高度,深刻阐述了事关宣传思想工作长远发展的一系列重大理论问题和现实问题,进一步明确了新形势下宣传思想工作的方向目标、重点任务和基本遵循,蕴含着一系列新思想、新观点、新要求,是做好当前和今后一个时期宣传思想工作的行动纲领和科学指南。

高校肩负着学习研究宣传马克思主义,培养社会主义建设者和接班人的重大任务。深入学习贯彻落实习近平总书记重要讲话精神,对不断开创宣传思想工作新局面具有极其重要的指导意义。作为学校的一名宣传工作者,要把学习宣传贯彻习近平总书记重要讲话精神作为首要的政治任务,认真学习,深刻领会,坚定不移地维护以习近平同志为核心的党中央权威和党中央集中统一领导,紧密围绕党中央决策部署和学校中心工作,内聚人心,外树形象,在本职岗位中履职尽责,扎实做好宣传思想工作,为学校改革发展稳定提供思想保证和精神动力。

要自觉看齐,心中有党。党性原则是宣传思想工作的灵魂与旗帜。习近平总书记在"8·19"讲话中强调,"所有宣传思想部门和单位,所有宣传思想战线上的党员、干部都要旗帜鲜明坚持党性原则",这是高校宣传工作者需要具备的首要和最重要的特质。坚持党性,核心就是坚持正确政治方向,站稳政治立场,坚持正确导向。要进一步牢固树立政治意识、大局意识、核心意识、看齐意识,把对党忠诚、政治坚定作为立身之本,要团结在以习近平同志为核心的党中央周围,以看齐意识为保证,主动向党中央看齐,主动向中央部署看齐,主动向党的理论路线方针政策看齐,在宣传思想工作中唱响主旋律,进一步增强广大师生对中国特色社会主义的理论认同、政治认同、情感认同,增强道路自信、理论自信、制度自信和文化自信,筑牢师生团结奋进的共同思想基础,努力形成师生员工自觉践行社会主义核心价值观的生动局面。

要牢记宗旨，心中有民。党性和人民性从来都是一致的、统一的。丰富的教育教学实践是宣传工作日新月异、出新出彩的源头活水，只有深入教学科研管理一线，才能使宣传工作真正达到入耳入心的效果。要把服务师生作为宣传工作立足点与价值取向，聚焦师生关注的热点焦点问题，回应师生的关切与诉求，为促进学校党委与广大师生之间的上通下达、下情上达搭建平台与桥梁。要按照市委李鸿忠书记的要求，念好"人民"这所大学，深入教书育人和学校改革发展一线，尊重师生的主体地位，把宣传融入生动、形象的人和事之中，讲好贴近师生实际的师大故事，传播切合师生需求的师大声音，让广大师生喜闻乐见，而且可信、可学，增强宣传思想工作的亲和力、吸引力和感染力。

要忠于职守，心中有责。习近平总书记指出，在新的时代条件下，党的新闻舆论工作的职责和使命是高举旗帜、引领导向，围绕中心、服务大局，团结人民、鼓舞士气，成风化人、凝心聚力，澄清谬误、明辨是非，连接中外、沟通世界。学校宣传思想工作要把坚持正确的舆论导向放在第一位，真正做到为大学生的健康成长负责，为教职工的全面发展负责，为社会和谐稳定、文明进步负责。这就要求宣传思想工作者切实履行好工作赋予的使命与责任，按照习近平总书记在"8·19"讲话中提出的"因势而谋、应时而动、顺势而为"要求，不断提升自身的政治修养、专业素养，努力塑造适应新时代需求的更具传播力和引领作用的宣传话语体系，使宣传工作既旗帜鲜明，又刚柔相济；既雷霆万钧，又春风化雨，做到有底气，接地气，聚人气，扬正气。努力推出有思想、有温度、有品质的工作成果，努力提高宣传工作的传播力、引导力和影响力，以良好的思想舆论和文化氛围助力学校事业蓬勃发展。在学校向国内一流的教师教育特色综合性大学努力奋斗的目标引领下，全体教职工立足岗位、扎实工作，干事创业，这是时代和岗位赋予我们的责任和义务，在工作面前，我愿意去做一个内心柔软却有力量的人，用最好的态度负重前行。

要守住规矩，心中有戒。习近平总书记曾语重心长地说："讲规矩是对党员、干部党性的重要考验，是对党员、干部对党忠诚度的重要检验。"高校宣传想工作者要增强"四个意识"，特别是核心意识和看齐意识，严守政治纪律和政治规矩。要把明大德、守公德、严私德融入经常，锤炼共产党员的政治品德，遵守社会公德，恪守职业道德，传承好家庭美德，加强个人品德修养。要牢固树立法治意识，坚持运用法治思维和法治方式开展工作。要增强党员意识和党性锻炼，强化廉洁自律，从加强和规范党内政治生活做起，按照党章、准则、条例要求，按照"四讲四有"合格党员的标准，对照自己、修正自己、提高自己，从自身做起，自重自省、慎独慎微，自觉接受党内监督，以对人对己对事负责任的态度，去接受时间的考验。

增强政治和行动自觉 推进"两学一做"学习教育常态化制度化

计算机与信息工程学院党委书记 李 静

2017 年 4 月 19 日 567 期 第二版

党的十八大以来,我们党先后开展了党的群众路线教育实践活动、"三严三实"专题教育,净化了党风政风,大大增强了队伍的凝聚力和战斗力,得到了党内外的一致认可和赞誉。"两学一做"学习教育是把全面从严治党向纵深推进、向基层延伸、向常态化制度化方向建设的一项重大举措。

经过学习党章党规和习近平总书记系列重要讲话等,对党要管党、从严治党有了更加深刻的理解,对新形势下建设好国家、实现中华民族伟大复兴的"中国梦"关键在党,有了更加深切的领悟,对加强基层党的建设、事关事业发展全局有了深刻的感受。

一、面对改革发展稳定的艰巨历史任务,推进"两学一做"常态化制度化是全面加强高校思想政治建设的迫切任务

党的十八大以来,我国的改革开放在取得辉煌成就的同时,改革也进入极其艰难的攻坚阶段。全面深化改革涉及经济结构调整、政治生态的整治、意识形态和价值体系的整合与重构、全面建成小康社会以及民生幸福指数改善等。这些繁重的历史重任对党整体能力和素质提出了前所未有的高要求。

中央提出关于推进"两学一做"学习教育常态化制度化,是对全体共产党员提出的具体学习目标要求。促使党组织和党员进一步明确新时期的职责和使命,促进提升高校在推动中国梦实现过程中的作用作为,高校院一级党组织要主动深化对中央精神的学习理解和贯彻落实,增强政治自觉和行动自觉,深入动员师生解放思想,锐意进取,主动承担起实现改革攻坚的艰巨使命。

二、针对党员队伍的思想状况,推进"两学一做"常态化制度化是强化支部战斗堡垒作用和党员先锋模范作用的必要举措

随着改革的深化,利益结构的深层次调整,党员干部队伍的思想状况出现了许多新变化。在一些党员中出现了不健康、不符合党员标准的言论和行为,甚至有些党员公然非议和对抗党中央的决策和部署,这些不良言论在以互联网为载体的新媒体时代具有放大效应,在社会上产生了恶劣影响。这些现象,不是简单的党员个人的言论和行为,它反映了改革开放以来西方文化渗透对我国主流意识形态和价值观念的冲击,必须引起足够警惕。

当前,深化改革的形势依然严峻,挑战艰巨,在全体党员中深入推进"两学一做"学习教育常态化制度化,将进一步引导党员提升"四个意识",自觉团结在以习近平同志为核心的党中央周围,认清方向,坚定信念,久久为功,以自身思想和行动的先进性不断树立和提升党的形象和感召力,夯实党的执政根基。

三、面对严峻挑战,推进"两学一做"常态化制度化是提升党的威信和基层党组织形象的关键环节

在探索建立常态化学习机制的过程中,计算机与信息工程学院党委完善了"学党章党规、学系列讲话,做合格党员"考评机制,制定了"推进党支部工作的意见",持续抓细抓实,坚持不懈筑牢信仰之基、补足精神之钙。

在提升"学"的品质上推进常态化制度化。真学真懂才能真信真做。牢记"慎终如始,则无败事"的古训,引导党员联系实际深入学,首要的是要把思想建设放在首位,以尊崇党章、遵守党规为基本要求,以深入学习贯彻习近平总书记系列重要讲话精神为根本任务,自觉按照党员标准规范言行,进一步坚定理想信念,提高党性觉悟,进一步树立清风正气,严守政治纪律政治规矩,进一步强化宗旨观念,勇于担当作为,在工作、学习和社会生活中起先锋模范作用,为党在思想上政治上行动上的团结统一夯实基础,为协调推进"四个全面"战略布局提供坚强思想保证。

在抓住"做"这个牛鼻子上推进常态化制度化。不走过场,不搞花架子,要将强烈的问题意识、鲜明的问题导向贯彻深入,要切实担当起将十八大以来党中央在新的历史条件下应对党和国家发展一系列重大理论和现实问题的重要精神贯彻到工作中,体现求真务实的科学态度,展现马克思主义者的坚定信仰和责任担当。"两学一做"学习教育作为全面从严治党的重要举措,同样需要将问题意识、问题导向贯穿始终,针对新情况新问题严肃党内政治生活,以改革创新精神补齐制度短板,引导党员干部以学促做、知行合一,发挥先锋模范作用,在"十三五"规

划起步走好、决胜全面建成小康社会进程中建功立业。

在落实党支部主体作用上推进常态化制度化。将全面从严治党落实到每个支部、每名党员。高校党委要充分调动领导干部、知名专家的示范引领作用,从而激发带动全体党员"学"与"做"的信心和积极性。同时更要注意通过强化组织建设、思想建设、制度建设,将各级组织的向心作用、凝聚作用、战斗作用充分发挥出来,才能确保"两学一做"学习教育持之以恒,富有实效。其中,党支部是党的组织和战斗力的基础。必须树立党的一切工作落到支部的鲜明导向,指导党支部履行好党章规定的职责任务,担负起从严教育管理党员、团结凝聚服务党员的主体责任。抓住继承和创新这两个关键,既要健全和推动制度执行,将好的政治生活传统重新立起来,又要不断创新主题党日、微党课等方式,强化"三会一课"的教育功能,使党支部成为教育党员的学校、团结群众的核心、攻坚克难的堡垒。

牢记党的宗旨 努力服务师生

——学习习近平总书记系列重要讲话体会

外国语学院党委书记 李学军

2017 年 5 月 17 日 568 期 第二版

习近平总书记指出:"始终坚持全心全意为人民服务的根本宗旨,是我们党始终得到人民拥护和爱戴的根本原因,对于充分发挥党密切联系群众的优势至关重要。我们任何时候都必须把人民利益放在第一位,把实现好、维护好、发展好最广大人民根本利益作为一切工作的出发点和落脚点。"《中国共产党章程》把"坚持全心全意为人民服务"定为党的建设必须坚决实现的四项基本要求之一,《中国共产党廉洁自律准则》也规定,中国共产党全体党员和各级党员领导干部"必须坚持全心全意为人民服务根本宗旨"。

从毛泽东同志73年前提出"为人民服务",到党的"七大"把"全心全意为人民服务"正式写入党章,直至今天习近平总书记的论述阐释,虽然语言表述不同,但本质内涵都是完全一致的,即"为人民服务"永远是中国共产党人的最高行为准则和法定义务。

通过学习党章党规和习近平总书记系列重要讲话,重温毛泽东同志的"为人民服务",我更加体会和理解了"为人民服务"作为中国共产党的根本宗旨和每个共产党人最高行动准则的深刻内涵。

第一,"为人民服务"是马克思历史唯物主义的基本观点,即生产力观点和群众观点。生产力观点揭示了想要搞好为人民服务,首要的就是抓好生产力。党章指出:中国共产党在领导社会主义事业中,必须坚持以经济建设为中心,其他各项工作都服从和服务于这个中心。而群众观点就是要求一切为了人民、一切依靠人民和全心全意为人民服务。在学校、在学院,我们坚持群众观点,主要的就是要坚持一切为了师生、一切依靠师生,为师生搞好服务。

第二,"为人民服务"是我们党的根本宗旨。我们党之所以能够带领全国人民夺取胜利,建立新中国;之所以能够取得社会主义建设的伟大成就,建设了崭新的社会主义国家,就是因为党代表了人民的利益和愿望,得到了人民的拥护和支持。作为"宗旨",就是要必须坚定、坚持,不能改变。党的十八大报告也强调"为人民服务是党的根本宗旨,以人为本、执政为民是检验党一切执政活动的最高标准"。只要共产党存在,全心全意为人民服务这个宗旨就不能改变;如果这个宗旨变了,就是对人民的脱离、对人民的背叛,最终也将被人民所唾弃。苏联解体的一个重要因素就是脱离了人民群众,不能够为人民服务了。

第三,"为人民服务"既是对共产党员的最低要求,也是最高要求。就最低要求而言,因为这是每个党员入党时的基本条件,党章第二条规定:"中国共产党党员必须全心全意为人民服务,不惜牺牲个人的一切";就最高要求而言,"为人民服务"不是一朝一夕的,它需要共产党人终身为之奋斗。因此,我们必须有意识地、自觉地培养为人民服务的思想,要用这个标尺来检测自己。

作为一名基层学院里的共产党员,应该如何立足本职岗位全心全意为人民服务、为师生服务?

为人民服务的含义非常广泛,它的服务主体是全体党员,服务的对象是广大的人民群众。作为大学学院中的共产党员和党员领导干部,很显然,我们的工作就是服务,我们的服务对象主要是学生和老师。所以,我们更要立足本职岗位,全心全意为学生、为老师服务。具体需要做好以下三方面的工作。

第一,要牢固树立正确的权力观。作为学院的书记,或多或少,手里拥有一些职权。虽然是学校党委任命的,但从广泛意义上讲,这个权力是师生赋予的。必须明白,是代表师生也是代表学校党委来管理学院党的工作。在运用手中的权力、完成各项工作时,必须体现师生的意志和愿望,只能用权为师生服务,绝不能以权谋私。这是马克思主义的权力观,也是一名管理干部特别是党员领导干部必须坚持的行为准则。

第二,要正确运用手中的权力。要勤政为民,珍爱手中的权力,珍惜师生的信任,充分发挥权力的作用,维护学院的稳定,促进学院的发展;在工作中要勤于思考,不怕困难,敢于担当,有所作为;要深入师生当中去、深入系室当中去,搞好调查研究,了解师生真正需要什么,系室工作真正需要什么,有的放矢去工作。要廉洁奉公,保证权力不成为损公肥私的工具,能够廉洁自律,秉公用权,做到"廉洁从政,自觉保持人民公仆本色","廉洁用权,自觉维护人民根本利益",保持清醒头脑,不能让贪婪、自私玷污师生和组织赋予的权力。违反各项规定受到处分的党员干部的惨痛教训警示我们,要坚持廉洁奉公,依法用权,克服权力使用的随意性、专断性,保持清醒头脑,认清形势,克服惯性思维,保证权力运用符合广大师生的意志和利益,践行为人民服务的宗旨。

第三,要努力提高为师生服务的本领。坚持全心全意为师生服务,要求我们党员和干部不仅要有为师生服务的觉悟、热忱和愿望,更要有为师生服务的才干和本领。所以,作为党员领导干部要加强学习,不断充实自己,积极做好理论知识、科学文化知识和才学技能的积淀,掌握服务师生的本领,提高服务师生的能力,更好地履行为师生服务的职责。

学而信　学而用　学而行

马克思主义学院教授　褚凤英

2017 年 6 月 13 日　570 期　第二版

　　深入学习贯彻习近平总书记系列重要讲话精神,是当前党员干部理论教育的首要任务和理论学习的重点内容。通过"两学一做"学习教育活动,收获很大,体会很深。一是理论认识有了新高度和新深度,更加坚定了马克思主义信仰。习近平总书记系列重要讲话是中国特色社会主义理论体系的最新成果,是当代中国马克思主义最现实最集中的体现。通过学习,我深入领会了习近平总书记系列讲话精神,增强了对中国特色社会主义理论体系的自信,更加坚定了对马克思主义的信仰。二是了解和掌握了中央重大战略和经济社会发展状况,从社会实践和人民群众的现实生活中,体会到中国共产党理论创新的独特性,更加坚定了对中国特色社会主义制度的自信。三是进一步了解和掌握了高校宣传思想工作和意识形态工作所面临的形势任务。通过学习,我更加明确了高校哲学社会科学工作者所应坚持的政治方向和肩负的历史使命,为教书育人和服务社会找到了持续不断的新动力。四是对"中国共产党党员"这一角色有了新认识。通过重点学习《中国共产党纪律处分条例》《中国共产党党员权利保障条例》和习近平总书记关于全面从严治党、严明党的纪律与规矩、加强党风廉政建设和反腐败工作等重要讲话精神,以及警示教育反面典型案例等,意识到党员应该自觉做到在党规党纪面前知敬畏、明底线、守规矩。结合自己的工作实际,就是要自觉地把讲规矩、有纪律体现在思想政治教育专业教学中,在课堂教学和课下讨论中都要注意自己的言行,严守党的政治纪律和政治规矩,始终站稳党的立场,对党忠诚忠实。要进一步规范自己日常生活中的言行,强化党员意识,在日常生活中,特别是在微信"朋友圈"中要时刻牢记自己的共产党员身份,注重传播正能量,自觉抵制微信等网络中不良思想和行为的倾向。总之,要加强党性锻炼,提升党性修养,时刻做到在党言党、在党爱党、在党护党、在党为党,永远听党话、跟党走。

　　通过学习,我深深认识到,当前高校哲学社会科学工作者恰逢一个机遇与挑战并存且呼唤创新的伟大时代。时代的发展对高校哲学社会科学教师提出了新要求,更搭建了良好平台,我们一定不能辜负时代的厚望和社会的重托。一是要认清高校哲学社会科学教师的使命,正确把握高校哲学社会科学的发展趋势,把自己的工作放在党和国家发展大局中考虑,时刻牢记使命与职责;二是在工作中要坚持正确的政治方向,坚持"四个全面"战略布局,着力用马克思主义中国化最新成果武装头脑,突出价值导向与问题意识,强化政治意识、责任意识、阵地意识,始终将人才培养与理论创新放在工作的首位,把握好理想信念和旗帜问题,做坚定的马克思主义信仰者、研究者与传播者,在工作中不断推进理论与实践创新,为社会主义现代化建设培养合格的接班人;三是继续加强学习,注重自我完善,不断提高业务能力和教育教学质量,不断提升师德修养,严格按照习近平总书记的要求,弘扬高尚师德,淡泊名利、言传身教,真正做到自尊、自强、自省、自律,用高尚的道德情操引领学生全面发展。要把自己的本职工作和国家发展、民族振兴结合起来,静下心来教书,潜下心来育人,努力做一个受学生爱戴、让人民满意的教师。

基于以上认识和体会,按照学而信、学而用、学而行的要求,我在实际工作中坚持"学是基础,做是关键",真正体会到了"方向正确,干劲充足"的道理。本学期工作的重头戏是2014级大三学生的毕业实习。我院思想政治教育专业自2007年年底被批准为国家级特色专业后,2012年又获批天津市品牌专业。按特色专业和品牌专业建设的要求,从2012届即2008级本科生开始,实习时间由过去的10周改为一个学期(约18周),历时比较长。另外,为了促进学生多方面能力的提升,思想政治教育专业实习采取了多种类型和方式,一是师范类实习,包括自主、非自主两种形式;二是师范与非师范双向实习,包括非自主一种形式(师范与非师范岗位实习时间各约9周)。2014级实习学生共有87名,其中9名学生自主实习,40名学生参加单向师范类实习,38名学生参加双向实习。我作为实习工作具体联络人,深深体会到实习工作琐事巨多,但在"学而信、学而用、学而行"要求的鞭策下,在整个实习工作过程中没有抱怨,没有畏难情绪,一直秉持着让学生实习顺利,对学院负责、对专业负责、对学生负责的信念,配合学院教学副院长,圆满完成了本届实习工作。在实习过程中通过不断与实习单位、指导教师、学生接触,看到了同学们满满的实习收获,看到了他们因实习而变得更加自信、坚毅,看到了各个实习单位的满意反馈,自己也和同学们一样感到兴奋而自豪,真正体会到了教师的价值,也进一步坚定了教书育人、为学生服务的信念。

当下,党中央深入推进"两学一做"学习教育常态化、制度化,我要在过去"两学一做"学习教育收获的基础上不忘初心,不忘做人之本,不忘做共产党员之本,不忘做教师之本,将"学而信、学而用、学而行"作为责任、习惯和生活方式,继续做好自己的本职工作,为我校内涵式发展,为我国高等教育事业贡献自己的力量。

把握讲话科学内涵　做好思政理论课教育教学

马克思主义学院教授　闫　艳

2017 年 7 月 10 日　571 期　第二版

　　党的十八大以来,习近平总书记发表了一系列重要讲话,回答了新形势下党和国家发展的一系列重大理论和现实问题,提出了许多富有创见的新思想、新要求,为全国人民实现新的奋斗目标提供了科学指南。《习近平总书记系列重要讲话读本》(2016 年版)围绕实现中华民族伟大复兴的中国梦、坚持和发展中国特色社会主义,围绕"四个全面"战略布局,围绕牢固树立创新、协调、绿色、开放、共享的发展理念等 16 个专题,全面准确深入地阐释了以习近平同志为核心的党中央治国理政新理念、新思想、新战略。

　　通过学习,我更加准确地把握了习近平总书记系列重要讲话的基本内涵。习近平总书记指出,只有贯通马克思列宁主义、毛泽东思想和中国特色社会主义理论体系,特别是领会贯穿其中的马克思主义立场观点方法,才能深刻认识和准确把握客观规律,始终坚定理想信念,在纷繁复杂的形势下坚持科学指导思想和正确前进方向,把中国特色社会主义不断推向前进。关于坚持和发展中国特色社会主义,习近平总书记指出,中国特色社会主义是科学社会主义理论逻辑和中国社会发展历史逻辑的辩证统一,是由道路、理论体系、制度三位一体构成的,三者统一于中国特色社会主义伟大实践。我们要毫不动摇坚持、与时俱进发展中国特色社会主义,不断丰富其实践特色、理论特色、民族特色、时代特色。在此基础上,习近平总书记强调,改革开放是决定当代中国命运的关键一招,是当代中国发展进步的活力之源,是党和人民事业大踏步赶上时代的重要法宝,在整个社会主义现代化建设进程中,要高举改革开放的旗帜,绝不能有丝毫动摇。其中,特别引发我关注和思考的是习近平总书记对中国梦的重要论述。中国梦的提出,进一步丰富了中国特色社会主义的科学内涵,为深入推进中国特色社会主义伟大事业指明了方向,成为当今中国发展进步的精神旗帜。中国梦的提出,体现了中国共产党引领下的中国文化的普适性价值,以及文化的先进性。

　　通过学习,我深刻领会了马克思主义哲学的世界观与方法论对共产党人的指导意义。习近平总书记系列重要讲话体现了一切从实际出发、实事求是的思想路线，是对当今中国现实问题全面把握和实事求是分析的成果。习近平总书记善于运用辩证法全面把握事物变化及其关系，正确观察分析事物，不断增强决策的科学性、前瞻性、主动性；善于从纷繁复杂的事物表象中把准改革脉搏，把握全面深化改革的内在规律。习近平总书记指出，只有坚持历史唯物主义，科学分析中国社会运动及其发展规律，才能不断把对中国特色社会主义规律的认识提高到新水平，不断推进中国特色社会主义的发展。通过学习，我更加清楚自己作为一名思想政治理论课教师，应当始终坚持用讲话精神武装头脑，毫不动摇、旗帜鲜明地坚持和巩固马克思主义的指导地位，把马克思主义立场、观点、方法贯穿到具体的教学科研工作中。尤其是在给大学生讲课时，要在思想上、行动上、言论上同以习近平同志为核心的党中央保持高度一致，自觉维护党中央的权威；要善于研究、阐释、宣传党的基本理论、基本路线、基本纲领，正确引领学生的精神世界，敢于同各种错误思潮和错误观点进行斗争，从而为大学生的健康成长和终身发展打好精神底色，奠定好思想基础。

在全面学习该读本的前提下，我还重点学习了读本的第三个问题，即"新的历史条件下治国理政总方略——关于协调推进'四个全面'战略布局"讲话精神。党的十八大以来，习近平总书记站在21世纪新的历史高度，顺应我国发展机遇期的重大变化，深入思考并回答新形势下党如何治国理政、社会主义怎样深入发展等重大理论和实践问题，高瞻远瞩地提出了"四个全面"的战略布局。"四个全面"不仅是坚持和发展中国特色社会主义，实现"中国梦"的战略指引，也是新常态下思想理论课教师教学和科研工作的新遵循、新的理论视域和现实语境。我们认真学习"四个全面"战略布局，就是为了更好地推进和落实"四个全面"。作为一名思想政治理论课教师，在认真学习"四个全面"，领会其实质的前提下，要积极地把"四个全面"内容融进教学，大力宣讲、宣扬"四个全面"战略布局这一新的历史条件下我国治国理政的总方略，使大学生们明确这一战略是事关党和国家长远发展的总战略，从而自觉地通过自己的学习和实践为"四个全面"的推进贡献力量，为实现"两个一百年"奋斗目标，实现中国梦提供保障。在科研中也要将"四个全面"纳入研究视野，力争为推进深化"四个全面"战略布局的科学性和时代性贡献力量。

高举马克思主义旗帜　奋发有为竞进新征程

马克思主义学院院长、教授　杨仁忠

2018 年 5 月 8 日　579 期　第五版

　　2018 年 5 月 2 日，习近平总书记在北京大学师生座谈会上指出："高校只有抓住培养社会主义建设者和接班人这个根本才能办好，才能办出中国特色世界一流大学。为此，有 3 项基础性工作要抓好。""第一，坚持办学正确政治方向"，"第二，建设高素质教师队伍"，"第三，形成高水平人才培养体系"。这为高等学校发展指明了方向。

　　马克思主义学院，作为高校马克思主义理论教学、研究、育人和宣传的主阵地，肩负着马克思主义和中国化马克思主义的研究、传播与推动的时代重任。在全国积极推进马克思主义学院建设的大好形势下，习近平总书记的重要讲话在更高层面上明确了高校马克思主义学院的目标定位、职责使命和发展方向，为此，我们要以讲话精神为指导，努力做好本职工作。

　　第一，要高举马克思主义伟大旗帜，确保坚定正确的政治方向。习近平总书记在考察北京大学马克思主义学院时强调，"马院姓马，在马言马"。他指出："马克思主义是我们立党立国的根本指导思想，也是我国大学最鲜亮的底色。"我们要真学真懂真信马克思主义，夯实马克思主义理论学科的学术基础和信仰基础。我们要按照习总书记的要求，学习研究马克思主义，就是一"要刻苦钻研原著"，不能满足于阅读辅助材料；二"要在掌握马克思主义基本原理上下功夫"，而不是纠结于细枝末节的考究；三"要坚持运用科学理论，研究新情况解决新问题"，而不是满足于书斋里的闭门造车；四"要联系改造主观世界的实际，重点解决好理想信念问题"。我们要以这种扎实可靠的科学研究为基础，加强马克思主义理论学科的规范化建设，进一步凝练学科方向，汇聚学科队伍，扩大学科影响，把马克思主义理论学科建设成为哲学社会科学优势学科，构建以马克思主义理论学科为引领，相关学科为补充，有效支撑思想政治理论课建设的学科体系，从而夯实马克思主义学院的学科基础。

　　第二，要加强师资队伍建设，大力提高教师整体素质。习近平总书记指出：

"人才培养，关键在教师。教师队伍素质直接决定着大学办学能力和水平。建设社会主义现代化强国，需要一大批各方面各领域的优秀人才。这对我们教师队伍能力和水平提出了新的更高的要求。"习总书记指出："建设政治素质过硬、业务能力精湛、育人水平高超的高素质教师队伍是大学建设的基础性工作。要从培养社会主义建设者和接班人的高度，考虑大学师资队伍的素质要求、人员构成、培训体系等。"为此，我们要坚持以育人育才为中心的发展战略，建设一支理想信念坚定、师德高尚、理论功底扎实、教学效果良好的高水平师资队伍。这既是习总书记提出的我国人才发展战略，也是我们马克思主义学院建设的目标归宿。为此，一是要实施以育人育才为中心的发展战略，严格落实学院的专业、学科和课程"三位一体"的进人标准和发展目标，构筑学生、学术、学科一体的综合发展体系。二是要实施人才建设工程，着力引进、培养师德高尚、理想信念坚定、马克思主义理论素养深厚、勇于开拓创新的学科带头人，以及年富力强、锐意进取的中青年学术骨干，从而形成年龄结构、学缘结构、职称结构合理的人才体系。三是要完善人才遴选、业绩考核、评先奖优、师资培训、学术交流、社会实践等各项规章制度，增强马克思主义理论教学和研究队伍的荣誉感、责任感、幸福感，从而建成一支对马克思主义理论真学、真懂、真信、真用的思政课教师队伍。

　　第三，要深化教学综合改革，形成高水平人才培养体系。习近平总书记指出："人才培养体系涉及学科体系、教学体系、教材体系、管理体系等，而贯通其中的是思想政治工作体系。加强党的领导和党的建设，加强思想政治工作体系建设，是形成高水平人才培养体系的重要内容。要坚持党对高校的领导，坚持社会主义办学方向，把我们的特色和优势有效转化为培养社会主义建设者和接班人的能力。"思想政治理论课是高校全部思想政治教育工作的主渠道。为此，我们要做好如下工作。一是要加强课程建设，尽快推进2018年版思想政治理论课新教材进入课堂教学体系，推进马克思主义理论和习近平新时代中国特色社会主义思想"进教材、进课堂、进头脑"，实现教材体系向教学体系转化，巩固马克思主义理论教育的主阵地。二是进一步完善"问题导入、课题深入、专题进入"的"三题三入"课堂教学模式和"按着讲、接着讲、对着讲、引着讲、顶着讲、活着讲、精着讲、特着讲"的"八讲法"综合教学改革方案，大力提升思想政治理论课教学质量，增强学生的获得感。三是以习近平新时代中国特色社会主义思想为指导，以构建完善的"课程思政"体系助力立德树人的实现为目标，整合校内外各学科各方面专家、多种教学方式形成合力，开设"新时代·中国自信"系列思政选修课，形成天津师范大学品牌，使之成为思政必修课的丰富拓展和专题深化，确保在天津市处于领先地位，在全国获得一定的知名度。努力把思想政治理论课建设成为学生真心喜爱、终身受益、毕生难忘的优秀课程。

　　总之,习近平总书记指出:坚持好、发展好中国特色社会主义,把我国建设成为社会主义现代化强国,是一项长期任务,需要一代又一代人接续奋斗。我们要响应习近平总书记的号召,要树立良好学术道德,自觉遵守学术规范;要立志做大学问,做真学问;学习好、阐释好、研究好习近平总书记近期系列重要讲话精神,紧密结合马克思诞辰 200 周年和《共产党宣言》发表 170 周年等重大纪念活动,以实际行动学习和实践马克思主义,为坚持用马克思主义观察时代、解读时代、引领时代,不断开辟当代中国马克思主义、21 世纪马克思主义新境界而贡献自己的智慧和力量。

学习马克思探求真理之精神

马克思主义学院教授 王秀阁

2018 年 5 月 8 日 579 期 第五版

在马克思诞辰 200 周年之际,党中央召开了隆重的纪念大会,习近平总书记发表了重要讲话,指出马克思是全世界无产阶级和广大劳动人民的伟大导师和革命领袖,他留给我们的最珍贵遗产就是科学的理论——马克思主义。马克思何以成为科学理论的创始人,他探求真理之路如何? 这是引发我们思考的问题。

马克思不是天生的马克思主义者,他从唯心主义的信奉者转变为辩证和历史唯物主义者,经历了短暂而曲折的过程。其中两个关键点是非常值得我们学习与发扬的。

一是以实践为基点,马克思是从黑格尔经过费尔巴哈走向马克思主义的。在这一转变过程中,马克思从对黑格尔哲学的信奉到怀疑、批判,从对费尔巴哈哲学的赞扬到否定,最后到对两者的扬弃、超越,都是因为理论与现实实践出现了偏差与矛盾。马克思始终关注现实实践,将实践作为检验理论正确与否的标准。二是以人民为中心,马克思世界观的转变是同他由革命民主主义向共产主义立场的转变相一致的。马克思从走出大学校门进入社会实践之后,就开始了维护无产阶级和广大劳动人民利益的斗争。正是他坚定的阶级立场使他能够透视阶级社会矛盾的实质,揭示社会发展的规律。

马克思探求真理之路,充分体现了立场观点方法的统一,体现了实践导向与价值取向的统一。在推进中国特色社会主义建设的新时代,我们要向马克思学习,以马克思主义为指导,就要时刻关注社会实践提出的重大问题,用正确的价值取向认识和解决问题,这样才能使我们的认识不断向真理接近,使实践不断向前推进。

浅谈马克思的伟人品格

马克思主义学院副教授 李建营

2018 年 5 月 8 日 579 期 第五版

在一个人诞辰 200 年的时候,人们纪念他,既是因为他的学说,也是因为他的品格。

学说的伟大,在于济世;而世道的变迁,总是逼使学说通过"修正"而求得发展。人格则不然,人虽去也,名垂千古;山岳遁形,江海无声。谁具备了伟大的人格,谁便与日月同辉。卡尔·马克思,就是这样的人。正如《马克思画传》的序言所言,他"矢志不渝地为劳苦大众解放而献身"、他"百折不回地为揭示科学真理而求索"、他"坚韧沉毅地为战胜人生逆境而奋斗"。如果用中国的传统观念来诠释马克思的品格,那便是心系天下、奋不顾身、贫贱不移。

青年时期的马克思,在理论研究和社会实践中体悟到:所谓"最能为人类而工作的职业",就是为工人阶级和劳动群众的解放而奋斗。从此以后,他就始终如一地朝着这个目标前进。《马克思恩格斯思想史》的"前言"这样说道:"在人类历史上,曾经出现过各种各样的思想学派和理论体系,但像马克思主义这样代表全世界劳动人民的根本利益……是从来没有的。"另外,在《共产党宣言·1888 年英文版序言》中,恩格斯也有这样的表白:"虽然《宣言》是我们两人共同的作品,但我认为自己有责任指出,构成《宣言》核心的基本思想是属于马克思的。这个思想就是:每一历史时代主要的经济生产方式与交换方式以及必然由此产生的社会结构,是该时代政治的和精神的历史所赖以确立的基础,并且只有从这一基础出发,这一历史才能得到说明;因此人类的全部历史(从土地公有的原始氏族社会解体以来)都是阶级斗争的历史,即剥削阶级和被剥削阶级之间、统治阶级和被压迫阶级之间斗争的历史;这个阶级斗争的历史包括有一系列发展阶段,现在已经达到这样一个阶段,即被剥削被压迫的阶级(无产阶级),如果不同时使整个社会一劳永逸地摆脱一切剥削、压迫以及阶级差别和阶级斗争,就不能使自己从进行剥削和统治的那个阶级(资产阶级)的奴役下解放出来。"这便是无产阶级只有解放全人类,才能最后解放自己。

这是一种怎样的胸怀? 只能说,其境界已超越了我们传统上的"家国情怀"。

马克思积年累月孜孜不倦、夜以继日地沉潜于工作之中。他这是在战斗,而且这战斗,常使他四面受敌。

在《在马克思墓前的讲话》中,恩格斯这样描述过马克思的境遇:"正因为这样,所以马克思是当代最遭嫉恨和最受诬蔑的人……他对这一切毫不在意,把它们当作蛛丝一样轻轻抹去,只是在万分必要时才给予答复。"这简直是"奋不顾身"了!

1842 年 10 月,马克思在《莱茵报》上连载《关于林木盗窃法的辩论》,惹恼了普鲁士政府,他们立刻派人查封了《莱茵报》。马克思随即辞去了报纸的主编职务。1843 年,因为马克思在报上发表了一篇批评俄国沙皇的文章,引发了俄国沙皇尼古拉一世的不满,普鲁士国王接到沙皇的抗议后下令再次查禁了《莱茵报》,马克思因此失业。1845 年,马克思参与编写《前进周刊》,在其中对德国的专制主义进行了尖锐批评。普鲁士政府对此非常不满,并要求法国政府驱逐马克思。1848 年 4 月,马克思和恩格斯一起回到普鲁士科隆,创办了《新莱茵报》。随后几乎所有的编辑或遭司法逮捕,或遭驱逐出境。1849 年 5 月 16 日,马克思接到普鲁士当局的驱逐令,6 月初,他来到巴黎,8 月,又被法国政府驱逐,不得不去往英国伦敦。

今人难以想象的是,著述等身的马克思却是在贫困中度过的,有时甚至还会面临经济上的绝境。若没恩格斯的接济,马克思简直没有"日子"可过。

但不管生活上怎样艰难,马克思依然毫无动摇。马克思是思想上的富有者,尽管经济上捉襟见肘;这位对资本主义经济有着透彻研究的伟大经济学家的一生,几乎是在贫困潦倒中度过的。马克思没有固定工作,全家的经济来源主要是他极不稳定而又极其微薄的稿费收入,加之资产阶级对他的迫害和封锁,使饥饿和生存问题始终困扰着马克思一家,几乎令他一筹莫展。在颠沛流离的生活中,他经常在困顿的泥沼中跋涉,若不是恩格斯在经济上无私援助,他便无法从事研究和写作。在伦敦,马克思度过了一生中最困难的日子。由于生活没有保障,三个孩子先后夭折。但在这期间,马克思却写出了他最重要的著作——《资本论》(第一卷)。

如上者三,便是马克思的伟大品格;今天世界上许多人纪念他,便是对其伟大品格的肯定。

勤学自信方能姓马言马

马克思主义学院副教授　刘　慧

2018 年 5 月 8 日　579 期　第六版

我们面临的新时代,既是近代以来中华民族最好的时代,也是实现中华民族复兴最关键的时代。习近平总书记在视察北京大学马克思主义学院时说"马院姓马,在马言马"。马克思主义学院在新时代中承担了重要的责任。总书记对话青年、关注青年、寄望青年,尤其是对马克思主义学院的视察,使我们从事马克思主义研究和教学的青年教师更是深受鼓舞,并为我们更好地传播马克思主义指明了前进的方向。

真懂:懂的前提是下功夫。总书记在讲话中鼓励青年要做奋斗者,作为马克思主义学院的青年教师,要想真懂,就要勤学,下得苦功夫,求得真学问。这种功夫就体现在要花时间静下心来读马克思主义经典著作、读中国化马克思主义的经典。这是一个苦功夫,但也恰恰是青年教师教学科研发展的重要基点。

教师不仅应当自己读、自己学,更重要的是带领广大学生读。目前,在班导师的日常工作中,我正尝试带领 2017 级的 3 名学生开展经典著作的阅读,细化他们阅读经典的任务,拟定阅读经典的时间表。2017 级的三名学生,已经完成了《共产党宣言》的第三次阅读,正在准备进一步的精读,努力让学生做到深入经典,真懂经典。

真信:信的表现就是教师最直接的师德师风。总书记谈到要建设高素质的教师队伍,教师的素质直接决定着大学的办学能力和水平,而评价教师队伍素质的第一标准是师德师风。真信的过程就是加强道德修养的过程。教学的过程中,学生对教师传授知识的亲近程度,首先体现在师德上,大师既是学问之师,又是品行之师。对于青年思政教师,加强道德修养,以人格魅力引导学生心灵,才能将自己"真懂"的内容传授给学生,以学术造诣开启学生的智慧之门。真正做到以德立身,以德立学,以德施教。

自信:自信是教学效果提升的源动力。教育兴则国家兴,教育强则国家强,青年教师要对培养社会主义建设者和接班人的任务充满自信。自信的过程就是青年教师明辨是非、决断选择的过程。当前,思想政治理论课建设面临纷繁多变、泥沙俱下的社会现象,各种思潮相互激荡,我们要善于分析,学会思考,学会用马克思主义的立场、观点、方法去认识问题,要用自己的正确的判断,影响、教育青年学生。青年教师要利用好与青年学生之间的共鸣感和共振点,做好马克思主义的信仰者、传播者、践行者,更好地培养社会主义事业的建设者和接班人,帮助学生确立"四个自信"。

高举伟大旗帜　引领青春成长

马克思主义学院教师　赵　洁

2018 年 5 月 8 日　579 期　第六版

　　习近平总书记在考察北京大学时强调,高校马克思主义学院要坚持"马院姓马,在马言马"。作为一名大学生思想政治理论课教师,我深刻地认识到,自己的工作和使命就是在推动马克思主义进校园、进课堂、进学生头脑,为巩固马克思主义在意识形态领域的指导地位,发挥应有作用。

　　在课堂上,我以自己参观马克思和恩格斯在布鲁塞尔天鹅咖啡馆写作《共产党宣言》的经历为导入,利用照片和视频等资料首先引发学生了解马克思本人的兴趣,继而从介绍马克思的生平入手引导学生思考马克思主义究竟是什么,马克思主义为什么能够改变世界;再从中国共产党人接受、吸收到运用马克思主义指导中国革命、建设、改革,从而实现中国翻天覆地的大变化中,启发学生思考什么是马克思主义的理想信念,为什么我们在新时代的条件下依然要坚持马克思主义。正是这样从感性到理性的转变过程中,学生对于为什么要树立马克思主义信仰形成了清晰而明确的认识。

　　但是,马克思主义信仰不能只停留在脑海里,而是要在个人与社会、与国家、与民族命运的紧密相连之中,在大学生每一天的学习、工作、生活和社会实践的勤奋与努力之中得以实现。习总书记在北京大学师生座谈会上对青年提出了四点希望,一是要爱国,忠于祖国,忠于人民;二是要励志,立鸿鹄志,做奋斗者;三是要求真,求真学问,练真本领;四是要力行,知行合一,做实干家。我在课堂上与学生共同分析为什么当个人理想与社会理想脱节时,即使拿到人大毕业证书的伍继红也会坠入"人生黑洞";相反,北大法学硕士张天一抓住了国家鼓励大学生创新创业的契机,使个人发展与社会发展同频同步,最终取得了巨大成功。立大志,从小事做起,学习了从耶鲁哥到大学生村官"秦玥飞"的事例。我的学生们积极报名参加去新疆和田支教的社会实践活动,学习了高尚的人生追求在于"服务人民、奉献社会",学生们积极登录 OPO 器官捐献官网注册登记,我从他们所做的一点一滴的小事上,看到马克思主义的理想信念在我们中国青年一代身上生根发芽、发出耀眼的光芒。

　　每一天迎着朝阳，走在朝晖道，在去教室上课的路上，我都是幸福的，从2007年9月第一次走进天津师范大学校园的那一刻，我就给自己确立了一个目标，有一天，我要站在大学的讲台上，成为一名大学教师。我用了10年的时间，实现了自己的目标，在这里，我要感谢我的母校，正是天津师大将我从一个懵懂青涩的少年培育成了一位有理想有担当的青年，今天，师大再次像母亲一般，向我敞开了怀抱，给了我成长为一位有作为、有爱生之心的青年教师的沃土。我庆幸自己的职业成长赶上了新时代的新征程，也感谢我们优秀的师大学子，在课堂上，用你们明亮可爱的大眼睛向我投来的热切而真挚的求知目光。是你们身上的青春气息和青春力量，给予我想要做好一位青年教师、做好一位青年人成长成才引路人的信心！愿与你们，以青春之我、奋斗之我为我们民族的复兴铺路架桥，为祖国的建设添砖加瓦！

新时代青年思政课教师的责任担当

马克思主义学院教师　白启鹏

2018 年 5 月 8 日　579 期　第六版

在五四青年节和北京大学建校 120 周年之际,5 月 2 日,中共中央总书记、国家主席、中央军委主席习近平到北京大学考察并发表了重要讲话,在天津师范大学的师生中引起了强烈反响。教育兴则国家兴,教育强则国家强,我作为一名入职不到两年的思政课教师,聆听了习近平总书记讲话后备感鼓舞,更加清晰地认识到了自己身上的责任。

一、引导大学生忠于祖国,忠于人民

爱国是一个人的立德之源,立功之本,是新时代大学生必须具备的最核心素养。新时代大学生只有把自身的发展与忠于祖国和人民结合起来,与祖国同呼吸,与人民同命运,才能拥有前进的强大动力。在自己的教学过程中,通过分享传统文化和关注时事政治,要让同学们更多地了解中华民族的悠久历史,了解中国共产党带领全国各族人民实现站起来、富起来到强起来的伟大飞跃,使大学生秉承中华文化基因,坚持四个自信,拥有强大的民族自豪感和自信心。

二、鼓励大学生立鸿鹄志,做奋斗者

新时代是干出来的,幸福是奋斗出来的,中国的青年具有良好的奋斗传统,他们朝气蓬勃,思维活跃,具有创新创造能力。新时代的大学生是中国进步的希望所在,在新时代的广阔天地中,应该有更大作为。新时代的大学生应该是立志成才、努力奋斗的典范。在自己的教学过程中,通过课堂典型案例的讲授和大学生的免试讲演,让大学生明白立大志的重要性,使大学生树立不怕困难、顽强拼搏的精神,鼓励大学生要珍惜这个伟大的时代,做新时代改变自己命运的奋斗者。

三、鞭策大学生求真问学,练真本领

伟大的时代需要伟大的理论,作为新时代青年思政课教师要引导大学生下得苦功夫,求得真学问,积极引导青年大学生阅读马克思主义经典著作,认真把握世界发展的大势,感悟马克思主义真理的力量,使青年大学生求真理,悟道理,明事理;用马克思主义中国化的最新成果——习近平新时代中国特色社会主义思想武装大学生的头脑,使青年大学生通晓天下道理,丰富学识,增长见识,成为有真学问、真本领的社会主义建设者和接班人。

四、指引大学生知行合一,做实干家

广大大学生既是追梦人,也是圆梦人。追梦需要激情和理想,圆梦需要奋斗和奉献。新时代大学生要在奋斗中释放自己的青春,在追逐中实现自己的梦想。纸上得来终觉浅,绝知此事要躬行,要引导大学生把马克思主义经典理论与新时代现实紧密结合起来,做到知行合一,引导大学生坚持一分耕耘一分收获,踏踏实实做事,明明白白做人,通过自己的埋头苦干,成为有学问和才干的实干家,实现自己的人生价值。

新时代要有新气象,更要有新作为。新时代青年思政课教师要以大学生树立"团结起来,振兴中华"为己任,时刻铭记教书育人的伟大使命,坚持立德树人,甘为大学生进步的阶梯,启迪大学生成长的心灵,开启大学生的智慧之门,从而为大学生的健康成长贡献自己的力量。

重任在肩　砥砺前行　做好新时代大学生引路人

外国语学院学工办主任　杜一宁

2018 年 5 月 8 日　579 期　第六版

　　习总书记在北京大学师生座谈会上发表重要讲话,在广大高校教师和青年学生中引起强烈反响,我在第一时间对习总书记的重要讲话进行了认真的学习,感受到总书记对大学生、对高校教育工作者的关怀。他给我们提出了要求,给我们指引了方向,让我们备感振奋。

　　习总书记在讲话中提出了学校培养什么样的人、怎样培养人的问题,并给出了明确的答案,我们的教育要培养德、智、体、美全面发展的社会主义建设者和接班人。同时提出要把立德树人的成效作为检验学校一切工作的根本标准,要做到以树人为核心,以立德为根本。

　　这是党和国家对高校和高校教育工作者寄予的厚望,不仅是对青年学生提出的要求,也是对我们高校辅导员队伍提出的要求。我们作为高校思政工作的主力军,肩负着培育青年大学生成长成才的重要使命。作为一名辅导员,立德树人是我们一切工作的核心要义,我们的工作就是要引领学生坚定理想信念、培养学生良好道德品质、激励学生追求更高目标、让学生成长为党和国家建设所需要的人才。

　　身处新时代,辅导员要对自身的工作提出更高的要求,首先要加强自身的学习,提高工作水平。为了提高工作实效,近年来我院在学生管理模式、心理健康教育、就业服务、第二课堂成绩单制度等方面都进行了深入的探索和创新,获批申请立项三项,发表论文六篇。我们要不断总结经验,更好地担当起学生健康成长指导者和引路人的责任。

　　我们还需要将大学生思想政治教育工作进一步做细做实,将立德树人融入辅导员工作的方方面面。我们进教室、进宿舍、始终伴随在学生身边,通过党团建设、打造外语节学风品牌活动、“外院的星空”新媒体平台建设、宿舍文化建设、丰富文体活动等营造事事皆育人的氛围,让同学们在日常的学习生活和实践中受到熏陶和教育,积极培育和践行社会主义核心价值观。

实践出真知，我院多年来坚持探索实践育人之路，打造青年志愿服务特色，建立中小学、社区街道、各类服务单位、大型展赛会等多层次项目化管理模式，逐步实现由党员到社团、到班级全覆盖，目前我院青年志愿者人数已有 941 人，达到全院总人数的 50%，实践育人效果显著。今后我们要努力为学生打造更多、更好、更丰富的实践平台，引导青年学生在实践中磨炼出过硬的本领。培养学生自觉坚定地向习近平总书记学、听习近平总书记的话、跟习近平总书记走，成长为爱国、励志、求真、力行的有为青年。

每一代青年都有自己的际遇和机缘。习总书记在党的十九大报告中提出到本世纪中叶把我国建成富强民主文明和谐美丽的社会主义现代化强国。我们培养出来的大学生将在这样一个时代里大展宏图，成为国家建设的栋梁。这就是习总书记所说的广大青年生逢其时，也重任在肩。我想这句话也一样适用于我们高校辅导员，我们也生逢其时，我们也重任在肩，我们将砥砺前行，我们将不辱使命。

争做马克思主义理论坚定信仰者、忠实传播者、模范践行者

马克思主义学院 2015 级硕士研究生 马 超

2018 年 5 月 8 日 579 期 第六版

通过中央电视台《新闻联播》的报道,我初步学习了习近平总书记考察北京大学时的重要讲话,又通过阅读《人民日报》认真学习了习近平总书记《在北京大学师生座谈会上的讲话》全文。学习越深入,我感觉心中越激动;学习越深入,我感觉肩头责任越厚重;学习越深入,我感觉青年使命越光荣。我想从三方面,结合自身的成长经历来谈一谈我学习总书记讲话的体会。

一、七年之约,不忘学马初心

习近平总书记在考察北京大学马克思主义学院时,问了学生这样一个问题:"为什么选择马克思主义专业? 学习这个专业有什么收获?"在高考志愿填报时,我的志愿只有两行,一本 B 类——天津师范大学、二本 A 类——天津师范大学,而思想政治教育专业被我放在了第一个,因为我的志向就是要做一名像我的政治老师那样的优秀教师。当时许多人并不理解我,认为我选错了专业、进错了门,因为大家对思想政治教育专业抱有晦涩、枯燥的刻板印象。但是,从七年前入学的那一刻开始,我就朝着成为一名优秀的思想政治工作者的目标不懈奋斗,我要用我的实际行动做一名马克思主义理论的坚定信仰者、忠实传播者,这就是我的初心。

我想,如果让我来回答总书记的这个问题,我一定会说:"马克思主义理论有着独特的真理光芒,它教会我洞悉世界、洞悉人生、洞悉自我。选择这个专业是因为我热爱这个科学的理论,愿意做它的信仰者、传播者、践行者。我想这也是我学马的初心。"

二、立志勤学,追寻信马力量

作为一名马克思主义理论相关专业的学生,对马克思主义的坚定信仰是在一部部经典、一篇篇文献的阅读与思考中逐渐建立并扎下根基的。一个观点、一个

理论,只有深入了解并研究之后,我们才有资格评判其优劣和是否科学。七年求学生涯,屡获奖学金、多次参加科研论文大赛,这都是我在理论的道路上不断求索的写照。

当然我也深知,信马不应仅仅因为马克思主义在理论上的科学性,而更应在学习、生活、工作中不断地检验科学理论的实践力量。从院学生会主席、党支部书记到兼职本科生辅导员,学生干部的经历让我与学生思想政治教育有了与求学生涯相同长度的亲密接触。十八大知识竞赛、"诚信课堂"主题班会、"两学一做"系列微党课、"习近平用典"系列书签等,一次次思想政治教育活动的实践无不在彰显着马克思主义的真理光芒,也让我享受着作为一名学生思想政治工作者的幸福与骄傲。

三、厚积薄发,积蓄讲马底气

七年求学经历,不断地学习、不断地实践,不断地总结、不断地反思,我的心中种下了马克思主义的种子,但我更想把我心中的种子播撒到更多的同学心中,把马克思主义真理的力量传递给更多的人。2015年,我代表学校参加天津市大学生思政公开课大赛,在李朝阳老师的指导下,一举夺得一等奖和最具理论深度公开课奖两个重磅大奖。决赛中,我运用马克思主义哲学中历史唯物主义的视角和分析方法驳斥了网络上有关抗日战争的错误言论。当我的授课结束时,在场全体观众自发地爆发出了长时间热烈的掌声,那一刻,我更加明白了肩头的责任。2017年12月,我又荣获全国大学生讲思政课公开课大赛二等奖,在近百部作品中位列第12名。

在一次次打磨微课的过程中,我从李朝阳老师身上看到了一个优秀的思想政治理论课教师应该具备什么素质、秉持什么理念来讲好思政课。不忘初心,这是讲马的志向;去伪求真,这是讲马的底气;与时俱进,这是讲马的灵魂;知行合一,这是讲马的归宿。

2016年和2017年,我牵头负责承办了两届校级大学生思政公开课大赛,带动数百名同学参与到大学生讲思政课的活动中来,并多次为参赛选手做专题培训;党的十九大召开后,我作为学校理论宣讲团成员深入天津市第一中学滨海学校和我校地理与环境科学学院、音乐与影视学院等单位一道为学生们宣讲十九大精神,受到了在场听众的热烈好评。

学马、信马、讲马,这是一个马院人的责任;学马、信马、讲马,这是一名马理论专业学生的使命。我也将继续按照总书记"爱国、励志、求真、力行"的要求,在未来的工作岗位上为学校发展、重点马院建设贡献自己的力量,以自己的实际行动为马克思诞辰200周年、《共产党宣言》诞生170周年送上最好的纪念。

旗帜引领方向　践行榜样力量　书写青春华章

文学院 2015 级本科生、本科生党员骨干旗帜班学员　刘莉莎

2018 年 5 月 8 日　579 期　第六版

习近平总书记视察北大,并在师生座谈会上发表重要讲话。在讲话中他动情地说到,青春理想,青春活力,青春奋斗,是中国精神和中国力量的生命力所在。这让我感受到了党和国家对青年一代的无比关怀和殷切期待。青春本就应该在为理想奋斗的过程中熠熠生辉。

去年 11 月,学校组织了学生党员骨干"旗帜班"培训。在旗帜班里,我们进行了多层次、多方面、多形式的主题培训。在张宁老师对我们进行的党务知识培训中,我明确了高校学生党支部的主要职责,对于党务知识、支部工作都有了更为深刻的了解,也看到了共产党管党治党的决心,并且进一步端正了我的入党动机。在学生党员示范岗的图书馆志愿服务工作中,我帮助图书馆工作人员完成闭馆清理工作,践行了"全心全意为人民服务"的誓言,提高了为人民服务的本领,更好地做到了"知行合一"。在"旗帜班"组织的学生讲党课比赛中,我们学生党员不但有机会更为深入地学习了十九大精神,并且亲自走上讲台进行宣讲,在展示学生党员风采的同时,也实践着校训中所说的"自树树人"精神。除此之外,我们还参加了许多丰富多彩的活动。马克思主义学院李朝阳教授的"新时代新思想新征程"主题讲座,使我明白了新时代的深刻内涵;学生理论宣讲团的专题报告会,使我学习到了红船精神的具体内容,明白了当代青年应有奉献精神,更要有家国情怀,意识到牢记青春使命的重要性;参观"砥砺奋进的五年"大型成就展参观活动,让我在对过去五年成就的自豪感中生发出了更为坚定的"四个自信"。学校还为我们集中组织了观影活动,在电影《厉害了,我的国》中,"墨子号""蛟龙号"、中国桥、中国高铁等的自主研发,让我看到了敢为人先的炎黄子孙,在这片广袤的国土上造就的诸多伟大工程。

习近平总书记指出,广大青年既是追梦者,也是圆梦人。追梦需要激情和理想,圆梦需要奋斗和奉献。我们作为"旗帜班"的学生党员骨干,更应该发挥自身先锋模范带头作用,在课堂上,积极主动配合老师完成教学任务,认真听课,勤学

多思,多多发挥创新精神;在宿舍提高奉献意识,关心关注每一位同学的生活,急人之所急,想人之所想,及时对有困难的同学伸出援手,及时反应同学们的意见和建议;在课下活动中,主动参与,发挥好榜样作用。

总之,"旗帜班"的学生党员骨干就是插在学院和班级里的一面面鲜红的旗帜,我们要引领全体同学,以青春之我、奋斗之我,为民族复兴铺路架桥,为祖国建设添砖加瓦,在完成"中国梦"的生动实践中书写人生华章!

第四篇

04

| 理论探索 |

用纯洁的党性托举新闻教育神圣使命

新闻传播学院党总支书记 李 靖

2013 年 1 月 25 日 516 期 第四版

党性是政党固有的本性和特征,是阶级性的集中表现。保持党性的纯洁是马克思主义政党的本质要求,也是中国共产党及其基层组织的本质追求。纯洁的党性就是在党的全部工作中始终保持党的先进性、群众性和战斗性。在高等院校新闻与传播教育党组织工作中,用纯洁的党性铸造新闻教育的师魂品性,锻造教师的师德精神,营造健康清新的育人环境,推进新闻教育的创新,打造新闻教育的品牌特色,培养让党放心、让人民满意的新闻与大众传播工作者,是我们必须承担起的崇高使命。

一、用纯洁的党性铸造新闻教育的师魂品性

党的纯洁性体现在政治、思想、组织、作风等各方面。在新闻传播教育领域,党的纯洁性主要体现在党员干部、教师如何用马克思主义、毛泽东思想、邓小平理论、"三个代表"重要思想和科学发展观为指导,全面贯彻党的新闻传播教育方针,培养出合格的、让党放心、让人民满意的新闻与大众传播工作者。

我们认为,新闻传播教育工作领域,首先要以纯洁的党性铸造教师队伍的师魂品性。师魂是指为师者崇高的道德与精神追求,品性就是行为的准绳,是使人的行为不偏离正道的标尺。用党性铸造教师队伍的师魂品性,是每一位党的新闻教育工作者自觉的道德信仰与精神追求,也是其价值观、人生观在教育教学活动中的行为体现。

新闻传播学院党总支,抓住中国共产党近一个时期以来在全党开展的保持党的先进性、纯洁性教育的契机,紧密联系学院新闻教育的党性要求,组织学院全体党员教师认真学习党的先进性理论,深入开展大讨论,广泛听取群众意见,制定了新闻传播学院党员先进性、纯洁性的具体要求。对照党章,对照先进典型,对照保持党员先进性、纯洁性的要求,查找存在的问题和不足,使学院的党员教师认识到,天津的新闻传播教育,承载了几代人薪火相传的道德与责任,要在"三尺讲台,铸就辉煌",党员教师要以"立师德,铸师魂,练师功,树师表",彰显共产党人的先进性。全院党员干部,教师经过学习、思考、实践充分认识到了师魂、师品的重要性,在学院各项事业发展的过程中,党员教师充分发挥先进作用,自觉承担学院工作任务。几年来,学院涌现出天津市级师德标兵一人、优秀共产党员三人、优秀党务工作者三人。

二、用纯洁的党性锻造学院教师的师德精神

改革开放的30年,是中国经济高速发展的30年。这一宏大的时代背景,为新闻传播教育提出了新的要求,新闻传播教师的角色也发生了新的变化,也为党的高等新闻传播教育事业提出了新的任务和要求。

任何形象,反映的都是事物本身。随着时代发展所带来的人才观、教育观的转变,高校党员教师不仅要在学术、教学、师生交往中需要操守职业道德,职业形象的塑造也对建设职业道德起着重要作用。正如肯尼思·博尔丁在他的著作《形象》里提出的,形象"是各种规则和结构组成的错综复杂的粗略概括或标志"。高校党员教师职业形象反映的是在一定时期和一定环境下,高校党员教师对自我形象的内在确知和社会对教师形象的外部确认的统一,是职业活动中的客观存在。其中,高校党员教师的自我形象包括其内在素养和外在形象。内在素养包括思想道德觉悟、治学精神、学术水平、教学水平、自我管理水平等;外在形象则表现为:言语、服装、仪容等,这些构成了教师的内在整体形象。社会对教师形象的外部确认,包括社会公众对教师的外观形象和内在素质的印象、看法、认知和评价。因此,良好的教师职业形象应符合教师的职业特点和公众对教师的期望。

新闻传播学院党总支在保持党的纯洁性教育活动中,着意加强党员教师职业形象塑造,主要体现在将优秀党员教师个人人格魅力与新闻工作者职业道德教育相结合,在学生中树立楷模或榜样,使学生在专业课程学习和生活过程中,受到潜移默化的影响;把精品课程建设工作与教师职业道德建设相结合,创造道德建设与课程建设的品牌特色典型。

三、用纯洁的党性激励教师探索新闻教育的创新路径

通过党的先进性和纯洁性教育,激发党员教师的教育教学改革热情,探索创新新闻教育的发展路径,是新闻传播学院党总支一直在思考和实践的命题。目前,全国已有新闻传播各类专业办学点800余个,普遍面临"媒体融合条件下"新闻传播实践教学如何适应新形势的问题。比如在开放性实践教学课程体系方面,如何使其成为连接课堂教学和真实媒介环境的桥梁,如何完善科学、规范、面向社会的开放性实验教学管理体系,如何完善与用人单位需求相一致的实验教学评价体系等。针对新闻传播教育面临的新问题、新挑战,我们的新闻传播教育必须与时俱进、更新理念、创新教学模式,以强化学生"实践、实训、实效"以及"基础知识、基本技能和创造性模仿训练"为目标,以学生"自我管理、自主创新"实践教学为路径,建立适应国际传媒业新发展的独立的实验教学课程体系、管理体系和以从业标准为参照的评价体系。

为此,新闻传播学院以党员教师为核心,指导学生建立了"大学生创新实践工作坊"。同时,学院将媒体请进校园,与媒体合作办学、合作办媒体,探索与社会和业界紧密结合,实现"产、学、研"相结合的新型实践教学新模式。通过指导学生走向社会、体验辛苦、感受责任,学习书本之外内容的"第二课堂"教学,探索全新的实践教学育人新路。在此基础上,依托天津师范大学新闻传播实验中心,联合天津市各高校传播类专业,共同探索建立了面向全市高校传媒类学生的开放式实践教学课程体系,成为新闻传播教育改革的重要突破口,确立了培养可持续发展新闻传媒类人才的新模式。近日,该项改革获批为天津市教育改革重点项目,在国内同类院校、业界媒体及社会相关领域具有广泛的应用价值和推广前景。

人本化·人性化·人文化

——借鉴加拿大高校图书馆建设经验的思考

图书馆常务副馆长　赵雅文

2013 年 4 月 22 日　518 期　第四版

高校图书馆是教师的学术交流中心,是学生的学习发展中心。从信息资源角度来说,图书馆是教学科研的重要组成部分;从教育载体角度来说,图书馆是与课堂同等重要的另一平台或渠道。图书馆与课堂教学、课外实践等环节殊途同归,共同指向高校"学科发展和学生成才"同一终极目标。因此,高校图书馆的服务与管理也是"大学内涵建设"的重要而永恒的主题。

我校 4.8 万平方米的新图书馆于 2012 年 2 月开始向读者开放,但 4.8 万这只是物理上的一个空间概念,如何建设读者需要的有用资源? 读者能得到哪些方便快捷的服务? 图书馆能为读者提供怎样宁静、舒适、温馨的阅览环境? 如何拓宽合作交流渠道和打造一流的服务团队? 这是我校图书馆工作目前面临的最大挑战和重要课题。正是带着这个问题,2012 年暑假,我作为学校赴加拿大学访团成员之一,考察了加拿大高等教育及大学图书馆的服务与管理。下面我仅从服务管理视角谈几点收获与启示以及对我校图书馆工作的新思考。

一、内容是前提:馆藏资源助推学科发展

加拿大高校图书馆十分重视馆藏资源建设,资源建设与学科专业相对应且特色鲜明,凸显出学校的办学特色和历史积淀。如麦吉尔大学图书馆的微缩胶片和视听资料,阿尔伯塔大学图书馆的地图册和航空照片,萨斯喀彻温大学图书馆的政府文件和原住民研究资料等。加拿大三大图书馆——多伦多大学图书馆、阿尔伯塔大学图书馆和 UBC 大学图书馆的藏书总量分别为 1900 万册、1000 万册和 300 万册,各馆采用的是"总部 + 分馆"的"多分馆"协作的运作机制(分馆一般设立在相关专业院系附近,与之配伍的学科馆员也设置于此。如多伦多大学的法学图书馆就设在法学院大楼内,而且占据了大楼的主要空间),一方面体现资源的专业特色和个性化服务,另一方面彰显全校图书资源统一平台的整体性呈现,从而实现了真正意义上的资源共建共享和使用上的便捷。我校图书馆的馆藏建设可从中受到如下启发。

（一）资源统一化

我校应建立起"大图书馆"理念,通过统一分类编目将所有资源聚集在一个系统平台上,对图书信息资源的分布进行适当的调整和整合。资源整合可采取两个方案:一是"总馆+分馆",根据学院布局可设立人文分馆、社科分馆、自然科学分馆、教育分馆、艺术分馆;二是文科类学院资料室不变,将理工科学院资料室整合成"自然科学专业图书馆"。整合目的:一是面向全校师生读者开放,真正实现全校共享,二是解决部分学院办学空间不足的问题,三是充分考虑专业图书信息贴近使用和便捷性。

（二）资源特色化

完善和加强古籍善本的建设工作,使特色更为突出,条件成熟时积极组织申报"国家古籍重点保护单位";通过采购、收集、捐赠等多种方式加强教育书刊资源建设工作,以彰显和体现我校的教师教育办学特色,并促进和推动我校教育与心理学科的学术研究和整体发展。同时,继续办好各专业图书馆和特色资料室,力争使其中基础较好的欧洲史研究中心、应用心理学研究中心等专业图书馆资源更加丰富,特色更加突出,成为全市乃至全国有影响力的学科资料中心。

（三）资源层次化

所谓资源层次化,就是资源配置考虑并兼顾到各层面读者,借鉴加拿大高校图书馆的"人人"服务理念,让资源惠及每位读者,让每位读者都能找到自己所需要的资源。面向全校教师、研究生的学术研究热点及本科生论文撰写,重点加强学术性资源建设(如专业性较强的图书、期刊和学术数据库),使之成为高水平科学研究的信息源;针对绝大多数本科生,重点加强学习与就业资源建设(如专业教材、基础理论图书、大众期刊和考证及就业数据库),延展课堂教学。

二、服务是根本:灵活多样满足读者需求

在多伦多大学、阿尔伯塔大学和萨斯喀彻温大学等高校图书馆的考察、走访和交流中,我们体会最深的就是:对读者的服务无时不有、无处不在、无人不享。我将这种服务最终凝练成六个字——"时时,处处,人人",即时间、空间和服务对象的全覆盖。这六个字高度概括和诠释了加拿大高校图书馆的人本化管理理念。时时服务,如寒暑假和24小时的开放、网络上的即时咨询等;处处服务,如读者资源和技术服务中心的设立、培训室和讨论室的设立;人人服务,如残障人阅读室的设立、对留学生和新读者的尊重。加拿大高校图书馆想读者之所想,在阅览环境、开放时间、服务方式等方面千方百计地考虑读者的需求,如引进星巴克咖啡厅、举办专业及技术运用讲座、设立微缩胶片阅览台、开通馆际互借系统、开展数字化参考服务、提供复印打印和自助借还服务,等等。上述部分服务方式我馆已开始应用,还有一些值得借鉴和思考。

（一）个性化服务

目前我校图书馆的全开架阅览、云终端查询和自动化借还等共性化服务较为突出,个性化服务还有差距,因此需要大做文章。一是在 B 区三至六楼大开间阅览区设立若干"读者讨论室",供教师和学生进行研讨,需提前预约,课题研究优先;二是在 B 区二楼服务中心设立"学科咨询日"和"馆长接待日",有针对性地指导学生考研、撰写论文等个性化的专业学习,并根据读者要求改进服务工作;三是定期举办"资源使用方法讲座"和"读书交流会";四是不定期举办广告、摄影、绘画、设计等各种艺术作品展览,营造图书馆良好的文化氛围。

（二）精深化服务

随着图书馆资源种类的不断增长和读者专业学习的需求变化,图书馆的服务需要由一般指导转向专业化、精细化,面向读者进行有针对性的学科服务与专业指导,逐渐形成并建立起学科馆员或学科联络人制度。比如,在浩如烟海的大量资源中为读者准确及时地找到教学科研所需要的资料,为考研的学生提供有针对性的专业指导,为学术研究及撰写论文的学生提供资料帮助和学习参考建议,等等。

（三）人性化服务

图书馆要以学生使用方便快捷为宗旨,努力营造良好的环境,让读者享受到宾至如归般"家"的温馨。一是在 B 区二楼共享大厅南侧设置并开放咖啡厅和休闲书吧,让这个区域成为读者扩展资源、沟通信息、交流思想的一个平台;二是为A、B 两区的公共共享区域配置休闲座椅,使这些座位成为读者休息、阅读、交流等多功能区域,为读者提供舒适、温馨的阅览环境;三是在服务中心前设置电子信息发布屏,及时向读者通报新书信息和学术活动以及服务新举措。

三、联盟是保障:合作交流拓宽服务渠道

加拿大高校图书馆向社会开放资源(通常只阅不借,确保校内使用),同时通过纵向和横向关系不断加强与各级图书馆组织和政府及企事业单位的联系,形成众多联盟和立体化资源网络,借助外力促进图书馆的合作与发展。萨斯喀彻温大学图书馆加入北美图书馆学会,定期参加国际学术会议,积极参与地方政府部门科研项目,如图书馆馆长 Vicki 获得省政府一个 95 万加元经费的数字化项目。这对我馆拓展资源渠道、拓宽合作领域具有启发和借鉴意义。

（一）地域性联盟

目前，我校已成为天津市高校图书馆联盟成员，享受天津市高等教育文献中心联合采购的所有电子资源，通过馆际互借也可共享各高校之间的纸质资源。目前我校与天津图书馆的馆际互借也已正式启动，为全校教职工每人发放了馆际互借证。但我校图书馆与天津市政府以及教委、科委、中小学等部门联系还不够紧密，作为市属具有教师教育特色的综合性大学，利用我馆资源优势服务天津市社会与经济建设，将是未来需要重点开拓的工作领域。如可承担教委或科委的数字化项目，可为中小学教改或科研提供相关资源服务。

（二）纵向上合作

目前，通过 E 读我校图书馆已与全国高校图书馆资源形成链接，我馆研发的"天津师范大学古籍善本图文数据库"也已纳入该资源系统中，我校图书馆承担的中国高等教育文献保障系统的外文期刊网、E 读服务和馆际互借三个示范馆建设项目已通过专家审核和验收，获得了三项示范馆称号。目前我馆在资源建设等应用性研究方面已有所突破和开拓，但国家和省部级学术性研究项目还不是很多，下一步要重点打造高层次研究项目特别是国家部委级项目，以此提高我馆的学术水平和对外影响力。

（三）国际化拓展

新图书馆建成与启用以来，我馆已接待近 20 批国外友人参观，并接受法国、澳大利亚、日本等高校和财团的图书捐赠，我馆的国际化大门正在逐渐打开。随着学校事业的国际化发展和我馆对外联络的增多，我馆正处于走向国际化千载难逢的大发展历史机遇期，一方面我们要借此机会向外推介我馆，即走向世界；另一方面我们要加强与国外高校图书馆的联系，借鉴先进、科学的管理理念与经验。目前有三个方向可以努力：一是进一步扩大国外高校或财团的图书捐赠范围与渠道，以此拓宽并丰富我馆的外文馆藏资源；二是通过建立合作关系进而实现电子及网络资源的共享；三是开展数字化科研项目及学术上的广泛合作。

四、队伍是关键：馆员素质决定服务质量

数字化图书馆的发展方向、多分馆的运行机制以及新校区的新馆建设等众多因素，使得馆员的岗位发生了变迁，岗位的职责和要求也发生了较大的变化。具备使用各种先进计算机技术和网络工具的能力，具备较强的人际沟通能力，具备团队合作能力，已成为每一位图书馆馆员的基本素养要求。"图书馆要培养一批由学科馆员、图书馆员以及学生助理等组成的服务团队，才能及时处理读者在新环境下从事各种学习活动过程中遇到的各种技术问题。"加拿大高校图书馆馆员尊重兼顾每一位读者,细心耐心地指导读者,将"管"转化为"做",形成了既有资源服务又有学习指导、既有学科咨询又有项目研发的强大服务团队。受此启发,我馆可重点打造以下三个主要团队。

(一)一线服务团队

一线服务队伍,主要指服务中心、各阅览区每天与读者面对面沟通交流的图书馆馆员,他们要掌握图书馆的总体结构和布局,要了解图书馆的整体资源和位置,要具有良好的敬业精神和团队合作意识,要有耐心细心热心。可通过业务学习、专题培训和参观访问三个主要途径来提高,并通过评选"读者服务之星"来建立评价与激励机制。

(二)技术服务团队

这支团队以中青年高学历骨干为主,或有技术背景或有专业背景。他们的共同特点是爱岗敬业、技能精湛、动手能力强、具有专门技能、善于解决技术难题和应用课题,如数据库研发、网络资源维护、技术环境保障等。打造方式:一是组织专门的学习班,二是成立"新技术跟踪研讨小组",三是采取"送出去请进来"的方式提高技术应用技能。

(三)学科服务团队

我馆可设立学科馆员和学科联络人两个层次的服务团队,为二级学院的重大项目和科研课题提供文献信息咨询服务。学科馆员服务团队从副高级以上职称馆员中遴选,如条件不成熟也可先从"准学科馆员"过渡;学科联络人服务团队从拥有硕士学位的青年骨干馆员中遴选,可以边服务边成长。两个层次的服务团队,还可以交叉,形成"一老带一新"的搭配模式,但其产生必须经过图书馆学术委员会严格筛选。

方法论的重要与跨学科之必然

哈佛归来的思考

文学院副院长　郝　岚

2013 年 7 月 8 日　522 期　第四版

2012 年 2 月至 2013 年 2 月我有幸在哈佛大学比较文学系访学一年。在经历"奢华"的"知识盛宴"和各类"头脑风暴"之后,感触颇多。

一、学术活力:源于注重方法论

刚刚出国的中国学者无不为国外的学术活力震撼,遑论哈佛。这里每日有着形式多样、题目庞杂、主讲"来头"大小不等的各类研讨。在这些人文与社科研讨中,参与者多是在读研究生或者各专业教师,他们常常来自完全不同的领域。为什么他们的号召力如此之广? 我认为这和西方思想体系有着基本统一的思想脉络以及注重方法论有关。

西方思想与哲学自古希腊以来有着形而上学的整一传统,虽然自尼采之后打破了整一性,但是在整个思想界,理论改头换面却同祖同宗。20 世纪思想界广泛受益于本雅明、福柯、萨义德等思想家,无论你来自哪一个学科领域,都有着共同的思想经历与相通的研究方法。研究领域不同只不过证明了关注材料和研究对象不同而已,但是在对话的"话语"(discourse)层面都是相通的。

与他们相比,我们的大学各类学术活动热闹但人员单一,这不能只从"学术风气"淡薄考虑,个人以为其中重要的原因:第一,我们没有共通的方法论,固守各自的学科领域,使用新鲜材料的同时无法在结论、方法和思维上给予其他研究领域的同行以营养。第二,虽然 20 世纪 80 年代以来,中国人文学科领域也受到西方"理论热"的影响,但是毕竟有着先天不足:多数学者读了理论但是对他们思想传统的体系性觉得汗漫无边,即使使用也多是吉光片羽或者"瞎子摸象"。

二、多学科交叉是研究的必然趋势

目前国内大学教育与人文社科研究多是画地为牢、各自为战,但事实上学科的疆界本非天然沟堑,而我们的研究出路和前景只在跨越边界一途。这一点,西方的历史与经验仍需重视。

19世纪,西方由于帝国主义与殖民主义意识形态的需要,在历史学、人类学和地理学方面取得重要进展。20世纪,以国家为中轴的社会学、经济学和政治学成为社会科学的核心。"二战"以后区域研究兴起与融合了多个学科,只好新创了一些具有"跨学科"色彩的名词:"例如传播学(communicationsstudies)、行政学(administrativesciences)和行为科学(behavioralsciences)。"1993年古根汉研究基金会组织分别来自社会科学、自然科学与人文学科的10位专家为社会科学的现状与前景思考,最终成书《开放的社会科学》。书中提出应对的方案就是"现在需要做的一件事情不是去改变学科的边界,而是将现有的学科界限置于不顾,去扩大学术活动的组织。"

其实不仅西方,中国或者华裔学者也深有体会。钱钟书的"不隔"说(《论不隔》)与"打通"说(钱钟书1987年致郑朝宗的信)已经悟出"跨越"的重要。华裔美国学者许倬云也曾在台湾中研院的一次座谈上谈到:面对文化多元化,世界民主化、开放性之后,迫使社会科学研究者对研究工作做出时时的反省,不必拘泥于学科分界,各种理论与方法也"不必有所偏废"(许倬云《社会科学观点的转变与科际整合》)。

三、我们的思考

第一,高校教师应加速拓展专业关注范畴,加强人才培养的跨越性和打通性。我们应对其他学科领域的新进展保持热情,未来大多数学者的出路不再是某一精尖领域的行家,而必须有关注社会迅疾发展、敏锐捕捉当下问题的能力,做一名专家式的多面手(Specialized Generalism)。在沃勒斯坦二十几年前的那本书《开放的社会科学》中,他已经预见了四类结构型发展。其中包括大学内部或与大学联合的各类机构,要集合各方面的学者围绕某些紧要的主题展开共同研究;在大学结构内部制订跨越传统界限、具有特定的学术目标并且在一个有限的时期内(比如五年)整合的研究规划;还有采用强制性联合聘用教授的办法,例如强制要求每个系至少有25%的教职员不具备该学科的学位;以及联合培养研究生。以上都有助于有效增强学科的跨越性。

第二,认识到中国传统中可能缺乏对"知识"和思想的纯粹热情,所以应该加以弥补。我们很少纯粹谈论知识与思想,常常把知识问题很快和伦理、语言或者广义的政治、思维问题混合在一起。"中国哲学缺乏知识论是中国传统文化缺少科学的精神后果。"(赵汀阳:《一个或者很多个》)这个后果一方面令我们缺乏纯粹"象牙塔"的精神愉悦,一方面喜欢把学术问题过多推卸给其他领域。

第三,保持专业精神,注重学术自省。对中国目前差强人意的学术现状听到最多的是对学术体制的抱怨,但是我们学者个人是否也应担负一部分责任? 2012年5月14日《中国社会科学报》发表《不能把中国高教问题都推给政府和制度——新加坡学者调研中国高教》文中谈道:"总体而言,在中国,虔诚于学术的学者规模和影响力没有大到让其成为大学'核心'的程度。"无疑,中国的教育与学术在取得飞速发展的同时,个别学者甚至我们每一个人都或多或少丧失了专业主义精神,缺少了学术自省的能力。我们认为,知识主体必须确立知识的认同和边界,保持专业精神,承担知识主体的学术责任。

服务需求 优化结构 特色发展 提高质量

教育部学科评估释放的信号及启示

研究生院常务副院长、学科建设办公室主任 郭龙健

2013 年 11 月 22 日 525 期 第四版

    历时一年的教育部学位与研究生教育发展中心开展的全国第三轮学科水平评估结果于年初终于出炉了。这次学科评估虽不是政府行政性、审批性评估，参评学校、学科均为自愿，但由于评估工作组织严密，参加评估学科涉及 391 个单位的 4235 个学科，其中国家重点学科参评率为 93%，博士一级授权学科参评率为 80%，因此本次评估堪称是我国学位与研究生教育发展史上规模最大的一次学科"体检"。虽然参评学科座次都已排定，但这远非学科评估的目的。通过本次学科评估工作的组织，我们可以捕捉到我国学位与研究生教育的以下改革信号。

    其一，学科建设由注重学位点的数量向注重质量转变。我国自 1981 年建立学位制度以来，差不多每两年都要开展一次审批新的学位授权点的工作，因此，近 30 年来各高校都把争取更多的学位授权点作为学科建设竞逐的目标。本轮教育部学位与研究生教育发展中心开展的学科水平评估，围绕师资队伍与资源、科学研究水平、人才培养质量和学科声誉四方面为每个参评学科进行诊断，可以说还原了学科建设的本真。

    其二，科研成果评价要打破 SCI、SSCI 论文独霸的局面，引入多维度成果评价方法。本次评估采用定量与定性、质量与数量、国内与国外相结合的多维度学术论文评价方法，如将论文"他引次数"及"ESI 高被引论文数"与最新发表的高水平期刊论文同时纳入评价指标；同时，强调成果的社会服务能力，强调专利成果的转化与应用，鼓励专利成果为社会经济建设服务。

    其三，人才培养质量由注重在学培养质量，向既注重在学培养质量，更注重毕业后发展质量转变。本次学科评估引入用人单位对"学生毕业后质量跟踪评价"，倾听用人单位的反馈意见。同时邀请大量行业和企业人士及学科专家对学科的社会声誉进行全面评价。

其四,鼓励学科的特色发展。本次评估除分门类、分学科设置指标体系,还对特色一级学科设置特色指标,如对艺术类学科设置"艺术创作水平",体育学科设置"学生体育比赛获奖",工商管理学科设置"优秀案例"等特色指标。

通过参加本次学科评估,进一步审视我校学科发展的历史和现状,可以得到以下几点启示。

其一,要坚持学科建设的育人导向。高等学校的根本职能是培养人才,学校方方面面的工作都要围绕育人这个中心,学科建设更不能例外。学科建设涉及多方面,包括学术队伍建设、科学研究、人才培养等方面,其中任何一方面都不能离开育人这个核心。对于培养人类灵魂工程师的师范院校来讲,强化学科建设育人导向就显得尤为重要。学术队伍的建设首先要考虑学生培养的需要,其次才是科学研究的需要。科学研究的开展同样也不能脱离育人这个核心,要让学生通过参加导师的科研工作,使学生的创新能力得到提升。

其二,学科建设要稳定规模,特色发展。学科是大学教学、科研、服务社会的基本单元,学科水平是一所大学核心竞争力的集中体现。从一定意义上讲,一所大学综合实力的竞争,实质上就是学科的竞争。我们常提到的世界一流大学之所以著名,不是因为它包罗万象,开设了所有学科,而是因为它有一批高水平的学科。本次学科评估结果启示我们,学科建设不要贪大求全,要稳定规模,特色发展。中国人民大学 9 个排名全国第一的学科集中在人文社科领域,北京师范大学5 个排名全国第一的学科均是教师教育特色鲜明的学科,这都是坚持学科特色发展的范例。我校作为一所定位为教师教育特色教学研究型的综合性大学,在高等教育外延扩张的阶段抓住了机遇,学科建设获得较快发展,目前研究生教育涉及十大门类,37 个一级学科,11 种专业学位,学科分布广泛,但受制约于学校发展的主客观条件限制,学科不可能同步发展,必须以服务需求为导向,稳定规模,凝练学科特色,做到有所为,有所不为。

其三,要牢固树立质量意识,注重学科内涵发展。内涵发展是当前我国高等教育的核心任务,通过分析本次学科评估指标体系,我们可以看到学科建设的内涵发展有其丰富的内容,涉及学术队伍、办学资源、科学研究、人才培养等诸多方面。目前学位点自由扩张的时代已经结束,必须静下心来搞学科内涵发展,人才队伍要打造,学科发展平台要建设,科学研究要上水平,人才培养质量要提高,哪一项都是艰苦复杂的系统工程,但唯有扎实工作,苦练内功,才能达内涵发展、质量提升之目的,才能不断提升学校的综合实力。

本文写就之时,全国研究生教育工作会议暨国务院学位委员会第 30 次会议已经召开。国务院副总理、国务院学位委员会主任委员刘延东同志在会上做的

《深化改革,提高质量,推进研究生教育内涵式发展》的报告也已下发各高校。会议的主旨与学科评估的导向互相呼应,标志着我国以服务需求、提高质量为主线,全面推动学位与研究生教育综合改革的工作已正式启动,我们唯有卧薪尝胆、踔厉前行,才能不断提升学科竞争力,为我们学校早日进入全国高校百强提供更多正能量。

创新社会治理体制　深化教育教学改革

马克思主义学院副院长、教授　杨仁忠

2014 年 3 月 14 日　529 期　第四版

　　党的十八届三中全会是在我国改革发展进入攻坚期和深水区的关键时期召开的一次十分重要的会议,大会审议通过的《中共中央关于全面深化改革若干重大问题的决定》(以下简称《决定》)提出了许多新观点、新提法、新举措,具有很强的政治性、思想性和指导性,有许多理论问题需要我们来学习研读。本文主要就研读《决定》关于创新社会治理体制的论断谈一些体会及其对教育改革的启示。

　　《决定》在党的重要政治文献中首次提出了"推进国家治理体系和治理能力现代化"的新命题,并把它上升为全面深化改革的总目标。

　　《决定》把过去使用的"政府管理""社会管理"换成了"政府治理""社会治理",这不仅仅是一词之变,它体现的是我党执政理念的根本转变。与"管理"相比,"治理"的主体不再是国家或政府一家,而是体现了政府、市场、个人、社会组织等多种力量共同平等参与的多元力量;治理的手段、方式不再是"管理"下的从上至下的行政命令,而是除了行政手段外,还要依靠市场、法治、道德、社会组织自愿自发以及人民调解、心理疏导、舆论引导、基层社会自治等多种方式;治理的内容也不再是"管理"下的政府包揽政治、经济、文化、社会以及民众一切事务,而是提供社会公共服务、维护社会成员合法权益、协调社会成员关系、化解社会矛盾冲突、实现社会和谐有序。这是以服务取代管理的崭新理念。

　　党中央为什么提出"推进国家治理体系和治理能力现代化",强调"社会治理"理念呢? 很显然是传统的社会管理模式已经不适应新形势的发展要求,旧体制下"全能政府"无所不包的社会管理体制,压抑了社会活力,政府不堪重负,民众也不满意,带来了一系列社会矛盾。正如习近平同志在《关于〈中共中央关于全面深化改革若干重大问题的决定〉的说明》中指出的,当前我国发展面临一系列突出矛盾和挑战,前进道路上还有不少困难和问题,社会矛盾明显增多,比如,教育、就业、社会保障、医疗、住房等关系群众切身利益的问题较多,一些领域消极腐败现象易发多发,等等。这些矛盾和问题尽管不再具有对抗性质,但是并不否认在某些环节、某些方面、某个阶段同样具有鲜明的对抗性特征,如果不及时处理或处理不当就可能引发激烈的社会冲突,甚至有可能转化为敌我矛盾,从而带来严重的社会后果。因此,必须顺应广大党员、干部、群众的愿望和要求,抓住全社会最关心的问题,全面深化改革,创新社会治理体制。通过"改进社会治理方式""激发社会组织活力""提高社会治理水平",确保人民安居乐业、社会安定有序。

社会治理是一个宏大复杂的系统工程,首先需要创新社会治理体制,形成一个"党委领导、政府负责、社会协同、公众参与"的良性运行机制,实现国家与社会、政府与公民之间合作共存的"善治"。

当前情况下的核心问题就是政府放权,社会力量接权。政府放权是政府职能转变问题,需要大量下放、取消政府审批权力,扩大市场和社会主体的自主权,做到市场和社会能做的事情就交给市场和社会去做,政府主要发挥制定政策、宏观指导、监管督察等作用。就教育改革来说,《决定》指出:"深入推进管办评分离,扩大省级政府教育统筹权和学校办学自主权,完善学校内部治理结构。强化国家教育督导,委托社会组织开展教育评估监测。"这就是说,国家要简政放权,要"管办评分离",高等教育要"去行政化","逐步取消学校"的行政级别,进一步扩大学校办学自主权,政府只发挥政策制定、宏观管理和教育督导作用,实现政府部门与学校的有效分权,为学校完善"内部治理结构"拓展制度空间。

政府放权,社会力量就必然要接权。因此,创新社会治理体制,需要大力发展社会力量,培育理性社会治理主体。《决定》提出"激发社会组织活力",其关键是正确处理政府与社会的关系,实质上是政府把权力放给社会力量,真正实现政社分开,适合由社会组织提供的公共服务和解决的事项,都交由社会组织承担,让社会组织具有自主性、独立性,明确自己的权利、责任和义务,实现责权利的统一,这样才能充分调动和发挥社会力量的积极性、主动性、创造性。在当前,就是要加快政府职能转变,尽快出台政府向社会力量转移职能的指导意见和转移事项目录,建立相应动态调整机制和公示制度。因此,激发社会组织活力的核心要义,就是社会力量要接好权力,让国家权力回归到理性的社会主体手中,这就要求社会力量的成熟和壮大,使社会成为具有自治、自律、自觉、自省的力量。就高等教育来说,要承接政府职能转变而下放给学校的自主权,高校自身要成为理性的社会主体,要按照《决定》要求"完善学校内部治理结构"。高校内部治理结构的重点是理顺诸种权力关系,解决好行政权、学术权、监督权之间的关系,建构起党委领导、行政负责、教授治学、职工参与、学生自主学习的多元合作参与的新型治理体系,发挥各方参与主体的积极性,使学校成为自治、自律、自觉、自省的社会力量,从而完成《决定》提出的"创新高校人才培养机制,促进高校办出特色争创一流"的目标任务。

创新社会治理体制需要"改进社会治理方式"。其核心是实现政府治理与社会自治的良性互动,就是政府要继续放权于社会,实现国家权力向社会的有序转移与回归,社会力量承接由政府剥离与转移出来的部分管理职能,并迅速填补国家权力有序退出的空间。"实现政府治理和社会自我调节、居民自治良性互动。"而居民自治和社会自我调节不可能自发实现,需要理性建构和社会自觉,需要培养理性公民和自觉的社会力量,否则就会陷入"一放就乱、一管就死"的怪圈。理性公民的培养和社会自觉的养成,需要社会教育和学校教育的积极参与,高等学校具有义不容辞的责任。

教育事业是我国社会建设的重要内容,在创新社会治理体制方面,高等学校有许多工作可做。

首先,在政府职能改革中,学校要承接简政放权而转移下来的办学自主权和自我管理权,这既是高校改革发展的内在需要,也是政府职能改革的要求。其次,从社会力量接权方面来看,要通过完善大学内部治理结构而使高校成为理性的社会治理主体,从而能够接好权、用好权。同时,高校要加强内涵建设,把提高教育质量和学生培养质量、增加科研成果数量、提升服务社会能力作为改革发展的核心和内容。再次,高等学校除了校内实现接权以外,作为学术高地和理论前沿阵地,还应承担起社会不同主体接权理念、能力的教育、培训等工作。最后,教育事业的发展需要发挥社会力量的作用,要发挥教师、学生、基层单位、团体组织等在办学中的主体地位和主人翁作用,要发挥社会组织、社会力量的参与和监督作用。

世界历史与中华民族崛起

历史文化学院院长、教授　侯建新

2014 年 4 月 4 日　530 期　第四版

近年来,高等教育有了很大的发展,同时也存在一些问题,突出的薄弱环节是人格培育和人文关怀。受苏联教学模式的影响,再加产业大潮冲击,高等教育有功利化趋向,这有违大学精神。什么是大学精神呢?我认为大学精神就是读书,不唯书,不唯上,是追求真理,着眼于人的教育、健康的人格教育。当然还有基础性研究——不完全盯着眼前功利的研究。在我校"求是论坛"的首场报告中,我选择"世界历史与中华民族崛起"这个题目与大家交流,一方面是受众面大一些,另外也希望为中华民族伟大复兴这个大课题提供一些学术资源,供大家思考。

讨论"世界历史与中华民族崛起"这个题目,我主要分三个部分。第一,中国世界史学科产生的特殊背景与特殊价值;第二,中国鸦片战争时期的 GDP、变化轨迹及其中西比较;第三,为何西欧后来者居上?

一、中国世界史学科产生的特殊背景与特殊价值

世界历史学科跟中国历史的出身不一样。一说历史,大家都会想到二十四史,这是指中国史。古典文献"经、史、子、集"讲的也是中国史。世界史学科的历史实际上是很短的,总的说,在 1949 年以前我们的世界史学科是零散的,有一定规模和体系是在 1949 年之后。各高校开始比较系统地讲授世界史,研究的国家也不断增多。不过世界史学科一直没有达到它应有的地位,随着中国国际地位的提高,这种不适应更加凸显。当时历史学是一级学科,世界史只是 8 个二级学科之一。前几年,国务院进行学科目录调整,在史学界特别是世界史学界的共同努力下,世界史学科将自己提到了应有的位置。历史学由一个一级学科,一分为三,变为中国史、世界史、考古学三个一级学科。2011 年春天,教育部主办、我校承办的中国世界史学科带头人会议在天津召开,这是世界史成为独立一级学科后的第一次全国性会议,共商学科发展大计。世界史学科进入了一个新的发展阶段。

古代中国人是如何看世界的,什么时候才有了"世界史"的概念呢?在近代以

前的社会里,或者说在数千年的中国传统社会里,中国人其实没有世界史的概念。如果一定找一个与世界史相近的概念,那便是"天下"的概念。西周以来中华文明开始形成,"普天之下莫非王土,率土之滨莫非王臣"出自先秦时期的古老文献《诗经》。该语句中的"天下",就表露了中国人对周围世界最早的概括:所谓天下就是以汉民族为中心、它统治所及和观察所及的天地。以青铜器铭文为证,"中国"名号已见于西周武王时期。之所以叫中国,就是认为自己是中心,四周皆为蛮夷之地、未开化之地。中国的自然地理位置也有一定作用,认为自己是中心似乎不难理解。两汉时期将直接统治领域的外界依次称为"东夷""西戎""北狄""南蛮",它们皆为"外化"之地,即汉朝的道德不能波及之地。这被称为"中国中心论"。大家都知道西方中心论,但我们自己早已有一个中国中心论。从先秦到两汉就确定了这样的一种自我认知,一直到清代这样的观念都存在着。

随着时代和中央政权的变化,"天下"的边界也随之变化。在清代,天下的概念仍然是一个同心圆。"中央"是核心,继而是"地方"。"中央"即京畿,皇帝所在地,它与"地方"也是有区别的,如某高官被逐出京城这是严厉的处罚。依次向外扩散的层次是土司、土官(少数族)、藩属国、朝贡国,直到化外之地。以中国为中心的东亚朝贡体系在古代存在了很久,日本是一个不规范的朝贡国,有时是朝贡国,有时又游离朝贡体系之外。"天下"的观念延续到清朝,代表了中国社会对于世界的认识,既包括中央王朝、士林儒生,也包括下层民众。虽然古代有丝绸之路,断多通少,开通时间有限,介入其中的流动人员也很少。所以整个中国在清朝之前,对于外国的了解几近于零。

真正"睁眼看世界"还是从鸦片战争开始。鸦片战争对于中国的冲击巨大,英军起初就几千人,最后发展为30000人,其中不少还是英国殖民地的士兵,比如被称为黑夷的印度人,英船也只有16条。而清朝当时4亿人口,90万军队。自诩为天下共主的"天朝上国",竟被万里之遥而来的30000蛮夷打败,朝廷是何等震惊可想而知。清朝无法接受这种事实,然而无力改变,战败的后果不断扩大,被迫签订了割地、赔款和开放口岸等一系列不平等条约。历史上,中原汉民族政权数次受到来自"北方畜牧圈"的颠覆,时段也并不短,据统计中国历史上有三分之一的时间是由这种"颠覆王朝"所统治,最后一个颠覆王朝是清朝。清兵入关势如破竹,强迫汉人留辫子,汉族人表面上发生改变,但满人骨子里发生变化,逐渐汉化。康熙具有相当高的汉学水平,其四书五经、诗词歌赋、书法不输于中国历史上任何一个皇帝。皇帝制度、郡县制、户籍制、科举制乃至三宫六院,一律照搬秦汉旧制。

而鸦片战争的冲击则不然。当西方发起大航海向外扩张的时候,它已经积聚起了足够的能量,这就好比大西洋沿岸形成的一股飓风,注定席卷全世界的每一个角落。用马克思的话说就是："不断扩大产品销路的需要,驱使资产阶级奔走于全球各地。它必须到处安家落户,到处开放,到处建立联系。"而大清王朝下的臣民对这些几乎一无所知,面对一种完全陌生异质的文明,不知道这些洋人是怎么想的,最终要什么。鸡同鸭讲,不知所云。鸦片战争对中国的冲击,是一种文明的挑战,当时有句话概括这种挑战是"千年未有之大变局"!何止千年,数千年来都未曾有过。清朝为什么失败? 著名学者费正清说,清朝败于制度的落后与官场的腐败。其实,还应该加上重要的一条,就是中国对外界的无知。当时先进的中国人也看到了这一点,就是林则徐、魏源等人。他们是中国第一代睁眼看世界的人,这也是中国世界历史学的开端。当然,那时对世界的认识,主要是对欧洲的认识。

当时中英信息严重不对称。林则徐是民族英雄,是官僚士大夫中最了解西方的人,可就是他,对西方的历史和现状所知也极其有限,而且充满偏见。我翻看了一下林则徐给道光皇帝的奏折,他认为英国没有什么了不起,善于航海但登陆就不灵了。因为英人的腿不能打弯儿,"一扑而不能起"。他还判定英国人不敢开战,一时也离不开我们的茶叶和大黄,因为他们吃肉,没有茶叶和大黄的话他们拉不出大便。

如果说鸦片战争是刚刚真刀真枪地接触西方,所知不多情有可原,但是过了几十年以后清朝高官的西方知识仍然极其有限。19世纪末叶的徐桐是大学士,相当于副宰相,被认为是清王朝最有学问的人,慈禧对他都要敬几分。但是他却不承认西班牙和葡萄牙,他说这都是英国鬼子编出一些国家骗我们的,"西班有牙,葡萄有牙,牙而成国,史所未闻,集所未载,荒诞不经,不过于此"。其实葡萄牙在300年前已经进入了中国澳门,开始了澳门的殖民史。他是清朝迂腐高官的一个典型。

在第一部分中,我们可以得出这样的结论:世界历史与中国近代史同时诞生,自开始就有一种特殊的启蒙价值;世界历史知识、世界眼光和开放的心态对近代以来的中国至关重要。

二、中国鸦片战争时期的 GDP、变化轨迹及其中西比较

鸦片战争的失败是偶然的吗? 中国自古是东亚强国,与欧洲相比,此时军事上处于劣势,经济上也是这样吗? 是一时失手还是综合国力使然,综合国力的消长又始于何时? 现在大家都知道 GDP,认为它是评价综合国力的重要指标,GDP又分为总量和人均,人均 GDP 尤其至关重要。我们从这一点入手,不一定很全面,但应当能够说明主要问题。

在中外前辈学者研究的基础上,本人曾做过典型农户劳动生产率研究:鸦片

战争前后,经济较发达的长江三角洲一般农户的劳动生产率不及英国;而且中英此消彼长的趋势在 16 世纪已然显现。也就是说,中国落后于英国不是鸦片战争之后,而是始于 300 年以前。这是一个事实,虽然是个痛苦的事实。令人感兴趣的是,近年英国学者麦迪森的研究,尽管采用的估算路径与我完全不同,但结果基本一致,而且他提供了更丰富、更翔实的数据,包括 1000 年间人均 GDP 和总量 GDP。

安格斯·麦迪森(1926—2010)是荷兰格罗宁根大学和剑桥大学教授,曾担任过巴西、希腊等多个国家的"政府经济顾问",被认为是"当代最伟大的经济史数据考证与分析专家"。他在 2003 年出版的《世界经济千年统计》中,首次对中国与西欧及英国的人均 GDP 进行了长时段的比较。根据他的统计,按照 1990 年国际元单位计算,在公元 1300 年时,中国是 600 元,西欧是 593 元;在 1400 年时,中国还是 600 元,西欧则已达 676 元,超过了中国;到了 1500 年时,中国仍是 600 元,西欧则是 771 元,其中英国是 714 元;在 1820 年时,中国仍还是 600 元,西欧则是 1204元,其中英国则达到了 1706 元。也就是说,鸦片战争前,英国的人均 GDP 已经是中国的两到三倍了。诺贝尔奖金得主诺斯正确地指出,人均产量的增长是近代意义的增长,具有决定性的意义。

麦迪森的另一重要研究成果是欧洲和亚洲千年 GDP 总量变化与比较。19 世纪上半叶,即鸦片战争时期,亚洲的 GDP 总量仍然高于欧洲,占世界总量的一半以上。这主要是亚洲人口比例一直占据优势使然。不过亚洲的经济总量已经处于明显的下降趋势,从 16 世纪以来一直是这样的趋势,以至 1870 年亚洲 GDP 总量终于被西方超过,虽然此时亚洲人口仍然大比例地高于西方。经济总量高、人手少,表明劳动生产率的提升,西方实现了现代意义上的经济增长。

综观第二部分,我们也可以得出两个结论。一是鸦片战争前后英国人均 GDP明显高于中国,整个西方也高于亚洲;实际上早至 16 世纪,中国已经落后于英国及西方。19 世纪后半叶,亚洲经济总量也落后于西方。二是以 16 世纪为标记,中西此消彼长的趋势相当明显。

三、为什么西欧后来者居上?

分析西欧领先的原因,一定要分析西欧的社会结构、制度和观念,最终涉及西欧文明的认识。当时对中国人来讲,外部世界就是西方,世界史也就是欧洲历史。一讲西方文明,一般多从希腊罗马讲起,认为欧洲中世纪是一个过渡,欧洲文明是希腊罗马文明的延伸,实际上这是一个误区。欧洲文明,从 9 世纪开始,是由日耳曼人主导创造的文明,他们来自北方的日德兰半岛。真正与现代社会接轨的,不是希腊罗马文明,而是欧洲文明。二者间有承袭也有断裂,其中最大的区别——也许就是欧洲后来居上的原因,就是欧洲文明创立了一个新机制:权力受到制约。我们现在说要把权力关进制度的笼子里,无疑触及了现代世界的核心。然而,它不是一次性就能关进去的,也不是一两次革命能关进去的。英国1688年"光荣革命"确立了现代政治制度,但它发生和发展的历史至少上溯到1000年,不仅在英国,在整个西欧都有这样的发展历程。8、9世纪封建制度确立时就包含了那样的早期因素。因此欧洲文明和希腊罗马文明是不一样的。人们一向赞许的希腊罗马民主有进步性也有相当大的局限性,无论如何不是现代民主制。大家比较熟知的贝壳放逐法,就是城邦居民集体投票,超过多少数就具有专横性,那个人一定被驱逐出境,不管罪罚是否相当,个人有无申诉。苏格拉底之死是一个著名的判例。哲学家苏格拉底被希腊人民法庭判处死刑,其实他并不构成实际的犯罪,他自行侍奉新神,态度傲慢,激起众怒。希腊罗马民主同样是不受制约的权力,因此被现代学者称为"民主暴政""多数人的暴政"。以后人们以不同的方式不断重复这样的错误,根源在希腊罗马。

欧洲文明中的权力制约因素很早就滋生了。如果封建制确立标志着欧洲文明的诞生,那么欧洲封建制中就包含着那样的因素。当然,一定不能用中国的概念去理解欧洲的封建制度。欧洲的封建制就是欧洲的封建制。欧洲封建Feudalism词根是从"采邑"来的。你为我打仗,我封你采邑即土地,双方签订契约。如果一方违约,另一方可以放弃责任,解除先前的约定。这就是欧洲历史上著名的领主附庸关系。二者是统治被统治的关系,也是相互的权利义务关系。当时有一个关键的概念叫作"撤回忠诚":附庸效忠领主,但不是无条件的,领主违背了约定,附庸可以撤回忠诚。附庸背叛领主的条件相当具体,并写进约定的文献中。比如,当领主的利剑指向附庸喉咙的时候,附庸有权抵抗。附庸投靠领主就是为了获得安全,你威胁我生命了,为什么还承认你是领主? 抵抗权是实实在在的,不是领主附庸关系的道德说教,也不只写在纸面上。"撤回忠诚"一词不是现代才出现的,中世纪就有。这可以归结为一个很重要的权利,就是被统治一方、弱势一方有反抗的权利——合法的抵抗权。反抗压迫的斗争是普遍的,哪里都有可能发生,重要的是,西欧的这种"抵抗权"是被法庭认定的,法律框架里认可的。因此,在欧洲历史上,有缔结领主附庸关系的仪式,也有解除关系的仪式,现代史学家评论说,这是一个双向的权利和义务关系。举一个大家非常熟悉的例子,说明欧洲附庸的权利是不可漠视的,这就是英国的自由大宪章。时间发生在1215年。大致是这样的,英国约翰王,做得不太好,对法战争失利,对贵族不断征收额外的捐税,因此引起贵族附庸普遍不满。大家知道,西欧王权有限,一个重要原因是国王没有全国性的租税征收权。国王在自己的直属领地上才能征收地租,其他土地是其他贵族的地盘,国王无权染指。只有在特殊情况下国王才能运作全国性税收,如对外发生战争,不过也要经贵族会议同意。约翰王一再违背惯例,激怒贵族,举兵反抗。有意思的是,贵族们武装集结起来后,不是将约翰王推翻,改朝换代,而是与他谈判,强迫他遵循以往的保护贵族和市民权利的惯例。男爵们首先宣布解除对国主的效忠义务,继而将国王包围。在伦敦不远处的兰尼米德,泰晤士河边,一片如茵芳草地上至今保留着纪念遗址。这张书写在羊皮纸卷上的文件,继承了传统,张扬了臣民的抵抗权,更加明确地限制了君主权力,日后成为英国立宪君主制的法律基石。值得注意的是,他们的游戏规则不是你死我活,零和游戏,只要国王遵守签订的协议,附庸继续做附庸,但是国王要保证我们的基本权利,如不经过法律程序不能逮捕,自由财产权利和自由贸易权利受到保护等。而且,"大宪章"不是随着这场斗争的结束而烟消云散,而是被后人不断地重申,成为现代世界的一个重要源头。

我们讨论了社会上层,同时必须交代社会基层,后者是基础。欧洲上层社会还有政教关系问题,国王不但受到法律和贵族的制约,还在上帝之下,这就牵扯到欧洲文明的基督宗教话题,由于篇幅原因此处不论。基层社会即是城市和乡村,乡村主要指庄园。庄园是欧洲中世纪的基本单位。领主管理庄园的主要手段是什么?是习惯法和法庭。领主治罪佃户,不是直接治罪,必须通过庄园法庭。如果说黄世仁是领主的话,要治罪杨白劳欠债,他不能直接到家里去抓杨白劳,更不能抓佃农的女儿,而要首先经过法庭并由法庭判断和实施。西欧庄园法庭在中世纪是庄园生活的重要组成部分,13 世纪的时候已经很成熟,而且引进了陪审制度。陪审制度是庄园法庭的关键制度。法庭真正的裁决者是谁呢?欧洲封建法实行同侪裁决,贵族由贵族裁决,佃户由佃户裁决。审判审佃户,就由佃户组成陪审团来审判,问题的真伪,问题的性质,完全由陪审团来判定。领主可以施加影响,但是法庭这种形式一定要搞。恩格斯在关于日耳曼人的一篇文章里明确指出,领主只是庄园法庭的主持人、提问者。所以 Jury 不应译为陪审团,而是裁决团。透过佃户与领主关系,人们同样可以看到附庸领主关系中的某些要素:他们的等级关系,统治被统治的关系,同时也是相互的权利与义务关系。与庄园组织并行的还有村社组织,农民背后的一个传统自治组织。以往我们的教科书很少提到这方面的内容。欧洲社团历史上就很发达,相当富有生命力。领主无疑要对法庭施加影响,但是并非都能如愿。这样就给农民的权利留下一定的空间。佃农的地租不是领主随意定的,也很难随意增加。上文中提到,国王没有全国性的地租征收,而是采邑领主收租,但同样不能随意征收。一个关键词"惯例",或"习惯法"(custom law),对于理解佃农的负担非常重要。原来交多少钱,现在还交多少钱,货币贬值也难以随之浮动。原来给你干半天活,现在不能干一天。原来一天劳役挖三米长沟,不能让挖三米半。在农民负担同题上,佃户与领主可以说是锱铢必较,欧洲中世纪有句谚语——领主增加额外的劳役如同拔着自己头发离开土地一样难。大家想,对领主的制约,阻止过分盘剥,势必导致农民有更多的精力和时间给自己干活。所以在欧洲,首先是在英国,出现一个阶层,就是富裕农民阶层。这些农民富裕到什么程度呢?他们的农产品主要是面向市场的商品,或者说基本为市场而生产,有雇工,有仆人,家里有图书馆,可以送子女到牛津剑桥去读书。往往还是地方头面人物,担任地方法院的陪审员或议员。牛津、剑桥大学中世纪的录取档案,学生中相当一部分来自家境殷实的自耕农。一些著名人物也来自农民家庭,像享誉世界的大文豪莎士比亚就是如此。其父自耕农,经营土地,兼营纺织,同时是经常往返于市场的商人,与贵族身份扯不上任何关系,但是能够培养出莎士比亚这样的人物。著名国务活动家培根是乡绅出身,许多乡绅来自富裕农民,关系之密切,难分伯仲。事实上,不是一部人,而是整个农民群体的精神面貌、物质生活都发生了巨大变化。西欧以后发生农业革命、圈地运动、工业革命与农民群体的变化密切相关。"三农"是基础。在这里,农业不是包袱而是动力,可谓"化腐朽为神奇"! 正是农民、农业产生了经济发展最原始的动力。

英国人并非天然的肉食者,相当长时期以来,也是靠碳水化合物充饥,而且是吃燕麦等产量高、口感差的粗粮。14 世纪以后小麦消费增加,肉、蛋、奶也摆上了餐桌。再以后,一种淡啤酒成为大众饮料,在 16 世纪上半叶,以写实的风格表现了两个乡村啤酒馆,农民们正在啤酒馆外消遣。眼下仍不难发现英国 16、17 世纪乡间啤酒馆的遗存,因为石建筑易于保存,也因为当时啤酒馆在乡村普遍存在。盛行于中世纪的家庭赡养协议中,常有啤酒供应一项,可见啤酒成为日常消费品。这表明一定的生活水准,不是英国农民爱喝酒而中国农民不爱。中世纪晚期英国先后经历了饮食革命、服装革命还有乡村重建。现代人居住的"单元房"就是从那个时候开始的,房屋被分割成不同的功能,出现了卧室、厨房、卫生间等。再看看16 世纪农民的形象,法国一个博物馆收藏 16 世纪荷兰农民交谈的情景。看当时的穿戴,服装发展趋势越来越接近于体形,接近于现代风格,衣裤绷得紧紧的,难怪林则徐认为他们的腿不能打弯。农民的穿戴,他们的形象,再也不是猥琐、愚昧的样子。正是在这个基础上产生了第三等级,第三等级就是议会中的平民代表。议会有教会贵族、世俗贵族,然后是包括市民和富裕农民的第三等级,他们也就是未来的资产阶级。议会重要的功能就是把住纳税人的钱口袋,限制王权的征税和消费。伊丽莎白女王权是强势君主,但她在与议会的吵架中经常败北,她说,打开他们的钱口袋比要他们的命还难!

以上,我们不难看到,欧洲文明中的权力制约机制对社会与经济的发展至关重要,它激励了人们生产的积极性和创造性,特别是社会基层社会的活力,是西欧后来居上的根本原因。民强才能国强。然而这样的机制不是一次暴力革命产生的,而是经历了漫长的孕育和成长过程。在这个过程中,不断得到越来越多的人的共识,越来越多的人参与,该机制也越来越成熟。个人权利得到保障,行政权力逐渐受到限制。在这样的社会体制下,不是一方推翻另一方,打个稀巴烂,零和游戏;而是既充满博弈也经常妥协,既有碰撞也有让渡与合作。结果,社会可以持续发展,不论社会财富和个人财富,还是法治社会都得到发展。这是一个可持续积累的社会,不仅是物质的积累,也是精神的积累。

最后与大家分享两点认识。其一,应当发扬汉唐兼容并蓄的开放的心态。佛教产生于印度,以后在印度衰落了,却在中国、日本等国风行,我们从不问佛教来自哪里,信它就是我的宗教。中国指南针帮助欧洲开辟了新航路,欧洲智慧为什么不能为我所用? 其二,中华文明历经数千年,生生不息,一定有它的内在生命力,一定有一批又一批传香火的人,不绝如缕,一直到当下。他们是中华民族的脊梁,也是 21 世纪中国崛起的脊梁。中国崛起不仅靠精英,更要靠国民,我们看到 21 世纪的中国国民越来越有现代国民意识和开放的心态,因此,对于未来,我们有理由充满希望。

坚持问题导向 建设好服务型党组织

——学习习近平总书记系列重要讲话精神体会

生命科学学院党委书记 刘殿芬

2014 年 5 月 19 日 532 期 第四版

习近平总书记在去年年底听取河北省委党的群众路线教育实践活动总体情况汇报时指出,要更加强化问题导向,注重解决实际问题,特别是对需要侧重解决的问题进行调查梳理,提前做到心中有数,从解决具体问题抓起改起。

通过学习我体会到,问题意识首先是一种责任意识,它要求我们作为基层党的干部,要以对党和人民高度负责的态度,把解决每一个实际问题,作为自己的职责。其次,以问题导向解决实际问题,也是一种胆识。领导干部要敢于坚持原则、勇于负责、不怕得罪人,这是为政之德的基本要求。再次,以问题导向解决实际问题,还是一种方法。要深入实际开展调查研究,才能搞清楚师生需要什么,进而推动问题的解决,并保证对问题的解决措施真正取得实效。

党的十八大第一次鲜明提出了建设学习型、服务型、创新型马克思主义执政党的战略目标和任务,并特别要求"以服务群众、做群众工作为主要任务,加强基层服务型党组织建设"。高校基层党组织是党领导高校开展工作的组织基础,处于教书育人、管理育人、服务育人的第一线,与广大党员、师生群众接触最频繁、联系最紧密、服务最直接,在凝聚党员、服务群众、确保党的教育方针有效贯彻落实等方面承担着重要的职责。学习总书记的讲话,特别是结合问题导向,解决实际问题的要求,我认为,目前我们在创建服务型党组织建设上还存在着一些不足,主要表现在:服务意识不够强,重管理、轻服务的现象较为突出;服务能力不太高,不适应新形势下党建工作的新要求;服务内容不丰富,方法简单、活动形式比较单一,针对性和实效性不强,不能充分调动师生党员的积极性。为此要在如下几方面做出改进。

一、努力构建全覆盖的服务网络

在新时期环境下,高校基层党建工作如何适应形势变革,创新服务型党组织工作,增强基层党组织创造力、凝聚力与引领力,努力构建全覆盖的服务网络很重要。要在校党委的正确领导下,形成校党委、学院党委、教工党支部、退休教师党支部、学生党支部等党组织结构网,把党组织建在师生工作学习联系最为紧密的地方,促进党员自我教育、自我管理、自我服务。切实做到哪里有需要,哪里有群众,哪里就有党组织。要适应高校管理体制、管理模式的变化,健全优化党的基层组织设置,如推进基层支部扁平化管理模式,探索党支部多种设置形式。教师党支部可以设置在实验室、课题和项目组、科研平台等学术组织中,研究生以专业设置党支部,积极推进本科生学生党员进宿舍、党组织进社团,努力构建充满活力、全覆盖的基层党组织体系,不断夯实高校党建工作的基础。

二、努力打造能力过硬的服务队伍

新修订的《中国共产党普通高等学校基层组织工作条例》中指出:"高等学校应当将党务工作和思想政治工作以及辅导员队伍建设纳入学校人才队伍建设总体规划,建立一支以专职人员为骨干、专兼职干部相结合的党务工作和思想政治工作队伍。"我们就要按照"政治硬、业务精、善管理"的标准建设从事党务工作的队伍。一是要坚持把有一定专业特长的学科带头人和骨干,专业领域中有较高威信、热心为群众服务的人选拔进基层党委(党总支)和支部做兼职党务工作。利用他们的专业特长,发挥在党组织工作岗位上的作用。二要加强遴选后的培训,着重加强能力培训和方法指导,可通过定期的党建工作研讨、组织辅导报告、开设网络课堂、参观学习等灵活多样的方式进行有针对性的培训,提高他们的组织管理与活动策划能力。还要强化基层党组织教育管理党员的功能,提升广大党员发挥先锋模范作用的服务意识和能力,努力将党的组织资源和党员、干部作用转化为推动学校又好又快发展的强大动力。

三、努力建设服务师生到位的有效载体

加强和改进高校服务型基层党组织建设,核心问题是保持党组织和广大教职员工的血肉联系。这就要求我们基层党委,要进一步确立全心全意依靠教职工和以学生为本的办学思想,不断创新服务师生工作的有效载体,把广大师生的根本利益实现好、维护好、发展好。生命科学学院党委在党建工作中,坚持"求特色、重内涵、更开放"的理念,不断创新工作载体,搭建党组织为党员服务、党员为师生服务、师生为社会服务的桥梁。院党委坚持多年打造"一片一卡"党员义务奉献的品牌活动,通过举办教授茶会、博士助推学子成长行动、教工党支部为学生编纂"科研指导指南"等形式促使这一品牌活动得到品质的提升。组织编制《新入职教师指南》,成立青年教师沙龙,组织青年教师开展教学能力培训、新岗位适应性交流、开展科研指导。坚持开门搞党建,使党员在服务社会中达到知行合一。院党委牵头组织到科研基地慰问教师,深入企业研究所了解生命科学发展的现状和前景,去农村了解现代农业发展的技术需求,探寻科技支农的切入点。通过支教扶贫、科普宣传、生态保护,让学生多角度、多方位地接触了解社会,在利用自己所长服务社会、服务他人的实践中,培育和增强社会责任感,为实现中国梦做贡献。

四、努力完善以服务为导向的制度建设

制度建设是确保有效的党建工作举措得以长效运作的根本保证,完善以服务为导向的制度建设,是把思想共识转化为务实行动的基础和根本。加强以服务为导向的制度建设,才能实现服务师生员工的常态化、长效化。倡导建立党员示范岗,推行服务承诺制、首问负责制。建立特困基金、节假日走访慰问、处级领导联系基层党支部等制度,使党组织能够及时了解师生实际工作学习生活情况,发挥党组织在关怀、帮扶党员群众上的重要作用。坚持院领导接待日制度,定期召开青年教师座谈会、新生家长座谈会、开设书记院长信箱,畅通联系服务渠道,虚心听取意见和建议。开展评选优秀共产党员、"生命的故事——感动生科人物寻访"等活动,正面宣传身边典型人物、先进事迹,传递榜样力量,凝聚正能量。

今年是"十二五"关键一年,也是我们学校争创一流师范大学、"跻身全国高校百强"的关键一年。习近平总书记在接受金砖国家媒体联合采访时说:"这样一个大国,这样多的人民,这么复杂的国情,领导者要深入了解国情,了解人民所思所盼,要有'如履薄冰,如临深渊'的自觉,要有'治大国如烹小鲜'的态度。"这就要求我们,作为一名基层党的领导干部,要常怀"如履薄冰,如临深渊"的危机感,永不懈怠。要有"如烹小鲜"的细致态度对待每一件事,不马虎、敢担当。

今后我们要进一步深入学习深刻理解习总书记讲话精神。第一,要以身作则,带领班子成员,在真学、真信、真懂、真用上下功夫,始终树立对共产主义的坚定信仰和对中国特色社会主义的坚定信念;第二,要在提高做好基层党建工作本领上下功夫,以改革创新的精神,研究和实践加强学院基层党支部建设的方法和途径,以服务师生、服务社会的实际行动增强党组织的凝聚力、战斗力和向心力;第三,弘扬党的优良传统和作风,坚持以人为本的办学理念,落实好党的群众路线教育成果,在"三严""三实"上下功夫,严守廉洁自律的底线做人、处事、交友。以纯洁的党风正教风、带学风、促院风,在学院打造风清气正的良好环境,为早日建成一流师范大学做出新的贡献。

墨尔本模式对我校提高培养质量的启示

发展与政策法规研究室

2014 年 7 月 4 日 535 期 第二版

今年上半年,校级理论学习中心组围绕"如何认识教师教育特色与综合性大学的目标定位,找准工作着力点""如何统一认识、健全机制,提高人才培养质量""如何结合大学章程的制定,强化体制机制的改革创新,推进学校科学化管理"等主题进行研讨,以全面深化学校改革,加快实现百强目标进程。本文是该部门在第二个主题学习研讨会上的发言。

一、墨尔本模式大学改革路线图

1. 墨大创建于 1853 年,是澳大利亚一所著名的研究型综合性大学,现在校生约 5 万人,教职工 7000 多人。墨尔本模式是一次全方位的大学课程体系改革。2005 年,墨大制订了一个"提高声望"的 10 年长期发展规划,提出要形成研究、学习和知识传递三者之间紧密相连、相互促进的"三维螺旋"发展模式。其中在大学课程体系改革中实行"学士宽学科,硕士重专业"。

2. 改革具体方案:

(1)学制变化。在墨模式下,将实行"3 + 2 + 3"的培养模式,本科 3 年、硕士 2 年、博士 3 年。原来墨大的硕士学位学制是一年或一年半,现在学习时间延长了。

(2)从 2008 年到 2011 年将本科 96 个专业为 6 个新生代专业所取代,即人文、理学、商业、生物、环境、艺术,将专业综合成六大领域实现深度和广度的结合。一个领域的基础知识大大超出以前对专业知识的理解,作为改革的一大特色,每个学生必须选修本领域以做其他领域的 1/4 学分的拓展课程。学生也可以取得双学位,但必须是修完一个学位以后再修另一个学位。

(3)学校为全体学生开设通识课,由不同学院教授共同讲授,如校级拓展课程《从柏拉图到爱因斯坦》综合了科学、哲学、历史等专业教师共同承担。其他领域的课程,各学院的几乎所有课程都可以作为其他学院的拓展课程(本领域的核心课程除外)。

（4）细化硕士专业。墨大具有 340 多种硕士专业，硕士研究生教育分为职业研究生和专业研究生两类，一些学科不开展本科教育，直接招收研究生，如法律、教育、建筑、护理专业。从 2009 年开始，法学院、医学院不招收本科生。

（5）可雇佣性技能的培养。可雇佣性技能是，获得就业并维持和发展职业生涯，从而实现个人的潜力，发挥个人价值所需的战略战术。墨大课程围绕可雇佣性技能的培养进行课程设置。将学术性课程功能设置转变为可雇佣性技能的培养。各专业均有具体的技能培养要求。如商业学士学位课程要求学生具备以下 10 种技能：沟通交流、在商业和经济领域使用电脑和软件、批判性思维和分析、有效利用信息、理论联系实践、运用统计推理解释和分析数据、注重细节、自主学习、团队合作、时间管理。这些技能要求与可雇佣性技能框架中的基本一致。

为了将可雇佣性技能嵌入课程教学中，将各课程进行了深入改革：确定每门课程对于可雇佣性技能培养的贡献；基于项目和问题开展课程设计；每门课程形成多学科教学团队；教学方式改革，如小组活动、角色扮演、团队协作、案例分析、调研、决策练习等。

（6）围绕课程设置改革进行了一系列的改革。

墨大校长格林·戴维斯认为，最根本的是教育理念的变化，他说，人才培养是高等教育的核心，因此要建立以学生为中心的服务理念和模式，给学生独特的墨尔本体验。

大学的组织和管理方面做了调整，原有的学科设置被打破了，人员必须重组，其中之一是引入美国研究生院模式，成立 13 个研究生院。

对教师的教学提出新要求，因为他们面对的学生可能具有不同的专业背景。

在六大专业领域分别建立了 6 个学生中心，并配备专业教师，学生课后可以到中心学习、讨论、活动或向教师寻求帮助。

重新设计校园环境，重新设计教室环境，使学生获得终生难忘的教育经历和体验。

墨尔本大学校长格林·戴维斯指出，促成该校教育改革的原因主要有三点：一是应对国际高等教育竞争的压力，二是应对当今社会对人才培养标准提出新要求的挑战，三是应对澳大利亚政府对高等教育支持减少的压力。

二、如何借鉴墨大做法提高我校培养质量

我校现在面临两个发展节点，一是"十二五"即将结束，"十三五"即将到来，二是准备召开七次党代会谋划未来 10 年发展。

我校未来发展如何形成自己的特色，在培养质量上脱颖而出，需要认真谋划。

第一，能否在教育学部的基础上，形成人文、理科、化生、教育、经管、艺术六大学部，在学部领域内，谋划组织培养方案、机构、资源配置等问题，走出一条新路来。

第二，对具有较大比较优势的专业应重点发展，集中全校资源助力，使我校能有5~7个专业进入全国前10名行列。

第三，对于教师教育专业，由于其社会需求量较为固定、本校具有培养优势，应该采取"精品路线"，即在不扩大培养数量的基础上，在教育学、心理学、教学技能等方面，发挥学校优势。即使在数理化等领域知识方面难以超过重点大学，但作为教师应该具备更全面的素质，可以凸显本校的比较优势。

第四，对于多数专业，可以把质量目标定位在满足多数用人单位的需求上，以体现其培养目标的通用性或社会适应性，或直接采取校企对接的订单式培养。

第五，我校应加强学校的"国际化体验"。一方面是"请进来"，包括招收国际学生和国际师资；另一方面是"走出去"，提供交换项目和海外学习项目。目标是营造国际化、多元化的学术氛围。由于我校资源的限制，现阶段可以采取"差异化措施"，在部分专业形成局部的国际化氛围。

国家治理现代化与协商民主

政治与行政学院教授 高 建

2014 年 7 月 4 日 535 期 第四版

一、国家治理、协商民主是当代政治学研究的主题

讲这个问题,一是因为党的十八届三中全会关于全面深化改革的决定中,将完善和发展中国特色社会主义制度,推进国家治理体系和国家治理能力的现代化作为改革的总体目标,并在政治改革的方面,着重提出协商民主是我国民主政治的独特形式和优势,要继续推进协商民主广泛、多层、制度化的发展。可以说,国家治理和协商民主已成为中国政治实践和理论的重大问题。二是因为,国家治理和协商民主是当前国内外政治学界使用最多的两个概念,国家治理与协商民主已经成为当代政治学研究的主题。

什么是政治学? 简单地说,政治学就是研究什么是好的政治生活,如何过好政治生活的学问。政治学的建立已有 2000 多年的历史,不同的历史阶段,不同的民族、国家,对政治有不同的理解,形成了不同特色、不同传统的政治学。中西方有着两种不同的政治文明和政治文化传统,有着两种不同传统的政治学。

西方在古希腊时期就出现了系统的政治学,亚里士多德的《政治学》是西方古代政治学的经典,他比较当时各种政治制度,希望通过理想的优良的政治制度,实现良善的公共(政治)生活,他开创了西方政治学,形成了制度政治学的传统,即以善、正义等价值为目标,探寻理想政治制度的学说范式。

西方近代的政治学仍然是追求理想的政治制度,但出发点是个人的利益(人权),国家就是人们通过契约建立的公共权力,目的是保障人权,实现的途径是法治和分权制衡,以权力约束权力。

政治科学是当代的西方政治学的主要形式,是借助各种科学方法(心理学、统计学、经济学等),研究人的行为与政治过程,力图使政治学成为精确的科学。政治科学的出现使政治学关注的重点由理想的、自然的政治转向现实的政治,由政治制度转向政治行为与过程,关注政治行为与过程的理性化与科学化。政治学的转向促进了管理科学的兴起与发展,20世纪后期开始出现新公共管理、治理与善治、新公共行政理论,这些理论的出现反过来影响政治学的研究,转变国家与政府功能、改善公共服务、实现社会公平正义,即国家与政府的治理成为政治学的重要内容和主题。

中国古代长期的君主政治使如何维护国家的长治久安,即治国之道的研究,成为政治思想家关注的主题。近代以来,救亡图存成为政治学的主题,中国开始向西方学习的过程,西方的政治学,自由、民主、共和思想广泛传播,追求共和曾经成为中国人的理想。但西方的政治学没能解决中国的问题,十月革命一声炮响,为我们送来马克思主义,中国共产党领导人民建立了新中国和社会主义制度,改革开放又使我们找到中国特色社会主义道路。尽管近代以来的中国政治学出现了从现实走向理想、从治道走向制度的变化,但国家治理一直是中国政治学的主题。

在西方政治学的历史发展中,从古代希腊到19世纪末,除了中世纪外,民主问题一直是其重要内容。第二次世界大战以来,西方的民主制度经过几百年的发展,其内在的弊端开始日益暴露出来,主要是公民的政治冷漠,政党被选举绑架,社会的冲突和分裂日益加剧等,西方的民主制度并没有实现其许诺的目标,如何救治和完善西方的民主制度成为政治学的重要内容。参与式民主、强势民主、协商民主理论开始出现,其中协商民主理论更是受到多数民主思想家的青睐,成为当代西方民主理论和政治学理论中的热潮。

近代以来,西学东渐,西方的自由民主思想传入中国。但西方的自由民主思想不能解决中国的问题。新中国的成立和社会主义制度的建立,使中国人民开始当家作主,并不断建设和发展社会主义民主。改革开放以来,社会经济的深刻变化,使人民群众的主人意识、权利意识和民主参与意识空前高涨,并在实践中不断创新民主的形式。党的十八大和十八届三中全会文献又将协商民主明确为中国社会主义民主的重要形式,使民主政治和协商民主建设成为中国政治发展的重要问题,也成为中国当代政治学研究的重大问题。

中西政治学发展的国情不同,传统不同,但国家治理与协商民主现在都是政治学的核心问题。

二、国家治理现代化

英文中的治理(governance)首次作为一个概念是在20世纪80年代出现的。1989年世界银行在讨论非洲发展时提出"治理危机"(crisisingovernance),旋即

"治理"一词在国际学术界广泛流行,成为含义丰富、适用广泛的理论。

世界银行《治理和发展》中的定义为:治理是通过建立一套被接受为合法权威的规则而对公共事务公正而透明的管理。联合国全球治理委员会的定义为:各种公共或私人机构以及个人对其共同事务进行管理的各种方法的综合,治理旨在调和相互冲突的不同利益,并促使不同各方采取合作行动。治理是一个持续的行动过程,包括人们必须遵守的正式制度安排,也包括了人们认为符合其利益的非制度安排。"治理"的含义非常丰富,但其核心是强调治理主体的多元化、公民的广泛参与、多主体的合作共治。

为什么会提出治理理论并广泛流行? 主要是三方面的原因:一是全球化,公共事务的复杂化使单一的政府主体无法依靠自身的力量解决各种问题;二是民主化,公民的参与意识和参与的程度越来越高、越来越广泛和深入;三是公民社会(civilsociety)的发展,社会利益的多元化、社会群体的分化和社会自组织程度的提高,使各种社会组织在社会公共事务的管理中发挥越来越大的作用。

在中国古代,"治"和"理"是两个独立的概念,各有其丰富的内涵,但一般都是指掌权者对人民的统治、管控和对国家事务的管理。近代以来,其意义并没有什么变化。改革开放30多年来,我们取得了巨大的成就,已经成为世界第二大经济体和世界经济增长的发动机,但问题也很多,进一步发展遇到非常复杂的经济、社会、文化、环境等问题。能否继续快速发展,实现中国梦,是我们面临的严重挑战。这是我国提出国家治理体系和治理能力的现代化的背景。

20世纪90年代,我国政治学者开始翻译介绍西方的治理理论,并从治理主体的多样化、公民的广泛参与和合作共治的理念上诠释"治理"的含义。党的十八届三中全会首次将国家治理体系与国家治理能力的现代化写入党的文献,并将其作为全面深化改革的总体目标之一,其意义重大,体现了我们党治国理念的新变化。国家治理既是指执政党通过其领导的政府对国家公共事务的管理,又具有在党和政府的领导下,扩大公民民主参与,与各种社会组织合作共治的现代内涵。

治理体系,包括制度、体制、原则、理念等,是一个复杂的体系,按照十八大和十八届三中全会的提法,具体包括经济、政治、社会、文化、生态环境和党的治理体系。治理能力是执行力,是使体系良好运转、目标落实的能力,二者相辅相成,现代化按照中央的提法就是制度化、科学化、法制化。实现国家治理体系与治理能力的现代化是世界发展的趋势,是我们国家实现可持续发展、实现中国梦的必然要求。

三、中国协商民主的特有形式和独特优势

国家治理现代化的内在要求规定了我国政治发展必须坚持社会主义民主政治,特别是要发展协商民主。十八届三中全会文献对协商民主的界定是:协商民主是我国社会主义民主的特有形式和独特优势,是在党的领导下,以经济社会发展的重大问题和涉及群众切身利益的实际问题为内容,在全社会开展广泛协商,坚持于决策之前和决策实施之中。认识和理解中国协商民主的特有形式和独特形式,需要将中国的协商民主和西方的协商民主加以比较。

其一,中西两种协商民主产生的社会历史条件不同。西方的协商民主是在西方民主制度经过长期发展日益暴露出其制度弊病的条件下出现的。20世纪70年代,西方的一些非政府组织和高校的科研机构开始在公民中开展协商民主的实验,他们组织部分公民围绕一些公共政策进行讨论,希望通过平等、理性的讨论交流,形成共识,培养提高公民的公共精神,以改善他们的民主制度。80年代以来,许多政治学者著书立说总结阐述协商民主理论,形成协商民主研究热潮。但他们的研究都是针对西方民主制度存在的问题,探讨如何改进,完善西方的民主制度。

中国的协商民主制度是内生的,是在中国救亡图存的历史进程中形成的。早在抗日战争时期,中国共产党就在延安创建了三三制政权,开启了共产党与各种抗日进步力量之间的政治协商,1948年建国前夕,共产党邀请各民主党派在西柏坡召开政治协商会议,共同筹建新中国,1954年召开第一届全国人民代表大会,将人民代表大会制度作为我国的根本政治制度,建立了社会主义民主制度,政治协商制度也成为中国社会主义民主制度的重要组成部分。改革开放以来我们党领导人民又发展、创新了多样的协商民主形式。党的十八届三中全会文献将我国的协商民主形式概括为立法协商、行政协商、民主协商、参政协商和社会协商等。因此,中国的协商民主是中国共产党领导人民创造的新型民主形式。

其二,中西协商民主的主体、内容和形式不同。西方的协商民主在实践上还只是一种政治实验,其主体只是一些自愿参加的公民,其内容和形式只是公共协商,即公民间就一些公共政策、公共事务开展的协商。中国的协商民主已经是广泛的政治实践,其主体是广泛多层次的,各级党和政府,各民主党派、人民团体和广大的公民都是协商的主体,从其内容和形式上可以分为两类:政治协商和公共协商(民主协商)。立法协商、参政协商可以归为政治协商,主要是就国家和地区社会发展的重大问题,在共产党和各民主党派之间的协商,以及各级人民代表大会内部代表之间的协商;民主协商、社会协商和行政协商可以归为公共协商,主要是就涉及人民群众切身利益问题,在不同的公民之间、社会群体之间以及政府与

民众之间进行的广泛、多层次的协商,它是广大公民直接参与的协商。

政治协商与公共协商的结合是中国协商民主与西方协商民主的重要区别,是中国民主政治特有的形式,它的协商主体和协商内容的广泛、多层与协商活动的制度化既体现了我们社会主义民主的特有形式,又体现了我们协商民主的独特优势。

其三,中西两种协商民主的组织领导力量不同。西方的协商民主的组织者只是一些非政府组织和大学的科研机构,他们的协商民主实验虽然在培育和提高公民的公共精神方面发挥了一定的作用,但是公民通过公共协商所表达的意愿并不能转化为国家和地方政府的公共政策,能够决定国家与地方公共政策的是由各个政党把持的议会和政府。中国的协商民主的组织和领导者是中国共产党各级党的组织和党领导的各级政府,因此通过政治协商与公共协商所形成的民意和共识能够很快地转化为党和政府的公共政策。哈贝马斯就认为衡量民主好坏的标准不是看它的形式,重要的是在于能否形成民意和公共政策能否体现民意。因此,中国共产党在协商民主中的领导和组织者地位也是中国社会主义民主的特有形式和独特优势。中国的协商民主体现了党的群众路线,体现了党的领导、人民当家作主和依法治国的统一。

党的十八大和十八届三中全会将推进国家治理体系与国家治理能力现代化作为全面深化改革的目标,将协商民主作为中国社会主义民主的重要内容和形式,表明党的新领导集体对我国政治发展与政治建设的深刻的、科学的认识和把握,顺应了世界发展的趋势和中国发展的要求。中国经济社会文化与环境等各种问题的解决根本要靠党的正确领导,靠政治的改革、发展。未来的较长时期,中国社会经济政治发展的关键是国家治理的现代化和民主政治的建设。这必将有力地促进政治学的发展,迎来政治学发展的春天。

坚定理想信念　抢抓发展机遇　实现突破创新

——我校中青年管理骨干培训班赴河北省学访的启示与思考

党委组织部

2014 年 9 月 22 日　536 期　第四版

7 月 14 日至 16 日,由校党委副书记宋德新带队,我校中青年管理骨干培训班一行 81 人赴河北大学、河北师范大学学访交流,并赴狼牙山抗日纪念馆和西柏坡纪念馆参观学习。

7 月 14 日,学访团赴狼牙山抗日纪念馆参观。7 月 15 日上午,听取了河北大学党委副书记王余丁关于河北大学的情况介绍和校长助理、校发展规划办公室主任程志华所做的经验介绍,参观了河北大学图书馆。7 月 15 日下午,听取了河北师范大学党委副书记赵月霞关于河北师范大学的情况介绍,参观了图书馆和校园景观,部分学访团成员与河北师范大学相关处室负责同志围绕教育教学改革、学科建设、人才引进与培养等问题进行了交流。7 月 16 日上午,学访团赴西柏坡参观了西柏坡纪念馆。

学访活动安排紧凑,收获颇丰、感触颇多,带给我们不少启迪与思考,使全体成员开阔了眼界,增长了见识,强化了发展的意识。

一、受到了一次深刻的理想信念教育和革命传统教育

在狼牙山抗日纪念馆和狼牙山主峰,我们聆听了狼牙山五壮士的英勇事迹,最大的感触是:五壮士为了全局的利益、为了革命的胜利,在艰难险阻面前、在生死考验面前所表现出的坚定不移的理想信念和不屈不挠、舍生忘死的革命精神与胸怀。学员们深深感到,作为一名处级领导干部、学校事业发展的骨干力量,在建设人民满意的高等教育过程中,要学习狼牙山五壮士的崇高精神和思想境界,坚定共产主义理想,增强中国特色社会主义的道路自信、理论自信、制度自信,坚持社会主义办学方向,坚守崇高的精神家园,模范践行社会主义核心价值观,讲党性、重品行、做表率。

在西柏坡纪念馆,学访团又一次回顾了我们党带领人民进行伟大革命斗争的

历史,重温了毛泽东同志在党的七届二中全会上的重要讲话,更加深刻地理解了对于革命圣地西柏坡"一二三四五六七"的精辟概括:"一座丰碑——解放全中国的最后一个农村指挥所";牢记"两个务必——务必使同志们继续地保持谦虚、谨慎、不骄、不躁的作风,务必使同志们继续地保持艰苦奋斗的作风";指挥"三大战役——辽沈战役、淮海战役、平津战役";警惕"四种情绪——党内的骄傲情绪,以功臣自居的情绪,停顿起来不求进步的情绪,贪图享乐不愿再过艰苦生活的情绪";怀念"五大书记——毛泽东、周恩来、刘少奇、朱德、任弼时",谨记"六项规定——一不做寿、二不送礼、三少敬酒、四少拍掌、五不以人名作地名、六不把中国同志同马恩列斯平列";纪念"七届二中全会"。学员们深深感到,老一辈无产阶级革命家凭着坚定的理想信念,始终坚持一切依靠人民、一切为了人民的根本宗旨,在极其艰苦的条件下,克服了重重困难,取得了举世瞩目的伟大胜利,建立了新中国。今天在建设中国特色社会主义的过程中,依然面对着各种困难和考验,我们要时刻保持忧患意识,完成好每一次"考试",牢记"两个务必"的精神实质,自觉遵守"八项规定",秉承实干精神,实现伟大的"中国梦"。应该说,这次狼牙山和西柏坡之行,是落实中共中央组织部《关于在干部教育培训中加强理想信念和道德品行教育的通知》精神,上了生动的一课。

二、增强了事业发展的紧迫感和责任感

在河北大学和河北师范大学学访期间,大家感受最深切的有以下五点。

（一）积极争取政府支持

河北大学历经多次拆分和重组,由天津迁至河北保定,虽说学校历史悠久,学科优势明显,但缺乏区位优势。在其发展过程中,学校始终积极争取政府支持。2002 年,成为国家在中部地区重点支持的五所大学之一;2005 年 11 月,教育部与河北省人民政府签署共建河北大学协议;2013 年 10 月,河北省政府和国家国防科工局签署共建河北大学协议。如今河北大学成为教育部、国防科工局共建,财政部重点支持的重点综合性大学。特别是 2012 年,国家开展"中西部高等教育振兴计划",该校入选"中西部高校综合实力提升工程",成为国家在中西部地区重点建设的 14 所高水平大学之一。

2012 年河北师范大学入选"中西部高校基础能力建设工程"。

两校将在"十二五"期间得到来自教育部等部委和省内的政策扶持与经费资助,各自获得不少于 4 个亿的经费投入,学校必将在硬件与软件建设方面得到巨大提升。

（二）努力提高综合竞争实力

河北大学开展了提升综合实力工程，统筹设计建设项目和目标，按照"两步走"的方针，即第一步，到 2015 年，把河北大学建设成为河北省高层次人才培养、科技研发服务和区域文化传承创新的重要基地，实现"有特色、高水平"综合性大学；第二步，到 2020 年，把河北大学建设成为"特色鲜明、国际知名"的高水平综合性大学。确立了"培养一批拔尖人才，形成一批优秀团队，建设一批创新平台，产出一批标志性成果"的"四个一批"建设项目。大力实施"六大工程"，即学科实力提升工程，师资队伍水平提升工程，人才培养和教学改革工程，科研能力创新工程，社会服务水平提升工程，大学文化建设工程。围绕"一个体系"，即教学质量保障体系建设，将学科专业有机整合，凝练优势方向，突出学科特色，为"大人才、大项目"搭台，学校的综合实力得到有效提升。

（三）创新人才培养模式

一是，河北师范大学从 2012 级开始实施大类招生和大类培养，共分 12 个大类。对新生进行一年的大类培养，学生主要学习本大类骨干基础课程，第三学期开始学生按照自愿选择的专业进入专业培养阶段。针对运行当中出现的问题，从 2013 级开始实施"学院内部专业"大类招生和培养，学生修读一或两个学期后再进行院内专业的自愿选择。

二是，创新师范生顶岗实习与职后教育。实施了师范生的"3.5＋0.5"的教学模式和"优师计划"。"3.5＋0.5"的教学模式即学生在校内接受三年半系统的专业教育，用半年时间深入全省各偏远农村乡镇中小学进行一学期顶岗实习支教，学校将顶岗实习支教工程纳入教师教育课程体系。

"优师计划"全称为"顶岗实习支教＋特岗计划＋农村教育硕士"一体化的优质教师培养计划。即从参加过顶岗实习支教并且成绩优秀的学生中选拔农村教育硕士，经批准免试参加为期三年的"特岗计划"，特岗期间利用寒、暑假通过函授的方式接受专业硕士课程教育，"特岗计划"结束后再回学校脱产学习一年，完成教育硕士培养的其他任务。"优师计划"实现了本科、硕士和职前、职中、职后的一体化培养，形成了注重师范生实践锻炼，普通师范生顶岗实习、优秀师范生本硕一体化的师范生实践型教师的培养体系。被顶岗的教师，可以免费学习河北师大开设的课程，或到学校附属中学、附属小学跟岗进修；还可以申请或者参加河北师大基础教育研究的课题，提高农村中小学教师的科研水平。

（四）主动服务地方经济社会发展

河北大学主动发挥河北省委和省政府"智库"的作用，积极承担各类人文社科项目，并将人文社会科学研究的成果形成调查报告，为河北省的发展建言献策。

267

河北大学科技园被河北省科技厅认定为省级科技企业孵化器。该科技园积极探索和创新孵化器发展模式与特色,围绕培育高新技术产业、文化创意产业、新能源产业等主导产业,以市场化、专业化、高端化为发展方向,通过人才培养、科学研究、技术创新与产业化三位一体,提升服务水平和能力,为河北省转变经济发展方式和调整经济结构发挥引领和带动作用。有46家企业进入该校科技园,创造了良好的经济效益和社会效益。

（五）丰富服务师生的形式和载体

河北大学学生工作部开发了一款手机新闻APP"河大青梅"（意"河北大学青年传媒"）,囊括"通知、新闻、学习、活动、生活、职业"六大频道,从2012年起使用,目前可实现的功能有:浏览校内新闻、关注学院动态、接收学校通知、学院活动和社团活动公告、各类讲座信息、发布寻物启事、失物招领以及自习室开放情况、二手物品转卖、兼职招聘等服务信息。2014年,河北大学团委利用手机平台开发基于二维码技术的学生活动发布与签到系统,记录学生参加各项活动的情况,同时还可实现成绩查询等功能。

自2012年起,河北师大在师生活动中心成立了"学生事务服务中心",是服务全校学生的"一站式"服务平台。学生处、团委、教务处、研究生院、招生就业处、顶岗支教中心、校医院、武装部、网络中心、一卡通信息中心、继续教育学院11个相关部门进驻学生事务服务中心,开展近20项服务业务。

三、获得了事业发展的启示与思考

（一）着眼顶层设计,凸显办学特色

要按照我校"建设教师教育特色的教学研究型综合性大学"的发展定位,根据区域经济社会发展需求和学校实际情况,统筹编制学校综合实力提升规划,大力整合资源,进一步凝练、凸显办学特色,创新人才培养模式,构建更加合理的人才梯队,打造和提升学科专业特色,努力提高学校的竞争实力和服务地方经济社会发展的能力。

（二）积极争取外部支持

在立足于苦干实干的前提下,要想方设法通过各种路径,紧紧依托国家相关部委、政府相关部门、社会各方面的支持与扶持,实现学校各项事业又好又快的发展。

（三）坚持教师教育特色,创新人才培养模式

无论是开展大类招生培养,还是深入推进通识教育,需要我们在做好学校本科生培养顶层设计的前提下,科学确定我校各类学生的培养规格和路径,把培养

合格师资作为教师教育特色的立身之本,把巩固强化师范生从教技能和从教理想作为实现这一目标的重要保障,并积极予以推进。

（四）深度融合协同创新

综合性大学既要通过学科专业的"广度"来体现,更要通过其"深度"的融合发展来体现综合性的水平,彰显综合性的优势,为此,要积极开展校内学科之间的广泛协作,从而实现人才、科研、学科"三位一体"综合创新能力的整体提高。

（五）提升服务天津经济社会发展的能力

在尊重和坚持高等学校教育教学发展规律的同时,要使我们的教学科研和人才培养等工作紧跟经济社会发展的时代要求,要不断彰显我校的教师教育特色,充分发挥对天津市基础教育改革发展的引领和带动作用;要充分利用我校的学科优势,发挥我校在天津经济社会发展中的"智库"作用。

（六）进一步加强处级干部队伍建设

通过学访,我们感到,河北省高校无论是处级干部还是校级领导,轮岗交流、异地挂职等工作力度较大,我们也应加快干部培养,促进干部合理流动,增强干部队伍活力,充分利用京津冀一体化发展趋势,有计划地开展跨部门、跨高校、跨行业、跨区域的多岗位锻炼工作。

加强党员发展中的教育培训
不断提高学校党建工作水平

党委组织部、党校

2014 年 12 月 19 日　540 期　第四版

教育培训工作在党员发展过程中是一项基础性工作,也是党建工作中的一项重要工作,对此我校党委高度重视,充分发挥党校的教育培训功能,以中国特色社会主义理论为指导,以增强党性、提高素质为重点,不断优化培训内容,改进培训形式,创新培训机制,扎扎实实开展党员发展过程中的教育培训工作,形成了以校、院两级党校为主阵地,依托院级党校的一年两期入党积极分子培训和依托学校党校的一年各两期党员发展对象短期集中培训、预备党员培训的三级培训体系。截至目前,学校共举办入党积极分子培训 50 期,培训人数约 5.6 万人;举办预备党员培训 24 期,培训人数 14650 人;发展对象短期集中培训 1 期,培训人数647 人。经过多年探索与实践,我校党员发展过程中的教育培训工作已步入科学化、经常化、规范化轨道。

一、充分认识高校党员发展过程中教育培训工作的重要性

加强党员发展过程中的教育培训是保证党员发展质量的必然要求,是党的思想建设的重要内容,是全面提高党员队伍素质、从严治党的重要环节,也是我们党建设的一条基本经验。在新世纪,世情、国情、党情都发生了深刻变化,我们党面临着"四大危险"和"四种考验"。随着我国对外开放的不断扩大,各种思想文化不断交融、碰撞,人们呈现出行为多样化、价值取向多元化的特点。这些对党员发展过程中的教育培训工作提出了新要求和新挑战,也是我们当前面临的一个现实课题。

加强党员发展过程中的教育培训是实现高校历史使命的重要途径。《中国共产党发展党员工作细则》明确规定,要对党员发展对象进行短期集中培训。党组织应当通过党的组织生活、听取本人汇报、集中培训、实践锻炼等方式,对预备党员进行教育和考察。《2014—2018 年全国党员教育培训工作规划》也明确将新党

员培训列入今后五年党员教育培训的重点工作之中,规定新党员的培训要"着眼于从思想上入党、增强党员意识、发挥先锋模范作用,通过集中学习、党课教育、主题活动等方式,在党员入党后一年内组织一次集中培训"。高等学校肩负着培养中国特色社会主义合格建设者和可靠接班人的历史重任。在新形势下,认真做好高校党员,尤其是大学生党员发展过程中的教育培训工作,是提高广大党员素质的前提和保证,是增强党组织的凝聚力和战斗力的根本措施,是永葆共产党员先进性、纯洁性的重要途径之一。

加强党员发展过程中的教育培训是党员增强党性修养的重要载体。在党员发展过程中,我们也发现在个别入党申请人、预备党员中存在一些不容忽视的问题。主要表现为"四个不够":一是政治理论学习不够主动,尤其是缺乏自己的认识和思考;二是入党动机不够端正,存在着一定的功利性色彩;三是组织纪律性不够强,缺乏严格的党内生活的历练;四是先锋模范作用不够突出,特别是带动、带领作用发挥不够充分。这些虽然是个别现象,但必须予以高度重视,通过不断加大教育培训力度,进一步提高入党申请人和广大党员的党员意识、党性修养和整体素质。

二、扎实做好我校党员发展过程中的教育培训工作

多年来,我校的党员发展过程中的教育培训工作始终以坚定理想信念教育为主线,以党性教育为核心,以增强党性、提高素质为重点,以发挥作用为目标,坚持"三个着力",做到"三个结合",建立了一种动态的、开放的教育培训体系。

在培训内容设置方面,坚持"三个着力":着力提高思想政治素质,使入党申请人和广大党员及时了解马克思主义理论中国化的最新成果;着力提高党员意识,充分发挥党员先锋模范作用;着力提高科学文化素养,练就服务人民、服务社会的过硬本领。由此,培训内容形成了基本知识、基础理论、前沿动态、党性修养、人文精神、专题研讨、特色实践七大板块。在制订每一期具体培训计划时,我们做到"三个结合":结合国内外形势和重大事件;结合学校中心工作;结合不同层面培训对象的特点和思想实际,突出重点、不避难点、关注热点,提高培训工作的针对性、实效性。

在培训载体方面,我校根据三个层级培训课程体系的内在逻辑,针对不同层级教育培训确定不同的培训重点、不同的培训内容,配备不同的师资力量。入党积极分子培训以党的基本知识、基本路线、基本纲领为重点,发展对象培训以理想信念、宗旨教育、党员标准为重点,预备党员教育培训则以党性修养、基础理论、人文精神为重点,实现了教学内容的递进性和系统性。

在教育培训形式方面,实现了"五结合":一是理论学习与实践活动相结合;二是正面教育与警示教育相结合;三是灌输教育与自我教育相结合;四是传统形式与现代手段相结合,构建互联网上的"红色阵地",建立了网上党校;五是教育培训与规范管理相结合,制定了相应的规章制度,保障了教育培训的严肃性和良好效果。

在教师队伍建设方面,始终把构建一支政治热情高、专业能力强、师生反映好的专兼职师资队伍,作为教育培训的有力抓手。一是请"老党务"做教师。他们既有一定的理论水平,又有长期从事党务工作的丰富实践经验和对党的事业高度负责的精神,教学中能够较好地把理论和实际有机结合起来。二是从优秀党员中选教师。他们有执着追求和奉献精神,在本职岗位上取得突出成绩,在师生中有很高威望。三是充分发挥关工委老同志的作用。他们是我们进行教育培训工作中不可替代的、极其重要的资源和宝贵财富。四是充分发挥我校人文社会科学的学科优势,从"两课"和相关专业党员教师中选任教师,发挥他们的专业优势和学术优势。五是选聘刚刚退休或接近退休年龄、长期从事党务工作的书记和党务秘书作为兼职组织员,他们在教育培训工作中发挥了极其重要的作用。

在完善工作机制方面,首先是加强领导。学校党委书记任学校党校校长,各基层党委、党总支书记任院级党校校长,校、院两级党委主要负责人亲自参与培训内容的制定和任课教师的遴选。其次是健全制度,学校党委先后出台了相关制度,理顺了学校党校和学院党校两级党校的关系,形成了教育培训两级管理、三级培训的工作机制。最后是保障经费。将党员发展过程中教育培训工作的经费纳入学校财政预算,并逐年增加。学校先后设立了多个专项项目经费、兼职组织员工作补贴,调整了学校与基层党组织的党费留存比例,将国家规定的基层党组织党费留存40%的比例调整为50%,从而保障了教育培训工作的开展。

三、关于党员发展过程中教育培训工作的思考

在教育培训中,如何使广大入党申请人和党员真学、真懂、真信、真用是一个永恒的主题。为此,我们要在以下四方面下功夫。

第一,进一步加强教育培训的师资队伍建设。要下大力气加强专兼职教师队伍建设,每年选派一定数量的党课教师到国家相关培训机构进修学习,使他们在教中学,在学中教。适时开展教学研讨、学术交流等活动,将党课教师纳入思想政治课教师中统筹考虑,努力提高党课教师的能力和水平。

第二,进一步加强教育培训的课程体系建设。为了进一步加强大学生党性和思想政治教育,不断增强党在大学生群体中的影响力,把更多优秀青年吸引和凝

聚到党组织周围;为了更好地利用现有资源解决目前在发展党员过程中教育培训存在的培训对象规模过大、培训任务繁重、培训教师重复性劳动多的问题,学校积极探讨将发展党员过程中的教育培训纳入"两课"教学体系,作为公共选修课纳入教学计划,保证教育培训的制度化、专业化、标准化,提高教育培训质量。

第三,进一步探索教育培训考核的方式方法。目前在教育培训考核中存在的较大问题是形式单一,主要以结业考试为主,学员更多地关注"标准答案",缺乏问题意识、深入的思考和个人观点。要增加平时的研讨交流和对学习体会的考核。在考试中,减少客观题的比例,增加主观题的比重,以促进学员们的思考。

第四,进一步创新教育培训的方式。充分利用网络等新媒体手段,不断创新教育培训新途径。要进一步开发网络资源,充分利用网上课堂、微信课堂、教学视频、微博等形式,构建集思想性、知识性、趣味性于一体的学习平台,不断提高教育培训的活力,从而不断提高教育培训的水平。

谈学生的个性化发展

教育科学学院退休教授、小学语文教学论专家　田本娜

2015 年 1 月 1 日　541 期　第四版

　　当今世界范围内,现代科学技术发展迅猛、日新月异,国家综合国力的增强、国际地位的提升都需要大量具有创新思维的人才。培养学生的创新思维,培养的人才要适应社会发展的需要,可以说,我们的教育还需要不断探索、思考与实践。

　　孔老夫子教书一辈子,教出贤人七十二,每个人都具有个性特点。对于当前的教育工作者来说,我们应当有信心也能培养出聪明、智慧、具有个性发展的、创造力强的人才。要实现这一目标,我认为当务之急,就是要使学生获得个性化的教育,以提高学生个性化的发展目标。

一、一条基本思想——个性化发展必须以全面发展为基础

　　我们在谈学生个性化教育之前,首先必须明确学生的个性化发展和全面发展的关系。教育的根本目的在于培养人,人的发展要达到什么目标。关于人的发展涉及两方面:一是人的全面发展,二是人的个性发展。人的全面发展主要包括两方面:一是"横向"——德、智、体、美等方面,即人的身心的全面发展;二是"纵向"——人的发展的充分与自由的程度。人的个性发展,主要指个人不同于他人的特性的充分发展,就是人的主体性、独立性和独特性三方面的发展。独特性包括感知方式、思维方式、思想见解的不同等。我们必须纠正对"个性化教育"的一个错误解释——"一对一的教育",也就是培训教育,这是非常错误的。

　　人的全面发展与个性发展理论是制定教育目标的理论依据。中小学教育的总目标,就是要为学生在德、智、体、美诸方面的全面和谐发展与个性发展奠定基础。用这个目标来衡量,从横向分析:现在的小学教育存在着"片面教育"的问题,主要体现在课程上不能达到发展目标。第一,德育教育的缺失;第二,体育课程的重要性没有得到充分体现;第三,智育只重视学习死知识,而缺乏智慧的开发;第四,美育尤为缺失。从纵向分析:发展目标的充分和自由程度还很不够,大多数学生的智力潜能还没有得到充分体现,有的教学不但不能启迪反而阻滞学生智慧的

发展。

关于学生的个性发展,学生主体性、独立性发展是十分缺乏的。教育中的非个性化的教育现象很普遍。小学生正处在向主体性、独立性和独特性发展的基础阶段,在这个阶段打好基础,个性的充分发展就有了保障。但在一些学校的培养计划中,经常看到"培养学生全面发展和特长"的字样。也就是说,有的教育工作者以特长发展取代了个性发展,把有一点特长的学生看作个性发展的学生。这其实是两个不同的概念,个性是表明人格的,特长是表明专业的;有特长的学生不一定个性得到发展。学生的个性发展,就是让学生主动性、独立性得到充分的发展,这必须建立在全面发展的基础上,没有学生的全面发展,也就难有学生的个性发展。这一点必须坚持。

二、一项建议——实行小校、小班制

在中小学要使学生获得个性发展、个别差异得到体现及提高学生的道德与学业质量,就必须进行个性化教育。对于个性化教育,我的理解就是"因材施教",要做到这一点,首先必须改变现在的学校和班级规模,实行小校、小班制。

小校、小班好处很多。第一,便于教师了解学生。教学不能只教知识,要对学生的思想、情感、品德、身体健康等方面进行全面教育。要使学生接受全面健康的教育,就要了解学生的身心发展情况,了解学生的性格特点,才能因材施教。如果学生人数少,教师对每个学生的性格特征、学习情况了如指掌,可以第一时间观察到学生感兴趣的方向。同时在学生遇到问题时,教师及时给予帮助,使学生获得教师较好的关怀和指导,避免这名学生走下坡路。第二,便于师生合作。目前,提倡合作教学。可是学生人数太多,讨论问题,只能几个学生有发言的机会,大多数学生只能听,学生的思维、语言都得不到相应的发展空间。如果班上人数少,学生发言的机会就多,学生之间互相合作、师生合作的教学就有条件进行。第三,可减少教师批改作业的负担。教师可以将其精力用在了解学生,研究教材、教法,进行个别辅导上。第四,实行小校,才能避免集体性、权威性管理。学校规模小,校领导就更加容易深入课堂听课,了解教师和学生。

三、一点希望——希望改进教师的教学思想和教学方法

教育最重要的内涵是培养学生的思维方法,我们要培养会思考的人才。会思考,才能有所创造,会思考才能会学习,因为要获得学习的真正知识,必须深入知识的深层次,发现隐藏在各种知识背后的内容,这就需要学会思维方法。所谓思维方法,就是分析、综合,抽象、概括、比较、推理、判断等思维方法。个性发展的教

育,其本质就是以人为本的教育,就是人性化的教育。教师必须树立科学的学生观:要相信学生是具有主观能动性的人,学生是在发展中不断成长的人,学生是具有个性生理、心理特点的人。

首先,教师应当尊重每一位学生。个性化教育主要精神在于教育必须以人为本,要尊重学生的人格。这从著名教育家霍懋征老师的一件小事上可以看出来。在霍老师班上有一名好强的孩子叫小玲,上课老师提问时,她不会的问题也举手抢答。这是为什么?霍老师很细心,及时发现了这情况,了解她是自尊心使然。霍老师没有说她"不会答的问题,不要举手",而是想出让小玲举"左右手"的办法,举"右手"是会答的问题。举"左手"是不会答的,来区别让她回答还是不让她回答问题。这简单的举"左右手"的办法,真是奇思妙想,既保护了学生的自尊心,又激发了学习的积极性。为什么霍老师能想到这个方法?其根本是因为霍老师的心中关爱着每个学生,细心观察每个学生的表现及其心理活动,所以她会及时地启用教育的智慧,想出妙招来维护学生的自尊、激励学生的上进心。这也充分体现了霍老师尊重学生个性化发展的教育艺术。

其次,教师要进行个性化教学,就要形成个性化的教学风格。善于发现学生的性格及学习特点,有针对性地进行教育、教学,因材施教。如有的学生善于发现问题、提出问题,有的学生就不会提问;有的学生善于从一个问题深入钻研下去,而且能从一个问题联想到一系列问题,以点带面,有的学生则善于从全面再深入一点去学习;有的学生逻辑思维能力强,思考问题有层次,有的学生形象思维能力好,善于联想、想象;有的学生听课注意力集中,能坚持较长时间的阅读,有的学习时注意力易分散,学习的坚持性差;有的学生观察力强,善于抓住细节,有的学生就一看而过,留不住印象……对学生的这些不同的特点,教师要分类研究指导;对学生的思维方法、学习方法、心理品质、兴趣爱好的指导,绝不要用"一刀切"的办法。

再次,教师既要倡导学生自我学习,还必须进行启发引导。在学生的发展过程中,如何看待学生的个人因素和教师的作用?教师必须承认学生的进步,体质的增强、知识的增长、智力的发展、情感的丰富等主要靠学生自身的内在因素、内部动力、主观努力起决定作用,但是学生自身发展的能力又是潜在的,需要外部条件的作用,这就需要教师发挥主导作用。教师的主导作用主要体现在将学生学习的内在潜力、求知欲望启发诱导出来。提倡学生自我学习,并不意味着放任自流;主张教师主导,也不意味着一切都由教师决定。

最后,教师要善于提问、引导,还要教会学生善于思考、提问。教学要教会学生思考,就要学会提问题;要教会学生提问,教师必须会提问题。这就要求教师既要对学习科目的文本有深入的理解,还要针对不同学生的具体情况提出不同的问题。问题的种类很多,要看提问的目的是什么。如记忆性的问题,可提这是什么;理解性的问题,可提这是为什么;批判性的问题,可提你如何看这个问题。这要在教学中引发学生对问题的讨论,启发学生提出自己的看法。学生对老师的不同意见,教师不要轻易否决,要让学生表达清楚,如果学生的意见是对的,就要虚心接受;如果学生的意见不正确,要提出理由说服学生。这就需要教师对所提出的问题具有充分的理解和准备。

保护传统知识世代传承

法学院教师　尚海涛

2015 年 4 月 17 日　545 期　第四版

近年来关于传统知识保护的讨论日渐增多,注册登记、授权合同、事前告知、来源地披露和收费协会等保护方法纷纷提出,但在讨论这些保护方法之前有一个前提需要注意,即要对传统知识的概念和特征予以清楚界定。传统知识概念的最初成形和提出源自《生物多样性公约》(CBD),公约是 1992 年于里约热内卢召开的联合国环境与发展大会的成果之一。除 CBD 外,世界知识产权组织(WIPO)也为传统知识的界定做出了不懈努力。传统知识作为一个专门术语被 WPIO 正式使用,开始于 1999 年 11 月在日内瓦举行的"知识产权与传统知识"圆桌会议。

一、传统知识的概念界定

当前学界对传统知识的界定主要有两类意见。第一类意见认为,在当前情况下,由于大家众说纷纭,因此没有必要对传统知识进行界定。其核心观点有三:一是传统知识的"传统"无法确定;二是传统知识的"保护"无法确定;三是当前传统知识概念纷繁芜杂,由此界定一个能够为多数学者所认可的概念就是困难的或不可能的。第二类意见认为,传统知识的概念不仅有必要界定,也是可能界定的,只是各位学者和各个组织在具体界定上又有不同的侧重点:一种是在界定传统知识的概念时,将界定重点放在传统知识的外延方面,尤其是传统知识保护的客体方面,基于此类想法,这些组织和学者对传统知识的界定主要是罗列和描述传统知识所包含的对象;另一种是在界定传统知识时将界定地重点放在概念的内涵方面,如 CBD 第 8 条 J 款就认为,传统知识是指那些土著和地方社区体现传统生活方式而与生物多样性的保护和持久使用相关的知识、创新和做法。综合上述学界的研究,本文认为所谓传统知识是指土著民族、部落和地方社区民众在适应自然环境过程中所形成并经世代相传不断演化发展的集体智慧结晶,它是人类为了生存和发展所形成的、反映其对社会及自然环境认知和改造的知识总和。

二、传统知识的基本特征

与现代知识相比较,传统知识主要有以下一些基础特征。

传承性。传承性是传统知识的重要特征,传统知识的此种传承性在 CBD 和 WIPO 的概念界定中有着明显的体现:CBD 指出,传统知识是尊重、保存和维持土著和地方社区体现传统生活方式而与生物多样性的保护和持久使用相关的知识、创新和做法,在这一概念中重点突出了"尊重、保存和维持土著和地方社区体现传统生活方式";WIPO 指出,传统知识通常被认为与特别的民族和地域有关,并随着环境变化而经常地演化,在其概念界定中突出了传统知识代代流传的特性。

群体性。传统知识的群体性体现在两方面:一是传统知识的产生和发展是群体智慧的结晶;二是群体知识的所有权主体是群体内的全体成员,由他们共同占有、使用和收益。传统知识的产生与发展是由某个部落、村庄、社区和民族等在长期生产和生活中完成的,通常是群体中无数成员个人贡献的集成。这些贡献成员多是籍籍无名,也许会有某个个人、家庭或家族对这项传统知识的产生和发展起到了至关重要作用,但是由于此种贡献在投入时就没有刻意区分自己与他人、个人与集体,经过历史发展,这一传统知识的个人特征逐渐消失,变为一项集体财富受到保护。

地域性。传统知识之所以具有地域性特征,在于传统知识是自然、社会、文化和技术相互作用下智力活动的知识成果。由于世界上不同地域的自然环境不同、人文环境各异,因此与自然环境和人文环境互动产生的传统知识也就各不相同,具有浓厚的地域色彩。如我国侗族的高仟地区在防治病虫害的传统知识方面就具有浓郁的地域性特征,那里的人们对于病虫害的防治有三种方法:一是在稻田中放养鱼、鸭,让它们吃掉害虫的卵和幼虫;二是将禾秆烧成草灰撒在稻田驱走病虫;三是用烟叶、鱼藤、樟树叶等泡水制成传统的生态农药进行杀虫。总体而言,苗族高仟地区的病虫害防治体现了生态、环保和共赢的地域色彩。

无时限性。传统知识不具有时间性,因此与知识产权保护相区别。当代法律对知识产权的保护往往是有一定期限的,而传统知识的保护没有期限。这是由于传统知识是由原住民族、部落或地方社区的生存方法、生活习惯、民族文化等长期历史积累而成的,是人类的宝贵财富、遗产资源,需要从法律上永久地确认对其进行保护。传统知识一旦消逝即不可再生,甚至随着时间的推移,传统知识的价值会不断上升,在时间上其升值预期不易确定,因此长期对其进行保护就更加重要。

整体性。传统知识的整体性主要体现在传统知识多是复合的和多元的,它通常是由信仰和知识组成的整体,代表着特定群体的文化背景,并具有宗教和文化方面的象征意义;而在现在知识体系下,知识多是单一的,或者是隶属于某一分类体系下的。对于传统知识的整体性,WIPO委员会曾用一个小故事予以形象的阐述:亚马孙地区的一名部落成员生病了,于是他求助于本部落的巫师。为了治愈这名部落成员的疾病,巫师通常会采集不同植物的叶子、果实和根茎等,并按照自己的配方将它们组合;他同时会穿起某种仪式的服装,向森林之神祷告并跳着独特的宗教舞蹈;他还会吸入灵魂之藤叶子的烟雾,以便将药材保存在带有象征图案的瓶子里。传统知识的整体性就体现为它的精神性与实用性相互融合、不可分割。同时传统知识也可能是一个地方各类文化要素的组合,而且各要素间是一致的和连贯的。

与习惯法密切相关。传统知识与一地的风俗习惯有很大关联,因此,对传统知识的保护会受习惯法影响。这些习惯法以乡规民约为代表,体现出一地民众对自身文化的爱护与责任感,内容上往往表现为不允许不当使用或贬低使用传统知识,或对其进行有害侵犯。为了促进传统知识的保护与发展,实践中也应强调以一地社区文化为基础进行传统知识的传承与创新,其使用方法与传承方式应遵循当地长期流传下来的习惯法则。

三、传统知识的保护与传承

传统知识的概念和特征是在传统知识与现代知识比较的过程中得出的,同时传统知识与现代文明也有着密切联系。现代文明的进步有赖于现代科技文化知识的发展,但同时现代科技文化知识又多肇始和脱胎于传统知识,由此而言传统知识与现代文明之间就是一种"源"与"流"的关系,一方面我们要保护现代文明发展这一"流",另一方面我们也不能忽视传统知识这个"源"。与现代科技文化一样,传统知识对人类社会生存和发展亦具有重要的价值和作用。如在医疗卫生领域,传统医学已成为世界各国人民日常医疗的重要组成部分。在发展中国家,大约有80%的人口依赖传统医学满足他们的健康护理需求。同时,传统知识也是维护生物多样性和文化多样性的重要资源。世界上诸多农作物的多样性依赖于传统的耕作方法、品种选择和土地利用习惯等传统知识,而这些传统知识又为各种不同风格、不同体裁的文学艺术如音乐、舞蹈、手工艺制品等方面的创作提供极具生命力的创作源泉。此外,传统知识在解决粮食、健康和环境等重大问题方面也具有重要价值。

传统知识既是我们中华民族过往的根系所在,也是我们继续科技创新的无尽源泉,传统知识如此重要,但当前世界范围内受保护的现状却不容乐观,这无论是从印度的"姜黄案""楝树案"、厄瓜多尔的"死藤水案",还是从澳大利亚的"地毯案"、中国的"野生大豆案""《乌苏里船歌》案"中都可以约略得出。当然,面对如此严峻形势,诸多国际组织、各个国家和专家学者们为传统知识的保护倾注了不懈努力,也创造性地提出了多样性的解决办法,由此对于传统知识的保护我们依然坚定信念,也有信心将传统知识的保护继续推进。

对于传统知识的保护与推进,在大学校园里我们更应该有所作为,面对大学里的青年学生,积极引导他们重视保护传统知识、学习传统知识在当前显得尤为重要。这是因为在防止传统知识在时代进程中自身的没落和丧失,需要青年学生的力量,需要青年学生的关注。大学生要"志以天下为芬",主动承担起保护我们民族传统知识的责任来,对待传统知识,既要保存,又要继承,更要发展,使之永葆生命力。只有全社会的民众都意识到,传统知识既是我们中华民族的根系所在,同时也是我们继续科技创新的无尽源泉,那么传统知识的保护才能真正走上一个新的征程。

通识课改革试点:线上线下混合式教学模式的初步探索

文学院院长、教授 赵利民

2015 年 5 月 18 日 546 期 第四版

一、关于大学通识教育的认识与思考

长期以来的教育理论探索与教学实践表明,大学教育(尤其是本科生教育)是专业教育,更是素质教育。大学教育一方面要培养本科生的专业知识和技能,使之在走向社会、走上工作岗位之时具有系统扎实的专业基础,能够胜任具体工作;另一方面又必须使学生具有全面的知识储备和深厚的文化底蕴,不仅学有所长,而且在思想境界、道德观念、文化素养等方面都能体现出高素质。注重大学生基本文化素质的培养,应该成为人才培养的一种重要理念和本科教育的一项基本方针。大学教育正是要通过渗透于课堂和日常生活中的文化素质教育,使学生真正成为人类文明的创造者、获得者和传播者,成为拥有高度文化修养和健全人格的人才。

大学教育既要承担社会责任,又要遵循教育的本质,这就要求其不仅要开展专业教育,也需要开展旨在培养全面素质的通识教育。通识教育(General Education)提倡发挥人的整体性、通达性、思辨性及理念性的"全人教育",也就是说,在这一过程中培养全面发展的人——建立全面的人格,提升生命境界,改善人的道德、审美、精神等,形成基本的人文修养、科学素养和思想视野,从而与专业教育相结合,真正培养宽口径、厚基础的大学人才。

旨在培养学生全面素质的通识教育,在高校中主要由通识类课程承担,其超越具体的专业界限,通过更为基础的知识传授和能力训练,为专业教育建立必要的知识与经验保障,提供学习的基本方法和文化基础。它们不像专业课程那样仅仅以传授基础知识、锻炼基本技能为宗旨,而侧重于学生最基本的思想素质与文化修养的形成,是人的精神世界的涵养力量。这类课程不求立竿见影的教学效果,而如涓涓细流般一点点浸润在学生的知识结构和人格范式的形成与完善的过程之中,从而使学生在知识储备、思维能力、文化修养等方面实现全面的提升。

在新时期的大学通识教育中，通识课程绝不能作为专业课程的简单延伸，而是需要赋予其独立地位和发展空间，应当重点建设若干门核心课程，并构建不同结构和不同层次的核心课程体系。为了使优秀的核心通识课程受益范围更广，教学效果达到最佳，教育者在实践中探索出依靠建立网络学习平台对通识课程的教学方式进行革新的途径，将传统教学模式转变为"网络平台讲授学习＋阅读＋课堂讨论＋论文"的线上线下混合教学模式。在这种教学模式中，将教师的指引性和学生的主体性充分结合起来，将"人"作为施行通识教育的核心。

现以人文类通识课程《中外文学经典与文学精神》的改革为例，谈一谈通识课程建设及改革过程中的相关经验及问题。

二、《中外文学经典与文学精神》课程改革介绍

《中外文学经典与文学精神》（原名《中外文学基础与前沿》）作为我校首批立项建设的通识核心课程，2004 年成为校选修课，目前配有优秀的教学团队、掌握了充足的教学资源、积累了丰富的教学经验。在此基础上，为将课程推向一个新的高度，借鉴慕课相关经验，进行了教学上的革新。

在设计理念上，课程以基础性与前沿性、知识性与人文性、感受性与普及性为宗旨，引领学生阅读大量的中外经典名著，通过对中外文学经典作品和文学精神的研读与探索，让学生了解中外文学基础知识及接触文学前沿问题，在获得艺术享受的同时，提高文学鉴赏能力和审美感受力。

在教学方法上，课程采用集锦式讲授形式，集聚文学院各个专业领域中具有丰富教学经验的六位中青年教师，以专题纵览的方式，分别讲授六个主题相异、同时暗含内在逻辑的文学专题——"西方悲剧文学与悲剧理论""如何面对经典""新与旧""中国当代文学与民族文化传统""西方文学的'两希'传统""《红楼梦》讲座"，从而集中凝练地将各具特色的文学话题展现在学生面前。

在组织实施上，重新建构学习流程，变传统课堂面授模式为翻转课堂的教学模式，采用线上与线下混合式教学。课程线上部分与有关教育技术公司合作，搭设课程学习平台，学生结合线上学习资源进行视频学习、参与论坛专题讨论，并提交作业，线下部分则由主讲教师就线上学习内容组织学生进行分组讨论，并形成专题论文。

三、《中外文学经典与文学精神》课程改革特色与反思

（一）课程特色与优势

在本通识课程的改革中，充分凸显了人文的优先性，这主要体现在以下几

方面。

第一，学习资源丰富。网络学习平台提供了多元化的"富"媒体资源，克服了传统纸媒的局限，从而满足了学生更为个性化、多样化阅读大量经典文学作品的需求。

在人文类的通识课程中，经典的阅读尤为重要，学生在阅读经典的过程中，同这些经典形成了"对话"关系。在本门课程中，文学经典的阅读是学习过程中的关键环节，因而在经典文学作品的选择上，课程提供了历史影响巨大、内容历久弥新的经典文学作品。对于这些经典作品，学生可能已经接触过，或是已经相当熟悉，可经典的意义就在于，读者对于它们的每一次赏析都是独一无二的探索之旅。所以，《中外文学经典与文学精神》的立足点就在于，通过各具特色的文学专题的精彩讲授与探索学习，引领学生开始或者重新认识每一部经典作品，让学生在实际的经典阅读中，领略经典作品所蕴含的鲜明的时代精神、深远丰厚的文化内涵与普遍人性的意蕴，把握文化精神，并逐渐树立经典意识。

第二，学习自主性强。课程线上部分的各个文学专题视频在学习期内一直保持开放状态，便于学生根据自身情况自主选择学习时间与地点，时空更为灵活。

每一个文学专题视频被分割剪辑，形成短时学习模块，这就契合了学生的学习习惯，使学生在学习过程中注意力更为集中和高效。同时，每一个学习模块都分别针对某一特定的文学问题，从而使学生的学习更具有针对性，查找起来也更为方便快捷，而且这些文学专题视频随时都可以进行暂停与回放，这也就满足了学生多次自主学习的需要，强化了学习效果。在这里，学生既可以赏析探讨悲剧的悲壮之美，又可以学习体味《论语》与《红楼梦》的古典韵味，还可以在中国现代文学与当代民族文学中感受体悟时代精神的韵律，或者在西方文学"两希"传统中品味独特的西方文化。进而，在这种自主性形式的学习中，感受人文精神，享受文学之美带来的愉悦。

第三，学习互动性强。课程采取以教师为主导、学生为主体的教学方式，线上学习为学生与学生、学生与教师之间搭建了便捷的沟通平台，营造了良好的交流氛围，使学生能够就学习内容实时进行个性化对话与交流；线下课堂讨论上，学生可以根据线上学习情况及自己的兴趣，自主选择参加某一文学专题讨论组，师生间可就相关问题进行面对面的探讨与交流，从而将视频学习内容及阅读内容引向深入。

在这种师生的双向交流与互动中，教师针对文学专题做出提示，学生则根据自身感受提出对作品理解的若干种可能性，这样就避免了用单一结论抑制学生的想象力和艺术感受力，实现了教师与学生、学生与学生之间思路、观点和方法的相互借鉴与相互交流。这不仅有利于改变学生对于知识选择的被动性,充分发挥学生学习的主动性,而且可以使课程讲授的内容真正作为一种文化素质融入学生的生命之中,而非简单的知识储备。

我们在课后同选修本门课程的学生的交流中了解到,他们对于《中外文学经典与文学精神》课程这种新颖的教学模式给予了相当不错的评价。他们认为,在大量阅读经典文本与主讲教师引导的基础上,对于相关文学问题有了进一步的认识,不仅拓展了自身的文学视野,领略到了文学的独特魅力,提高了人文素养,而且对于今后的专业学习也是一个很好的帮助。

(二)课程反思

课程自采用线上线下混合式教学模式以来,以其新颖的教学形式、灵活的时空、丰富的资源共享、个性化的交流平台,以及专题讨论组的设置,吸引了一大批学生选修本门课程并给予好评。

当然,课程正处于改革初期,这种线上线下混合式教学模式的独特优势得以彰显的同时,也显现出了一些有待改进的方面。比如,教学资源相对有限,在线学习和翻转课堂的协调在运行管理中有一定的难度,建立科学严格的管理制度是关键;网络硬件环境改善还有进一步提升的空间;讨论课中如何突破单一的问答形式,构建多元讨论形式,调动学生主观能动性的方式方法还需进一步探索;学生学习效果与质量的实时化、科学化与准确化监测手段还需要进一步完善。

《中外文学经典与文学精神》虽然是以人文类的通识课程为主要改革对象,但希望能够在这一改革的初步探索中,对其他通识课程的改革提供相关思路,进而对于推进大学通识课程体系整体建设而有所裨益。

推进依法治校　保障高校发展

法学院副教授　魏建新

2015 年 6 月 12 日　548 期　第四版

以 2003 年《教育部关于大力加强依法治校工作的通知》为标志,依法治校开始在各地学校中普遍推行。2012 年教育部专门制定了《全面推进依法治校实施纲要》和《高等学校章程制定暂行办法》,依法治校进入了实质实施阶段。2014 年党的十八届四中全会做出了全面推进依法治国的战略部署,进一步实施依法治校是落实依法治国的必然要求。

一、依法治校的理解

法治是用法律来治理国家和社会,法律是社会生活的最高权威,是一切行为的底线。依法治校是指把办学活动纳入法治的轨道,教育教学权力必须在法定职责和权限内活动,权利主张和利益保障置于法治框架内考虑。依法治校是把由学校办学活动所产生的社会关系纳入法治调整的范围,既包括政府与学校的关系、学校与社会的关系,也包括学校与教师的关系、学校与学生的关系。在各种法律关系中,既不能以行政管理行为替代民事法律关系,也不能以民事调整方式代替行政法律关系。依法治校不仅要理顺政府与学校之间的法律关系,合理界定政府行政权与学校办学自主权的界限,更重要的是理顺学校、教职工、学生等主体之间的法律关系,维护各方主体的合法权益。

依法治校的“治”是指治理,而非管制,治理是管理和服务的统一,依法治校不是消极地运用法律来管制学校,而是指在学校管理中能动地开展依法育人、依法管理。“依法治校”也不是简单的“以法治校”,只把法律作为管理学校的手段和工具。“依法治校”更不是“以罚治校”,不能只强化法律的惩戒功能,更要倡导法律的指引、评价、预测、教育、保护等功能。只简单套用所谓的“法律”和“制度”去管理和约束教职员工,去管理和控制学生,教育教学关系变成纯粹的管理关系,造成师生对学校归属感的缺失,这绝不是依法治校的本质。依法治校应遵循教育规律,依靠法治精神,坚持教育优先,以育人为本。

依法治校是法治精神在学校办学中的体现。西南政法大学校长付子堂认为，依法治校不仅仅是强调遵守规则和程序正当权益，更加重要的是依法治"权"（规范学校办学权力的运行）和保"权"（保障社会公益、师生员工和学校的合法权益）。在处理权力与权利的关系时，法治的真谛在于控制权力。依法治校就意味着高校各种管理也不能游离于法治之外。任何不受控制的权力导致滥用具有必然性，任何权力都必须纳入法治的轨道。学校内的任何权力行使应坚持依法而为，以规则而为，以法治精神而为，用制度去管事，用制度去约束权力的任性。依法治校绝不是束缚了学校的发展，相反，正是由于法治在办学中的保障和引领作用，才使学校快速发展和长效发展有了坚实根基。

二、依法治校的价值

依法治国是推进国家治理体系和治理能力现代化的基本方式，推进依法治校是提升学校治理能力的需要。重大改革有据，在深化高校教育体制改革中发挥法治的引领和保障功能，用制度激发改革动力，用制度突破改革瓶颈，用制度固化改革成果。浙江工商大学原校长胡建淼认为，"依法治校"是实现学校管理科学化、规范化的重要途径，也是实现学校由经验管理到科学管理的必由之路。以规则形式对学校、教师、学生各方主体的责权利做出了明确规定，防止因责权利不清而导致的利益纷争，最大程度减少内耗，依法治校为全面提高学校管理水平与效益提供了保障。

高校改革进入了关键期，高校面临的社会环境日益复杂。随着办学规模的扩大，学校事务也越来越复杂，出现了一些新情况和新问题，不稳定和不和谐现象在高校内时有发生，日益成为困扰甚至是阻碍高校改革发展的消极因素，迫切需要运用法治理念，通过制度手段，运用法治思维去处理校内外的各种关系。在法治社会中，教师和学生维权意识日益增强，高校内部规章由于缺乏必要的法律控制，埋下了越来越多的纠纷隐患，迫切需要通过运用法治方式加以规范，面对高校办学过程中的各种矛盾和纠纷，依法治校是解决问题的最好出路。

对于大学生来说，依法治校是培育法治精神和树立法治信仰的需要。培育大学生的法治精神是高校应尽的职责。一所毫无章法、无视法纪的学校是不可能培养出具有法治意识的学生的。依法治校弘扬的是理性文化、权利文化，反对的是关系文化、权力文化。大学生的可塑性强，高校管理遵循公平合理制度，彰显法律正义精神，依法治校的育人环境势必对大学生造成深远的影响，公正平等意识、权利义务观念、规则意识、契约精神等法治理念，就会潜移默化地渗透到学生行为方式中。

三、依法治校的实施

依法治校不是喊出的一句口号，不是挂起的一幅标语，而是要把法治的血脉融入学校机体和运行的整个过程。依法治校要强化学校治理中的法治思维，我国是成文法国家，明确的法律条文为人们守法提供了便利。但基于成文法本身的局限性，不可能为高校治理中所有问题的解决提供法律依据。很多人片面地认为"依法治校"是"依法律条文治校"，凡事都要寻求法律条文，如果找不到，则"无法治校"。这只是依法治校的初级认识，依法治校应体现在依照法律的精神和价值而治，学校治理应该充分理解和吸收法律的实质精神。依法治校不只是遵守法律条文，而是重在管理制度和方法中体现法治精神。

法治是良法之治，法治的前提是良善之法。依法治校要以大学章程统率学校规章制度，构建大学治理的"良法"体系。大学章程之于大学如同宪法之于国家，强化和巩固章程在学校中的"基本法"地位，逐步形成以章程为核心的"良善之法"。依法对学校内部规章制度进行编纂，及时修改或者废止违反上位法和不合时宜的规章制度。规章制度一旦形成就应具有稳定性，为了实现行为预期，不得随意修改、废止。学校规章制度若能够帮助师生切实感受到制度赋予的权利，切实认同制度设定的义务，遵法、守法、依法必将成为师生的行为习惯。

依法治校要构建高效有序的校内权力运行机制，扎好各项权力的"制度笼子"。北京师范大学党委书记刘川生认为，一些高校管理者习惯于"个人说了算"，以言代法，既违背法治精神，又破坏法治秩序。高校各个层次的管理者要习惯于凡事按照规矩办，在法律框架约束下办事。依法治校是高校自我管理的法治化，需要建立和完善高校党组织、行政部门、学术机构以及教职工组织在学校工作的运行规则。高校需要行政，但不需要行政化。南方科技大学原校长朱清时提出："南科大的'去行政化'并不是不要行政管理，不能将其简单地理解为取消大学的行政级别。我们学校去行政化最主要的工作是立法，用法的形式规定学校的运行，就会减少行政干扰，将原来的行政管理转变成行政服务。"阳光是最好的防腐剂，实现权力运行的公开机制也是约束权力的必要方式。

构建师生权益保障的校内机制，落实和保障师生的知情权、参与权、表达权和监督权。吉林大学校长李元元认为，推进依法治校要从维护和保障师生的根本利益出发，强化以人为本的制度设计，制定的规章制度不是僵化地限制人的行为，而是更好地激励人的积极性、主动性和创造性。突出师生员工主体地位不是抽象的,而要具体落实,这也是依法治校的意义所在。在教师职务评聘、继续教育、奖惩考核等方面建立了完善而又稳定的运行规范,不能朝令夕改;学生的奖惩制度、困难学生资助制度以及学生日常教育制度规范要普遍建立,关注个人正当权益;事关师生切身利益的重大决策要切实听取师生意见。要充分发挥基层调解组织、教职工、学生自治组织和法治工作机构在师生权利救济机制中的作用,将因管理行为、学术评价、教职工待遇、职称职务评聘、学生处分等引发的纠纷纳入申诉渠道,保证所有申诉都被受理,保证申诉受理后都能及时处理。

深入·比较·借鉴

资深教授　徐大同

2015 年 7 月 10 日　549 期　第四版

改革开放以来,我国的西方政治思想史研究取得了较大发展,学科体系渐趋完善,专题研究不断深入。这些成绩的取得,关键是坚持了在马克思主义指导下进行深入研究、比较研究和借鉴参考。这也是新形势下这一学科发展必须坚持的原则和方向。

所谓深入研究,就是坚持以马克思主义为指导深入研究西方政治思想史。对西方政治思想的介绍是了解、认识和研究西方政治思想的基本前提。多年来,我们通过各种渠道了解西方政治思想的历史和现状,在这方面做了大量工作。但随着时间的推移、科学的进步、水平的提高,我们需要更加完整、准确地认识西方,介绍工作还应继续。我们过去无论是对西方政治思想名著、专著的翻译,还是对通史、人物的专题研究,以今天的标准来审视,恐怕仍有许多不足,需要更正、补充和修订。

这涉及两个问题。一是要认识到各种政治思想无不是时代的产物。所谓适时而生、应时而变,它不仅受当地当时的经济、政治和文化等因素的制约,而且受思想家所处的生活条件、环境等的影响。一切政治思想都是一定经济基础上的上层建筑中意识形态的组成部分,都有其鲜明的阶级性、时代性。二是在评价问题上,不能"浮光掠影""点到为止",应进行更加细致的研究。研究西方政治思想主要不是做文字诠释和细节考证等工作,而是联系各时代经济、政治和文化的历史背景,了解各种思想产生的根源和存在的根据,掌握各种思想间的联系和具体思想的深层内涵。这就要求我们不仅要回答"是什么",更要回答"为什么"。应从马克思主义基本原理出发,对西方各种政治思想进行历史的、实事求是的客观分析。

所谓比较研究,就是开展中西政治思想的比较研究,揭示两者的共性与差异,取得更深刻的认识。这既有利于我们深化对中国传统政治文化的认识,也有利于我们加深对西方政治思想的了解,使政治学这门学科更好地为我国发展服务。在比较研究时,应注意政治文化的民族性。在人类发展的历史长河中,各民族由于所处的条件不同,形成了形式各异的民族文化,包括各自的政治文化。各民族的政治文化在长期发展过程中,逐步成为一种政治文化定势。这种定势往往被该社会的政治、法律制度确认下来,并深入每个社会成员的心灵和行为习惯之中,取得全体社会成员的共识,构成该民族政治文化的特质,并区别于其他民族的政治文化。在研究不同民族的政治文化时,不能褒此贬彼,或贬此褒彼,而应进行科学的比较,探寻其各自存在的理由和利弊得失,进而推动自己民族的政治文化建设。

所谓借鉴参考,就是从我国国情出发,坚持"为我所用",借鉴参考西方政治文明的有益成果。坚持以马克思主义为指导,从我国基本国情出发研究问题,是我国政治学研究必须坚持的根本原则。在这一前提下,一方面要看到西方社会在历史发展的各个阶段中政治思想家曾提出的一些有价值的思想和主张。特别是近代以来,他们结合各自国家、各自时代的实际情况,在关于如何建设、维护和发展国家政权等方面,提出过一些有益的看法和见解,值得我们借鉴和参考。另一方面,借鉴参考是有原则的,这个原则就是要从我国的国情出发,为我所用。我们不是"为了研究而研究西方",而是"为了中国而研究西方",也就是说通过研究西方政治思想的发展规律,总结其经验教训,以提高我们认识国家、组织国家、治理国家的水平,为我国社会主义现代化建设服务。

有些人认为,西方的价值观念和政治制度就是最好的。对此,我们在研究中必须有清醒认识,任何政治思想以及政治制度的产生和发展都要适应本国、本民族的社会特点和时代需要。例如,民主在西方的政治思想传统中有着悠久历史,但民主的价值和理想在西方从来都是有争议的,民主的制度和实践也没有统一的模式。古希腊的民主与现代民主不可同日而语,今天的民主与19世纪的民主也有很大的不同。同时,由于各民族、国家的历史条件和具体情况不同,其民主思想和制度也都各有其特点,美、英、法等国的民主思想和制度有很大差异。可见,所谓的"西方"也不是铁板一块。

新的历史条件下的"盛世危言"

——学习习近平总书记关于增强忧患意识的重要论述

政治与行政学院教授　魏继昆

2015 年 9 月 18 日　550 期　第四版

　　2014 年 6 月,在中国共产党成立 93 周年前夕,习近平总书记向全党郑重提出:"我们共产党人的忧患意识,就是忧党、忧国、忧民意识,这是一种责任,更是一种担当。"在这里,他深刻地指明与阐释了忧患与担当的辩证统一,这是新的历史条件下,对中国共产党人的忧患意识根本特征的科学概括。深入学习、理解和把握这一重要论述的科学内涵及其实质,对于加强党的建设,特别是对于推进领导干部"三严三实"教育,具有重要的指导意义和实践意义。

　　众所周知,在中国共产党正确领导下,中国人民的面貌,社会主义中国的面貌,都发生了历史性的变化,中国的国际地位空前提高。就是说,"现在,我们比历史上任何时期都更接近实现中华民族伟大复兴的目标,比历史上任何时期都更有信心、更有能力实现这个目标"。这是近代以来的中国未曾有过的"盛世"!但是,以习近平同志为核心的党中央,始终保持清醒的头脑,在"盛世"之下勇作"危言"。他特别强调:"我们取得的成绩越大,人民赞扬我们的声音越多,我们越要清醒认识党的历史和现实、优势和缺点、成绩和不足、矛盾和问题,坚持从严治党,切实把党管理好、建设好。"对此,习近平总书记就全党增强忧患意识的问题,特有以下三点重要警示。

　　其一,"深刻认识党面临的执政考验、改革开放考验、市场经济考验、外部环境考验的长期性和复杂性"。在新的历史条件下,中国共产党所处的历史方位发生了深刻的变化,所肩负的使命任务也有重要改变,所面对的内外环境比以往更加复杂与多变,特别是"我国发展面临一系列突出矛盾和挑战,前进道路上还有不少困难和问题"。因此全党必须深刻认识其执政考验的长期性和复杂性,特别是要勇于直面应对以上"四大考验"。

　　其二,"深刻认识党面临的精神懈怠危险、能力不足危险、脱离群众危险、消极腐败危险的尖锐性和严峻性"。在新的历史条件下,中国共产党作为一个长期执政的马克思主义政党,所面对的执政危险的尖锐性和严峻性是前所未有的。事实证明,在以上"四大危险"中的任何一种危险,如果应对不当、解决不好的话,都足以造成亡党亡国。因此全党必须直面"四大危险",时刻牢记党所面临的"赶考"远未结束。"所有领导干部和全体党员要继续把人民对我们党的'考试'、把我们党正在经受和将要经受各种考验的'考试'考好,努力交出优异的答卷。"唯其如此,才能确保党永远不变质、红色江山永远不变色。

其三,"深刻认识增强自我净化、自我完善、自我革新、自我提高能力的重要性和紧迫性"。在市场经济的大潮中,在物质利益的刺激下,在各种思潮的冲击前,一些党员干部的自省精神、自律意识、自强动力以及创新能力等严重地弱化了。因此,在新的历史条件下,全党必须切记,"打铁还需自身硬",坚定科学信仰,勇于投身全面深化改革的伟大实践,不断加强自身能力的建设,特别是要加强以上"四种能力"的建设。

从习近平总书记对中国共产党人忧患意识的阐释看,其忧党、忧国、忧民仅是前提和动力,而强党、强国、富民则是归宿和目的。在此,忧党与强党、忧国与强国、忧民与富民是相辅相成、不可分割的。具体说来,就是:

首先,忧党与强党的统一。就是一方面,必须常怀忧党之心。历史和现实都证明,中国共产党"是一个坚持科学理论武装、先进性特征鲜明的党,是一个一切为了人民、全心全意为人民服务的党,是一个经受得住各种风险考验、不断成熟自信的党,始终是领导全国各族人民坚持和发展中国特色社会主义的核心力量"。但是,必须清醒地看到:如习近平总书记所指出,"与国内外形势发展变化相比,与党所承担的历史任务相比,党的领导水平和执政水平、党组织建设的状况和党员干部素质、能力、作风都还有不小差距"。特别是"落实党要管党、从严治党的任务比以往任何时候都更为繁重更为紧迫"。告诫全党要清醒地看到自身存在的问题和不足,这是一种深切的忧党之思与情怀。另一方面,必须鼎力担当强党之责。实践证明,中国的事情要办好首先中国共产党的事情要办好。实现"两个一百年"的奋斗目标,应对和战胜前进道路上的各种风险和挑战,关键在党。正因如此,在建党93周年之际,习近平总书记特别强调:"我们要聚精会神抓好党的建设,按照树立科学理念、积极改革创新、遵循客观规律、注重实际成效的思路,切实把从严治党的要求落到实处,使我们党越来越成熟、越来越强大、越来越有战斗力。"

其次,忧国与强国的统一。就是一方面,必须深切忧国。中国的发展取得了历史性进步,当今,已经成为世界上第二大经济体。这是近代以来的中国最值得骄傲和自豪的大事件!但是以习近平为总书记的党中央则清醒地认识到,"中国经济总量虽大,但除以13亿多人口,人均国内生产总值还排在世界第80位左右"。他特别强调:"社会主义初级阶段是当代中国的最大国情、最大实际。"这是当今忧国的根本依据。另一方面,必须鼎力担当强国之责。就是以深切忧国为动力和前提,凝心聚力,为实现中华民族伟大复兴的宏伟目标而不懈奋斗。正如习近平总书记所指出的:"我们不能有丝毫自满,不能有丝毫懈怠,必须再接再厉、一往无前,继续把中国特色社会主义事业推向前进,继续为实现中华民族伟大复兴的中国梦而努力奋斗。"

最后,忧民与富民的统一。就是一方面,必须殷切忧民。如2012年12月习近平总书记在河北省阜平考察扶贫开发工作时的讲话中,以清代诗人郑板桥"衙斋卧听萧萧竹,疑是民间疾苦声"的诗句所抒发的忧患意识情怀为例,指出:"我们共产党人对人民群众的疾苦要有这样的情怀,要有仁爱之心、关爱之心,更多关注困难群众,不断提高全体人民生活水平。"这是一种深切的"忧民之忧"的情怀和境界。另一方面,必须鼎力担当为民、富民之责。实现中华民族伟大复兴的中国梦,归根到底是人民的梦。所以在实现中国梦的伟大实践中,中国共产党人必须紧紧依靠全体人民,全心全意为人民服务,不断地为人民造福。就是习近平总书记所说的"人民对美好生活的向往,就是我们的奋斗目标"。

总之,在新的历史条件下,全党必须切记:当下中国正处于、必将长期处于社会主义初级阶段的基本国情没有改变,"巩固和发展社会主义制度,还需要一个很长的历史阶段,需要我们几代人、十几代人,甚至几十代人坚持不懈地努力奋斗"。因此,每位中国共产党党员尤其是党员干部,必须牢记其肩负的历史使命和神圣职责,艰苦奋斗、勇于担当、奋发图强。就是习近平总书记所指出的:"今天,历史的接力棒传到了我们手里,责任重于泰山。全党一定要紧密团结起来,敢于担当、埋头苦干,团结带领全国各族人民,以与时俱进、时不我待的精神不断夺取新胜利,不断完善和发展中国特色社会主义,不断为人类和平与发展的崇高事业做出新的更大的贡献。"

卓越教师培养 需处理好五个关系

初等教育学院副院长、副教授 丰向日

2015 年 10 月 19 日 551 期 第四版

　　2014 年 12 月,教育部公布了首批 80 项中、小、幼、职、特卓越教师培养项目,正式开启了卓越教师培养计划。有效实施卓越教师培养项目,发挥项目对职前教师培养综合改革的推动作用,需要处理好以下几对关系。

　　要处理好共性与个性的关系。卓越教师计划立足于教师培养质量的提升,在培养标准、体系等方面有其共性的一面。以培养标准为例,卓越教师要从内心上认同和欣赏教师职业,具有促进学生学习与发展的使命感、责任感和教学实践能力,能够面对职业困境与压力,拥有不断超越自我、追求更高专业发展的理想信念、学习精神与创新能力。在培养体系上,卓越教师的培养必须打破高校自我封闭的育人模式,建构大学、政府、中小学三方合作育人的开放教师教育体系。卓越教师培养既有共性的规律,但更需突出学校的自身特色。不同类别的学校有不同的服务对象,要为服务对象培养不同类型和特点的产品。因而,承担卓越教师培养计划的学校,必须基于学校自身的服务对象、办学定位、功能类型等特点选择适合自己的人才培养目标、培养模式、机制体系等,培养满足服务对象需求的教师,卓越教师应是多层次、多规格、多类型的。

　　要处理好质量与引领的关系。卓越教师培养改革项目是解决时代对优质、新型教师的需求与教师培养滞后之间矛盾的重大战略。承担项目的学校在推进项目时不仅要关注承载项目专业的育人质量,更要关注教师培养改革实验,重视改革实践的研究、提炼,以引领本校内其他教师教育类专业及同类学校同类专业的改革。一些学校在项目实施时通过测评学生的书写、表达、思维、性格等能力与特征,筛选出具有卓越教师潜质的学生进行培养。择优培养的措施确实有利于造就卓越教师,但这种措施只重视教师培养的产出,其经验很难复制迁移到同类专业。卓越教师的成长在一定程度上受个体人格特征的影响,然而人格特征只是为成为卓越教师提供了一种可能性。个体的自主追求、自我实现是卓越教师成长的核心要素,职前培养对教师职业意愿、专业追求有重要影响。面对时代对新型教师的呼唤,承担卓越项目的学校要着眼于教师教育的整体改革与质量提升,从选拔少数到关注全体,从专注产出到探索过程,注重师范生的主动性、潜在性和差异性,重视在同一专业内分层分流培养卓越教师。

要处理好基础与发展的关系。一名成形的卓越教师有一定的成长规律,需要经历连续性的职前职后教育的学习与磨炼。职前教师教育所培养的尚不是"卓越教师",而是为卓越教师奠定根基。卓越教师培养项目不能把目标直接定位为培养"卓越教师",以名师、专家教师所具有的特质来形塑职前教师。"卓越教师"所具有的特质是在实践的思考与行动的撞击中积淀而成的,这些特质很难通过传递、训练赋予职前教师。通过灌注方式赋予的特质是静态的,只能外附于师范生身上,师范生可能表现出形似成熟教师的特征,但违背成长规律的早熟不利于其未来的发展。从教师成长规律出发,教师培养要为未来的卓越教师奠定应变变化、自我更新、持续发展的基础,培养有利于未来教师成为卓越教师的专业习惯,如适应时代变化的学习意识与能力、面对具体教学情境与问题的专业决策、有意识地运用教育心理理论科学分析有效施教等。

要处理好理论与实践的关系。实践是教师专业的灵魂与根本,但教师的实践不是简单的技能操作,它具有丰富的理论指导与学术性,支撑教师实践的理论又是在教育教学情境中形成的。因而,卓越教师培养既不能只强调教学操作技能,又不能脱离实践情境学习理论,要以理论与实践的融合实现教师专业的有效发展。教师培养模式要打破课程教学与教育实习的简单叠加,理论教学与实践教学交替进行,实践教学贯穿于学生整个培养过程,以实现师范生专业发展中的"知行合一"。教育理论课程要打破基于学科逻辑的知识传授模式,以问题、任务为中心,以案例为载体、实验实训为途径,以研读、讨论、设计、展示等为教学方法,开展参与式、研究式、讨论式、活动式教学。实践课程要走出技能模仿的窠臼,增强实践内容的丰富性、层次性、深入性。大学与中小学的深度合作是教师培养理论与实践结合的保障,中小学不仅要承担师范生实践的基地与指导,更要参与教师培养标准、目标、方案的制定,参与教育资源的开发、课程的建设与实施。

要处理好单科与全科的关系。卓越教师既要精通所教学科,了解学科学习心理,深谙学科教学法,又要具有促进学生整个人发展的综合素质。因而,卓越教师培养要处理好单科与全科的关系。通识教育、全科型教师已经成为职前教师培养的趋势,但培养全科型教师、加强通识教育不能完全否定主修学科对一名教师的意义。有研究表明,一名优秀教师往往具有深厚的学科专业功底,学科专业越深厚,其对学科的理解、认识越深入,越有可能开展以学生为中心、符合学科特点的教学。一方面要实行模块教学,加强不同学科之间的内在关联;另一方面要走出学科本位,从关注学科知识、学科思维走向知识综合和创新思维,从知识传授模式走向问题解决模式。只有这样,未来教师才能在教学中把关注重心从知识转移到人的成长,以发展学生核心素养为指向,整合各个学科内容,实现学生整体的发展。

国际化标准课程实验班建设:收获、体会与反思

管理学院院长、教授 韦福祥

2015 年 11 月 13 日 552 期 第四版

一、国际化标准课程实验班的来历

2011 年开始,在学校的大力推动下,在国际交流处、教务处、管理学院等各部门的通力合作下,国际化标准课程实验班构建方案获得校长办公会通过,并于 2012 年顺利实现招生。截止到 2014 年,国际工商和国际会计两个专业,已经顺利招生 190 人。2012 年,首届学生中,有 18 名学生顺利进入"2 + 2"项目,分别赴英国邦戈大学和澳大利亚纽卡斯尔大学深造,实现了项目设计最初设定的目标。

国际班构建的初衷是想通过与美国、英国和澳大利亚三所院校课程标准的对接,推动课程建设的国际化,包括课程内容、教学方法、评价标准等方面与国际接轨,从而为跨国跨校学习、学分互认互换、学位互授、国际学生选修专业课程等创造条件。

更为重要的是,我们试图以课程对接为平台,在两种不同课程标准体系的融合中,实现不同文化的融合,以提升学生的国际化视野,并通过调整课程设置,提升课程建设水平,进而提升学生整体素质和就业竞争力。

二、对国际化标准课程实验班内涵的认识

在国际化标准课程实验班的建设过程中,我们面临着众多不得不回答的问题:在课程对接过程中,课程内容、教学方法、培养方案,到底哪些部分应该国际化,哪些应该本土化? 怎样确保国外课程标准在我们新构建的国际班教学中得以贯彻? 怎样将本土化与国际化有机结合? 又怎样在国际化标准课程实验班中体现中国传统文化?

通过近三年的探索,我们认为,所谓国际标准是指课程的教学方法,标准的是能够相互对接的培养方案,标准的是学分、课时等具有一般规律的内容。但是,在国际标准实施,或国际化过程中,有些内容是必须坚守的,不能一提国际标准,便

将我们曾经有过的优势,或有竞争力的东西全盘抛弃。基于这样一种认识,尽管培养方案是英文的,但是在课程模块设置的过程中,我们增加了很多与中国传统文化相关的课程。例如,除了西方商务礼仪外,还额外增加了中国商务礼仪课程,这是因为在中国进行经营管理,必须考虑中国的文化礼仪,如果连中国的商务礼仪都不懂,何谈西方商务礼仪?此外还专门增设了中国传统文化与管理课程。儒、道文化的精髓是什么?在企业管理中它们将起到怎样的作用?为确保课程教学效果,我们还专门为学生指定了《论语》《大学》《中庸》等课后必读书目。

我们坚信,本土的就是国际的,这是在国际班建设过程中始终坚持的一个原则。

三、国际化标准课程实验班给教与学双方带来了什么?

国际化标准课程实验班从形式上看是课程标准对接,但其所产生的效应却是极其深远的。有些影响是有形的,而另外一些则是无形的。我们可以从学生和教师两个角度来对这一问题进行探讨。

从学生角度看,新的培养方案减少了总学时,为学生自主学习提供了基本前提;引入国外先进的雅思英语教学,让学生的英语应用能力得以极大提升;人文方面课程模块的开设,为学生人文精神的积淀奠定了基础,会使得学生在未来的职业生涯发展中走得更远;更为重要的是,通过新的教学方法的导入,如聘请荷兰马斯特里赫特大学知名学者汉斯·卡斯帕尔教授和奈梅亨大学知名学者乔思教授为国际班学生开设 PBL 教学方法课堂等,以及不同团队之间相互学习、借鉴,培养了良好的团队精神和合作意识。这些都是在国际化标准课程实验班中让学生受益匪浅的。

从教师角度看,通过国际化标准课程实验班的建设,对师资队伍建设实现"倒逼",完善了师资队伍结构,提升了国际化视野和整体能力。在 2014 年度,我校有9 名教师获取国家留学基金委资助,到美国、荷兰等不同国家知名大学做访问学者,其中 3 名来自管理学院,占三分之一;同样,2014 年,又有 4 名教师获得教育部教育教学方法项目资助,赴澳大利亚布里斯班科技大学进行为期三个月的访学,这些都说明国际化标准课程实验班建设对学院师资队伍建设产生了深远影响。

四、国际化标准课程实验班建设引发的思考

尽管国际化标准课程实验班取得了一些成绩,但也遇到了不少困难,由此而引发了我们的思考。这是两种不同文化、不同培养标准、不同课程标准、不同教学方法之间的碰撞,对这些问题进行理性思考,无疑对于提升培养质量和未来的发

展起到积极的作用。

一是为国际化标准课程实验班授课的教师应该具备的素质。也就是什么样的教师才是合格的教师，才有资格给国际班上课？只有英语水平够吗？按照我们的理解，教师必须清晰地认识到，在国际班上课不是在上英语课，而是用英语讲授专业知识，这种知识与国外大学的知识体系具有衔接性，具有可复制性，无疑要求教师不仅应有良好的英语水平，还应有有效的教学方法，有一切以学生为中心的教学理念，唯有如此，才能成为一名合格的国际班教师。

二是家长观念的更新。对于国际化标准课程实验班来说，更注重的是学生能力的培养，而不是简单的知识获取；更重要的不是简单的留学，而是完整人格的培养和人文精神的培育；不是抛弃中国传统文化，而是怎样更好地将中国文化与西方文化实现有机融合，而且中国文化恰恰是国际班最重要的核心竞争力。上述问题不仅需要教师的观念更新，也需要家长观念的变革。每年开学前，我们都要举行家长会，家长问得最多的问题不是国外大学教学质量怎样，而是孩子到国外是否安全、在国外生活是否会习惯，等等。这无疑与我们的培养初衷完全违背了，我们需要学生自主学习，需要孩子自主生活，而家长却坚决不肯放手，这对于学生的培养无疑是十分不利的。

三是教学管理模式和制度与国际化标准课程建设之间出现的一些矛盾。具体的问题包括：不同国家开学时间不同，怎样在保证质量的情况下实现兼顾？在40人一个班的情况下，在有限的时间内，怎样确保每个学生在课堂上能够公平地表现？关于英语四、六级和雅思成绩之间如何实现替代？这些问题都有待于继续探索解决。

作为我校本科教育的创新工程，国际化标准课程实验班的建设对于提高学校本科教学质量水平，提升学校国际化水平，具有积极的作用和影响。今后，国际化标准课程实验班将继续探索、不断创新。

全面建成小康社会决胜阶段
中国经济发展战略理论的创新

经济发展研究所所长、教授 李家祥

2015 年 12 月 9 日 553 期 第四版

党的十八届五中全会通过的《关于制定国民经济和社会发展第十三个五年规划的建议》(以下简称《建议》)客观分析了国外和国内形势,就我国全面建成小康社会决胜阶段的发展战略做出了部署。习近平总书记在关于《建议》的说明中指出,建议稿体现了"四个全面"战略布局和"五位一体"总体布局,反映了党的十八大以来党中央的决策部署,顺应了我国经济发展新常态的内在要求,有很强的思想性、战略性、前瞻性、指导性。建议稿提出创新、协调、绿色、开放、共享的发展理念,在理论和实践上有新的突破。这些都充分显示了中国特色经济发展战略理论的创新。

一、《建议》以适应、把握、引领新常态作为前提依据和总的要求,丰富了经济发展战略阶段的新内涵

作为中长期规划,我国在每次制定五年发展规划时都审时度势,就所处的发展阶段和面临的形势特点及要求做出深刻分析和准确判断。如在制定"九五"发展规划时,党和国家针对改革发展进入新阶段和即将跨入新世纪,提出了实行"两个具有全局意义的根本性转变",即经济体制从传统的计划经济向社会主义市场经济体制转变、经济增长方式从粗放型向集约型转变。在制定"十二五"时期发展规划时,正是针对国际金融危机爆发后的国际国内形势与挑战,明确了这一时期要以科学发展为主题,以加快转变经济发展方式为主线。当前制定"十三五"规划,以"十二五"时期取得的重大成就为基础,又适逢我国经济发展进入新常态,呈现出速度变化、结构优化、动力转换三大特点,增长速度从高速转向中高速,发展方式从规模速度型转向质量效率型,经济结构调整从增量扩能为主转向调整存量、做优增量并举,发展动力从主要依靠资源和低成本劳动力等要素投入转向创新驱动。对于这一阶段性变化,党中央近年来多次予以阐发和强调,特别是在

2014年年底的经济工作会议上做出了系统分析和总体部署。"十三五"规划作为我国经济进入新常态后的第一个五年规划,充分考虑了新发展阶段的趋势和地位,按照适应新常态、把握新常态、引领新常态的总要求进行战略谋划。因此《建议》既在总结"十二五"时期取得成就时肯定了适应经济发展新常态所形成的良好态势,又将"十三五"时期概括为"全面建成小康社会决胜阶段",在阐释发展环境时进一步分析了新常态的特征;既在提出指导思想时突出重点地强调"加快形成引领经济发展新常态的体制机制和发展方式",又在部署各项战略任务时体现如何引领新常态。这不仅深化了经济发展新常态的认识,而且充实了经济发展战略阶段的内容。

《建议》还做出了"准确把握战略机遇期内涵的深刻变化"的新论断。新世纪头20年我国处在发展的重要战略机遇期是党的十六大所做出的重大判断。随着世情国情的不断变化,尤其是自国际金融危机发生以来,我国发展战略机遇期的内涵也相应发生变化,正在由原来加快发展速度的机遇转变为加快经济发展方式转变的机遇,由原来规模快速扩张的机遇转变为提高发展质量和效益的机遇。《建议》在继续肯定我国发展仍处于可以大有作为的重要战略机遇期的同时强调准确把握其内涵的深刻变化,开拓了新视野,从而为科学制定全面建成小康社会决胜阶段的发展战略奠定了前提和基础,对我国经济发展战略阶段内涵的理解更加丰富。

二、《建议》以创新、协调、绿色、开放、共享作为新的发展理念,开辟了经济发展战略思想的新境界

面对新的发展阶段及其新条件、新机遇、新挑战,制定"十三五"规划需要继续解决好什么是发展、怎样发展、为谁发展的重大问题。在党的十八届五中全会上,习近平总书记强调必须确立新的发展理念,并系统论述了"创新、协调、绿色、开放、共享"五大发展理念。

发展理念是发展行动的先导,是管全局、管根本、管方向、管长远的东西,是发展思路、发展方向、发展着力点的集中体现。发展理念搞对了,目标任务就好定了,政策举措也就跟着好定了。因此,《建议》以五大发展理念为主线进行谋篇布局,既突出了理念先行和引领,又让人耳目一新、成为写下许多"第一"的发展蓝图。

首先,《建议》突破了以往规划建议的篇章结构,将发展理念作为独立部分进行设置,同时改变先后论述经济建设、社会建设、文化建设与改革开放等任务的常用叙述方式,以五大发展理念为统领分别阐释各项任务,这就凸显了新的发展思路、发展方向和发展着力点。

其次,《建议》赋予了五大发展理念的新地位。党和国家以往分析和部署发展时也分别使用过创新、协调、绿色、开放、共享等概念,但《建议》将其一并提升为引领未来发展的核心发展理念,又做出这是"关系我国发展全局的一场深刻变革"的判断,则体现着新形势下破解发展难题,厚植发展优势的需要,反映出我们党对我国发展规律的新认识,确立了五大发展理念的新高度和新位置。

最后,《建议》就发展理念做出了许多新概括。如指出,创新是引领发展的第一动力。我们较为熟悉科技是第一生产力的论断,这里将发展的首要动能聚焦为创新,要求必须把创新摆在国家发展全局的核心位置,让创新贯穿党和国家一切工作,并将创新拓宽为不断推进理论创新、制度创新、科技创新、文化创新等各方面创新,深化了发展动力和创新地位的认识。《建议》提出,"协调是持续健康发展的内在要求",重点要促进城乡区域之间、经济与社会之间、新型工业化信息化城镇化农业现代化之间、国家硬实力与软实力之间协调发展;"绿色是永续发展的必要条件和人民对美好生活追求的重要体现",首次将生态文明建设在五年规划中单列一章,所占篇幅也为最长;"开放是国家繁荣发展的必由之路",针对中国深度融入世界的前所未有的情况,首次将坚持开放发展单列一章,使全球视野贯穿全篇;"共享是中国特色社会主义的本质要求",必须坚持发展为了人民、发展依靠人民、发展成果由人民共享,做出更有效的制度安排,使全体人民在共建共享发展中有更多获得感。这些新观点和新思路科学回答了新形势下经济发展的性质、道路、目的等重大问题。

三、《建议》以全面建成小康社会已经确定的目标要求作为基础提出新的安排,确定了经济发展战略目标与步骤的新标准

战略目标和步骤是经济发展战略的重要组成部分。随着发展阶段和形势的变化,我们党对发展战略目标和步骤的认识也逐步递进与深化。在我国,作为系统和科学的经济发展战略理论提出于20世纪70年代末、80年代初。邓小平同志指出,到20世纪末,国民生产总值"翻两番""走两步""达到小康社会",并强调更重要的是第三步在下个世纪再翻两番,这就是党中央在80年代确认的著名的"三步走"战略构想;后又将经济发展规划扩展为经济和社会发展规划。在跨入新世纪之初,党的十六大结合20世纪末我国已胜利实现第二个战略目标的情况,分析国内外的条件与需求,提出了在本世纪头20年全面建设小康社会的战略目标。党的十八大总结了建设中国特色社会主义的经验,进一步描绘了全面建成小康社会、加快推进社会主义现代化的宏伟蓝图,发出了向实现"两个一百年"奋斗目标进军的伟大号召,习近平总书记提出了实现中华民族伟大复兴的中国梦。据此,《建议》指出要在已经确定的全面建成小康社会目标要求的基础上,努力实现新的目标要求。与"十二五"规划建议相比,这主要体现在补充了新任务和提升了原规定的高度。前者如经济保持中高速增长,产业迈向中高端,户籍人口城镇化率加快提高;生态环境质量总体改善;各方面制度更加成熟更加定型,国家治理体系和治理能力现代化取得重大进展等。后者如迈进创新型国家和人才强国行列,人民生活水平特别是质量普遍提高,国民素质和社会文明程度显著提高;开放型经济新体制基本形成等。这些新的标准使发展战略目标更符合形势需要、人民意愿和社会期盼,坚持了以人民为中心的发展思想。

需要看到的是,新目标没有停留于建成小康社会的本来任务,而是衔接着加快现代化建设的第二个百年目标。如在"坚持创新发展"部分谋划"构建产业新体系"时,将加快建设制造强国,实施《中国制造2025》纳入规划,提出促进新一代信息通信技术、航空航天装备、先进轨道交通装备、节能与新能源汽车、新材料、生物医药等产业发展壮大。其中很多产业属于国际上的新兴产业,不仅为实现下一个目标奠定雄厚的基础,而且已经和世界现代化同步。这也开启了对发展战略步骤理论的新思考。

四、《建议》以众多新的战略和工程等作为问题导向和补齐短板的重要支撑,拓展了经济发展战略路径与方法的新格局

为了贯彻落实新阶段下的新理念和新目标,《建议》以实用管用为准则,坚持问题导向,聚集突出问题和明显短板,在五大发展理念的统领下提出和强调了200多个重要举措。其中有50多个较重大的战略、工程、行动、计划、制度等。从新提出的举措看,如网络强国战略、国家大数据战略直接服务于培育新动力,拓展新空间,实现创新发展;优进优出战略服务于适应开放新格局,提升我国产业在全球价值链中的地位;就业优先战略、食品安全战略服务于共享发展,保障基本民生,建设健康中国;脱贫攻坚工程服务于完成全面建成小康社会的最艰巨任务,实现人人享有的要求。这些具有针对性、前瞻性的部署,使规划措施更实、更具可操作性,拓宽了经济发展战略的实现路径,而且提供了一种有效的制定和实施方式,丰富了我国经济发展战略的方法论。

党的"十三五"规划建议内容极为丰富,不仅率先创新了经济发展战略理论,而且推动发展了中国特色社会主义经济理论。这些理论创新保障了规划的科学性,必将指引实践创新,从而为全面建成小康社会做出贡献。

我们需要一支兼通马克思主义与儒学的队伍

马克思主义学院教授 孔德永

2016 年 5 月 30 日 558 期 第四版

马克思主义与儒学的关系问题是学者们长期关注的理论热点,目前,国内关于两者关系的研究进展相对缓慢,其中一个重要原因是研究队伍的建设滞后。目前,队伍分别是由研究马克思主义理论和儒学的学者组成的,其中能够兼通两者的学者很少,往往自说自话,一旦涉及两者深层关系问题,则只能以宏大叙事来应对,缺乏学理上的阐释力。马克思曾经指出:"思想根本不能实现什么东西,为了实现思想,就要有使用实践力量的人。"今天,我们要推进马克思主义与儒学关系研究,就需要培养一支学贯中西、功底深厚且兼通马克思主义与儒学的研究队伍。

研究马克思主义与儒学关系问题,要系统地学习与研究马克思主义理论。新中国成立以来,马克思主义理论的教学与研究在高校中不断得到加强,已形成了完整的马克思主义理论教育课程体系。目前,马克思主义理论已经进入大学教材与课堂,从本科到研究生阶段,高校开设的课程主要有《马克思主义基本原理》《马克思主义经典著作选读》《中国马克思主义与当代》等,马克思主义理论教育有了充足的课时保障,各高校成立的马克思主义学院为教学与研究提供了组织保障,形成了一支规模较大的马克思主义教学与研究队伍。这就为以儒学研究为背景的学者系统地学习马克思主义理论、掌握马克思主义的立场方法提出了良好的条件与环境。恩格斯曾经强调读原著的重要性:"研究原著本身,不会让一些简述读物和别的第二手资料引入迷途。"儒学学者应该系统研究马克思主义经典,这样才能走近马克思,把握马克思主义的真精神,努力避免对马克思主义的误读,以及由此导致的对相关理论问题的阐释力不足。

研究马克思主义与儒学关系问题,要对儒学有深入的了解。马克思主义传入中国之初,率先接受马克思主义的知识分子都是饱读儒家经典的人,有着深厚的国学背景和修养。最初的马克思主义者,以及最初的自由主义者都有着厚重的传统文化根底。他们与那些始终坚守传统的文化保守主义者一样,深受儒学系统教育。中国早期马克思主义者往往是从儒家文化出发来理解、接受和认同马克思主义的。随着儒家于社会生活中逐渐式微，知识分子的传统文化学养也逐渐薄弱，其结果是原有的共同儒学基础的缺席，加之学科分科化的发展，致使从事马克思主义理论研究与教学的学者，与分散于文、史、哲三个专业的国学学者处于彼此外在的关系之中。

很多时候，往往是批评马克思主义的人其实并不读马克思主义经典，而批儒学的人也没有读过儒家经典。彼此的讨论常常不是对着根本的东西来，你讲你的，我讲我的，自言自语，没有形成一个能够沟通的平台。如是，马克思主义与儒学关系的讨论与研究之进展缓慢也就难以避免了。马克思主义中国化的一个重要内容，是马克思主义与中国文化的结合，马克思主义的中国化始终绕不开儒家思想这个大背景。中国特色社会主义理论体系中蕴含着儒学的精华，如果我们不对儒学有深刻认知，那么就不能对"中国特色"做出准确的解读，而儒学是中国特色社会主义最基本的底色。马克思主义中国化是建立在中国人对儒家文化认知与认同基础上的。1938 年 10 月，毛泽东在中国共产党六届六中全会上所做的《论新阶段》政治报告中指出："我们是马克思主义的历史主义者，我们不应当割断历史。从孔夫子到孙中山，我们应当给以总结，承继这一份珍贵的遗产。"中共中央党校许全兴教授认为，不了解中国文化，只知道马克思主义的几条原理，这样的人当然不可能正确地对待中国传统文化，更不可能将马克思主义与中国的历史文化相结合。只有既精通马克思主义，又精通中国历史文化，又懂得中国现实的人，才有可能将三者融合在一起，才有可能使马克思主义中国化。

培养与建立兼通马克思主义与儒学的研究队伍，其着眼点应主要立足于学校教育平台，通过完整的学校国民教育体系来实现。中国周边受儒家思想影响的一些地区与国家大多比较重视儒学教育，从 1960 年开始，韩国中小学和大学就已经把儒学教育列为一门必修课。1984 年，新加坡把《儒家伦理》列为学校德育教育的一门必修课程。新中国成立以来，儒学教育在我国学校教育中一直以来都是一个短板。目前，《论语》《孟子》《荀子》等一些儒家经典篇目选段仅在中小学的语文课本中才能找到，传统文化的内容在大学课程设置中偏少，《论语》等重要儒学经典在高校也只是作为选修课，学生的国学知识相对贫乏，普遍缺乏儒学底蕴和人文精神。2005 年，中国人民大学成立了专门从事儒学教学与研究的国学院。近年来，《光明日报》（国学版）发起的孟子、慈孝等国学系列公开课，旨在整合全国高校、地方政府等各种优势社会资源，普及儒学知识。2010 年，山东大学将《国学经典研读》纳入大学新生必修课。2012 年，一些专家在曲阜召开的第五届世界儒学大会上，呼吁要恢复中华经典的系统学习，现代学校教育应吸纳儒学元素，将儒家思想纳入国民教育体系。2014 年 3 月 26 日，教育部印发了《完善中华优秀传统文化教育指导纲要》的通知,提出分阶段有序推进中华优秀传统文化教育,制定了从小学、中学到大学的教育内容与培养目标,把中华优秀传统文化教育系统融入课程和教材体系,在高等学校统一推广使用马克思主义理论研究和建设工程重点教材《中国文化概论》。2015 年 4 月 29 日,山东师范大学等 29 所山东高校授牌建设"孔子学堂",要使儒家文化回归大学校园,打造道德高地,"孔子学堂"是高校一个公益性社会教育基地,也是大学生亲近、体验、感知中国优秀传统文化的平台。

以上诸多思路与做法对普及儒家文化都是有益的,对提高学生的儒学认知具有积极作用。但是,人们接触更多的是一些儒学通俗化读本,对儒学的了解也仅限于表层,所掌握的儒学知识十分有限。杜维明先生曾经指出,从事马克思主义研究的工作者,要对中国传统文化关怀和研究。同样,从事儒学研究的必须了解到马克思主义。如果我遇见一个中国的马克思主义者,他没有看过"四书",那是绝对不能接受的。同样,一个从事儒学研究的人,却不知道《共产党宣言》,对《资本论》一窍不通,也是不行的。研读经典是从事社会科学研究的基本功,而经典常常被曲解和误读,由于误读往往丢失了儒家中很多珍贵的情怀和常识,我们只有深入了解经典,才能弘扬原始儒学的真精神。进行儒学研究不能仅靠一般性的儒学知识的普及,它更需要熟悉儒学经典,有良好的经学基础和一定的文字学功底。因此,应加强对儒学经典的学习与研究,把对儒学经典的学习纳入国家教育体系,从小学到中学,根据不同年龄特点,采取灵活多样与生动活泼的形式,循序渐进,潜移默化,让儒学经典进高校,进教材,进课堂,让国人走进经典,更多地感知与熟悉经典。通过学校系统教育的平台,完成从小学、中学和大学系统的马克思主义理论与儒学基本常识的普及教育,在研究生阶段进一步深化儒学经典与马克思主义经典学习,在马克思主义理论研究生培养计划与课程设置中增加儒学经典研读的内容,在国学研究生培养计划与课程设置增开马克思主义经典著作研读内容,以问题为导向,打通马克思主义与儒学学科之间的壁垒与界限,将学科群建设作为马克思主义与儒学学科建设的重心,建立一个资源共享、协同合作的研究平台,打造一支兼通马克思主义与儒学的研究队伍,才能不断推进马克思主义与儒学关系研究的理论创新。

认真进行"两学一做"为党的理论事业助力

政治与行政学院教授 余金成

2016 年 10 月 28 日 563 期 第四版

作为从事马克思主义理论研究的共产党员,对"两学一做"学习教育的理解,主张从中国改革的总体布局上去认识。

首先,中国改革对社会主义市场经济的选择,强调了市场对资源配置的决定性作用和政府更好发挥作用两种运行机制的协调发展;后者赋予社会主义政治权力以特殊的使命,中国共产党无疑是完成使命的关键。就此而言,全面从严治党构成了"市场经济——政府作用——从严治党"三个基本逻辑环节中具有引领意义的环节。

市场经济是在资本主义制度条件下达到现代形态的。它所运用的"自由竞争、优胜劣汰"被证明成功激励了劳动,是有助于生产力发展的经济模式。但是,其自发的优胜劣汰结果与社会主义所追求的共同富裕目标,显然是不一致的。所以,社会主义不能原原本本地照搬资本主义市场经济的方式,十八届三中全会提出"政府更好发挥作用"与"市场起决定性作用"相提并论,就展示了两种市场经济的区别。按照本人理解,市场机制自发导致优胜劣汰,政府作用将自觉促劣变优;唯如此,才能使市场经济最终趋向共同富裕目标。

新的问题在于,在市场经济环境中使政府更好发挥作用,不仅是马克思主义原创理论没有涉及过的,也是资本主义市场经济实践没有经历过的。政府促劣变优作用对于执政党提出了价值观层面的严格要求,即共产党员必须做全心全意为人民服务的模范。这既是马克思主义赋予共产党人的历史责任,也是当前全面从严治党的最高境界。

其次,全面从严治党是一个与中国改革进程密切联系的系统工程。如果说解决形式主义、官僚主义、享乐主义、奢靡之风和践行"八项规定"体现的是来自党组织的"他律"的话,那么"学党章党规、学系列讲话,做合格党员"体现的就是党员的"自律";与此同时,也标志着全面从严治党从党员领导干部深化至全体党员。

应该看到,中国改革是对原有经济政治体制的修正和变动,是一次大规模的社会变革过程。遵循"看准了的就大胆试大胆闯"的原则,30多年来,我们迅速突破了诸多观念和制度的藩篱,取得了显著的成果。但是,也使一些错误的思想作风和越界的行为习惯大行其道,这些严重地脱离了人民群众,损害了党的威信和形象,也使社会上的信任危机成为一种流行病。所谓全面从严治党,首先就需要抓好两方面的问题:一是对证据确凿的党内腐败分子,无论是"老虎"还是"苍蝇",都要抓,都要打;二是对出现的"四风"和违反"八项规定"的问题,露头就打,抓住不放,让人民通过身边发生的变化体会我们党从严治党的决心,进而对能够形成风清气正的政治生态环境抱以信心。

"两学一做"是上述举措的逻辑延续。共产党员通过重读党章党规,回到成为共产党员的初心,就是做一个为无产阶级及人类解放事业奋斗终生的革命者,而不是做仅仅为自己或小家庭生活幸福的普通人。学习习近平总书记系列重要讲话,能够真切地认清中国改革的形势,具备忧患意识的清醒头脑,形成理解大局的战略定力,使自己能够自觉地增强政治意识、大局意识、核心意识、看齐意识,在党的统一领导指挥下,为党的事业努力奋斗。

最后,"两学一做"最终的目的要通过"做合格共产党员"来体现。在学习环节,党组织抓了一系列"学习形式"的问题,所有的内容都是通过形式来体现的,没有形式就无法体现内容;硬性的学习规定,使人们重温了党规党纪,掌握了正确的党员标准,这是十分必要的前提。但是,任何形式都不能代替内容,不能体现在行动上的思想改变往往会搁浅在"形式主义"上,而这是我们需要反对和解决的"四风"之一。

作为从事马克思主义理论研究的共产党员,应该把为党的理论事业分忧与自己的工作实际联系起来。我认为,中国改革发展到今天,正在实现社会主义生产方式从传统计划经济向现代市场经济的转变;社会主义市场经济就是这一转变的伟大成果。从逻辑上解释社会主义市场经济现象,为其在人类历史上找到合理的定位,是社会主义理论研究的重要任务,也是中国特色社会主义事业从战略确认到基础理论形成的重要标志。

目前在这个问题上仍然有一些不同看法,主要是对社会主义市场经济的历史地位犹豫不决,一些人认为社会主义与市场经济的牵手仅仅与社会主义初级阶段相联系,一旦走出这一初级阶段,双方仍然需要分离。我在近期连续写了两篇文章——《按劳分配辩证内蕴与社会主义市场经济》和《社会主义公有制的经典阐释、改革探索和逻辑展望》,强调了社会主义市场经济将直通理想社会,从学理层次回答了上述问题。

与此同时,在研究生教学环节,我们要积极引导学生阅读马克思主义经典著作,从文本上理解马克思、恩格斯关于社会主义必然性的论证逻辑;同时,要求大家关注当今时代已经使科学技术成为第一生产力,生产力致动要素的转移,使社会主义生产方式势必做相应的调整;中国改革所选定的社会主义市场经济,是社会主义事业适应新的时代条件的选择,一旦获得在理论逻辑层面的证明,将提供社会主义必然性的当代证明。

让"同志"称呼健康回归

马克思主义学院教授 孔德永

2016 年 12 月 30 日 565 期 第四版

《国语》曰:"同德则同心,同心则同志。""同志"即志同道合。回顾中国共产党的历史,党内互称"同志"是党的优良传统和政治规矩。"同志"称呼使党内关系更纯洁质朴,它传递出党员之间的相互信任。1921 年,中国共产党"一大"党纲中规定:"凡承认本党党纲和政策,并愿成为忠实的党员者,经党员一人介绍,不分性别,不分国籍,均可接收为党员,成为我们的同志。"革命战争年代,在中国共产党党内,党员之间不分职务高低一直以"同志"互称,《请茶歌》创作于 20 世纪 50 年代,这首红色革命歌曲 50 年代风靡全国,歌曲中有一句经典歌词:同志哥,请喝一杯茶。它唱出了战争年代根据地人民群众对共产党领导的人民军队的诚挚感情与高度信任。1944 年 9 月 8 日,毛泽东同志在《为人民服务》中说:"我们都是来自五湖四海,为了一个共同的革命目标,走到一起来了。"1959 年 8 月 3 日,毛泽东在致刘少奇、周恩来等人的信中,就党内称谓问题提出明确意见,"建议:一律称某某同志。"1965 年 12 月,《中共中央关于党内同志之间的称呼问题的通知》要求"今后对担任党内职务的所有人员,一律互称同志"。

从新中国成立到 20 世纪五六十年代,人与人见面打招呼,不是叫"师傅""老板""美女"或"帅哥",也不是叫"局长""处长"与"院长"等官位,而是彼此以同志相称。那一声同志,直叫得人心里暖烘烘、热乎乎,当时,"同志"这个称谓在人民群众心里是那么自然亲切。改革开放以来有那么一段时间,在党内活动中很难听到互称同志的声音,"同志"称呼逐渐消失,一些官员与下属之间彼此称"老板""老大""哥们儿"与"兄弟"等,一些人逐渐习惯于用官位来称呼其单位领导,党内称谓开始出现江湖化、等级化等庸俗现象,这种现象不伦不类、乌烟瘴气,严重玷污了党内纯洁的生态环境。党内同志关系庸俗化是滋生腐败的土壤,丢弃了"同志"称呼,也无形中拉大了党与群众之间的心理距离。邓小平同志多次严词告诫,不能把党内同志之间的平等关系,变成旧社会君臣父子关系、猫鼠关系、帮派关系。1978 年 12 月 22 日通过的《中国共产党第十一届中央委员会第三次全体会议公报》明确指出:"全会重申了毛泽东同志的一贯主张,党内一律互称同志,不要叫官衔;任何负责党员包括中央领导同志的个人意见,不要叫'指示'。"1980年2月,中共十一届五中全会通过的《关于党内政治生活的若干准则》明确规定:"在党内所有党员尽管工作分工有所不同,都是平等的同志和战友,党内要互称同志,不称官衔。"2016年,习近平同志强调倡导清清爽爽的同志关系,规规矩矩的上下级关系。2016年10月,党的十八届六中全会通过的《关于新形势下党内政治生活的若干准则》中再次明确指出,坚持党内民主平等的同志关系,党内一律称同志。《准则》改称"同志"体现了进一步加强党风建设的基本要求,同时折射出党内生活的民主气氛,它关乎党纪党规的严格落实,也是严格党内政治生活的重要体现。党史上"同志"称呼的反反复复,见证了党的政治生活变迁史。新中国成立初期风清气正的政治生态,是在纯洁"同志"关系的基础上形成的。改革开放以来,党的政治生态遭到一定程度的破坏,也是与丢弃"同志"称谓有关的,目前,营造山清水秀的政治生态也要从回归"同志"称谓的规矩立起,去除官气,找回民气。

党内互称"同志"看起来是一个小小的称谓,但是,"同志"称谓却反映出大问题。在党员看来,叫声同志叫出了纯洁的平等的人际关系和相互信任;在群众看来,叫声同志缩短了干群彼此之间的心理距离。"同志"称呼呈现出党内政治生态是否健康,它折射出党在人民群众心目中的形象,它影响着党风、政风与民风。贯彻落实十八届六中全会精神,党内回归"同志"称呼也面临一些障碍。首先,受官本位文化的影响。中国是一个"官本位"的国家,长达2000多年的封建社会使人们形成了严重的社会等级观念,一些领导对来自他人的官称接受得心安理得,同时获得了一种成就感和优越感,折射出一些领导干部的官位意识与官僚作风。官本位观念严重破坏了党的政治生态,它使平等的同志关系变成了不平等的依附关系。其次,公共权力过于集中造成了社会公众的权力崇拜。党内关系被异化,从根本上讲是权力缺乏制约与监督所致,由于公共权力主要集中在少数主要领导手中,公共资源也由少数人支配,领导手中掌握权力,由于权力过于集中而没有得到相应制约,权力自然就会任性。权力崇拜使人们已经习惯于不敢或不便在领导面前称呼同志,不掌握权力的人们自然对掌握权力的领导普遍有一种畏惧心理,不得不迎合与恭维领导,以求自保或获得更大更多的利益。"同志"称呼实质是党员平等意识的体现,而现实生活中党员地位上不平等,自然很难出现"同志"的称呼。

"同志"称谓的背后蕴含着多重责任与彼此信任,叫一声"同志",既是当前全面从严治党的重要体现,也是拉近领导干部与普通党员感情距离与密切联系群众的需要。要改个称呼容易,但是,真正不负"同志"之名则较难,一纸公文也许能让"同志"的称呼在短时间内流行起来,但去不掉人们心中的"樊篱"。互称"同志"

要内化于心,并见之于行,只有当人们深刻领悟"同志"称谓背后蕴含的真正含义,才会发自内心叫出一声"同志",因此,若要"同德同心"的同志关系真正回归,我们还有很长的路要走,需要从顶层进行制度设计,从身边的小事与细节做起。首先,领导干部严以用权是前提。公权力越界与公民权利萎缩都会导致党内政治生活失去平衡,使其关系变得更为复杂与扭曲。要为公权力设立严格的边界,把权力真正牢牢关在制度的笼子里,扎紧与扎密公共权力的篱笆,始终用党的纪律规矩来规范权力行为,严以用权。其次,营造良好的党内民主生活氛围是核心。党内民主是党内政治生活运行的基础,从严落实党的民主生活会、组织生活会、民主评议党员等制度,努力营造党内关系健康的氛围,使党内关系变得更为简单与纯洁。最后,领导身体力行是关键。"上有所好,下必甚焉;上有不好,下必戒之。"领导干部要树立起正确的权力观,让"公仆"回归其应有的本意。"官风正则民风淳",从主要领导做起,领导中的"关键少数"要严格执行党的纪律规矩,以上率下,从彼此真诚地叫一声"同志"做起,形成一种榜样示范效应,才能够回归干部与党员之间淳朴的"同志"关系。

培养数据意识:大数据时代的教育新使命

教师教育学院、国际教育交流学院、教师教育处教师

王光明 楚爱华 李纯玮 贾国锋

2017 年 3 月 15 日 566 期 第四版

大数据时代,数据科学给予了自然科学、工程技术、人文社会科学量化的依据,意味着量化研究走进了各个科研领域的新时代。同时,大数据的建立及其研究结果,不仅是科学研究和技术创新的平台,也是人才培养的基础,更是各种决策的依据。

欧美发达国家和研究机构均非常重视大数据,在国家层面建立了教育大数据中心。譬如,美国建有国家教育大数据中心,其中涵盖近年来不同类型的大学与中小学在数量、经费、教师人数等诸多方面的数据以及统计结果,经合组织(OECD)和英国也都各自建有教育数据中心。

近期,我们到美国密西根大学进行访问,深深感受到该校作为世界一流大学,大数据意识非常浓厚。该校建立的密西根大数据研究所(MIDAS),与图书馆以及多媒体服务中心等密切联系,为密西根大学乃至密西根州和全美的教学以及科研服务。密西根大数据研究所依托密西根大学而建,旨在利用大数据,服务科学研究、教学、培养人才以及做出各种决策。该研究所由跨学院、多学科的 40 多位密西根大学的科研人员组成,包括统计、生物统计学、数学、计算机科学、工程、信息科学等专家。研究范围不仅涵盖数据管理、数据共享、统计、机器学习、信息技术等领域,还包括天文学、进化生物学、疾病模型发现、卫生政策、材料合成、个性化医学、社会科学等领域。

据了解,密西根大数据研究所包括数据科学的挑战行动计划(涵盖学习分析、交通、社会科学、个性化医疗和健康领域)、数据科学教育和培训计划,以及一个工业参与项目。密西根大学的同人们已经认识到,数据科学现已成为继理论、物理实验和计算分析之后的科学发现的第四模式。基于大数据的技术不仅能够应用于科学研究,也在教育、健康、政策分析和商业决策中产生了重大影响。

无论是欧美国家层面的大数据中心,还是作为综合性大学的密西根大学的大

数据研究所,都具有如下特点:首先是多样性,要从多个维度赋予某个事物数据内涵;其次是动态性,数据要不断更新,政府组织、研究机构和各级学术组织,乃至每个科研工作者都是数据的提供者;再次是直观性,大数据不仅仅是数据的提供,更是数据统计的直观图像的研究、建构和分享;最后是共享性,每个人都是大数据的分享者。

就我们团队所见而言,无论是美国小学教室的墙报,还是中学课堂的教室文化,包括密西根大学数据研究所以及曼哈顿街区的广告,大数据以及数据文化无处不见。数据意识正在成为美国高等教育和中小学教育的隐性或显性课程,数据科学的文化正悄然兴起。在我国基础教育领域,数据意识重视程度远不如高校。例如,2015年8月27日,在北京市委市政府的支持与指导下,由中关村管委会、海淀区政府、北京大学、北京工业大学四方共同筹建了北京大数据研究院。清华大学、电子科技大学、中国人民大学等高校都成立了数据研究院、大数据研究中心或统计与大数据研究院等。尽管我国高等院校在数据研究院(中心)人员构成的跨学科性、与图书馆的协作性、为国家和地方做出决策的服务性等方面还达不到理想的程度,但我国部分高校对数据的越发重视,将倒逼基础教育阶段的校长和教师们更加重视数据意识的培养。

在大数据时代,我们要培养的数据意识包括:

首先,重视理解数据类型的多维度性。从来源形式分为数字、文本数据、音频、视频数据等;从能否有序分类,可分为从结构性、半结构性和非结构性数据;从数据的存在形式又可分为时间数据、空间数据和生态系统的时空数据等。数据类型的多样性,是大数据时代建立全局观数据意识的前提。

其次,注重从多种途径采集数据。包括官方发布的数据、公共资源数据、研究机构和非政府组织发布的数据、各种研究的数据等。大数据不仅注重数量,更要注重同一事物的数据表征形式的多样性,后者是数据客观表征事物的根本保证。

再次是统计意识。包括利用数据进行统计决断,获得统计规律的意识,认识到统计的结论不是绝对,更不是唯一。

最后则是运用软件进行数据处理。包括运用图形计算器处理数据,在校本课程开发中,可以开发出各种可视化分析软件课程,供学生选用等。

作为基础教育工作母机的师范大学,不仅要培养具有数据意识与能力的师资,还要建构区域基础教育大数据研究中心,收集、建构、统计某个区域基础教育的方方面面大数据,着眼于服务区域、学校的基础教育科研,服务于国家基础教育决策,进而建构区域基础教育生态系统指标,推动我国基础教育的健康发展。

理论自信教育:思政课的重要着力点

马克思主义学院教师　刘　慧

2017 年 4 月 19 日　567 期　第四版

习近平总书记在全国高校思想政治工作会议上发表讲话指出:"高校思想政治工作关系高校培养什么样的人、如何培养人以及为谁培养人这个根本问题。"思想政治理论课教育教学要以马克思主义中国化的最新理论成果,尤其是要以党中央治国理政新理念新思想新战略为重点,全面提升学生的中国特色社会主义自信。中国特色社会主义自信从"三大自信"拓展到"四大自信"是党对中国特色社会主义认识的进一步深化和发展。其中,理论自信是中国特色社会主义自信确立的重要支撑。中国特色社会主义的理论自信建立在对马克思主义理论科学性和当代价值的充分理解及认同之上,关系到中国特色社会主义大学的建设。增强广大学生的理论自信,理应成为高校思想政治理论课教育教学的重要着力点。

理论自信的前提是理论确信。理论自信是一种价值判断和信仰追求。理论确信既要以符合社会发展规律的具体历史实践为认识来源和支撑,又要在此基础上,加强对理想信念的坚守。坚定信念的确立离不开理想的支撑,因而,理论理想教育就成为增强理论自信的内生动力。高校开设的四门思想政治理论课担负着不同阶段、不同层次的理论理想教育,其目标是让学生既要认清历史所赋予的理论理想的正义性,也要认清现实发展中坚守理论理想的正当性。习近平总书记指出:"办好我们的高校,必须坚持以马克思主义为指导,全面贯彻党的教育方针。要坚持不懈地传播马克思主义科学理论,抓好马克思主义理论教育,为学生一生成长奠定科学的思想基础。"中国特色社会主义共同理想是全体人民共同的思想基础和精神追求的思想源泉。中国特色社会主义的理论自信需建立在对理论本身科学性和当代价值性的充分理解及认同之上。思想政治理论课教学要依据科学社会主义发展所面临的各种"主义"的挑战及时做出新的调整,要积极主动地回应各种"主义"的"宣战"。通过理论理想教育,厘清科学社会主义与其他社会主义流派的关系,正确认识科学社会主义的真理性,坚持马克思主义的指导,把握科学社会主义基本原则,引导广大师生做社会主义核心价值观的坚定信仰者。

坚定信仰的确立,离不开对现实和理想的准确把握,理论空间认知为理论自信教育提供了有力的支撑。习近平总书记指出:"在我们党90多年的历史中,一代又一代共产党人为了追求民族独立和人民解放,不惜流血牺牲,靠的就是一种信仰,为的就是一个理想。"中国革命有最低纲领和最高纲领。实现共产主义是无产阶级政党的最高纲领。共产主义的实现是一个历史过程,需要通过若干阶段的具体目标,有步骤、分阶段地向前推进。在每个不同的发展阶段,都需要提出符合实际的理论、路线、方针、政策和策略,形成阶段性的行动纲领。中国共产党制定的民主革命的纲领、向社会主义过渡的纲领、建设有中国特色社会主义的纲领,都是党在特定历史阶段的最低纲领。科学阐明和正确处理最高纲领和最低纲领之间的辩证统一关系,是中国共产党在理论上政治上清醒和成熟的重要标志,也是彰显中国特色社会主义理论自信的有力保障。高校思政课要积极开展理论空间认知的教育,要帮助学生正确认识中国特色社会主义发展过程中所面临的问题,全面客观地认识当代中国、看待外部世界。

实践路径认同是理论自信教育的应有之义。习近平总书记强调:"要教育引导学生正确认识世界和中国发展大势,从我们党探索中国特色社会主义历史发展和伟大实践中,认识和把握人类社会发展的历史必然性,认识和把握中国特色社会主义的历史必然性。"中国道路的发展引发了世界其他国家的关注,针对中国道路发展所形成的现有话语是以西方国家为主导所形成的国际话语。中国道路的意义,并不在于向世界其他国家进行道路输出,而在于破除对任何国家发展模式的迷信,充分展示自身发展的正能量。理论自信的确立和加强是中国道路正能量释放的有效途径。理论的真理性和道路的正义性相得益彰,理论的真理性通过历史实践所体现出来的历史继承性得以展示。中国共产党在马克思主义基本原理的指导下,科学分析并解决了各类复杂的现实问题,通过不断的实践与积累,具备了驾驭各种复杂矛盾的能力。高校思想政治理论课要加强对中国共产党人领导中国人民探求国家独立和民族解放的历史进程的教育,以中国现实问题的解决为依托,不断提升对中国特色社会主义道路的认同。彰显中国特色社会主义的"中国智慧",要用事实阐释清楚中国特色社会主义的道路选择,彰显"特"的说服力;要用路径比较解释清楚中国特色社会主义的实践路径,提升"特"的吸引力;要用文化的传承讲清中国特色社会主义的制度优势,夯实"特"的根基性。

理论自信最终需要通过自觉的理论传播得以凸显。创新理论传播途径是理论自信教育的重要内容。习近平总书记指出:"各门课程都要守好一段渠、种好责任田,使各类课程与思想政治理论课同向同行,形成协同效应。""做好高校思想政治工作,要因事而化、因时而进、因势而新。"思想政治理论课是高校思想政治工作的重要组成部分。思想政治理论课效能的发挥还需要借助其他课程,形成各类课程的协同发展,更好地提高实效性。高校思想政治工作者和哲学社会科学工作者要通过理论创新和学术创新,构建具有中国特色、中国风格、中国气派的哲学社会科学话语体系,加强中国特色社会主义理论体系的学理性,着力打造融通中外的新概念新范畴新表述,增强在国际上的话语权。高校思想政治工作者要做好学生人生道路的引路人和指导者,要用学生喜闻乐见的形式和语言讲活马克思主义、讲好中国特色社会主义理论;要在各种新媒体阵地上推送形式活泼的正面声音,要积极组织和引导学生发挥主观能动性展开理论探讨、辨析错误观点、传播正能量。

习近平总书记指出:"要用好课堂教学这个主渠道,思想政治理论课要坚持在改进中加强,提升思想政治教育亲和力和针对性,满足学生成长发展需求和期待。"高校要理直气壮地抓好思想政治工作,旗帜鲜明地提出社会主义办学方向。高校思想政治工作要坚定地加强理论学习,用科学的理论武装教师和学生,利用思政课堂和各种新媒体阵地切实提升中国特色社会主义理论的吸引力和感染力,以增强理论自信为着力点,积极推进各项工作的开展,为办好中国特色社会主义大学提供坚实的理论支撑!

继承和弘扬红色家风

政治与行政学院教授 魏继昆

2017 年 5 月 17 日 568 期 第四版

习近平总书记在会见第一届全国文明家庭代表时指出,要"继承和弘扬革命前辈的红色家风,向焦裕禄、谷文昌、杨善洲等同志学习,做家风建设的表率"。这是习近平总书记对共产党人家风建设的深刻总结,也是他全面从严治党思想的重要内容。对于共产党人来说,传承红色家风最为重要的是,深刻理解和把握老一辈共产党人家风建设的"红色"之魂,并在其引领下,把新时代新阶段的家风建设好、传承好。

红色家风,特指在中国革命实践中由中国共产党人,特别是老一辈共产党人所构建的,以先进性为引领、以中华传统家庭美德为底蕴、以革命家庭为载体而形成的,适应中国革命事业发展和家庭文明进步的一种精神风貌、道德素养和行为品格。这是与以往传统家风相区别的一种新型家风。它形成于革命战争年代,发展于社会主义建设时期。

从主要特征看,它具有目标引领的科学性、没有特权的平等性、不谋私利的廉洁性、艰苦奋斗的进取性、继承与超越于一体的创新性、家风与党风一致的相融性以及知行合一的示范性等显著表现。而统领这一家风之"魂"的,则在于所标识的"红色",它集中体现在共产党人的先进性之中。

关于党的先进性,马克思、恩格斯在《共产党宣言》中指出:"在实践方面,共产党人是各国工人政党中最坚决的、始终起推动作用的部分;在理论方面,他们胜过其余无产阶级群众的地方在于他们了解无产阶级运动的条件、进程和一般结果。"共产党人这种非同一般的先进性特质,在老一辈中国共产党人所构建的家风中也得到了进一步彰显。从其构建中可以看出,红色家风与以往家风最大的不同在于,它是以马克思主义为指导的,是建立在共产党人科学的世界观、人生观和价值观以至科学的家庭观之上的。它正确地认识了家庭内外关系特别是家庭与社会的内在联系,指明了家风与马克思主义政党要求和社会进步的一致性,由此为中国共产党人新型家风的建设提供了理论支撑和行动指南。不但如此,我们还可以看出,红色家风不仅是共产党人修身和齐家的个体实践产物,更是中国共产党人加强自身建设尤其是加强先进性建设的重要实践,它促进了中国共产党的建设、中国革命事业的发展和中国社会的改造。

以先进性统领为根本特征的红色家风,之所以能够生成并不断发展和升华,从根本上说是由中国共产党的特有性质、根本宗旨和最高理想决定的。中国共产党作为中国工人阶级的先锋队,作为中国人民和中华民族的先锋队,以全心全意为人民服务为根本宗旨,以实现"人的自由而全面发展"的共产主义为最高理想,所有这些,都决定了共产党人的家风建设,不是党员个体的一家之私事和小事,而是与中国共产党事业发展、与中国人民的解放与幸福乃至人类的进步紧密关联之公事和大事,它是共产党人"革命理想高于天"的重要体现。正因如此,老一辈共产党人所构建的家风,就突出了先进性的引领与主导,正确处理了家庭内外关系,形成了先"大家"后"小家",特别是舍"小家"为"大家"的准则和风范;也正因如此,它不仅彰显了中国共产党人把党、国家和人民的需要置于首位的根本价值取向、终生追求真善美的高尚品格,而且彰显了中国共产党人灵魂深处的科学信仰之力量。

当前,我们正在进行具有许多新的历史特点的伟大斗争,正在为实现"两个一百年"奋斗目标和中华民族伟大复兴的中国梦而努力奋斗。在这一伟大历史征程中,红色家风能够为我们提供强大精神动力。特别是在当前我们党面临"四大考验""四种危险"的形势下,弘扬红色家风更是有着特殊重要的意义,它是我们经受"四大考验"、战胜"四种危险"的锐利武器。为此,我们应当从以下三方面着力,将红色家风发扬光大。

明确方向,把坚定理想信念始终作为共产党人安身立命的根本。历史告诉我们,共产党人的家风建设不是孤立的,它是党的建设和革命事业的一部分,不能离开科学理性的引领和支撑。正因如此,每一位党员、干部传承红色家风,要像老一辈共产党人那样,首先解决好世界观、人生观、价值观这个"总开关"问题,坚持正确的政治方向不动摇,使家风建设始终贯穿着对马克思主义的信仰、对中国特色社会主义和共产主义的信念、对党和人民的忠诚,使自己和家人始终成为共产主义远大理想和中国特色社会主义共同理想的坚定信仰者和忠实实践者,同时成为红色家风的优秀传承者和模范建设者。

突出重点,使"红色"之魂植入家教、家规、家训之中。如今,家风建设的内容和形式丰富多样。对于党员、干部来说,传承红色家风最为重要的是在大力汲取中华优秀传统家风精华的基础上,在家教、家规、家训中,体现共产党人的真理追求和人格力量,让"红色"之魂植根于家风建设之中。具体来说:一是要重家教。

在家庭生活中,像老一辈共产党人那样,把爱党、爱国和爱家有机结合起来,以"简朴清贫、为民奉献"为着力点,彰显共产党人的价值追求。二是要严家规。将社会主义核心价值观的基本要求,融入家人的行为规范之中,并以严格遵守为要义。三是要守家训。在对家人尤其是后辈立身处世、持家治业的教诲中,坚守以德齐家,彰显共产党人的先进性、纯洁性的本质和品格。唯其如此,红色家风实现可持续传承才有切实的保障。

抓好落实,将永葆共产党人的政治本色作为日常追求。红色家风的形成不是一蹴而就的,其传承也不会立竿见影。要想使"红色"之魂永驻,贵在通过持之以恒的行动,把红色家风的传承落到实处。因而,每一位党员、干部,都要以老一辈共产党人为榜样,向焦裕禄、谷文昌、杨善洲等同志学习,永做传承红色家风的表率。特别是在现实生活中,要划清公与私、情与法、善与恶的界限,始终保持共产党人的政治清醒、政治定力和政治本色。简言之,就是要做到习近平总书记所强调的,"保持高尚道德情操和健康生活情趣,严格要求亲属子女,过好亲情关,教育他们树立遵纪守法、艰苦朴素、自食其力的良好观念,明白见利忘义、贪赃枉法都是不道德的事情,要为全社会做表率"。

社交媒体何以实现文化自觉

马克思主义学院副教授　刘　娜

2017 年 10 月 30 日　574 期　第四版

社交媒体在打破以往广泛的对互联网虚拟性认知的同时,也使现实社会与网络社会产生了高度融合。社交媒体作为高度密集型互联网技术的衍生物,其是否如其他媒体一样,在文化发展与传播中具有文化自觉与文化担当的特质,想必是学者们思考乃至质疑的问题。事实上,社交媒体并非简单的传播手段和文化载体,社交媒体在发展中可以实现文化自觉,但前提是要摆脱以往对社交媒体的"工具化"理解。

一、观念转变:明确社交媒体与文化自觉的关系

社交媒体依托网络信息技术,以更加亲和、便携的方式,支持个体用户在日常社会生活中进行感性活动和文化实践。数亿用户通过塑造个人形象标签、赢得粉丝、追踪评价等新媒体化实践活动,在接触多样文化的同时,也为理解文化、确认文化、创新文化提供了机会与可能。

相较于其他媒体,社交媒体不是接受式的,而是参与式和体验式的。社交媒体的文化实践更多具体化为个体与群体间、个体与熟人间的情感互动、价值传递和共同参与。与报刊、广播、电视相比,每一位文化参与者的自我,是经过新媒体化的自我反思后,以日志、相册、微视频等形式呈现给他人的,通过选景、拍摄、配文、表情包等方式,使文化更贴近于个体生活,并经由点赞、互动、围观、关注等方式,实现个体文化实践的群体性反馈,从而引导参与者反思自我与社会、自我与自然、自我与他人、自我与自我的意义呈现。最初接触社交媒体,人们会在头像、外表、封面、昵称、日志等方面自发思考、塑造自我,但随着对社交媒体运用和了解的深入,人们会更多从理性、情感、逻辑、信念等方面尝试自我塑造和提升,将自我及其眼中的世界以社交媒体方式加以呈现、影响他人,实现新媒体文化实践的自发与自觉之路。与此同时,社交媒体本身的技术性和媒体性、草根化和个体化特质,也使其正在经历一个由自发到自觉的历史过程。在此过程中,文化实践原有的主客体关系被模糊化,原有社会生活中的各类文化现象在社交媒体中实现了新的解读。就此意义而言,社交媒体作为科技发展的产物,正在推动着文化、渗透着文化、解读着文化,同时也在尝试着引领文化。

二、兼容并包:正确处理社交媒体中多种文化共存的关系

随着我国经济社会深刻变革、对外开放日益扩大、互联网技术和新媒体快速发展,各种思想文化的交流交融交锋更加频繁。在全球网络信息化过程中,全球文化中的多元文化、传统文化和社会主义先进文化等多类型文化在社交媒体中交织。此阶段是确立文化主位与客位对立统一关系、实现社交媒体文化自觉的必经阶段。

文化关联着记忆和习惯、关联着人们对本民族文化的认同和情感。在文化自觉中,为了更好地认识中华文化,还需借助他者力量,在与他者文化的比较中,更深刻地理解本民族文化,确立主位与客位。当前的社交媒体中,强势的西方工业文化或被推崇,或被批判,或被反思,或被小视。被西方工业文化演绎呈现的文化消费、生活方式等在社交媒体中被传播。作为文化工业的一种形态,它能有效操控社会意识,扼杀个性精神。从表面看,其仅是提供娱乐,生产的精神文化产品仅是为了获取商业利益。但事实上,其标准化、极权化、一体化带来的操控感和压抑性,不仅能发挥精神催眠作用,而且会使长期沉浸其中的人感到极度空虚和痛苦而无法自拔。中华优秀传统文化中"敬德保民""和而不同"等思想理念、社会主义先进文化中的社会主义核心价值观等,与西方工业文化一道以微视频、微图片、微文、微动画等形态交织共存,相互竞合。马克思认为:"人不是由于有逃避某种事物的消极力量,而是由于有表现本身的真正个性的积极力量才得到自由。"具有中华优秀传统文化底蕴、吸收社会主义先进文化精髓的先进分子及其所处群体,在文化共存中能较早实现自觉,社交媒体网络集群的特质使其更易汇集力量,发起批判现代工具理性的浪潮,加速自我意识解放。历史证明,落后文化总是以先进的技术方式包装自己,试图裹挟社会生活中的每个人。而人又总在试图冲破它的羁绊和束缚,努力争取全面发展和自由空间。不可否认,社交媒体文化实践既有自觉的一面,也有鲜明的自发性和盲目性。因此,科学处理社交媒体中的文化共存,加速文化自觉会经历一段过程。在此期间,我们要始终"坚守中华文化立场、传承中华文化基因,不忘本来、吸收外来、面向未来"。

三、战略对接:有效应对社交媒体对文化安全的挑战

党的十八届三中全会提出,既要"提高文化开放水平",又要"切实维护国家文化安全"。社交媒体的文化自觉以文化安全为条件,文化安全是实现文化自觉的保障。文化安全强调一国文化形态能够始终保持其优秀特质和精神品格,始终保持其民族特色和独立性,并会随着国家和民族发展被不断传承创新,而不被其他文化和外来文化所同化、侵蚀甚至取代。

当前,网络媒体文化安全面临挑战。一是互联网核心技术受制于人,文化安全问题易长期潜伏。习近平同志指出,相较于世界先进水平,我国"互联网创新能力、基础设施建设、信息资源共享、产业实力等方面还存在不小差距,其中最大的差距在核心技术上"。互联网核心技术是最大的"命门"和"隐患"。美国密歇根大学10位学者研究发现了社交媒体基于算法不同已经存在的、具有虚假性和欺骗性的"意识形态信息茧房"。APP手机应用软件在微博、微信等社交媒体中已推广应用,但此类软件的开发与服务,其核心运算技术与开发平台依旧掌握在技术先进的国家手中,文化安全隐患始终存在。只有加强互联网技术基础研究,坚持自主创新,才能更好地掌握国家文化安全与发展的话语权、管理权和领导权。二是"去中心化""人人皆媒体"的技术逻辑,使每位用户获得话语机会的同时,也使不法分子利用社交媒体煽动宗教极端主义,教唆民族分裂和恐怖活动等恶劣行径更加隐蔽,破坏性增强。事实上,熟人信息化趋势使不明信息、虚假信息可信度大大提高。非理性、过度情绪化、舆论暴力、不良社会思潮在社交媒体中易发频发,从而严重阻碍文化自觉的实现。社交媒体不能成为"法外之地"。社交媒体作为媒体,对其治理既要充分考虑网络媒体的特殊性,又要认识到社交媒体的属性和特质已指明了新媒体与网络社会未来发展趋势,因此,必须打破固有观念和思路,创新引领模式。

文化安全的保障作用属于国家内外形象的保障。社交媒体草根化特点更易推行"走进来""走出去"战略,形成"网络空间命运共同体"。兼容并蓄的文化注定具有生机和活力。社会主义先进文化和中华优秀传统文化成果需用新媒体方式创造性转化,用"微"述说、"微"表达讲好中国故事,在潜移默化的"微"领域"走进来""走出去""滋养人心,滋养社会"。同时,要与世界其他文化取长补短,在融传统特色与时代精神于一体的进程中,主动防御各类冲击,从根本上维护文化安全,促进文化自觉。

第五篇 **05**

| **精神家园** |

凝练"师大精神" 建设特色校园文化
推进学校内涵发展

宣传部

2013 年 4 月 22 日 518 期 第二版

　　4 月 12 日上午,我校院级理论学习中心组本学期第一次学习沙龙在会议中心第五会议室举行。校党委副书记史瑞杰出席,各基层党委、党总支、直属党支部书记和相关部门负责人参加。围绕"师大精神凝练"这一话题与会人员展开了热烈讨论。文学院党委书记刘红英、生命科学学院党委书记刘殿芬、教师教育学院党总支书记何秉正、国际教育交流学院党总支书记解岐山、组织部部长贾春立、继续教育学院党总支书记高传喜分别谈了自己对师大精神的理解。史瑞杰副书记在总结讲话中表示,提炼师大精神是学校校园文化建设的需要,是学校章程制定的需要,对师大精神的大讨论是总结师大历史,在全校师生中凝聚精神力量的过程。史书记还就大学精神、校训、校风的区别介绍了自己的观点和理解。他表示,校训是要求层面,强调对人们行为的规范;大学精神是大学文化顶层的哲学命题,强调对人们精神的引领,是对师大历史与现实精神传承的概括和总结。

　　生命科学学院教工党支部于日前召开了"重温历史时刻,凝练师大精神"为主题的组织生活会。与会同志们针对学校《关于开展"师大精神"提炼总结工作的通知》要求,进行了热烈讨论。大家一致认为,我校要坚持"以生为本"的教育理念,践行"勤奋严谨,自树树人"的校训,继续保持积极向上的青春活力、群体协作的团队精神、团结友爱的和谐氛围。教师治学要一丝不苟,自觉以培养"厚基础、宽口径、高素质、一专多能的复合型创新人才"为己任。每位教师要在平凡的工作岗位上严格要求自己,积蓄育人正能量,实现师大本科教育和科研水平新的跨越式发展。

　　城环学院党总支积极响应学校号召,组织全体师生通过召开党总支座谈会、学生支部座谈会、网上征集的方式展开"师大精神"总结提炼大讨论活动。经过群策群议,热烈讨论,大家提炼的"师大精神"包括立德树人、启发民智、开放务实、探求真理、爱国爱校、包容并蓄、行为世范、和谐奋进等。

　　我校退休老领导也积极关注"师大精神"的凝练总结活动。4 月 10 日,离退休工作处组织退休校级党支部成员以"凝练师大精神,提升文化自觉和文化自信"为主题开展支部活动。老同志们回顾我校发展进程中鲜明的文化特点,就"师大精神"与民族精神、天津精神的联系以及"师大精神"与校训、校风、教风、学风的关系进行了热烈讨论。

学校也积极组织专家学者对"师大精神"进行研讨。发展与政策法规研究室主任宋国华认为"师大精神"可以表述为"求真务实、大德博学"。"求真",就是"求是",即依据解放思想、实事求是、与时俱进的思想路线,不断地认识事物的本质,把握事物的规律。"务实",就是在事物规律性认识的指导下努力实践,开拓创新,脚踏实地,不尚空谈。求真务实,既是科学世界观和方法论的本质要求,也是我校长期形成的优良传统与作风。"大德",即"厚德载物"。大德、大道、大师是大学的根本所在,教育的根本目的就是"趋美向善、修身正己、以美德示范于天下"。党的十七大报告中就提出"育人为本,德育为先,实施素质教育",十八大报告又提出"把立德树人作为教育的根本任务"。求真务实、大德博学,既与中央精神、我校传统一致,又与校训、校风、学风、教风相融合和相得益彰,且文白兼顾。

新闻传播学院院长刘卫东建议"师大精神"的凝练需要关注几个关键词:天津的地域特征、师范教育的大学特征、精神层面的文化特质。"师大精神"可以做如下表述:"大德博学,慎独严谨,自树树人。""大德"即大德、大爱、大道、大师。这是大学的根本所在。教育的根本目的就是"趋美向善、修身正己、以美德示范于天下"。"慎独"的意思是说,做人的道德原则是一时一刻也不能离开的。"慎独"作为人民教师的修养方法,就是强调在没有外在监督的情况下始终不渝地、更加小心地坚持自己的道德信念,自觉按道德要求行事。"严谨"一词一是指对学生要求严格,纪律严明,是对学生的关爱,可促使学生积极向上;二是指对待教学的态度,一丝不苟,认认真真。"自树树人"即从事教师职业的人应该是最优秀的人,是人类灵魂的工程师。师范大学是培养人类灵魂工程师的"母机"。"师范"二字蕴含了丰富的内涵。不仅要"自树",更要有责任去"树人"。"师范人"必须志存高远,以"自树树人"的精神自强不息。

凝练"师大精神"　建设特色校园文化
推进学校内涵发展

——我校深入开展"师大精神"总结提炼工作

宣传部

2013 年 5 月 20 日　519 期　第二版

　　按照学校的部署和安排,各单位积极动员师生员工开展"师大精神"大讨论活动,组织大家就"师大精神"进行总结提炼及内涵挖掘。

　　经过讨论,大家一致认为,学校开展"师大精神"大讨论活动对深入挖掘我校建校 55 年来所涵养的文化特质具有重要意义。提炼总结"师大精神"是振人心、聚人气,不断提高师生素质修养的过程,是我校优良的教风、学风和校风进一步提升的过程,是"传承历史、立足现在、展望未来"的过程。对"师大精神"的总结、提炼和弘扬,反映了学校在文化上的自觉、自信和自强。"师大精神"不仅仅是一个口号,更应融入师大人的情感。

　　讨论中,师生们就"师大精神"提炼的表述语包括:爱岗敬业、求真务实、追求卓越,行为世范、学思并重、知行合一、勤奋严谨、自树树人、教书育人、为人师表、诚实守信、敬业奉献、立德树人、启发民智、开放务实、探求真理、勤思善行、中正师表、兼收并蓄、开放包容、谦和敬业、追求卓越,求真严谨、重德尚美,民主和谐、脚踏实地,厚德博学、求是笃行,经世致用、立德立行,师表传人、厚德博学,厚德务实、笃行拓新,博闻明理、厚德载物,笃行至善、开拓进取、重德敬业、务实求新。同时提出师大的教师应成为"学术的先锋、教学的典范、做人的标杆、育人的楷模"。

　　学校组织专家学者也对"师大精神"表述语提出自己的观点。国际教育交流学院教授谭汝为提出的表述语为"求真务实、立德树人、经纬人文"。求真务实就是实事求是、探求真理、爱国诚信、脚踏实地、勤勉工作、不尚空谈;立德树人就是为人师表,教职员工以自身言行做表率,自树树人,为中华崛起培育英才;经纬人文就是以人文精神夯实思想道德基础,培养造就有坚实的文化底蕴、有勇于担当的时代精神、有开拓创新的思想观念的新型人才。历史文化学院教授李海涛认为,概括"师大精神"表述语既要体现大学教育的总精神,又要体现天津师范大学的突出特色;既能概括、反映以往天津师大人的学习、工作、思想和精神风貌,又能引领、激发今后师大人继续奋进、自强不息。因此,他建议表述语为"立德立志、树己树人、求真求实、博理博文"。立德立志,前者为心源,深入灵魂,融于言行;后者为心力,目标明确,亦融于言行。立德立志当为教育之本。树己树人,此句与校训"自树树人"意同,重在二"树",这就突出了大学教育的特点。要培育人才,育人者首先要严于律己、勤奋严谨。自树,自身正,才能树人。求真务实,强调"求""践行""实践"。强调德志教育中、自树树人中最珍贵最重要的因素是真诚、真切、真实,为求真而脚踏实地,不浮躁,不弄虚作假。求实、务实是天津师大建校50多年来最显著的特色之一。脚踏实地、循序渐进,不好高骛远,从点滴做起,一步一个脚印。博理博文,此句是前三句立德施教、求真实践的最终追求和效果体现。博理博文是指大学的人才培养,最终要达到使学生通晓人类历史、自然历史发展的规律,传承人文精神,实现人类社会进步的目标。博理博文也可作理、文兼长解,涵括了理科、文科综合教育的特点。新闻传播学院教授刘鹤文表示,大学精神应该"理想化"一点,它表述的应该是一所大学的精神追求。他认为,最能代表一座城市文化气质的应该是这座城市的师范大学,而师范大学的文化精神也应该是这座城市精神的凝练。因此,他提炼的"师大精神"表述语为"求实、求是,树己、树人",要表达的内涵是:内敛、质朴,不事张扬,追求真理,以身示范,培养英才。

大学精神与天津师大精神

宋国华

2015 年 12 月 9 日 553 期　第二版

今年年初,中共中央办公厅、国务院办公厅印发了《关于进一步加强和改进新形势下高校宣传思想工作的意见》(以下简称《意见》)。《意见》强调指出:"培育和弘扬大学精神,把高校建设成为精神文明建设示范区和辐射源。"《意见》把培育和弘扬大学精神作为促进社会主义先进文化建设、增强国家文化软实力的重要举措,作为推进大学文化建设、全方位育人的重要抓手。为了贯彻落实《意见》精神,学校正在开展一系列的建设工作,本文仅就其中大学精神建设展开议论。

一、关于大学精神

现代大学教育起始于西方国家。提到大学精神,西方高校提出得较早,英国人纽曼是牛津大学毕业生,他在 1852 年所著的《大学的理念》中提出,大学是"训练和培养人的智慧的机构,是以文理科为主的博雅教育"。"大学应培养高级人才"成为当时广泛接受的大学观。纽曼的大学观,受到柏林大学的冲击,其创始人洪堡发展了大学的研究功能,使其成为科学与学术中心,确立了"学术自由""学术民主"作为大学的核心精神,并逐渐成为世界各国办学理念。创建于 1848 年的威斯康星大学(2015 年世界排名第 27),办出威斯康星模式,大学向公众开放,高校为区域经济与社会发展服务,使大学成为社会进步和社区发展的服务站,这种全新的办学理念,取得了丰厚的成果,使该校成为美国最著名的大学之一。这一时期的大学确立了大学应传授系统知识、培养专门人才、开展科学研究、坚持学术自由和学术民主、为社会经济发展服务的办学理念和办学精神。

我国现代高等教育的发展,是传承中国传统文化,学习西方办学模式的产物。中国高校在发展过程中形成自己的办学理念和办学精神,以在中国高等教育发展史上有重要影响的北大、南开、西南联大、抗大为例,他们在各自的发展实践中,形成各自的理念与精神。

北京大学在蔡元培主持期间,奠定了"思想自由、兼容并包""教授治校""民主科学、创新与中庸"精神。

南开大学在严修、张伯苓先生主持下,确立了"公""能"精神、勤俭创业精神、协作精神、严谨治学精神、"土货化"精神。

西南联大,在抗日烽火中办学,形成了刚毅坚卓、民主治校、兼容并包、自由与竞争并存、严谨治学、通才教育的精神。

抗大,全称为中国人民抗日军政大学,毛泽东任校教育委员会主席,抗大精神是为崇高理想英勇奋斗的精神,具体为:坚定正确的政治方向、艰苦朴素的工作作风,灵活机动的战略战术,团结、紧张、严肃、活泼。这些大学在长期的办学实践中形成了各自的大学精神,正是在各自的大学精神指引下,各校取得长足进展,成为世界知名大学。

古今中外大学发展为我们概括大学精神提供模板,我们是否可以认为,大学精神是经过大学人的努力,长期积淀而形成的稳定的共同追求、理想和信念,是大学文化的精髓,是对大学生存起决定作用的思想导向。大学精神是大学人的精神的体现,它是民族的,又是时代的,一个时代的大学精神往往是这个时代的最强音。

二、关于天津师范大学精神

天津师范大学的精神,我们简称为"天津师大精神"。

大学精神有着丰富的内涵,对大学生存与发展起着至关重要的作用。世界上任何一所大学都有自己独特的大学精神,这不仅是一笔宝贵的精神财富,也是大学魅力之所在,更是大学持续发展的动力。在我校建设国内一流大学的道路上,在大学之间竞争愈演愈烈的今天,大学精神的塑造是必不可少且尚需加强的重要建设。

我校虽成立于1958年,但办学传承可以前溯到1905年本市开始的师范教育。天津师范教育院校分分合合,历经50多年传至我校,使我校成为天津师范教育的正宗传人。1958年建校以后,我校行进在中国特色高等教育大道上,取得了长足的发展与进步。在学校发展史上,老校长李继之功不可没。

回顾我校近60年来的发展历程中,一代又一代师大人为了学校的创立、改革和发展,持续不断地共同探索与努力,长期积淀而形成了师大人共同的精神品质、理想追求、价值取向、行为理念以及天津师范大学独特的文化氛围,形成了师大精神,主要概括为:

顽强拼搏、艰苦创业。我校是由1958年天津市教师进修学院与天津市工农速成中学合并建立的。校址是六里台工农速中原址。作为高校条件是一穷二白,因此,1960年12月,首次党代会提出在一切工作中要"艰苦奋斗、勤俭办学校、勤俭办一切事业"。院务委员会于 1961 年 9 月 28 日至 10 月 5 日召开了第一次会议。任子庸院长指出:"我们学院新建不久,工作还缺乏经验,条件也较差,可以说是'一穷二白',这就决定了我们工作的艰苦性质。但是,我们肩负着培养社会主义建设人才的重大任务。因此,我们应该有决心和勇气来改变学院的面貌,发扬艰苦奋斗的精神为千方百计地提高教学质量而努力。"1982 年,天津师范学院更名为天津师范大学时,李继之校长提出,学校还存在着七大不足(住房不足、办公用房不足、教室不足、实验室不足、仪器设备不足、科研资料不足和经费不足),给教学、科研工作和其他各方面工作带来很多困难,仍需发扬艰苦奋斗、勤俭办事的精神。正是由于艰苦奋斗,在 2005 年我们建成了新校区,全校教职员工勒紧裤腰带建成 3500 亩地,80 多万平方米用房,大绿化、大空间、大水面的新校园。经过全校师生员工 50 多年的艰苦奋斗,学校已具有基本适应教学科研需要的仪器设备,初步具备了一支适应创一流需要的师资队伍,成为走在全国地方高师院校前列的大学,几代师大人梦想成真。"艰苦创业精神,伴随着我校发展的始终,是一笔巨大的精神财富,永远值得我们坚持和信守。"

敢为人先、锐意创新。我校 1982 年在天津市地方院校中率先升格为师范大学,早于其他天津市属院校更名 20 年,现在是天津唯一的职前职后一体化师范院校。新师大成立以来,先后获得全国精神文明单位、全国精神文明建设单位、全国五一劳动奖状、全国先进基层党组织等一系列荣誉称号。我校文科基地在全国地方高师院校凤毛麟角,我校孔子学院多次获得优秀示范校荣誉,更是全国唯一。这固然有上级党政组织的正确领导,但主要是全校上下奋力前行、昂首潮头的结果,大家都具有一种强烈的责任感和使命感,一种敢为人先、锐意创新的精神,一股见红旗就抢的劲头,为学校赢得荣耀和尊严。

科学严谨、爱校敬业。校史中介绍了 22 位"师大名人"。校内入选"师大名人"的范围是全国劳动模范、全国"五一劳动奖章"获得者、博士一级学科授权点负责人、国家级重点学科带头人、国务院有特殊贡献专家、国家级精品课课程建设负责人、国务院批准的博士生导师、国家级协会主要负责人、百千万工程人才。他们在教育教学、科学研究等方面取得了成果丰硕,都是严谨治学爱校敬业的典范。如沈德立先生、徐大同先生、侯建新先生是其中最优秀代表。

育人为本、德育为先。天津百年师范教育的传统使学校坚守育人为本、德育为先的培养理念。50 多年培养的近 18 万毕业生在各自领域建功立业,当他们回首校园时光,感悟最深刻的不仅是三尺讲台,还有健全、有效、丰富的德育教育活动。由于我们坚持教师教育特色,学校与生俱来地特别重视学生操守的养成和综合素质的培养。改革开放以来,学校坚持把大学生思想政治教育放在各项工作首位,建立健全了德育一体化的育人机制,巩固加强了大学生党组织建设,积极推进了大学生理论学习和"三进"工作,形成了青年志愿者活动、校园文化艺术节、大学生创技创新活动、大学生社会实践活动等一系列享誉全国的思想政治教育品牌,实现了在校学生德、智、体、美的全面发展,培养了一批又一批政治合格、业务过硬、素质全面的优秀毕业生。

顾全大局、团结和谐。在师大的历史上,先后有十几个单位融入或与师大合并,大家用共同的奋斗目标、共同的思想基础,形成共同的团队精神,精诚合作,风雨同舟。1999 年组成新师大的三校,无论大校小校、新校老校,都顾全大局,多想大局,维护大局,仅用八个月的时间,就完成了机构统一、班子统一、财务统一、制度统一,实现了实质性合并,在全国合并的高校中速度之快、效果之好,无出其右。在新校区用房中,在职称评定中,教职工既看到事业发展的主流,又体谅学校的困难,学校公平、公正处理问题,保护学校教职工的权益,做到双赢、共赢,形成和谐校园,较好地化解前进中的矛盾,实现又好又快的发展。

天津师大精神是一个系统,从狭义上讲,是上述五种精神;从广义上讲,还包括校训、校风、学风、校歌、师德风范和学校一系列办学理念,这些都是我们的历史传承、历史积淀、宝贵的精神财富。

三、坚守天津师大精神

新一届学校领导班子宏观在宇,微观在握,目标高远,成竹在胸。近期着重抓紧抓好三项战略决策:制订学校发展规划,完善干部队伍建设,形成共同思想基础。坚守天津师大精神是上述三项决策和今后学校全面发展的重要基础。

(一)坚守天津师大精神,必须全校一心形成合力

要弘扬和发展全校师生员工共同遵循的理想信念、价值取向和行为规范。校第七次党代会确立了学校今后 10 年的发展目标、发展战略和主要任务。这是今后一个时期学校发展的方向、全校师生员工的奋斗目标、共同的思想基础。全校上下不左顾右盼,不心猿意马,不三心二意,在校党委的带领下心往一处想,劲往一处使,拧成一股绳,形成新合力,共同奋斗。

(二)坚守天津师大精神,必须敢为人先,锐意创新

我校以往曾取得过骄人的成绩,但已成为历史。国家第一个百年奋斗目标已渐行渐近,"十三五"任务迫在眉睫,特别是近期国家发布《统筹推进世界一流大学和一流学科建设的总体方案》和《关于深化高等学校创新创业教育改革的实施意见》。国家全面加快向教育强国迈进的步伐,高等教育的发展将日新月异,高等教育上质量上水平如万马奔腾。古人云:"人无远虑,必有近忧。"我们虽一时达不到

世界一流的水平,但如果全国高等教育整体水平大幅提升,我校的节奏慢、步伐小,就必为大浪淘出,为胜者汰下。我们要学习国家推进一流建设的思路,更新观念,创新机制,突破关键环节,早谋划早动手,宜未雨绸缪,勿临渴掘井。应该看到七次党代会后,学校正在发生很大的变化,一些旧的观念、做法、习惯正在改变。按照七次党代会确立的发展目标、发展战略、发展理念,所形成的新的工作节奏、工作方法、发展观念、精神状态已成为今天学校运行的主旋律。我们一方面,要突出重点,倾注全力,建成我们的一流学科,不为任何干扰所影响;另一方面,埋下头将基础的、常规的、规范的、短板的、交叉的、边缘的工作扎扎实实地做好。这就是我们常说的顶天立地的又一层含义。

(三)坚守天津师大精神,必须顽强拼搏,艰苦创业

七次党代会为学校谋划了光明的前途,学校的发展取得了长足的进步。但与形势的发展、与兄弟学校的步伐相比,还有不小的差距。要实现七次党代会确立的目标,必须顽强拼搏。古人有一副对联:"有志者事竟成破釜沉舟百二秦关终属楚,苦心人天不负卧薪尝胆三千越甲可吞吴。"我们必须以破釜沉舟、卧薪尝胆的勇气,用全校师生员工加倍工作的态度,实干、苦干、巧干,出思路、出实招、出苦功、出实效,干好自己的工作,配合同人的工作,支持全校的工作,心中有大局,手中有实招,每个人都要成为做好本岗工作的原动力,每个学院、每个处室都应成为创一流的排头兵。真正做到依法从教、严谨治学、教书育人、为人师表,政治坚定、秉公执法、坚持宗旨、务实创新、爱岗敬业、优质服务、遵纪守法、关心集体的职业道德规范。

新校区建成后,学校背负了沉重的债务负担,尽管学校做了巨大努力,仍没有完全走出债务阴影。一方面学校努力提高教职员工的工资福利水平,另一方面大家也要有在一个时期内恪守艰苦创业的精神,我们有理由坚信,近年内学校债务负担逐步减轻直到卸载。但到那时,仍需保持艰苦创业的传统。

(四)坚守天津师大精神,必须团结和谐,形成良好的人际关系

回顾近60年的发展史,学校的天时、地利并不总是非常良好,我们在艰难中发展壮大,更多的是依靠大家顾全大局、团结和谐、有良好的人际关系。60年来,我校与外校分分合合十几次,老人与新人之间,都能团结、友爱、包容、谅解、求同存异、共同发展。日常工作中,也是互相支持,顾全大局,良性竞争。我们今天更要发扬这种精神,机关与学院之间、学院与学院之间、不同学科专业之间、干群之间、师生之间、服务者与被服务者之间、管理者与被管理者之间,都要以学校发展大局为重,服从领导,服务师生,同行相亲,互相帮助,形成事业共同体、命运共同体,杜绝各种有害于学校发展、荣誉,有害于学校团结的言论和行为,永远传播正能量,用我们的人和,克服学校发展的短板,用我们的合力铸就我校明天的辉煌。

从师范教育看师大精神

天津农学院副校长、我校校友　徐瑛

2016 年 1 月 1 日　554 期　第二版

　　学术乃天下之公器,大学精神是大学的生命。大学精神展示的是大师先哲、学界名家、后学上进在学问上和思想上的追求,积淀的是学校办学理念的精髓,承载的是每一所大学独有的文化品质,彰显的是极具自身特色的文化传统。研究总结天津师范大学的文化精神,必须突出"师"字,强调天津特色,不仅立足学校几十年的办学历史,也要自觉融入天津师范教育的百年发展历程。只有这样,师大独有的文化与精神才能传承发展,才能继承光大,才能真正涵养师生,服务社会进步。

一、天津百年师范教育史孕育了天津师范大学独特办学理念

　　天津地区的师范教育始于 1905 年,至今已走过 106 个年头。20 世纪初,河北省立天津师范学堂、北洋师范学堂、严氏保姆讲习所、河北省立女子师范学校、天津师范讲习所、天津音乐体操讲习所、天津市立师范学校、中央国素体育传习所先后传承。新中国成立后,河北师范学院、天津师范学院、天津幼儿师范学校、天津业余学院、天津师范大学等师范类学校不仅为天津的师范教育发展打下良好基础,也为天津乃至全国输送了大量教育人才。

　　1958 年 5 月,天津市委、市政府选址在八里台成立天津师范学院,1978 年在原天津市立师范学校基础上成立天津师范高等专科学校,以及同年成立的以教师进修教育为主要功能的天津教育学院,加上中师、幼师、专业性师范等共同构成了天津师范教育的整体布局。改革开放至 20 世纪末,天津师范教育标志性发展主要有两项:一是 1982 年 6 月原天津师范学院更名为天津师范大学;二是 1999 年 4 月,经天津市委、市政府决定,教育部同意,由原天津师范大学、天津师范高等专科学校、天津教育学院组建成立天津师范大学。

　　回顾天津师范教育百年历史,追溯天津师范大学历史沿革,更有助于我们在历史长河中发掘传统精髓,凝练办学理念,认清自身使命。由于天津城市地位几经变迁,天津师范教育在曲折中发展。从继承的角度来讲,它们都为学校提供了成长的养分,这也造就了今日师大兼容并蓄,纳百家之长的优势和特色。

(一)严谨务实的治学原则

天津师范大学是伴随着天津近代社会经济发展的步伐一路曲折前行的,从诞生之日起就深深植根于天津这片沃土,以天津的教育为己任,以天津的社会发展为己任,以造福天津人民为己任,虽步履维艰但执着前行,虽几经起伏但顽强上升,同时她还继承了天津兼收并容、严谨务实的朴实民风。在学校的发展进程中一代又一代师大人始终高举师范大旗,共同铸造师范品牌,精心培育人类灵魂工程师,唱响师大特色,发展师范优势,形成师范强势学科,主动为天津及周边地区教育事业服务,为天津的发展筑牢根基。为天津输送良好的师资,始终是天津师范大学办学的出发点和落脚点,也是严谨治学、务实治学的真实写照。

(二)德育为先的育人理念

师范教育是育人的殿堂,是培养教育园丁的母机。百年师范教育的积淀使学校真正持之以恒地做到了育人为本、德育为先的学生培养理念。50 多年培养的近18 万毕业生在各自领域建功立业,当他们回首校园时光,感悟最深刻的不只是三尺讲台,还有健全、有效、丰富的德育教育活动。正是由于我校是师范院校出身,学校与生俱来地特别重视学生操守的养成和综合素质的培养。改革开放以来,学校把大学生思想政治教育放在各项工作首位,建立健全了德育一体化的育人机制,巩固加强了大学生党组织建设,积极推进了大学生理论学习和“三进”工作,形成了青年志愿者活动、校园文化艺术节、大学生创技创新活动、大学生社会实践活动等一系列享誉全国的思想政治教育品牌,实现了在校学生德、智、体、美的全面发展,培养了一批又一批政治合格、业务过硬、素质全面的优秀毕业生。学校在育人工作中还特别强调“以生为本”,注重教书育人、管理育人、服务育人,主动实践德育创新,在学生培养教育中贯彻人文关怀,实现不让一个经济贫困生落泪,不让一个心理困难生掉队,不让一个学习困难生后退的目标,让学校的教育理念惠及全体学生,使学校教育资源为所有学生成长服务。

(三)孜孜以求的办学风格

正因为传承了天津百年师范教育传统,汲取了百年师范教育精华,师大人也就具备了孜孜以求,精益求精的办学风格。学校高度重视教学质量,教师以教书育人为天职,教学方法以细腻有效而著称,教学态度以敬业爱生而闻名,并在 2007年教育部本科教学评估中取得优秀。师大人的孜孜以求并未停滞于单纯的师范专业,而是审时度势,提早制定了向“教师教育特色的综合性大学”迈进的目标。

二、源远流长的办学理念焕发出天津师范大学独有的文化精神

校园文化是大学的品牌,校园传统是学校历史的精华,二者的结合就是师大精神的积淀与砥砺,是将学校53年发展历程通过历史的升华留给后辈新学。面对我曾经学习和工作过的母校,不仅有所眷恋,而且感悟颇深。回顾近些年学校的发展,她总有一种精神让我感动,总有一种豪情让我感怀,总有一种氛围让我感慨。这就是天津师大想干事、能干事、干大事、干成事的精神。

(一)拼搏进取,逢旗必夺的干事意识

师大的发展,各项事业的成就,固然与上级正确的领导、社会各界的倾力支持和党委的正确决策密不可分,但最终的胜利靠的是全校上下的拼搏进取。一种苦干、实干的忘我精神,一种奋力前行、超常付出、坚韧不拔、迎难而上、昂首潮头的精神。全校上下,从学生到教师,从机关到学院,从干部到职工,大家都具有一种强烈的责任感和使命感,一种发展的欲望,一股见红旗就抢的劲头。正是靠着这股干劲,我们取得了全国"五一劳动奖状"、全国精神文明单位、全国先进党组织等一系列国家级荣誉,为天津师范大学赢得了荣耀和尊严。

(二)惜时如金,锐意创新的谋事思路

改革不等人,发展时不我待。师大人正是靠"白加黑""五加二"的作息时间表完成了难以想象的超大工作量,实现了办学空间的跨越,突破了发展瓶颈。同时,师大人一次又一次解放思想,主动与社会接轨,与市场接轨,自觉接受新理念,敏锐把握发展机遇,超前谋划,锐意改革,不断创新,在短时间完成学科门类扩张,学位点快速增长,教师教育改革和精品课程建设等一系列重点工程。

(三)团结协作,和谐发展的共事理念

共同围绕学校中心工作,讲求部门、单位之间的团结协作,用发展的理念去培养团队的精神,打造团队的灵魂是保证学校健康发展的法宝。注重统筹兼顾,讲求双赢、共赢,建设和谐校园是学校发展的根本。正因为如此,学校才能在激烈的竞争中生存,才能在市场大潮中立于不败之地,才能较好地处理改革发展稳定的关系,才能较好地化解前进中的矛盾,才能最终实现又好又快发展。

(四)大局为重,艰苦创业的成事精神

作为天津市属高校和天津唯一的高等师范院校,必须服从服务于天津经济社会发展大局,必须以推动天津的教育事业发展为己任,必须在全市各项工作中带好头,当好排头兵。大局意味着责任,大局意味着付出,大局也意味着胸怀,大局还是一种胆识和魄力。艰苦创业,负重前行,自加压力,奋发图强是几代师大人共同的信念。靠艰苦创业,我们克服了无数前进中的困难;靠艰苦创业,我们凝聚了师生精神;靠艰苦创业,我们的各项事业由弱到强,今天我们依然要说:这一代师大人仍然是创业的一代、奉献的一代。

(五)以生为本,行为世范的做事风格

这是全体师大人的风格,是共同的标准照。以生为本体现在学校工作的各方面,全员育人、全方位育人、全过程育人就是这一理念的真实写照。"彬彬有礼,然后君子"正是师大学子独有的气质所在。教师关爱学生,学生热爱教师,师生互学,教学相长。规规矩矩做人,老老实实做事,踏踏实实做学问,是师大人对行为世范的共同诠释。教师是学生最好的榜样,今天的学生可能是明天的教师,正是基于此,行为世范也成为大家共同的信条。

流逝的是岁月,不变的是情怀,永存的是精神。有着天津师范教育百年传统的滋润,有着50余年成功办学经验的累积,有着干事创业精神的激励,天津师范大学一定能成为无愧于津门父老、无愧于这个伟大时代的神圣殿堂。

以师大精神指引教师职业梦想

——一名新入职教师的成长感悟

法学院教师 冯 汝

2016 年 4 月 29 日 557 期 第二版

还记得初一时,在课堂上,语文老师问,你的理想是什么,我清楚地记得我回答的是想做个教育家,改变中国的教育现状;如果做不了,做一名教师也可以,至少可以影响、改变一些人。当时懵懵懂懂,并不知道教师意味着什么,更不知道,内心的一个模糊、幼稚的想法会为自己的未来埋下梦的种子。后来慢慢长大,深刻意识到为师者的责任后,却对这个梦想的选择产生了胆怯。教师可以积极地影响学生,但如果自身的能力、道德等各方面不能达到一定水平,可能这个影响就是负面的。基于这种担心,高考志愿填报时我放弃了师范类专业而选择了法律专业,之后走上了一条法律专业学习的道路。2012 年研究生毕业,站在职业选择的路口,我又一次面临一个重大的选择,面对律所、法院这些法律毕业生最常选择的职业,内心总有一个声音在不停地问自己,这是你喜欢的吗? 这是你最终希望选择的职业吗? 我听见自己的内心在说,不是的,我仍希望能成为一名教师。但要放弃已经学习了 7 年并逐渐喜欢的专业,我却一时没有这样的决心和勇气。在困惑之际,研究生导师的一席话指点了我,他说:"你可以继续深造,获得博士学位去高校做教师啊,但这条路可能会比较艰难,你要有心理准备。"即使道路艰难,但能够专业和梦想兼得,哪还会再有什么犹豫? 就这样,我选择了继续攻读博士学位,并于 2015 年 6 月顺利毕业,进入天津师范大学做了一名教师。

作为一名新入职的高校教师,我面临着诸多的挑战,如何平衡教学和科研的关系? 如何备课才能更好地传授学生知识? 如何在当前这个信息大爆炸的时代,在课堂有限的时间里调动起他们学习的积极性和主动性? 在课堂外,作为一个新生班级的班主任如何与这些正值青春年少的同学相处? 如何对一个班级进行管理? ……面对这些疑问,我思考、我请教,老教师们毫无保留地向我分享了他们的心得体会。在听了很多经验后,我深深地感慨,这些前辈虽然专业不同、教龄不同、所在岗位不同,但他们都有一个共同的身份——师大人。他们的切身体会、真知灼见虽有不同,但汇总起来就是我们学校的精神之魂,是师大人共同的价值认同。这些老教师在自己的岗位上一贯坚持我们"勤奋严谨,自树树人"的校训和"严谨治学,为人师表"的教风,严格遵守着"顽强拼搏、艰苦创业,敢为人先、锐意创新、科学严谨、爱校敬业,育人为本、德育为先,顾全大局、团结和谐"的师大精神。

循着他们的足迹,我在工作中探索、实践。第一,坚持初心,心怀热爱。在学院的欢迎会上时,有位老教师告诉我:"在物欲横飞的年代,做一名教师要甘愿守住一方净土,安于三尺讲台,要守得住寂寞、坐得了冷板凳。"作为一名高校教师,我们普通、平凡,承担着育人这一重要使命,只有明确自己的理想信念、树立职业自信、坚守职业道德,心怀对学生、对学校、对社会的责任感,我们才能坚守自己的初心;只有内心怀有一份热爱,将这份工作看作一项崇高的事业,我们才能充满激情,从工作中收获更大的价值满足。

第二,教学为基,教研相长。教学和科研是一名高校教师工作最重要的两部分,教学是源头和根本,将教学作为基础,以教促研。既要真心对待科研,更要用良心投入教学。要相信,每一个拥有一方讲台、面对一群求知若渴学子的青年教师,只要用心,都能在教研相长中做得更好,也会在日常教学之路上收获更多。

第三,坚持学习,不断创新。俗话说:"给学生一碗水,教师需要一桶水。"学术专业素质的高低与教师的教学水平有直接关系,作为一名法律专业教师,要具备深厚的专业底蕴,要掌握最新的学科动态和理论前沿,这就要求高校教师要有教到老学到老的精神,要毫不间断、认真学习,要刻苦勤奋、谨慎治学。要全面发展自己,培养自己严密敏捷的逻辑思维、良好的演讲表述能力,要善于与学生沟通,要不断创新教学方式,采用启发式教学、情境教学、问题教学、案例教学法等多元化的教学方法,建立教与学的互动,使学生学与思结合起来、思与练结合起来。

在做好教学科研工作的同时,我还担任了一个班级的班主任。这一年来,为了真正发挥一名班主任班级管理的作用,我尝试了很多方法,比如开展读书会,以开阔学生的视野、提高学生的专业能力;确定班歌班训,以凝聚集体力量、建立良好的班级文化和风气;制订梦想计划,以鼓励学生树立梦想、规划大学生活;等等。要真正做到帮助学生成为"勤学、修德、明辨、笃实"的当代大学生,成为"志存高远、德才并重、情理兼修、勇于开拓"的当代青年,除了要做好一个管理者,更重要的是要做一个教育者,要"用心呵护,将心比心;亦师亦友,正确引导"。作为一名青年教师,与大学生相处,会感觉到他们被时代赋予的独特特征,他们可能个性鲜明，言语和表现甚至有些任性、执拗、鲁莽，但如果用心去感受，去与他们接触，就会在他们身上看到自己如他们一样年龄时候的迷茫、懵懂。他们希望得到关注、关爱以及指引，只有心中存有对学生的爱，设身处地地考虑他们的处境、困惑，用心呵护，才能真正地得到他们的信任和支持，成为他们学习、生活中的良师益友，才能真正帮助他们树立正确的世界观、人生观、价值观。

梦想实现不易，但坚守更难。在教师职业的成长和发展道路上，师大精神就是我的灯塔和指明灯。我会努力以自己的实际行动践行师大精神，力争做一名有品格、有能力、有担当、有智慧的新时代高校教师。

母校,是我永远的精神家园

退休教师　林　骅

2016 年 9 月 30 日　562 期　第四版

　　经过半个多世纪的风雨兼程,从八里台到六里台,从老校区到新校区,天津师大凝聚了一代又一代学子的记忆。"勤奋严谨,自树树人"的校训,引导着一批又一批师大学子走过如梦如歌的青葱岁月。天津师大,是我永远的精神家园。

　　1960 年,天津师院(师大前身)正式成立,我有幸成为中文系首届本科生。当时的师范院校不但学费全免,而且包吃包住,因此成了寒门学子的"理想之邦"。我们两个班的学生大多来自河北省广大贫困农村,这些"短衣帮"虽然基础较差,但能吃苦耐劳,有高涨的学习热情。当时正是节粮度荒的艰苦岁月,每人都按严格的定量标准吃饭,每到上午第四节课时就饥饿难耐了,但没有一个人逃课。所住的春光楼本是家属宿舍楼,七八个人挤在一个狭小的房间,没有学习条件,大家都自觉地到教室上晚自习,阅览室也总是座无虚席。院系领导一方面号召大家"劳逸结合",另一方面又想方设法改善师生的生活。组织一些身强体壮的学生到渤海湾捞蚌,充实食堂供给。组织我们冒着严寒到郊外的菜地里刨菜根,回到宿舍种盆菜,贴补生活。有人浮肿了,还能去吃有红糖与黄豆供应的"营养食堂"。这些如昨的往日,至今回想起来仍能泛起阵阵的感情涟漪。

　　到了 1962 年,最严峻的度荒年月已过,整日饥肠辘辘的情况趋于好转。我们步入大二,大家更有了加速用知识武装自己的紧迫感。院系领导对我们这批首届本科毕业生的培养很重视。加强图书馆建设,尽量满足我们的读书阅览需求;教室一调再调,最后让我们搬到相对安静的小东楼;努力安排校内外的学术讲座机会,以扩大我们的学术视野。"大学者,大师之谓也",领导很清楚师资队伍的重要,又想方设法调整教师队伍,逐步形成了阵容强大的教师队伍,极大地满足了学生们的求知渴望。

　　李厚基和陈玉璞两位老师的到来对我们的影响最大。听说厚基先生是北大研究生出身,因参与电影《达吉和她的父亲》大讨论而闻名全国;玉璞先生原为北师大研究生,又由西北的高校调入,这就让我们这些后生学子格外心仪。很快他

343

们就开课了,厚基先生讲中国古代小说史,从《三国演义》开篇,他的课高屋建瓴,大气磅礴;玉璞先生讲中国古代戏曲史,从《琵琶记》开始,他的课幽默风趣,口若悬河。我们听得如醉如痴,大开眼界,深深为两位先生授课的魅力所折服。几乎在每个周末,都到两位先生的宿舍登门造访。当时,厚基先生一家四口住在春光楼二楼一间仅有 16 平方米的"刀把房"里,用一块白布帘把"刀把"部分遮挡起来做卧室,外面是书房兼客厅。玉璞先生就在同一单元的五楼独居一室,他使用一个绿色台灯罩,我们每次拜访都以"绿灯"为记。同室晤对,其乐融融,即兴闲谈,海阔天空,但也大体不脱离"教"与"学",谈得最多的是治学方法。有时两位先生谈到学术界现状,交流学术前沿问题以及当代的一些名人逸事,我们都是闻所未闻的,大有茅塞顿开之感。两位先生还推荐了一些阅读书目。据此我自学了《中国小说史》《中国戏曲史》等论著,为日后的进一步深造打下了良好的基础。

我们还走访过王锦泉和祖吾春两位先生。锦泉老师讲的现代文学课层次清晰,见解深刻,尤其是在报刊上时常能见到他的文章,这就令学生们心动。我们自发成立一个"文学评论小组",请锦泉先生指点。他愉快地欢迎了我们的造访。祖吾春老师给我们讲《文心雕龙》,这是大家感到最难学的文言文,常常出现心知其意口不能传的情况,但祖老总能用最恰切的词语将其表达出来,令我们不得不折服他深厚的古文功底。我们请求他利用课余时间开"小灶",祖老欣然同意。于是每到周日,我们都去山西路登门拜访。他热情地接待我们,一次讲一篇,我们喝着茶水,他吸着香烟,一起领略中国古代文论的魅力,此情此景恍如昨日,令人难忘。其实,对大学生来说,课堂教学固然是获取知识的主渠道,但绝不是唯一的渠道。课下与教师平等的交流互动、茶余饭后的闲谈常常能得到意想不到的启发与鞭策,从这个意义上说可谓"功夫在课外"。

那个阶段,我们的学习积极性得到了极大的激发,举办诗歌朗诵会、办壁报、苦练教学基本功,你追我赶,热情极其高涨,甚至达到了夜以继日、废寝忘食的地步。有人专攻鲁迅、郭沫若,有人痴迷巴金、老舍,我的兴趣则是明清小说。曾坐在小东楼的教室里通宵达旦地阅读《红楼梦》,外面几棵高高白杨树的枝叶几乎探进窗内,被后半夜的微风吹拂着,发出沙沙的有节奏的声响,伴着灯管嘶嘶的鸣叫,不啻一曲美妙的交响乐。我也曾寒假不回家,雪夜读《水浒》。阅览室关门后,踏着碎琼乱玉般的冰碴,回到冰冷的宿舍,披着棉被仍然手不释卷。这样的"访学"加苦读的时光起码维持了一年,那是一段十分美好的流金岁月,如今回想起来,仍有一种"阅读之乐乐无穷"的感慨。

流年似水,往事如昨,求学期间哺育过我们的先生们都先后作古了,我们这些当年风华正茂的青年学子都已步入了古稀之年。母校也早已旧貌换新颜,迁到了恢宏壮美的新校区,巍峨的图书馆、联翩的教学楼自然与往日的校园不可同日而语,然而不变的是朝朝夕夕的弦诵之声,岁岁年年的奋斗呐喊,勤奋尚学的师大精神。念兹在兹,歌以咏志:

同窗四载,想当年,青春妙龄芳侪。群贤共聚八里台,生活多姿多彩。朝闻起舞,夜挑灯花,立誓偿心债。恍如昨日,惜乎此情难再。

倏忽满面尘霜,思昔抚今,又几多感慨。喜看校园春色美,桃李满园堪摘。群楼高耸,弦声依旧,师大精神在。重赋童心,诗意久长为快。

天津师大精神在西部

校团委干部、第八届研究生支教团成员 史晓晨

2016 年 10 月 28 日 563 期 第四版

　　自 2002 年成为中国青年志愿者研究生支教团招募学校以来,我校先后选拔输送了百余名优秀研究生前往甘肃定西、重庆开县、新疆哈密等地开展支教工作,服务包括甘肃定西天津师范大学希望学校在内的 17 所中小学,累计授课约 42720 课时,教授当地学生 13000 余人。多年来,我校研究生支教团的感人事迹、可贵品质在校园中形成了"甘于奉献、勇于担当、志愿服务、薪火相传"的天津师大支教精神,成为更多师大人坚定理想信念、增长知识本领、锤炼品德意志的强大精神动能。

　　甘于奉献的支教精神让师大人立志扎根在基层,成长在基层。基层是火热的,更是多彩的。研究生支教团成员大多来自城市,前往西部生活工作一年,且不论甘肃的严重干燥、重庆的严重潮湿、新疆的严重寒冷这些气候条件的艰苦,单说在甘肃生活上要使用窖水(雨水积攒而来的地上水)这一点,能坚持下来都是很大的挑战。师大学子甘于奉献,乐于体味这份来自基层的多彩生活。第二届支教团成员刘海建回到家乡天津完成了硕士研究生的学业后,毅然决然地再次回到西部,将家也安到了西部,最终选择将余生与这方热土紧紧相连。或许,奉献的意义可以说成"牺牲小我",对支教团成员而言,"牺牲"带来的成长淬炼何尝不是一种收获。支教的意义不只在于服务之地的大与小,"牺牲小我"的多与少,而更在于心中的信念是否坚定,躬下的身子是否贴近,笔下的记录是否真诚。天津师大精神给予了师大学子认同平凡、甘守平淡、不忘初心的情怀,更教会了师大学子褪去浮华、甘于奉献、勤恳执着、脚踏实地的坚实信念。

　　勇于担当的支教精神是师大人夙夜在公、干事创业的精神动力。在服务地,由师大支教成员所带领的班级综合成绩均取得了长足进步,许多班级会考通过率在学区内名列前茅,一批批优秀青年经过西部一年的历练,收获着属于自己的成长。他们的经历也感染和激励着无数师大人加入了志愿服务的行列。在这种校园文化的熏陶下,以研究生支教团为实践育人的重要载体,以"立德树人"为目

标,学校积极引领广大青年学生将个人理想与国家命运紧密结合,教育青年学子争做"中国梦"的参与者和实践者,在学习中坚定信仰,在活动中升华理想,在实践中勇担责任。在"诚实守信,勇于担当"的校风影响下,支教精神教会了学生笃定一生的担当,这便是在平凡的岗位上做出不平凡的业绩,在浮躁的时代潜心研究、扎实实践,在快节奏的生活方式里学会平静和守候。

志愿服务的支教精神是师大人青春活力的激情释放,在完成正常教学工作之余,师大鼓励研究生支教团成员尽己所能参与公益活动,助力西部学子成长。十多年来,家访成为支教团成员的"必修课",他们进行了万余次家访,帮助完成资助的学生不计其数,经济学院2014级学生胡泽鹏就是其中一位。2008年,正在甘肃定西天津师大希望学校读七年级的他,迎来了来自天津师大的第一届支教老师,初中三年时间,他也得到了三届支教老师的接力帮助。天津的爱心人士为他送上温暖,基本解决了他的生活难题。立志报考天津师大,还要成为师大支教老师的他,最终放弃了被211高校录取的机会,将高考志愿填上了"天津师大"。在普通的支教生活中,没有惊天动地的大事迹和豪言壮语,只有日拱一卒的踏实努力,然而,就是太多这样朴素的奉献的不断累积,最后成了社会核心价值前进的方向,成了天津师大精神的生动表达。

薪火相传的支教精神在师大人中间传承挺立,发扬光大。研究生支教团成员完成支教工作后,回到学校都要参加"梦开始的地方"研究生支教访谈活动,历经十多年的积淀,"梦开始的地方"已经成为师大校园文化活动的品牌和亮点。在支教精神的感召下,天津师大希望学校已经不仅仅属于支教团成员,更成为全校师生共同的牵挂。一届又一届的支教火炬幻化成为遍及师大校园的爱心火焰,温暖照亮了每个角落。在那些祖国和人民最需要的地方总会有天津师大精神在闪光。

如今,天津师大研究生支教团项目已经成为人才培养的高地、践行青春梦想的沃土。支教团成员——天津师大精神影响培育下的师大学子的最鲜活代表——这一个个充满激情与理想的师大学子,却不只是同辈中闪耀着光芒的优秀榜样,"支教"二字更是在同样的青春时光中,并肩荣辱、承担风雨、担当责任的人生印记,是面向未来同心聚力的磅礴力量。天津师大精神已经成为他们强大的精神动力,成为师大人宝贵的内心珍藏、行动自觉和人生方向。

听身边感动故事　悟天津师大精神

记者　周粟伊　沈芳旭

2016 年 12 月 30 日　565 期　第三版

12 月 15 日下午,会议中心大报告厅再次座无虚席。

一句句发自肺腑的话语、一段段舒缓优美的乐曲、一阵阵热烈的掌声,时而独鸣,时而交织在一起。台上的老师动情地讲着,台下的师生认真地听着。

这是"讲述身边好故事"——我校师生践行弘扬天津师大精神第四场报告会,也是本学期的最后一场。

讲台上的 9 位师大人,用各自的故事演绎着各自的人生,是天津师大精神像网一般将他们联系在一起,将每个人的故事整合,在天津师范大学这个大舞台上一一呈现。

一、缘起:天津师大精神是我们共有的力量

今年年初,我校召开宣传思想工作会,总结并凝练我校建校以来近 60 年形成的天津师范大学精神——爱国敬业、学高身正、改革创新、开放包容、艰苦创业、团结和谐。会上下发了《中共天津师范大学委员会关于弘扬天津师范大学精神的实施办法》,强调要全面弘扬、培育发展、努力践行天津师大精神,把天津师大精神作为团结和凝聚师生努力奋进的核心精神力量。

党委宣传部部长、新闻中心主任潘晖老师介绍,为让全校师生更加深刻地理解天津师范大学的精神内涵,发挥天津师大精神的影响力、感染力,学校组建了天津师范大学精神报告团。从提出想法、组建报告团到首次宣讲,前后历时近一年时间。报告团 9 位成员由学校各部门、各学院推荐,都是在某一领域做出突出成绩的、有代表性的中青年教师,是全校师生中传承、弘扬、践行天津师大精神的典型代表。

"报告团成员的平均年龄不到 35 岁,这些中青年教师是学校发展的中坚力量,承担着繁重的教学、科研和管理工作。"党委宣传部副部长、新闻中心副主任张家玥老师告诉记者。报告团的老师们牺牲自己的休息时间撰写稿件、制作 PPT,

一遍遍修改稿子直至满意;多次彩排、试讲,每位成员都认真参与,从开始的带稿讲,到完全脱稿,直至最后精益求精地给 PPT 加上音乐,成员们都努力地用最好的效果将天津师范大学精神完美呈现。

二、追寻:天津师大精神就在我们身边

报告会上,9 名成员动情地为大家讲述了他们的故事和他们心中的天津师大精神,这是师大人在教学、科研、学习与生活中最鲜活、最基层、最温暖的故事,也是对天津师大精神的生动诠释。

为支持学生做科研,她在寒冬里带着学生跑遍了天津市所有道路采集了几百个样品,从自己的工资里拿出钱来资助学生去校外学习,一字一句地为学生修改科研论文……城市与环境科学学院教师胡蓓蓓说:"在教师这个平凡朴实的岗位上,我体会着幸福与满足,实现着自己的人生价值和理想。"

同学们口中的"超哥"是一个对待上课极其认真的老师,他喜欢课堂、喜欢讲台,他常说自己"上课成瘾",他将教课作为教师安身立命之本。马克思主义学院教师王雪超说:"享受课堂、用心讲好每一堂课是我的人生信念,希望我能够以师大学子和师大教师的身份,把天津师大精神传承下去。"

他是学生们眼中的"博主""大 V"和"网红",但他说自己只是师大校园里普通的辅导员;他笔耕不辍,一篇篇点击量 10 万＋的"网文"是大家对他的认可。美术与设计学院辅导员张家玮说:"辅导员的碎碎念,碎的背后是对学生的关爱,念则是我们对事业的执着。"

他以苦为乐、以校为家,主动担当教学科研育人职责。为了按时上课,他提早把儿子送到幼儿园就匆匆离开;为了指导学生做实验,顾不上独自在家的儿子。化学学院教师朱柏林说:"高校教师肩上的担子一头是教学,一头是科研,对化学教师来说,教学是粉笔连着黑板,科研是药品连着烧瓶,一刻也不能松懈。"

她主动承担了当代中国新闻学者口述历史研究的重任,用笔为数十位参与新中国新闻学科和新闻学术建设的功臣留下了一幅幅"文字肖像"。六年的时间,她追寻着一位位杰出新闻学者的身影,在全国各地辗转留下了一次次的步履匆匆。新闻传播学院教师陈娜说:"这就是我的'师大梦'。"

在上海、美国、斯坦福、哈佛、牛津,在每一次选择面前,在优渥的科研条件面前,在丰厚的薪资面前,他一次又一次地选择回到母校,这里有他魂牵梦绕的三尺讲台、有他最可爱的学生。文学院教师吕超说:"短暂的离开是为了带更好的自己回来。"

2008 年 9 月博士毕业后登上飞往美国海滨城市迈阿密的飞机,2013 年 9 月带

着新能源材料的国际顶尖技术与研究,他终于回到祖国的怀抱,开始夜以继日地工作并创造着一项又一项令人瞩目的成果。物理与材料科学学院教师李喜飞说:"每天泡在办公室和实验室里,很辛苦但是心甘情愿,搞科研最重要的就是耐得住寂寞。"

在甘肃定西,他和小伙伴们度过了一年不长的时间,却收获了终生难忘的记忆。他们在讲台上传道授业,他们在家访路上不辞辛苦。生命科学学院辅导员孟亮说:"在这个讲台上,我不只是代表我自己,更代表了天津师范大学的支教团这个集体,那是我们梦开始的地方。"

那个清瘦的、热衷于科研的男生,那个勇敢的、巨大压力下考研成功的女生,他为我们讲述了自己两个学生的真实故事,这故事里有坚持的力量、有爱的力量,更有天津师大精神的力量。生命科学学院教师黄辉说:"我是师大的一分子,我对学校有一种发自内心的热爱。"

三、继续:天津师大精神薪火相传

报告团老师们的精彩讲述得到了师生观众的认可与好评。每场报告会上,大家都认真、专注地听着,不少观众甚至流下来感动的泪水。报告会结束后,有的老师和同学们还留下来与报告团成员交谈。老师们、同学们通过微信、短信等方式纷纷为报告团"点赞",他们在报告团成员身上真切地感受到了天津师范大学精神,也更加坚定了要努力工作、好好学习,弘扬践行天津师大精神的决心。

机关党委的陆曦老师是与机关 24 个支部百余名老师一同前来参加报告会的,她说:"自从知道学校举办天津师大精神报告会以来,就一直想听,今天终于如愿。我和同事们听完报告后都深受感染,这些与我们一样年轻的老师是大家学习的榜样。"

音乐与影视学院舞蹈专业教师郑莉说:"听过报告,我很有感触。天津师大近年来的发展蒸蒸日上,作为从师大毕业留校任教的师大人,我感到很骄傲。认真负责地上好每一堂课,就是对母校最好的回报,也是教师职业道德所在,无愧于教师的称谓!"

体育科学学院教师宋会涛说:"这个报告会让我们特别受教育,几位老师的事迹一直感染着我,他们用责任与爱心、担当与奉献、坚持与创新、赤诚与承诺诠释着师大精神!同样作为师大培养出来的学子转化为一名教师,要以他们为榜样,用实际行动将师大精神发扬光大。"

电子信息与通信工程学院史君老师说:"这些年,学校的发展离不开每一位师大人的努力,他们都将自己对学校深深的爱化为工作和学习的动力,我想这就是

'天津师大精神'的魅力之所在。我也是一名普通的师大人,在自己平凡的工作岗位上努力着,热爱学生,真心付出,让时间留下温度,让真爱充满校园。"

城市与环境科学学院学生陆萍作为"党员旗帜班"的一员来参加报告会,她说:"学生们对于天津师大精神的理解更多的是通过老师来获得的,这场报告会的主讲老师不是'假大空'地谈精神,而是讲了很多真实的、非常打动人的内容,这对我们很有教育意义。"

来自教育科学学院的学生于沛琪已经第三次参加报告会,她说:"几位老师动情的演讲,让我明白天津师大精神其实就是勤奋严谨、自树树人的精神,它蕴含在每位老师的平凡工作之中,体现在每个师大人的日常生活里。"

管理学院学生于晶说:"在平凡的岗位上总会有人做得精彩。正如我校这些优秀的老师,在他们平凡却不普通的教学、科研、育人实践中传递出来的精神温暖人心。今天的我们学习成长在师大,明天的我们走出校园更要将这份精神继续传递下去。"

当2017年的新年钟声即将敲响,在我们即将送走2016年的辞旧迎新时刻,一场场"讲述身边好故事"师生践行弘扬天津师大精神报告会,让全校师生感动着。他们思索着,更行动着。

以生为本　以教为范
做好天津师大精神的力行者与维护者

城市与环境科学学院副教授　胡蓓蓓

2017 年 3 月 15 日　566 期　第四版

　　大学精神是大学的灵魂,大学精神的核心是以育人为第一要旨,以全面人才教育为大学使命。大学不仅要教给学生科学知识,而且要培养学生各方面的能力,特别是科研能力。大学生科研能力的培养是培养大学生创新精神和创新能力的立足点和突破口。在教学和科研过程中,我坚持对学生进行独立科研能力和创新能力的培养。我以自己的一言一行努力践行着我校"勤奋严谨,自树树人"的校训。在教师这个平凡朴实的岗位上,我体会着幸福与满足,实现着自己的人生价值和理想——甘做泥土,爱满芬芳。

一、爱岗敬业树榜样

　　师者,所以传道授业解惑也,没有力量能够超过心甘情愿,没有教育能够胜过耳濡目染。记得 2008 级资环专业大三第二学期,在给学生们上专业课时,我发现他们不太清楚如何找资料如何写文章,马上就要写毕业论文了,我就问他们要不要学习如何写论文,50 余名学生异口同声地说要。每一个学生都有平等接受教育的权利,我一直坚持认真上好每一堂课,认真对待每一位学生,所以就答应他们只要他们写我就给他们改,不管多少遍。整个暑假我每天坐在书房不断地修改每一位学生发过来的论文,从提纲到内容到标点逐字逐句地修改,有的前后竟然修改了七八稿。

　　俄国著名教育家乌申斯基说:"在教学工作中,一切都应以教育者的人格为依据。"我在师大城环学院学习了 7 年,我的师长们处处体现城环精神、地理情节,这些也深深影响着我。有一件事令我记忆犹新。我的本科毕业论文初稿用钢笔写了洋洋洒洒 18 页信纸,我的导师徐利森先生当时刚做完视网膜脱落手术,他用铅笔一字一句地修改我的论文,甚至把每一个标点符号都修改了一遍,文后附了若干条修改意见,最后还加了一句"个人意见仅供参考"。白发苍苍的北大毕业的教授如此认真、如此谦逊地修改一篇本科生毕业论文,是我始料未及的。看着密密麻麻的修改意见,想着老师刚做完手术的眼睛,我热泪盈眶、感触颇深,先生一丝不苟、认真负责、谦逊严谨和博大忘我的人格魅力深深感染和影响着我。所以我想我的认真负责也会这样传递给我的学生,影响他们对待工作和生活的态度。

二、甘做泥土润芬芳

我时常会吸纳一些本科生进入课题组。于同学们,这是一个平台,一种历练;于我,这是一股新鲜血液,一项育人使命。因材施教,针对他们各自的特征培养他们的科研兴趣,引导他们自己去发现问题解决问题,把他们引上科学研究这条道路。我会给学生提供一切学习和锻炼的机会,比如带领学生野外采样、实地调研,组织学生参加各种学术会议,指导学生参加专业比赛和撰写学术论文,等等。记得一位学生曾经想做实验,但当时没有实验相关的项目,我想起自己就读博士的华东师范大学那几年在搞环境风险研究,看了很多文献后发现天津的相关研究比较少,就和她商量决定采集一些道路灰尘样品,做一下道路灰尘重金属风险评估。于是那年寒冬我和爱人带着学生跑遍了天津市所有的大街小巷采集了几百个灰尘样品,本科生的出差费用报销不了,我拿工资资助她去华东师范大学跟着我师兄学习样品处理和测试,学生在华师大学习了一个多月,熟悉了常规实验,回来后用实验数据写了毕业论文,获得了当年学院本科毕业论文的最高分,并成功免试保送华东师范大学继续深造。有人问我:"资助本科生按照他们的兴趣爱好和特征来搞科研,一般来说不会有太多的科研成果,时间和经费花得到底值不值?"我的回答是:"钱和时间用于学生的成长和进步,我觉得物超所值;并且在这个过程中,我也在不断超越自我,实现我的人身价值。"我深爱自己的每一个学生,牢记自己教师的本分,甘做泥土,托起祖国之花苗壮成长。

"学高为师、身正为范"和"勤奋严谨、自树树人"将是我毕生的追求。作为师大一分子,在以教风带动学风,以学风促校风,塑造天津师大特质,弘扬天津师大精神,提高育人质量的征途上,我将继续前行。

汲取奋进正能量　砥砺前行有担当

化学学院教授　朱柏林

2017 年 4 月 19 日　567 期　第四版

师大精神内涵丰富,是多年办学所形成的历史传承与积淀,成了一代又一代师大人宝贵的精神财富。在我七年的从教生涯里,我们的天津师大精神给予我最大的"财富"便是一股坚强有力、朝气蓬勃的正能量。

高校教师肩上的担子一头是教学,一头是科研,皆非简单的事情。对化学教师来说,教学是粉笔连着黑板,科研是药品连着烧瓶。

在教学方面,我突出一个"新"字。在教学大纲要求的基础上,不断吸取国内外教材和课件的精华,结合学生的实际,更新课件,增加新内容、新知识。同时,我还经常以讲座的形式向他们介绍学术前沿,鼓励他们在论文选题时有超前意识,敢于挑战新方向,新领域,努力提高创新意识。给学生一杯水,教师就要有一桶水。为搞好课堂教学,我坚持博览国内外教材和参考书,积极参加新课程的培训和青年教师教学基本功竞赛,虚心向教学经验丰富的老教授请教,抓住一切机会不断为自己充电,提高自身教学水平和业务能力。

对待科研,我积极主动,不抱怨不等待。回想起科研刚开始的阶段,学校还没有电子期刊数据库,我便常去南开大学化学学院的资料室查询文献,总将查到的文献随身携带,即便是陪孩子上课外辅导班的工夫都会抓紧时间研读。

作为一名高校教师,我深知自己的肩上除了教学科研外还肩负着育人的重要任务。一方面,在与学生们的朝夕相处中,我非常了解他们每个人的特点,另一方面,学生们也因为对我的信任,愿意听取我的意见。所以常有学生来我实验室,向我寻求关于出国、择校、就业方面的经验,一聊就是半天。有些学生即便是在毕业以后,遇到读研深造一类的问题也来会来征求我的意见。

身在高校,是师大精神完善了我的生命,给我的亲人、家庭和生活送去了正能量。

或许大学教师这一职业在别人眼中看似轻松,但我们心里清楚,自己身上的压力是多么大。科研需要随时创新,课件需要随时更新,任何时候都不能松劲儿。

在工作和生活中,早晨送孩子上学和八点准时给学生上课的矛盾成为我的一大难题。妻子的工作单位离家较远,送孩子去幼儿园的任务就只能落在我的肩上。可是,一旦送孩子去幼儿园后再到学校就会耽误上课时间。我也曾想过请求学院在排课时给予"特殊照顾",但转念一想,学院年轻教师还有很多,每个人都有自己的难题,又怎么可以厚此薄彼。所以我决定把孩子提前送到幼儿园,因为去得太早,幼儿园还没开门,我只得又将孩子托付给了其他家长,离开时,我甚至不敢回头看孩子那无助的眼神和孤单的身影。由于坚持骑自行车到学校上课,避免堵车耽误时间,整整七年来我从没耽误过一次课。当后来,我向孩子解释这么做的原因时,他小小的眼眸中也似乎流露出了他对父亲的理解与支持。

记得还有一次,妻子去印度和斯里兰卡出差整整一个月,当时孩子尚在念幼儿园,而我的四名研究生也正进入出成果的关键阶段,每周要上三门课,需要加强指导。在那段时间里,我忙到就算有三头六臂都不够用,每天早出晚归,下班后还要备课、看学生论文,连给孩子做饭的时间都挤不出来,我已想象不出那段时间自己是怎样走过来的。妻子出差回来后,发现家里一片狼藉,孩子的脚也是一副脏兮兮的样子,噘着小嘴委屈地向妈妈告状。妻子一开始还有些责怪我的狼狈,以及对自家孩子的忽视。我只能安慰她:"孩子饿点、脏点都是小事,忍一忍也就过去了;但学校的工作却是耽误不得的,那可是教师育人的大事。"渐渐地,妻子对我的工作也多了一份理解。

身在高校,这里每一个默默付出的平凡教师、每一个拼搏奋斗的青年学子、楼宇建筑的一砖一瓦、校园角落的一花一草,以及50余年办学历史的深厚积淀,都成为给予我强大的精神鼓舞的力量,影响了我,甚至是我的亲人、家庭和生活。

传递正能量,这就是我对师大精神的理解与感悟,没有华丽优美的辞藻,更没有惊天动地的故事,但这便是一个平凡教师最真实的感受。未来的日子,我也将继续传递师大正能量,继续传承践行师大精神!

家玮碎碎念

美术与设计学院团委书记　张家玮

2017 年 4 月 19 日　567 期　第四版

我是美术与设计学院的辅导员张家玮,那个在网上被同学们戏称"操碎了心"的人,自从学校官微有了"家玮碎碎念"板块,我就成了大家嘴里的"网红",其实我和"网红"还差一张修过图的脸。

兴趣使然,我选择了网络思政教育方向,去年在全校学工队伍表彰会上的发言《奔跑吧兄弟》让我火了,而前些日子在天津市高校思政论坛上的发言让我又"火"了一把。有时候我总会忍不住想,为什么认真思考写出的文章阅读量不高,而一篇"性情"的发言稿却能得到大家的认可,我想只能用"真情实感"这四个字加以解释。2007 年我留校工作,建立博客,大家叫我博主;2011 年入驻微博,受邀成为首批时评团成员,大家叫我大 V;2012 年接触微信,朋友圈里几乎囊括了目前在网络思政教育方面全国最活跃的辅导员与团干部,与他们并肩成为大咖。我热衷于新媒体阵地建设并不是为了当"网红",也不是为了写出几篇引人共鸣的文章,而是希望在同学中传播正能量。

2016 年 3 月,我写的《老师说》在学校官方微信的传播下,登上了教育部中国大学生在线的头条与共青团中央的官微,其中有一段话:"老师,张莹莹学姐光脚跑万米比赛,磨出大血泡,她不疼吗?""疼,但她心有祖国,有担当。""老师,王辅成老师年近八旬,依然站在讲台上为大家讲三观,他不累吗?""累,但王老师心有信仰,有责任。"这篇阅读量超过 10 万的网文除了给同学们答疑解惑,更是将我校"勤奋严谨、自树树人"的校训,"诚实守信、勇于担当"的校风,"学思并重、知行合一"的学风传递了出去。

目前,我的个人微信公众号在全国辅导员平台排名中名列前茅,教育部中国大学生在线开设了"家画佳话"专栏,共青团中央也多次转发我写的节日谈,就这样晕晕乎乎就成了圈里的"网红",但我丝毫没有感觉到红,而是承担了更大的压力。白天工作,深夜"码字"成了新常态,熬夜写作为的是不掉粉,每日更新司空见惯,所以和网红比,我更像是个"网拼","拼"的是我对学生工作的热爱。

我从没想过互联网的发展会如此迅速,新媒体能像今天这般活跃,网络思政教育这么受重视,更没想到自己能成为一名网络上的"老司机"。十年前写网文更像是不务正业,自找麻烦,从几十字的心情短文到几千字的长篇大论,从一个粉丝到百万阅读,我用"投入"积累成今天的局面。我庆幸自己赶上了一个多元发展、开放包容的时代,恰好我跟上了这个时代。今天不少同行与同学都知道"家画佳话"平台,但我明白没有学校,没有同事,没有同学,我什么都不是,想通过写文"蹿红"也只是"白日做梦",更何况我还不"红"。有很多同行问我经验,其实我希望朋友们问我的不是经验,而是关注我怎样在努力,我在四块阵地开设博客,哪怕有的网站很少有人问津,我仍然同步更新,因为还有粉丝在那里;我能成为微博时评团的一员是来自几十万字的写作基础以及敢于发声的勇气;我开设公众号后能周周上榜,是因为我几乎每天都看书或写作到凌晨,这些才是我骄傲的业绩。

"找辅导员去!"是学生中的流行语,学生工作烦琐,事无巨细,有人将辅导员比喻成保姆、救火队员,这些说法虽有偏颇,但确实隐含了工作的宽泛性和特殊性。我们与派出所的民警、医院急诊的大夫慢慢成了朋友,和收废品的小哥、楼管大爷、维修师傅成了熟人;奖助学金的评定,几百万资金的发放需要在一周之内完成;利用中午和晚上休息时间工作是家常便饭;一早上,两栋楼百间宿舍的安全卫生检查是必修课,到财务处拿学费收据,到校医院领取体检表,到教务处申请教室等,是不是听着都很累?可辅导员的时间就是如此紧凑,忙碌的工作给我们带来无限思考,如何将这些思考转化为实际来更好地指导工作是学工队伍做科研的目的,国家、省市、学校三级的辅导员培训提升了学工队伍综合能力;团干部读书会让我们沉静下来用心学习;考取博士学位的"战友"越来越多,科研立项贴近工作实际,从国家到部委、从地方到学校,各级荣誉均有所斩获。所以说我们并不是什么网红,网红拼的是颜值,而学工队伍拼的是才华,这样才能在学生中更有号召力、更有影响力。

"阳光下做人,风雨中做事","家玮碎碎念"其实只有一个名字,但这应该是全校辅导员的碎碎念,碎的是对学生的暗自关切,而念的是我们对事业的执着。"不忘初心,继续前进",我是张家玮,天津师范大学的一名辅导员。

我的"师大梦"

新闻传播学院副教授 陈 娜

2017 年 5 月 17 日 568 期 第四版

我是一名新闻学专业的教师,10 余年来在专业殿堂中的摸爬滚打让我曾在心中默默地许下过一个心愿:希望能用我的笔为每一位在新中国新闻学科和新闻学术建设的征程中创造功勋的前辈留下一幅"文字肖像"。准确地说,我想用我的语言勾勒出学术人生背后那些与事业理想温暖相连的故事,为新闻学的学术世界打造一个鲜活生动的记忆宝库。

这显然是一个大胆的设想,对于初出茅庐、籍籍无名的我来说,更近乎是一份遥不可及的梦。然而几经思量,我还是放下了胆怯和犹疑,带着对梦想的虔诚与对自我超越的渴望,懵懵懂懂地上路了。

6 年前,我开始了对当代中国新闻学者口述历史研究的第一步,从此,我的精神世界在一段段不忘初心的征途中,经历了脱胎换骨的变化。6 年春华秋实寒来暑往,我追寻着一位位长者的身影,在祖国的天南地北留下了一次次匆匆的步履。邀约的信函里,拂晓的旅途中,飞驰的列车上,堆积的书卷旁,孤独的灯盏下,我把梦想寄托于行动,用真心叩开了一个又一个的人生故事,记下了一篇又一篇的苦难辉煌。

6 年来,我从未忘记那些辗转反侧、忐忑难眠的日子。这其中让我印象最深的,是 2013 年夏天前往新中国理论新闻学奠基人甘惜分先生家中拜访的经历。甘老先生出生于 1916 年,是一位上过延安、去过前线的"老革命",然而毕竟年事已高,此前我几回莽撞的邀约均被婉言谢绝。面对这位当代中国新闻学术史上不可绕过的人物,我唯一坚定的信条就是:不能轻易放弃。终于,通过多方打听,我辗转联系上了甘惜分先生的儿子甘北林老师,在诚心说明意愿之后,最终获得了信任与支持。正是在甘北林老师的周到安排下,我带着学术史研究中的诸多疑惑,如愿采访到了这位年近百岁的泰斗。几个月后,为了进一步挖掘重要的口述史料,我多次登门拜访老先生,并带回了他为天津师范大学新闻传播学院欣然题写的墨宝"白日读经晚间读史·十年树木百年树人"。而这幅字,如今已成为我们全院师生无比爱惜的珍宝。

令人惋惜的是,就在今年年初,这位新中国新闻教育和新闻理论研究的长者永远离开了我们,他的离去,更让我深刻体会到了自己从事口述历史研究的紧迫和意义,以及在逐梦的旅途中,从幸福感到使命感的升华。

事实上,在这趟征程中,并不全是顺畅与欣喜,更不全是信任与接纳,由于学者们个性与考量的差异,这期间的不置可否、婉言谢绝,甚至直接给我吃闭门羹,对我来说都是家常便饭,但无论遇到什么样的困难,"保持冷静、继续前行",都是我始终不改的信条。

正是在这样的奋斗中,6年间,我在日常的学习、工作、生活之余陆续完成了对30余位当代中国知名新闻学者的深度访谈和文字刻绘,积累了百万字的口述史料和近百小时的口述历史音频、视频资料,公开发表了数十万字的口述历史研究成果。

"寸心言不尽,前路日将斜",不知不觉,带着梦想的我走到了今天;而令我惊喜的是,驻足回望,我所收获的一切却远比我所期待的全部还要丰厚。我想,这便是梦想带给人的力量。

回首这些年,其实我一直都在苦苦寻问关于人生终极追求的答案,所到之处我都会穷追不舍地去挖掘人性中那些最隐秘、最真实也是最宝贵的东西。然而令我无比惊叹却又欣慰的是——那些饱经风霜、阅历不凡的口述者,纵然历尽沧桑甚至是到了迟暮之年,却依旧在以一个理想主义者的身份畅谈着他们的情怀与信仰;而这竟是他们跨越时空、不约而同的共同写照。关于梦想,他们行胜于言。

6年的口述历史研究让我看到了每一个丰满的人生故事里都住着一个叫作"梦想"的天使,我的精神世界和现实生活也正是因为心怀梦想而被点亮,因为追求梦想而无比充实。

我相信,并不独是我,我们须臾不离的这所校园同样因为写满了"仰望星空"与"脚踏实地"的故事,才得以满怀希望,生机盎然。以梦为马,游必有方,带着这份沉甸甸的感动与收获,我还将不断前行,继续我未完待写的梦想征途。

亲爱的老师、同学们,这是我的"师大梦",你们的呢?

离开是为了更好地归来

——师大的人文关怀与学术传承

文学院副教授　吕　超

2017 年 5 月 17 日　568 期　第四版

　　自 1999 年本科入学以来,师大已经伴随我成长了整整 17 年。其间,我虽曾多次短暂离开,先后去上海、香港、美国和英国等地求学,但每次离开都是为了带更好的自己回来。当然,也许有人会问:"为什么还要回来?"这个问题我不止一次被别人问到。现在,我想和大家分享自己两次选择回来的故事,分享我所理解和坚守的师大精神。

　　第一次选择是在天津和上海间展开的。

　　2008 年,我在上海拿到博士学位。导师希望我留校工作,加盟他主持的国家重点学科。坦白说,我心里有朦胧的"留下来"的渴望,毕竟,出生在江苏的我,更喜欢上海的自然环境和人文氛围,还有导师对我如祖父般的慈爱。那时的我,常拿"忠孝难两全"的古谚来排解心中的纠结。天津师大是我人生开始蜕变的地方,在众多师友的关怀下,我从一个连普通话都不会说的愣头小伙子,经历 6 年锻炼,逐渐成熟,硕士毕业即留校任教。在师大,有太多的感动铭记心底,让我把这里视作温暖的家。多年来,我保留了一个习惯,无论去哪里求学,出发和归来的第一落脚点一定是师大。记得去上海的前一天,我向自己的硕士导师、时任文学院院长孟昭毅教授辞行,孟老师叮嘱道:"一所学校、一个学科的成绩需要几代人的努力,有梯队就有未来。只要大家拧成一股绳、团队作战,就一定能拼出一片天地。"这看似不经意的话,当时我并未透彻理解,但后来明白了其中深意:我们每个人的努力不仅只是为了个人的成功,还肩负着母校繁荣和学科发展的重任。离开时,孟老师送我走出家门很远,在我登上公交车回头望的时候,他依然站在路边挥手。那一刻,我就默默立下誓言,毕业后一定回来,不辜负师大众多恩师的期望,做他们学术传承的接班人。

　　可以说,天津和上海两地的导师都对我恩重如山,仅就平台而言,上海更优。但如果加上"不忘初心"和"坚守承诺"的砝码,天平两端的轻重就完全逆转了。

最终,我将这一想法坦诚告知上海的导师,他在短暂沉默后,理解并支持了我的选择。直到今天,我也从未后悔过这一选择。

第二个选择的故事发生在美国。

2009年,我到斯坦福大学进修。这次的选择是回国继续从事高校教师的职业,还是留在美国另谋发展。

选择的诱因起于一次旅行。假期时,我参加了由美国旧金山湾区最大的华人旅行社组织的美国西部游。因为是团里不多的年轻人,我经常协助导游照顾老人和孩子;又因为专业缘故,对中美文化比较了解,还经常被请去给团友讲解相关故事,以消解长途行车的乏味。没想到的是,本次出团有旅行社的高管随行,他们表达了希望招募我的意愿:"你研究文学有多大'钱'途,回国教书,工资也就1000美元左右,你单身小伙子一个,留下来努力拼,月收入6000美元起步,公司还会帮你搞定签证和将来的绿卡。"

坦白说,当时的我非常惊诧。来斯坦福,我每天的生活很简单,三点一线地蹭课、听讲座、泡图书馆。但即便如此,纯象牙塔的书斋生活还是不断被刺激着。斯坦福位于硅谷腹地,是全球最寸土寸金的地方。从校门出发,5分钟步行就可以到达惠普公司的初创地,以及Facebook最早的办公中心;10分钟步行就可以看到乔布斯的豪宅,以及特斯拉的总部。为了谋求立锥之地,我租住在一栋类似痴呆老人护理中心的破旧公寓里。为了压低房租,我特意选择隔壁是洗衣房的屋子,代价是每天早晨4点就会被机器的噪声吵醒。

姑且不论我这拮据的留学生活。最纠结的还是我从事的专业研究。关于文学的价值之争,我早有体验,但一直并不在意。直到一脚踏进硅谷,面对着众多改变世界的科技大佬时,我才体验到对文学研究从未有过的价值危机。而此时,正巧接到了旅游公司抛出的橄榄枝,我也再次面临着选择。

回到师大是我必须坚守的承诺。记得出国前,文学院院长赵利民教授和教研室主任专门为我送行,谆谆教导犹在耳边;而学生们最后一堂课时,期待我归来的目光,让我不忍直视……这些都是我必须回去的理由。因此,在第二天,我就婉言谢绝了旅行社的邀请。

如今,我终于像恩师们那样,站在三尺讲台,让师大精神薪火相传。经常会有学生问我:如何实现自己的梦想? 我的回答一如既往:无数个寒来暑往,无数个日日夜夜,你必须耐得住繁华,守得住寂寞,努力到无能为力,拼搏到感动自己。唯有如此,当未来你被学弟、学妹们问到同样的问题时,你可以套用篮球明星科比的那句话来回答:"你见过师大早晨4点的样子吗?"

青春做伴　教学相长

生命科学学院副教授、副院长　黄　辉

2017 年 7 月 10 日　　571 期　　第四版

　　天津师范大学精神是什么？这个问题不知道大家有没有认真思考过。一说"精神"，可能许多老师和同学就会觉得这是看不见、摸不着的东西，是虚的，但在我的理解中、在我的许多经历中，天津师大精神其实真真实地反映在一代代的天津师大人身上，反映在我们培养出来的学生身上。

　　师大培养出来的学生是全方面的，这也正是师范教育特色的体现，同时我们的学生心态很平和，不浮躁不狂妄，这在当下是很难得的。作为学校的一名普通教师，我在学生身上真真切切地感受到了天津师大精神。

　　2004 年，博士毕业后，我有幸成为天津师范大学的一名教师。2005 年春季学期，我开始给本科生讲授必修课程——生物化学。真可谓新老师新学生，讲台上是入职半年的老师，下面坐的是大一的学生。有一个清瘦的男生，叫王硕，总是坐在第一排，很快吸引了我的注意，他问问题喜欢刨根问底，有些问题甚至需要我这个刚入职的"新手"课下查阅资料后才能给他满意的答复。五一长假前他以外出科研为由跟我请假，当时我心里还想，大一的学生就提搞科研，口气真不小。接触得多了，我发现这个学生有很好的生物学基础，尤其是对古生物学兴趣浓厚，之后有几次我无意中发现，这个王硕不管参加什么活动都提个塑料袋，顺手拾些饮料瓶，我笑着说："王硕你可真环保！"他笑着不说话，几天后教室里只有我俩，他郑重地向我解释，他捡瓶子只是为了卖些钱，外出科研所有的花销都要自己担负，他不想增加家里的经济负担。大二之后，王硕开始在专业期刊上发表论文，鉴于他的科研成果，学校破例拨给了他一万元经费，解了他的燃眉之急。在本科期间，他已经在《化石》等学科内重要期刊上发表 4 篇论文，参加中国古脊椎动物学学术年会并得到国内权威的肯定。毕业后，他继续攻读硕士、博士，如今也已成为一名高校教师。王硕毕业后我们见面的次数并不少，可如今当我想起他的时候，脑海里浮现的还是那个 10 年前手里拎着塑料袋子的大一学生。勤奋、执着，为着既定的目标勇往直前，这就是我们的师大学子。

　　由于我讲授的生物化学课几乎是生物学考研必考的专业课程，很多高年级的同学在课余时间还会问我相关的问题,进而扩展到考研学校和专业的选择以及复习策略等非专业问题,由此我在平时不管是出去开会,还是同学聚会都会注意收集这方面的资料信息,一来二去在这方面也成了学生认可的行家里手。

2010年春季学期的时候,有一位女同学找我咨询考研方面的问题。她家在山西,很喜欢生物,但对未来没有很确定的打算,只是想考北京师范大学。她在班里学习不错,却谈不上优异,按照以往的经验,她这种情况考北师大是有较大风险的,需要付出极大的努力。我把我的顾虑和她说了,她经过考虑后还是坚持原先的选择。我根据以往的经验帮她拟订了复习方案,尤其是我讲授的那门课的复习计划。暑假之后,她来找我问问题时,我感觉她的状态不是很好,觉得可能是复习太辛苦了吧。又过了几天,她向我询问一种试剂在哪里能够买到,我虽然没有用过,但清楚这是肿瘤研究中常用的,便问她干什么用。她低下了头,说母亲得了癌症,需要用这种药,但大夫说用医院的价格会很高,而从试剂公司买要便宜很多。国庆长假之后,她选择了回家复习,这样可以一边复习,一边照顾母亲。临回去时,我把邮箱记给她,她回去后,每隔一周便把积累的专业课问题发给我,我整理好后再回复给她。其实每次回信的时候,都很想问问她母亲的近况以及她自己的状态,但想到这样又会耽误她的时间,并且可能让她情绪出现波动,也就作罢了,院里知情的老师也都在心里默默祝福这对母女。一转眼到了2011年春天,一天她来找我,告诉我她以优异的成绩考上了北师大,语气很平静,脸上并没有喜悦。而我问她母亲的近况时,她沉默了一下,说去年年底,也就是她考研笔试前不久,她母亲去世了。我当时很想安慰安慰她,但一时想不出说些什么好,她马上转换了话题,说复试时一些导师知道她初试成绩优异,都希望她能加入,她最后选择了一位导师,其中一个重要原因是那个导师的研究方向主要与肿瘤药物研发有关。我想我无须解释她选择那个方向的原因。我经常在想,她是如何度过考研笔试前的那段日子的,又是以怎样的坚忍战胜或是忍受着悲伤完成复习与考试的!

学生们用一件件细微、感人的事例为我上了一堂一堂生动精彩、让我时常回味的课程,让我深刻领会了教师这个职业的责任与担当。入职以来,教学任务一直比较繁重,每学年的教学工作量都在600学时以上,但我努力上好每一堂课,力求精彩每一堂课。在教学实践中,我深深体会到兴趣的重要性,而我所教的专业课,跟现实生活息息相关,因此平时无论是读书、看报还是看电视,都会留意相关素材,遇到相关的信息随手记录已成习惯。现如今,十余年的时光匆匆流逝。回想这一路走来,学生带给我很多感动,我自己也在亲身实践着师大精神。这条路还很长,我相信在天津师大精神的指引下,我们会坚定地迈出每一步,迎接更加美好的明天。

第六篇 06

| 人物团队 |

博知老骥育新锐

——记我校关工委报告团

记者　魏晋雪

2013 年 12 月 20 日　526 期　第二版

日前,我校关工委获得了"全国五好基层关工委先进集体"荣誉称号,这是全市唯一获此殊荣的高校关工委集体。我校关工委成立于 1992 年,经过多年的建设,逐步健全了机构、壮大队伍。由平均年龄 72 岁的 9 位老专家、老教师、老模范组成的报告团是我校关工委的"品牌项目"。

一、老骥伏枥志未已,春风化雨润无声

报告团紧随党和国家的脚步,根据形势发展需要,以社会主义核心价值体系教育为重点,结合重大节日、纪念日,为青年人适时地推出主题宣讲。报告团成立 21 年来,老同志们在校内外宣讲、座谈、讲座约 1800 场,受众近 30 万人。

去年年底,习近平总书记提出了实现中华民族伟大复兴的中国梦,关工委报告团的老同志们敏锐地意识到要在青年学生中开展"中国梦"主题教育活动,便开始着手筹划"中国梦"主题宣讲,并最终确定了"中国梦与实现道路""中国梦与西方梦的区别""理想与梦想""历史上的中国梦"等 12 个宣讲题目。今年年初,涉及 9 位教授 12 个中国梦系列专题"全线推出"。在校园中,老同志们正在将一个个鲜活的"中国梦"散播到青年学子心中,激励着大学生们早日成为实现"中国梦"的中坚力量。截止到目前,报告团"中国梦"主题宣讲活动已经开展近 50 场,受众达 5000 余人。

荣获第四届全国道德模范提名奖的王辅成是我校关工委宣讲团的"明星宣讲员",他从 20 世纪 90 年代中期就开始为青年人做"三观"宣讲,至今已坚持了整整 21 年。王辅成的讲座常常被誉为青年学生成长的"心灵鸡汤",很多大学生听着他的讲座度过了充实的大学时光。王辅成的听众也不仅局限在高校,他从大学讲到小学,从机关讲到社区,从天津讲到河北、河南、内蒙古、山西……

老同志们的宣讲紧扣时代发展的脉搏,与时俱进、求新求变。在一次面向毕业班学生的理论辅导座谈会上,同样是"明星宣讲员"的关工委顾问扬弃以"社会主义文化大发展大繁荣"为主题,为青年学子们详细阐释了"社会主义文化大发展大繁荣"的内涵、意义等,并鼓励同学们就此问题做进一步深入地学习和研究。座谈会后不久的公务员考试中,正好有与之相关的考题,同学们说:"听先生们的讲座不仅从精神层面上感到受益匪浅,更是实实在在地帮助了我们。"

这一幕幕只是报告团的老同志们在年复一年宣讲活动中的小小缩影,与此同时,越来越多的青年学生受益于关工委报告团。城市与环境科学学院 2010 级学生王学用是报告团的"忠实粉丝",他告诉记者,从大学一年级起到现在,已经听了报告团老师们所做的近百场讲座和报告,从本院的讲座到追着去其他学院听老先生们的讲座;从一开始的只是听,到现在每场讲座都会争着与老先生们沟通交流,谈谈自己的想法,听听先生的见解,"所得到的收获是任何语言都无法表达的,这几年的蜕变和成长与老先生们身体力行的宣讲是紧密相连的"。即将前往西部参加支教的王学用说。

二、精雕细琢为宣讲,齐心协力育英才

老专家、老教师、老模范,是关工委报告团的主要成员,他们的专业涵盖了政治、经济、哲学、历史、党史、文学、艺术、地理、教育等多学科。正如我校离退休工作处处长张向东所言:报告团的先生们有坚定的政治立场和崇高的理想信念,有扎实过硬的理论水平和深刻丰富的人生体会,这些对青年大学生而言是非常宝贵的财富。

在宣讲中,老同志们一方面针对自己的专业领域为大学生进行辅导;另一方面博采众长、群策群力,围绕我国重大战略部署、理论创新以及热点、焦点、难点问题,集中力量、共同宣讲。近些年他们先后开展了"大国崛起""中外经济形势""社会主义核心价值体系""中共党史""我的中国梦"等不同主题的宣讲。"报告团开展宣讲活动的宗旨是求真务实,要求入心入脑,着力解决学生思想上困惑的问题。"师大离退休工作处副处长苏秀娟说。

为了最大限度地通过举办宣讲会、座谈会、报告会"解决同学们思想上的困惑和问题",老同志们在"备课"上可是下足了功夫。

考虑到老同志们的身体情况,报告团将定期开展的"集中备课"安排在了老同志们的家中,这样既能一起交流学习,又能最大限度地方便大家。记者在参与一次集中备课活动时看到,虽然"备课室"不大,甚至有些拥挤,但老先生们围坐在一起,戴着老花眼镜,拿着精心准备的材料,你一言我一语,从报告的主题,到内容中涉及的观点、事例,甚至连同学们可能提出的问题,都一一展开讨论交流。

当天的备课从中午一直持续到傍晚。当夕阳的余晖映照在这些神采奕奕、精神矍铄的老先生身上、脸上,让人不禁感叹——莫道桑榆晚,为霞尚满天!

每个月,报告团的老同志们都会开展这样的集中备课活动。不仅如此,他们私下里花在准备报告上的时间就更多了。扬弃先生的备课是出了名的认真严谨,他家里有好几抽屉的备课卡片,足有上千张,每一个报告、每一次宣讲,他都会将要点、重点认真地记录在卡片上,与同学们交流时这些小小的卡片就派上了大用处。陈莹老师则非常注重听众的反馈,她将此前在"中国梦"讲座时收集到同学们提出的问题进行汇总归纳,从有关"中国梦"的问题、与之相关的政治理论问题,到从报刊上发现青年学生普遍存在的问题,她一条一款地总结了整整44条,并在集中备课时与大家逐条分析破解。

为了更好地摸清大学生的思想脉搏,使工作有的放矢,报告团还与关工委调研组一起每年设立一个主题,开展深入细致的调研工作。通过问卷、座谈等方式,深入学生,了解思想动向。近年形成了《关于大学生社会主义荣辱观认识情况的调查报告》《关于创建和谐校园问卷调查的总结报告》《关于社会主义核心价值体系的调研报告》《大学生对中国梦认知情况调查报告》等。

今年4月,关工委的工作人员收到了一封信,那是躺在病床上的扬弃先生为宣讲精心准备的备课笔记。信里有一段话是这样的:"这个稿本来应该早交,但我现在住进重症监护室,无法与大家交流,但我还好,可能还可以延续生命,希望我早日解除监护,重获自由,与同志们一起战斗!"

如今,85岁高龄的扬弃先生仍然精神矍铄地活跃在宣讲团的活动中,与那些与他一样坚持发挥余热的老同志一起,为青年的成长成才点燃着人生路上的明灯。

严师益友

—— 记城市与环境科学学院胡蓓蓓老师

记者　刘　远

2014 年 4 月 4 日　530 期　第二版

因为不许学生迟到、不许学生早退、考试不划范围、课堂突击测验等种种严格要求，而被城环学院学生们口口相传为"四大杀手"之一的胡蓓蓓老师对于"杀手"这个称呼欣然接受。由于她的一视同仁和以身作则，赢得了同学们的理解和尊重。

胡蓓蓓老师除了自身教学科研能力过硬——作为第一作者在国内外学术期刊发表论文 10 余篇，其中包括美国和德国 SCI 源刊论文，主持国家级、市级多项科研项目；更因其"严师益友"的风格深受学生们喜爱，曾荣获"感动城环"优秀人物称号。

胡蓓蓓老师十分注重学生品质和科研能力的培养。她将"教书和育人、教学和科研"融为一体。

"认真上好每一堂课，认真对待每一个学生"是胡蓓蓓老师从教以来坚守不变的信条。从教 10 年，她在事先备好课的前提下，每次上课之前搜索最新的资料和数据，不断完善和更新课件；她以饱满的精神迎接每一堂课，凭借清晰的思路、严谨严格的作风、风趣幽默的语言，力求达到最好的教学效果；她利用整个暑假帮助所教班级每一位学生修改结课论文，按照毕业论文的要求给予每位学生一对一的指导；她和学生一起分享自己的成长经历，把"老老实实做人、认认真真做事，先学会做人做事、再学会做学问"的品格教育渗透到了教学过程中。根据学科特点，利用相关课程培养学生的环保意识、节约意识、民族自豪感和爱国热情。

胡蓓蓓老师因材施教，根据学生的特点和兴趣培养学生的科研能力。近两年，她指导 8 名本科生成功申请"中国分布式科研总站开放基金项目"。项目由学生自主选题，胡老师精心指导他们调研、采样、做实验。

在生活中,胡蓓蓓老师则是同学们的知心大姐姐。她会亲自下厨招待学生,在饭桌上为学生们排忧解难;她会担当学生们的情感顾问,给予他们诚恳的建议;她把自己租来的 60 多平方米的房子挤出一间给寒假在津实习但没有住处的学生暂住……

课上为严师,一丝不苟;课下为益友,关怀备至。胡蓓蓓老师赢得了众多学生的信赖,成为一名深受学生爱戴的严师益友。

教风带学风的典范

——记法学院郭小冬老师

记者 侯冠宇

2014 年 4 月 4 日 530 期 第二版

"学风建设是关乎学生正确成长和汲取知识的重中之重,良好的学风能够帮助学生形成勤奋努力、踏实进取、兢兢业业的意志品质,这些优秀的品质将会使他们终身受益。"法学院郭小冬老师谈到学风时,这样说道。

郭老师认为教师在学风建设中应该发挥主导作用,用教风带动学风。多年来,她一直秉承以生为本、因材施教、教书育人、敬业精业的执教理念。

授课前,郭老师注重专业思维的引领,每学期初会专门抽出时间给授课班级的学生进行职业兴趣、学习方法、法律思维养成的专题讲座,引导学生认真思考职业兴趣与方向,明确学习目标,引导学生避免被动、盲目的专业学习与职业选择。她大力尝试教学改革项目,分层次设置不同的练习题、思考内容和阅读材料,以满足授课过程中学生考研和就业的不同需求。

课堂上,加强职业能力的训练是郭小冬老师的重点。她注重突出学生的主体地位,采用课堂分组教学法,激发学生潜能和学习主动性。在所任课的本科班级中成立学习小组,指导学生在课下分组进行材料阅读、问题讨论、相互辩驳、完善观点,最终提交各组讨论结果,在课上进行集中点评。学生们开始抵触这种教学方法,后来逐渐认同了这种虽然辛苦但能力得到快速提高的方法。在分组教学的基础上,郭小冬老师引入实战教学法并精心组织实践教学环节。她带领学生从不同的角度进行思考,尽早培养职业素养。变传统的模拟法庭"演练"为"实战",增强现场的应急与对抗;变少数学生参与的"角色扮演"为"大陪审团"的全员参与,让更多的学生在参与中发现问题,提高自己。

课堂外,郭小冬老师坚持创新人才的培养。2009 年起,她担任了"创新人才培养实验班"的班主任,起草了实验班《章程》,完善了遴选、考核制度和跨年级建班、高低年级互助的学习模式。郭老师带领同学们阅读法学经典名著,开展专题调研,撰写学术论文,进行初步的科研训练,如今实验班已经成为学生们十分喜爱的

第二课堂。郭老师还利用业余时间认真指导学生科技立项活动,和学生讨论选题,亲自带领学生到实务部门进行调研。她指导的学生科技作品先后获得第十一届"挑战杯"天津市特等奖和全国铜奖、第十三届"挑战杯"天津市一等奖。

郭小冬老师在担任教研部主任后,实行教研部集体备课、听课、评课和研讨制度,并积极将教研部的做法在学院推广,进一步促进了学院以生为本、严谨求实、敬业精业的教学风气的形成,从而有效地带动了优良学风的进一步养成。

入职五年来,郭小冬老师坚守平凡的岗位,用理想信念和实际行动为优良学风的形成贡献了自己的一份力量。

育人为本　教书为乐

——记文学院郝岚教授

记者　李晋明

2014 年 4 月 25 日　531 期　第二版

　　课堂上,她是学识渊博、谈吐优雅的老师,为同学们讲授外国文学、启发人生智慧;课堂下,她是工作认真、一丝不苟的管理者,为学院的教学工作出谋划策、实干创新;生活中,她更是同学们眼中蕙质兰心、亲切有加的老师和朋友。

　　她就是我校文学院副院长郝岚教授。

一、享受教学,启发学子

　　郝岚教授出身于教师世家,从小受家庭熏陶对教师这个职业充满向往,毕业后毅然选择了成为一名教师。谈到繁重的教学工作和繁忙的管理工作,她告诉记者自己始终把教学放在第一位。"教书不仅仅是我们教师安身立命之本,更重要的是对学生负责。"郝老师说。郝老师是国家级精品资源公开课"外国文学史"主讲教师之一、天津市级优秀教学团队主要成员,同时教授"西方现代主义文学""西方文化选读"等课程。除了文学院的同学可以聆听她的课程外,郝老师还开设了面向全校同学的选修课。她说:"作为一名教师,我最享受的就是教书。"

　　在 18 年的教龄中,郝老师一直把"教书育人"放在教学的首要地位。郝老师讲授的课程大都涉及外国文学作品,但她在课堂上不止于带着学生解析文学作品本身,更多的是带领学生理解超越中外古今的普遍人性困境,理解个人、历史与社会之间的必然联系和局限,从而得到启发和收获。

　　对于专业学习,郝老师也要求学生阅读大量的文学作品,她认为文学是对文字的敏锐感受,是需要通过大量的阅读来提高鉴别能力和欣赏品味,并且从中找到人生智慧。"我想让我的学生们从中找到他们一辈子受用的人生智慧。"郝老师说。

二、亦师亦友,乐在其中

以品格塑造品格,以人格影响人格。这是郝老师在"育人"方面的重要心得,她希望通过加强与学生的交流来影响他们。"现在的学生大多是90后,他们和老师的交往方式与以前有了很大的差别,他们更喜欢基于网络联系的交流。"不管是学术上的讨论、专业选择的困惑、生活中的问题,甚至是对老师的喜爱和崇拜,郝老师在同学们给她发的邮件里都能一一读到,她会用心地给每一位同学回信。

去年9月教师节,刚刚毕业走上讲台的一名文学院毕业生在教师节当天给郝老师发来一封邮件,祝老师和自己节日快乐,也向郝老师倾诉了自己刚刚走上教师岗位就面临着的一个棘手问题。郝老师说这是学生对自己的信任,也将自己的想法和建议反馈给了她。"我总能在这些时候体会到'教师'这个职业带给自己的满足感!"

三、搭建平台,加强教学与学生工作的联动

作为文学院分管教学工作的副院长,郝老师积极拓展浓厚学风、管理育人的内涵。学院通过学术科研班、五四论文大赛、支苑讲堂等多种形式,为学生提供了多个个性发展的平台;通过出版《文学院本科生公开出版作品汇编》,拟定《文学院本科生必读书目》百余本,出台"文学院本科生公开发表作品奖励办法"等一系列奖励措施,在学生中营造良好的学习氛围,因势利导。作为学院学风建设的重要手段,郝老师拓宽思路,将教学与学生工作充分联动起来与学生密切沟通,为学生活动提供思路和资助,搭建平台,共同开展学院品牌性传统项目。多年来,她在资金支持、教师配合学生兴趣、提高效果等方面与负责学生工作的老师们一起出主意想办法,使得文学院良好学风深入人心,学风建设活动有声有色,同学们爱参与,活动有实效,取得了较为突出的成绩。

实践出真知

——记经济学院胡东宁副教授

记者 马艺雯

2014 年 4 月 25 日 531 期 第二版

在经济学院国际贸易系同学们眼中,他们的老师胡东宁副教授是个平易近人、风趣幽默、博学多才的老师。他的专业课和副辅修课程都深受学生的欢迎,究其原因,是因为胡老师在教书育人时秉承着"实践出真知"的理念。

一、实际、实用、实践

胡东宁老师是我校经济学院国际经济与贸易系的副主任,研究方向为国际贸易。胡老师曾在日本求学,并获得经济学博士学位,他毕业后就职于多家株式会社,从事贸易和市场开拓工作,积累了丰富的国际贸易实践经验。缘于对学术研究的喜爱,2008 年来到我校任教。

采访中,胡老师告诉记者,大学与高中、初中不同,大学的侧重点并不单单是书本知识,更多注重的是实践与社会知识,大学是学生与社会间的桥梁,同学们要在大学阶段历练自己,具备"再学习"的能力。因此,他特别注重对同学们实践能力和创新能力的培养。

除了在课堂上经常为同学通过实际案例讲授、场景模拟练习等方法来提高同学们的实践能力外,胡老师特别注重通过指导同学们参加各种比赛来锻炼学生的实践能力。2011 年 8 月,胡老师率队参加第五届全国商科院校技能大赛市场营销专业竞赛获得三等奖,同年的商科院校谈判大赛获优秀奖,被评为最佳辅导教师。在经济学院 2011 年"鑫茂杯"创业计划大赛中,指导作品《好玩衣"AWY"》及《爱丽丝策划工作室》,获得优秀奖。2013 年参与指导学院学生创业训练项目《力至传媒有限责任公司》及《剪布艺术技术及其应用》获批校级立项。

二、学风建设重在引导

在采访中,胡老师谈到,学风有两个层面的理解,一指学校的治学精神、治学态度、治学原则；二指学生的行为规范和思想道德的集体表现，是学生在学习过程中所表现出来的精神风貌。作为教师，一定要通过言传身教来引导同学们树立良好的学风。

胡东宁老师担任国贸专业 1203 班的班导师，他积极在班上开展学风建设活动，在对学生"导学、导研、导航"的过程中，注重文以载道、教以载道，关注并帮助学生全面发展。他所带的班级共有 42 人，其中，大学英语四、六级通过率达到 65%，全班 37 人递交了入党申请书，10 名入党积极分子，14 名本年度重点发展对象，10 名同学积极担任宿舍朋辈辅导员。该班于 2013 年荣获学院"二星级团支部"光荣称号。

在课堂下，胡老师与同学们经常交流沟通并结下了深厚的友谊。他认为与学生交往，不仅是建立在师生间的交流，更是朋友间对等的分享，是成人之间的交往，因此学生也特别容易和他亲近。

作为一名专业教师，胡老师深知正学风的同时更要正教风。他秉承"行胜于言"的治学精神，重视教学与科研并重，不断提高自身素质，积极参与学院学风建设各项活动，主动承担学院学风建设各项工作，在学风建设中起到一名专业教师的表率作用。

金牌之师的掌舵人

——记竞训中心龙舟队教练刘瑞恒老师

记者 赵 军

2014 年 5 月 19 日 532 期 第二版

8 年前,他还是一名普通体育教师,从事武术教学;如今,他已是全国高校知名的龙舟教练员。2006 年的一次转身,让他接触了龙舟运动,并从此与之结缘。8 年间,他带领我校龙舟队一次又一次站在了全国龙舟大赛、世界大学生龙舟比赛的最高领奖台。他,就是我校女子龙舟队教练员刘瑞恒。自 2006 年担任女子龙舟队教练员以来,刘瑞恒老师带领队员共获得冠军 10 余个,从未让世界大学生和中国大学生女子龙舟 200 米直道竞速比赛的冠军旁落。

作为一名普通的体育教师,刘老师有着大多数武术运动员特有的身形,矮小结实,而长期高强度的室外水上训练,又让他有些与众不同,黝黑的皮肤,沙哑的嗓音,粗犷外表下的细致与认真。

龙舟运动并不单单是几个人划船,队伍成立之初,白手起家,刘老师埋头恶补龙舟运动理论,同时大胆走出去,到先进地区学习请教。在训练中他始终注意结合高校自身特点,结合女生生理和心理特点,坚持系统科学的大运动量训练,注重发挥高校科研和管理优势,全方位攻关,总结出一套博采众长的训练方法,通过艰苦训练,在很短的时间内,使我校女子龙舟队一跃成为全国高校龙舟运动的金牌之师。

成绩令人鼓舞,奋斗的过程却是充满艰辛与执着。水上运动是一项非常艰苦的运动。而带领女生开展水上项目训练其难度更是超乎想象。刘老师从不计较个人得失,舍小家顾大家,由于运动的特殊性和客观条件的限制,长年工作在室外,不管是严冬还是酷暑,他始终站在教学的第一线,风雨无阻。他的时间表中几乎没有节假日。今年寒假,为了备战中华龙舟大赛,他只是做完短暂的休整,正月初六又带队赶赴广东进行赛前封闭训练。在外集训期间,为了给运动员补充体能,他常常自买食材,亲自烹饪……

春夏之际,每天早上,秋水湖上的划桨声和呐喊声总是最先打破清晨校园的宁静。下午3点,午后的骄阳仍在发威,龙舟队又出现在湖面。累了、伤了,大家总是相互鼓励,相互支持。由于常年训练,队员患有伤病,而训练中的磕碰划伤更是经常发生,但刘老师在保证科学训练的同时,依然严格要求。他告诫学生:只有艰苦的付出,才能收获成功的喜悦。

　　近年来,随着龙舟运动的不断普及,强队越来越多,这更激发了刘老师作为体育人的不服输的精神,在进一步强化科学训练的同时,他注重抓好队员的思想工作,结合体育类学生教育工作提出的"爱国、明理、自律、感恩"的主线,端正队员学习训练态度,强化斗志,打造了一支团结进取、永不放弃的队伍,成为感动师大校园的青春榜样。如今,我校女子龙舟队员每到一处比赛,无论是专业技术还是思想作风,都会令各队刮目相看。

　　在今年的中华龙舟大赛中,万宁、武进站都传来捷报,龙舟队在中华龙舟大赛中一举摘得大学生组女子200米和500米直道竞速两项冠军。央视在直播中多次提到天津师大,提到我校"育人为本,体格与人格并重"的育人理念,提到"用榜样的力量引领梦的方向"的工作思路。刘老师凭着对龙舟事业的执着追求和爱岗敬业精神,以自身扎实的行动创造了一个又一个成绩。

与学生为伴　奉献无悔青春

——记管理学院张昕副教授

记者　马艺雯

2014 年 5 月 19 日　532 期　第二版

　　"亦师亦友",这就是管理学院同学们心目中的张昕老师。在教书的同时育人,将大部分的时间奉献给学生,是平易近人、性格直爽的张老师每天乐在其中的事情,这让她体会到了工作中的幸福。

　　独立和自我管理,是张昕老师注重的学风品质。张老师因材施教,让学生根据自己的性格特点和兴趣爱好自主选择进入科研小组或竞赛小组。张老师带领同学们参加竞赛的同时,一步一步地培养大家的自主和独立意识。从一开始的详细指导,一点一点地渗透,到后期团队内部通过沟通交流,可以独立完成一些课题、赛题,老师每周参加一次头脑风暴,跟同学们一起确定努力的方向。

　　张老师在教学过程中总结了"走出去、走进来"的理念。即通过课堂外的科研、竞赛活动让学生发现问题,从而带着这些问题走进课堂,通过课堂上的教学,再让学生回到自己感兴趣的科研或竞赛中实践自己的想法。并通过发表论文、参加竞赛获奖等方式让学生找到成就感,进而形成良性循环,以此来进一步激发学生们的学习热情。

　　通过参加各类竞赛的平台,给学生更大的舞台,让学生通过与其他高校优秀学生的接触,不仅锻炼了他们的合作与沟通能力,还激发了奋斗拼搏的精神。张昕老师认为,比赛对同学们是一种触动,看到其他学校同学的刻苦和一些创新的解决问题的方法,可以提高学生们的独立思考能力和数据处理能力,同时也促进了课堂与课外良性循环,互动起来,形成合力。张昕老师介绍,参加比赛的同学在学习上目标更明确,上课的时候可以抓住主要的知识点,并学以致用,不仅提高了个人的科研能力,也培养了团队协作精神。在带领学生参加比赛的过程中,张老师也特别感谢教务处和学院对他们的支持。"每次比赛为我们提供强大的保障力量,使得学生们真正能够从比赛中受益。"张老师说。

　　为了启发更多学生的学习热情,张老师以点带面,发挥尖子生的表率与领导作用,通过优秀学生创立的"ERP 沙盘精英社""物流学会"等社团,吸纳更多的同学加入进来,这些社团也承担了各类竞赛和活动的日常管理工作。为了在科研和竞赛活动中能更好地提高学生的自主性和自我管理能力,张昕老师作为该社团指导老师,尝试对现有两个社团进行企业化改革,这样不仅可为学生提供亲身感受企业经营乐趣的机会,同时也对学生自我管理,培养学生的责任感、创新精神和合作精神起到积极的促进作用。

张昕老师任职 7 年来取得了丰硕的工作成果,承担过的 9 门课程在历年生评教活动中都成绩优秀,并在 2010 年荣获管理学院第四届青年教师教学基本功大赛一等奖、天津师范大学第十届青年教师教学基本功大赛二等奖。所指导本科毕业论文有 4 篇获得校级优秀毕业论文,从 2012 年至今共指导本科生在专业期刊上发表论文 11 篇。组织并指导学生参加过挑战杯、物流设计大赛、用友杯、企业竞争模拟等各类专业竞赛并在各项比赛中多次获奖,其中曾荣获第七届用友杯天津地区一等奖、国家二等奖,创造了天津赛区最好成绩。

为师当如斯

——记全国模范教师、我校资深教授徐大同先生

记者 孙 莉

2014 年 9 月 22 日 536 期 第二版

在第 30 个教师节之际，我国著名政治学家、我校资深教授、博士生导师徐大同先生荣获"全国模范教师、全国高校优秀思想政治理论课教师"双荣誉称号。全国有 10 位同志获得双荣誉称号。面对荣誉，徐先生看得很淡，却唯独对"教师"二字情有独钟。在 60 多年的从教生涯中，他秉承"教学问、教做学问、教做人"的执教理念，尽职尽责地完成教书育人的使命。

一、当教师：教做学问，教做好人

徐先生认为，教师的职责就是教好学生，关心学生的成长，这其中最为重要的是教学生做人。徐先生以马克思主义理论和中国特色社会主义理论体系为指导，带领师生突破西方政治学理论框架，从中国现阶段的国情出发，研究政治学的理论问题，服务于国家社会政治体制建设。徐先生不仅是教书，更重育人，重视培养学生的道德品质，并将政治品质、思想品格、道德修养、观念意识、待人处事、心理状态等方面教育培养贯穿于人才培养的全过程。

徐先生一直坚持在教学第一线，从本科生到硕士生、博士生，他都亲自授课。徐先生的弟子们回忆，先生讲课从不坐着。他说："眼睛长在前面是让人前看、平视的，教学相长，学生身上也有很多可吸收的长处。"先生认为，教师首先应该"乐业"，有一颗"敬业"之心，就有了动力。有了它，事业上工作中有了挫折也不会丧失信心。其二是要认真。认真在治学中表现为一种严谨的治学态度和作风，教师要敢于向学生亮明疑点、难点，提出自己的见解、主张，鼓励学生逆向思维。其三是要负责，要对学生负责。教师上每一堂课、带每一个学生都应存有一种强烈的使命感。

徐先生对学生们的知识传授不仅仅局限在课堂，而是随时随地，毫无保留。徐先生常常把做人的道理渗透到讲课中。他饱含深情地说："政治思想理论教师

是铸造灵魂的工程师,铸造灵魂的人首先应当铸造自己。"

徐先生的大弟子高建说,在读徐先生的研究生时,经常是先生布置书目,课堂上师生一起讨论,思想的火花尽情地碰撞,很多真知灼见就是这样产生的。"先生不是在对我们灌输知识,而是在培养我们做学问的能力。"徐先生的学生留校后,依然得到先生的积极扶持和关爱,先生不仅让他们参与自己的课题,还培养他们独立做课题的能力,鼓励他们承担科研项目,甚至把自己的部分课题拿出来让他们单独去做。如今,他带过的留校研究生,学术上进展飞速,目前都已是博士生导师。而先生最大的心愿,就是"你们在学术上都能超过我,我才高兴"。

徐先生对学生的关怀就如同父亲对子女一样。他为每个学生的发展道路出谋划策,帮助他们规划人生。在徐先生的字典里,从来没有"自私"两个字。他有一名得意门生,爱人在北京工作,不愿过来,徐先生便忍痛割爱,四处奔走,终于把这名弟子调到了北京。很多徐先生的学生毕业后尽管离开了学校,但在工作中遇到什么烦恼的事,仍然会来找先生倾诉。在他们的心目中,先生就像父亲一样。

二、做研究:与时俱进,严谨虚心

学术研究是徐大同先生毕生的追求。在先生家中,墙上挂着的几幅名家书法作品,所书内容几乎都是同样的三个字:从头越。这三个字可以说是徐先生的为学之道。先生认为,做学问应该总以新的姿态站在新的起点,展开新的追求,对自己的要求应该日日新,月月新,不僵化,不停滞,形成自己为学的新陈代谢系统。

虽然已经科研成绩卓著,但徐先生仍然坚持每年给自己定一个科研指标,自己给自己出难题。他要求自己总是以新的姿态站在新的起点,展开新的追求,正是这种不断从零开始的精神,激励着他年逾古稀仍不懈奋斗,成就了他不断涌现的优秀科研成果。

"六五""七五""八五""九五"期间,徐先生承担国家社科重点项目,参加了《中国大百科全书·政治学》的编写工作。自政治学恢复以来,主编或与人合作完成专著、教材和工具书15部、论文30余篇,在西方政治思想史方面已基本出版了系列成果。

他主编的《西方政治思想史》已印刷9次共5万余册,与《20世纪西方政治思潮》一并成为全国许多大学专业课教材和考研必读书目。

进入21世纪以后,他先后承担了教育部人文社科项目、教育部重大社科基金项目、"马克思主义理论研究和建设工程"重点教材项目等重要科研项目。

　　他的《20世纪西方政治思潮》《西方政治思想史》《中国传统政治文化的基础和特征》分别获天津市社科优秀成果教材一、二、三等奖，教育部优秀社科成果奖，首届"中国政府出版奖"提名奖和"中国政治学会优秀成果奖"一等奖。

　　在2006年主持完成五卷本巨著《西方政治思想史》、2007年出版了个人文集《文踪史迹——徐大同八秩文存》之后，徐大同先生又以耄耋之年，作为第一首席专家组织编写了"马克思主义理论研究和建设工程重点教材"《西方政治思想史》，并于2011年出版；目前，他还在承担教育部"哲学社会科学研究普及读物项目"《中国传统政治文化讲录》一书的撰写工作，继续为我国的政治学发展奉献自己的力量。

　　为什么徐先生及其所带领的学术团队这些年能够取得累累硕果？他的大弟子高建总结了三个原因，一是以先生在学术界的影响，总是能够有各种各样的课题来做，有了科研任务才有了取得成绩的可能；二是先生对任何问题都有自己的见地，同时他又遵循"学术面前人人平等"的原则，学生和老师之间永远能够进行十分平等的讨论；三是在处理各种利益时，先生总是能做到公平公正，他对名利的淡泊态度影响了一批又一批学生。这也是为什么很多名牌大学的学者都能与先生保持密切联系的原因所在——他们对先生的人品心悦诚服。

　　徐先生从上世纪80年代开始承担"七五""八五""九五"等一批学科重点项目，他把完成这些课题当作培养专业队伍的重要渠道，每个课题都注意吸收一些高校中优秀的中青年教师参加，通过科研攻关，建立了密切的合作关系，扩大了信息的交流，提高了专业水平。

　　徐先生既当"领队"，又当"教练"，以他深厚的学术造诣，高度的敬业精神和正直、公正、进取的品格，赢得了他所带领团队的尊敬和爱戴。现在，在他的周围已形成一支"招之即来，来之能战，战之能胜"的科研队伍，成为我国西方政治思想史领域的一个"重镇"。在竞争激烈的环境里所展示的平和心态和对名利的淡泊态度，使他凝聚了团队的每一个成员。徐先生非常重视青年教师在团队中的作用，他常说："我们这一代年龄大了，要在年轻的一代人中形成一个梯队，要接上气，不能让这股气没了。"

　　从学科建设、人才建设、科研建设，到资料建设、对外交流，"接气"成了徐先生考虑问题的出发点，通过多年的培养和引进，如今，该学科已经形成了一支职称和年龄结构合理、学缘结构优化、德才兼备的队伍。

　　在学术研究领域，徐先生治学严谨，正是这种治学态度，让他赢得了师大人的特别尊敬和崇拜。他是学校评聘和师生心目中公认的"资深教授"。

　　除了为师治学,年事已高的徐先生过着丰富多彩的生活。先生 69 岁时开始学电脑,现在,打字、上网早已不在话下,电脑也换了好几台。在先生的书柜里,还有一整套的金庸全集,他说他很爱看金庸的武侠小说,金庸的每部小说他都完整地读过。徐先生还十分喜爱京剧,是一名"超级票友"……

　　"雄关漫道真如铁,而今迈步从头越"。徐先生一直用这两句诗来勉励自己。徐先生也把这句话送给了老师和同学们,激励大家在工作、学习的道路上不断前行、勇攀高峰!

育无止境 爱满天下

——访我校退休教授田本娜先生

记者 孙 莉

2014 年 10 月 20 日 537 期 第二版

　　田本娜,我校教育科学学院退休教授,小学语文教学论专家,60 多年潜心研究,长期耕耘,立体化施教,全方位育人,深受学生爱戴,形成了闪烁着智慧与人格魅力的教学风格与教育思想,影响深远,享誉全国。

　　86 岁高龄仍执着于对理想教育的追求,凭借信仰与激情、坚守与超越,尽自己的最大能力,研究教育、影响教师、教授学生。2014 年教师节,田本娜先生的研究成果《突出汉字、汉语特点的小学语文整体改革与理论构建》荣获第一届基础教育国家级教学成果奖一等奖,并受邀参加了在北京人民大会堂举行的庆祝第 30 个教师节暨全国教育系统先进集体和先进个人表彰大会,受到了党和国家领导人的亲切会见。

　　近日,记者访问了田本娜先生,走近这位令人敬仰钦慕的教育专家、让师生尊崇折服的师长,可亲可敬可爱的老人,亲自倾听她的思想和感悟,收获无限的感慨和启迪。

一、育无止境

　　简约的家饰、简朴的衣着、矍铄的精神、幸福的笑容,围绕田本娜先生的一切,连同她本人,都显得简单、素净,人淡如菊。田先生始终保持着一颗感恩的心,她说:"是时代精神感召了我,时代给了我自信,时代激发了我的情感,时代解放了我的思想。在时代的召唤下,我投入基础教育的研究中,投入小学语文教学的改革中。我常把自己比作一只工蜂,经常到小学语文教师的教学中采取花蜜,是老师们的教学创作,促进了我的语文教学研究,给了我研究的思路和灵感,给了我智慧和力量,给了我工作的动力。让我有幸投入这份事业中去,并再也离不开这个'小小'的领域。"

　　田本娜先生 60 年如一日地心系小学语文教学,即使是在 1988 年退休后也始终关注基础教育改革。关注我国教育的实际,研究教育中出现的实际问题,并亲身参与教育实践,始终坚持理论与实践相结合的研究方法是田本娜先生治学研究的一大特点。她不唯上不唯书,求是求实,坚持真理,严谨认真;她真诚谦虚,低调内敛,关爱他人,乐于奉献。长期以来,她高尚的师德、崇高的人格、敬业的精神一直感动着人们,也激励着广大教师潜心探索、静心施教。

田先生的获奖成果《突出汉字、汉语特点的小学语文整体改革与理论构建》主要是在小学语文教学中体现汉字、汉语特点。这项教改实验总的指导思想是以学生德智体美全面发展和个性发展为总目标,以发展学生的语文素质为目的,以集中识字为基础,以语言规律为指导,大量阅读,读写结合,并坚持从整体出发,分段突出重点训练项目。谈到这项坚持了20多年的教改实验的主要特色,田先生侃侃而谈,她说:"在这项实验中非常重视教学生学习方法,主要教会学生学习。我个人非常主张自学能力的培养。因为我自己从小养成了很强的自学能力和习惯,通过自学考入大学。我们的传统教育是非常重视自学能力的培养。《易经》中讲'非我求童蒙,童蒙求我',就是说,不是要我学,而是我要学。《学记》中讲'学然后知不足,教然后知困',就是说,学习后才知道自己的不足,教授之后才知道自己的困惑。一个人如果掌握了自学能力,就会自我成长。"

一直坚持语文教育实践与理论研究的田先生,深深感到母语教育的重要性。她认为,学好母语是一个人生活的需要,是一个人成才的第一要素,也是一个人智慧的根基。母语是学习其他学科的工具,是参加社会生活不可或缺的第一本领,是做人的灵魂,更是民族文化的根。她饱含深情地谈道:"我一生的主要精力就是致力于研究小学语文教学,做了一次小学语文教改实验,写了一本《小学语文教学论》,这是我为小学语文教师做了一点我应该做的分内工作而已。衷心地希望孩子们从小学好母语,教师教好母语,大家热爱母语。"

田先生虽然已86岁高龄,但是育无止境,她还时常主持名师培训课程,下课堂听课,组织评课。有时去郊县听课,一听就是一天,年纪大了,这样操劳,田先生也觉得很累,"我的年岁已高,精力已竭,笔力已枯,但是我一息尚存,一颗心会永远系念着我们中华民族的母语教育!"

没有人天生就会做教师,田本娜先生一生都没有停止过对于教书育人的思考。

二、育人育心

田先生认为,自古以来,我国的语文教学就是文道统一的,小学语文是发展儿童心灵的学科,语文教学蕴含着浓厚的精神生活,这是传统语文教学的精华。语文教学不仅要体现汉字、汉语特点,而且还要体现民族文化传统。语文教学的灵魂,就是要在语文教学中,弘扬以爱国主义为核心的中华民族的优秀文化和人文精神。因此,语文教师身上肩负着很重的使命,育人育心,教师对学生一生的影响是巨大的,教育是教师与学生之间心与心最美好的交流。

田先生深情地回忆起自己一生中遇到的三位恩师,他们是小学老师刘伯声先生、原河北省教育厅副厅长、天津师范大学的老校长李继之先生,还有大学时代的导师郝荫圃先生。田先生说:"是他们教会了我如何做人,培养了我的自学能力,激发了我深入小学教育实际搞好研究的志向和兴趣,尤其是刘伯声先生在我上小学时教我写的字'耳不闻人之非,目不视人之短,口不言人之过'成为我一生的座右铭。"

田先生十分关注和赞同习近平总书记提出的好老师的四个标准,她说:"作为师范大学培养的学生必须符合这四项标准。这四项标准合起来就是作为教师的人格修养。"要想成长为一名优秀的语文教师,田先生认为"人格修养"最为重要,是作为一名教师的灵魂和根基。结合自己一生的经验和感悟,田先生向记者娓娓道来——

"人格修养"要体现在理想信念中。教师教育不限于教学能力的培养,而最重要的是培养学生对教育事业的爱好和兴趣,是培养学生对于教育事业的敬仰和爱慕,是培养学生对作为一名人民教师的自豪感。

"人格修养"要体现在心灵上。作为教师,首先要具有一颗"爱心"。要热爱教育事业,热爱学生,热爱自己所教的课程,对教师的工作具有明确的目标和责任感。

"人格修养"要体现在道德规范上。作为教师的道德标准,主要表现在高度的责任感上。教师的责任感,在于把培养好下一代作为神圣的天职。要有诲人不倦的精神,要积极、热情、勤奋、认真。教师的工作是"春风化雨",而不需要"暴雨滂沱"。这就需要教师具有细致的、耐心的工作态度,精心培育学生,使每颗"幼苗"都能健康地成长起来。

"人格修养"要体现在言语行为中。教师的言行,要真挚、诚实、笃信。教师对学生要以诚相待,以自己的真情去感动学生。教师不能虚言欺人,要不饰己短,要敞开心扉,才能使学生亲近你,信任你,爱你。

田先生是这样要求教师的,也是这样要求自己的。她说:"我们当教师的不论你教授什么课程,当学生毕业以后,你再遇到自己所教的学生时,应该不感到脸红才是。"

"日既暮而犹烟霞绚烂,岁将晚而更橙橘芳馨,故末路晚年,君子更宜精神百倍。"耄耋之年的田本娜先生正是如此。田先生高远的追求、高尚的品格、高超的学术赢得了大家的热爱。

创新理念 彰显成效 凝练特色

——我校审计工作巡礼

审计处

2014 年 11 月 7 日 538 期 第二版

日前,我校审计处再次被授予"全国内部审计先进集体"荣誉称号,至此,审计处已经连续六届、18 年荣获"全国内部审计先进集体"荣誉称号,是全国唯一连续六届获此殊荣的单位,为学校争得了荣誉。审计处紧紧围绕学校中心,创造性地开展工作,在完善内部控制、改进风险管理和改善治理程序中发挥了重要的作用,促进学校增加价值实现目标,探索出一条新型内部审计发展之路。

一、创新审计理念

20 世纪 90 年代以前,我校开展的是以财务为主、功能单一的审计,进入本世纪,内部审计准则建立以后,逐步开展了效益审计。2006 年,随着内部审计转型的提出,我校明确了新的审计定位,即风险控制特色的增值服务性审计。为了实现这一定位,我校加快由传统的财务审计向现代管理审计迈进,由狭义的查账方法向广义的咨询方法迈进,由功能单一的查错纠弊目标向以风险控制为根本特色的增值服务性目标迈进。以"风险为导向、内控为主线、治理为目标、增值为目的"的审计模式,赢得了全校上下普遍认可和赞誉,顺应了我国内部审计的发展趋势。

在工作实践中,不断创新审计观念,即融入管理、参与管理、服务管理。提倡无项目审计,发挥咨询功能,把审计重心转移到风险管理、内部控制和治理程序三个方面。同时形成了与时俱进的审计思路,即坚持审计特色鲜明、审计质量争优、审计研究攀高、审计实践创新。以提升人员素质为本,德业并行,一专多能;因势利导,注重可持续发展的审计模式;深化质量意识,以质量为立审之本;创新工作思路,走管理审计发展之路。2007 年学校审计工作确立了向国内一流内部审计迈进的发展目标,明确了"三步走"的发展战略,并于 2013 年,实现了审计项目高质量、科研成果高水平、人员素质高标准、内审工作高声誉的审计工作"四高"目标。

二、彰显审计成效

将审计融入学校以教学为中心的工作之中,树立"大控制观"。首先,从"外生介入式"的事后审计,向内生性的"融入式"审计转变。将审计的功能融入学校管理大系统中思考。审计重心向学校的下层沉淀,将审计功能触及学校的方方面面,在过程中"控管、促管"。不仅关注财务管理、物资采购和基建工程等环节和内部控制,还关注影响学校教学、科研和人才队伍发展的决定性因素和关键环节。在新校区建设中,重点关注风险管理环节,进而进行实质性控制,取得了显著成果。截至目前,共审计资金 27.48 亿元,审减资金 4.06 亿元,审定资金 23.42 亿元。其次,从"小作坊式"的单个项目审计,向整体性、系统性的"集约式"审计转变。在各个学院经济活动管理审计中,以财务管理为主线,以经济活动为内容,以内部控制健全性、合理性和有效性为关注重心,采取财务审计、科研经费审计、经济责任审计等方式,对学校各个学院进行了整体性、系统性审计,一改过去单个学院审计模式,做到"以审施控""以控促管",实现全局性把握和系统性监控,对内控缺陷、执行偏差及其产生的原因,进行整体性的综合分析,及时整合审计成果,从机制和制度上,寻求治本良策,在提出管理报告的同时,还出具内控设计建议。各学院积极采纳审计建议,有力促进和改善了控制环境,完善了"全员参与""三重一大"和"二级教代会财务公开制度"。

学校扩大了审计关注范围,把审计重心逐渐转向学校的教育教学、学科建设、师资队伍建设、科研经费管理、"十二五"投资过程和投资结果等,通过审查评价,追踪学校治理过程的科学性和有效性以及预期目标实现程度,促进学校完成各项治理目标。首先,采取"参与性"审计方式,适时地站在管理的角度和全局高度,追踪和分析学校的发展目标、决策程序、管理程序、投资过程和投资结果的实现程度。三年来共审计项目 157 项,审计资金 39.96 亿元,纠正了违纪违规资金,促进了增收节支,有力地促进学校管理水平和内部控制建设。其次,采取"非审计"工作方式,将审计重点放在关注治理、机制和程序等层面,大量运用了过去认为不是审计的方法,把调查、评估、培训、咨询、研究运用于实践之中,收到了良好效果。同时,为学校提出完善治理结构、过程和程序等有参考价值的建议,学校采纳了审计建议,修订和实施了相关管理办法和内部控制制度,有力地促进了治理程序的完整性、有效性和合法性。

三、凝练审计特色

在审计人才的培养和审计队伍的建设上,审计处以职业道德教育为重点、强化审计人员的爱岗敬业精神和依法审计意识,培养"外树形象、内强素质、勤奋严谨、争创一流工作水平"的团队精神,以审计文化建设引领思想教育,倡导"融入管理、参与管理、服务管理",将人格力量内化于工作、内化于身心,帮助学校增加价值。审计处领导班子每年年终考核获得优秀率均为100%,审计处荣获天津市思想政治工作先进集体称号,审计处成员分别获得天津师范大学师德先进个人和师德标兵、天津市"五一劳动奖章"、天津市廉政勤政优秀党员干部等多种荣誉称号。全处6名专职人员全部取得国际注册内部审计师(CIA)资格和国际注册风险管理师(CRMA)资格。

构建研究机制,培养理论与实践结合的审计队伍。审计人员应教学单位邀请担任相关课程的授课任务,2013年审计处处长被中国内部审计协会职业教育部聘为全国培训教师。教学单位的专家教授被审计处聘为天津师范大学内部审计研究所研究员,注重科研成果在促进内审改革与发展中的引领与示范作用。形成"科研促教学、科研促实践、科研反哺实践、实践服务教学"的新模式。

为了整合优势资源,审计处依托管理学院,与相关专业的博士、教授一起,组建了天津师范大学内部审计研究所,成为全国第二家内部审计研究机构。在近三年的时间里,取得了累累硕果,共完成科研课题11项,取得科研经费近20万元,其中完成《高校管理审计研究》《国企高管薪酬评价体系的设计及实证研究》《教育审计创新研究》等省部级课题3项。完成学术论文38篇,分别发表在核心期刊、国家级刊物和专业杂志上。此外,应《中国内部审计》期刊邀请,设立"新视点"专栏刊登我校审计理论成果,近三年已发表26篇学术论文。完成《内部审计实务指要》《高校管理审计研究》《教育审计管理规范》《经济责任审计》《经济责任审计研究》5本审计著作。

不断加强作业程序化,构建质量机制,培育审计规范化体系。审计处对审计程序进行了规范,随着2003年内部审计准则的陆续发布与实施,针对准则要求及时地进行修订和完善。从项目立项到审计报告审定、送达,对5个阶段、29个作业环节都做了详细的规定,编制了作业流程图和文字说明,规范了项目作业架构,形成了图文并茂的程序化规范体系。为此,专门出版了《内部审计实务指要》一书进行推广。

绽放在教育战线上的"劳模团队"

——记我校"白学军劳模创新工作室"

心理与行为研究院

2015 年 7 月 10 日 549 期 第二版

8 名成员、14 项创新成果、2 项国家发明专利、6 项实用新型专利、6 项国家级奖励……我校"白学军劳模创新工作室"凭借着骄人的成绩,日前荣获天津市"十大示范劳模创新工作室"荣誉称号,该工作室也是全市教育系统中唯一获此殊荣的团队。

一、劳模精神,带出优秀团队

"如果一个人能够吃两种东西,就能获得快乐和幸福。这两种东西是:吃苦和吃亏。前者可以让一个人成就事业,后者可以与人更好地合作而成就大事!"这是白学军的工作信条,也是他工作的动力源泉。2011 年,白学军当选为"天津市劳动模范"。

"白学军劳模创新工作室"是以白学军教授的名字命名。他是我校心理与行为研究院院长、博士生导师、教授,担任国务院学位委员会心理学科评审组成员、中国心理学会副理事长、教育部普通高校心理学专业教学指导委员会副主任委员、天津市社联副主席、天津市心理学会理事长、新世纪百千万人才工程国家级人选、教育部新世纪优秀人才支持计划人选、发展与教育心理学国家重点学科负责人、教育部人文社会科学重点研究基地主任,享受国务院政府特殊津贴。

白学军大学毕业后,以一种前瞻性的思考以及对心理学浓厚的兴趣,进一步加强心理学的学习和研究。硕士和博士期间,他得到两位德高望重的著名心理学家林崇德和沈德立教授的悉心栽培,并逐渐明确了自己的奋斗目标和决心——献身心理学。

"一定要在自己的专业领域中,干出一番事业来。"怀着这样的信念和高涨的工作热情,白学军潜心教学研究。不管严寒酷暑,也不分周末假日,他总是第一个走进教育中心大楼的门,最后一个离开办公室。努力耕耘就有收获,白学军 30 岁就成为副教授并被评为硕士生导师;34 岁成为教授、开始指导博士生,并担任研究院副院长以及发展与教育心理学博士点带头人。

作为心理学科的带头人和研究院的领导者,白学军勇于开拓创新,走在学术最前沿。一直以来,他带领团队,用现代化的研究手段,开展心理学研究,取得高水平成果并将其转化,走"产、学、研"相结合的创新道路。白学军长期研究"如何促进个体心理发展"这一关键问题,他利用眼动记录仪、事件相关电位和近红外脑功能成像仪等现代化的心理学仪器设备,研究个体阅读能力发展、高效率学习的心理机制和心理健康调控。通过研究,他发明了研究汉语阅读的实验范式,构建了高效率学习的认知心理学模型和青少年心理健康全国常模。这一研究成果获得教育部高等学校科学研究优秀成果奖(人文社会科学)三等奖,以及天津市第二、三届教育科学研究优秀成果一等奖等。他还将相关成果进行转化,获得了多项国家发明专利。这些成果有利于提高中小学生阅读水平、推动传统低效率学习模式的变革,为对外汉语教学改革、教材编写提供理论指导,为素质教育的实现提供了理论支持。

除科研工作外,白学军在教学中更是一丝不苟。课前他要花大量时间精心备课,即便是讲过很多遍的课程,他也会认真准备。"台上一分钟,台下十年功"。为了满足学生的求知欲、开阔学生视野,他广泛涉猎,每日花大量时间阅读经典性和前沿性心理学论著,更新教学理念,改革教学方法,注重启发式教学。他用质朴简洁的表述,把课程讲深讲透,诙谐幽默,张弛有度,深受学生喜爱。他使用的教学模式得到校内外同行专家的认可和效仿;由他主讲的《儿童发展》课成为教师教育国家级精品资源共享课。他带领的《基础心理学》教学团队成为天津市"十二五"综投教学创新团队,其指导的博士论文获 2014 年度天津市优秀博士学位论文。

白学军的"劳模精神"深深影响着团队的成员们,他们都说:"有白老师这样的榜样在,我们自己没有任何理由放松懈怠,只能勇往直前,跟着白老师一起拼。"

二、创新进取,成就劳模团队

2014 年,白学军劳模创新工作室成立了。在白学军的带领下,工作室秉承"爱国、尊师、勤奋、认真、创新"的理念,以促进民众心理健康为己任,开展高水平科学研究,成为绽放在我市教育战线上的一支"劳模团队"。

2014 年工作室着力打造"国民心理健康评估与促进协同创新中心"。该中心以强强联合、优势互补、资源共享、互利共赢为原则,坚持政、产、学、研、用相结合的发展宗旨,发挥牵头单位和参与单位的综合效应,搭建"政府—高校—协会—企业—社区"的协同创新模式。中心瞄准国民心理健康的前沿科学问题,开展本土化国民心理健康的基础和应用研究,加快心理健康高端人才培养,促进科研成果转化,引领天津市国民心理健康事业和产业发展,在全国率先形成有一定规模和影响力的科研团队、示范中心和产业链基地。该中心入选天津市 2011 协同创新中心。

在协同创新中心培育运行过程中,团队成员齐心协力、精诚团结,在学科建设、科研项目、人才培养等方面取得了突出成绩。同时,为了进一步提升研究水平和实现学科优势互补,协同创新中心开展了多种模式和机制的科研合作,并且重视将最新的科研成果服务于社会、服务于天津市民,以构建产学研紧密结合的技术创新体系,取得了实效。

从 2014 年 3 月开始,协同创新中心开办了"天津市心理健康公益系列大讲堂""父母课堂——真爱的艺术""叙事疗法与亲子对话艺术""圆梦 2014 高考——考生家长大型公益心理讲座"等主题讲座受到市民百姓的广泛好评,直接受益听众达 1500 多人。其中 5 月的讲座成为第 28 届天津市科技周重点活动;10 月讲座成为第十二届天津市社会科学普及周的系列活动之一。

除了建设"国民心理健康评估与促进协同创新中心"外,白学军劳模创新工作室还特别注重"科技惠民"工作,先后在天津市红桥区咸阳北路街道和南开区鼓楼街道建立市民心理健康中心,定期举办心理健康讲座和咨询活动;与天津市开发区工会、天津市红桥区看守所、河西区看守所等单位合作建立心理健康咨询中心,确保一线员工和干警的身心健康;与天津市第一老年公寓建立的天津市首个机构养老老年人心理咨询工作室——"阳光心房",每周为老年人提供心理健康的咨询服务;开设的"领导者心理管理专题"被天津市委党校定为天津市干部选学的必修课程,来自全市 200 多名干部选学了此专题。

在一步一个脚印地踏实探索、不断创新、拼搏奋进的过程中,团队被评为天津市"工人先锋号"和天津市教育系统"工人先锋号"称号;获批国家自然科学基金项目两项,获资助 155 万元;在全国核心期刊发表论文 42 篇,在国际刊物上发表 SCI、SSCI 论文 8 篇;创建"国民心理健康网",提供心理健康知识与咨询服务;出版《实验心理学》一书入选"十二五"普通高等教育本科国家级规划教材书目;《返回抑制过程中情绪面孔加工优先:ERPs 研究》一文被《心理学报》杂志评为 2013 年度优秀论文;承担教师教育国家精品资源课"儿童发展"建设任务。

白学军劳模创新工作室的成员们也在这一平台上成长历练。白学军教授入选天津市高校"学科领军人才培养计划",吴捷研究员入选天津市"131"创新型人才培养工程第一层次人选和教育部"新世纪优秀人才支持计划",王敬欣教授入选天津市第三批宣传文化"五个一批"人才,金花教授入选"天津师范大学渤海学者",杨海波副教授入选天津市"131"创新型人才培养工程第二层次人选,李馨博士、宋娟博士入选天津市"131"创新型人才培养工程第三层次人选。

商朝晖：如果有机会，去看看银河吧

记者　杨子怡　司婧妍

2016 年 3 月 30 日　556 期　第二版

明理楼 C 区的一间办公室里，商朝晖打开名为"AST34DATA"的网站，仔细浏览着网页上显示的密密麻麻的数据和图表。

办公室内的布置很简单，一个书柜，放满了各类天文学书籍，几乎都是英文版。此外就是一台办公桌，一个沙发，东侧的墙上贴着几幅学生手绘的关于校园天文现象的作品。

商朝晖剃着平头，脸上挂着微笑，早已不是南极科考照片上皮肤黝黑、满脸胡楂的"户外工作者"的样子。他的外套里层是黑色抓绒的中国极地科考队工作服，"穿着挺舒服的，所以总穿。"他说。

日前，我校天体物理中心教授、博士生导师商朝晖入选"国家百千万人才工程"，并获"有突出贡献中青年专家"荣誉称号，这是我校国家层次人才建设的新突破。

一、他和 AST3

采访中，商朝晖说得最多的词就是 AST3。

AST3 是什么？

AST3 是南极巡天望远镜，布放在南极内陆冰盖海拔最高的地区"冰穹 A"，采用我国创新设计的大视场折反射望远镜光学系统，是目前南极最大的光学望远镜。商朝晖作为南极天文中心副主任，全面主持 AST3 的运行控制及数据系统研发和实施。该项目承担着重要的天文观测任务，是我国建立南极天文台的"探路者"。

2009 年，商朝晖随我国第 26 次南极科考队开启了自己的"南极之旅"，此后对于南极天文的研究工作便没有中断过。"南极有着漫长的黑夜，海拔高、气温低、大气稳定，远离光线污染，可以说是地球上最好的天文观测地。"商朝晖解释说，在这里布放 AST3，具有极其重要的天文研究价值。

据商朝晖介绍,AST3 主要工作为观测超新星与系外行星,主镜口径 68 厘米,有效通光口径 50 厘米,配备了目前国际上最大的单芯片 CDD 相机,像素达到 1 亿,一张照片可以覆盖一个相当于 18 个月亮那么大的天区,在极夜期间每天拍摄的照片达到 500 多张。商朝晖拿起笔,在纸上飞速计算着。

商朝晖介绍,团队已经成功突破了 AST3 在极端环境下的无人值守全自动稳定运行的科学难题,这一开创性项目的成功研发和实施,也标志着我国在南极天文研究上处于国际领先水平。

在南极做天文观测,AST3 可谓"跨过"了重重阻碍。为了让整套系统在平均气温处于零下 20 摄氏度、最低温达到零下 80 摄氏度的"南极冰盖之巅"成功运行,商朝晖带领团队进行技术研发,不仅利用国家天文台购置的"超级冰箱"进行测验,并且于 2011 年冬将望远镜架到了我国最北端漠河,在那里开展了为期半年的运行测试。2011 年,跟随第 28 次南极科考队,AST3 首台巡天望远镜在冰穹 A "安家";去年,第二台望远镜由第 31 次南极科考队成功安装。

说到这低温考验,商朝晖回想起去年 6 月南极极夜时 AST3 运控系统经历的一次不小的挑战。"当时系统所在的集装箱内温度已经是零下 40 多度,外面的温度就更低了,这几乎是 AST3 遇到的最低温。"大家都在心里捏了一把汗,整个团队的成员一天 24 小时趴在电脑前密切关注着系统的运行情况。好在有惊无险,没有出现任何问题。AST3 在过去一年的"出色表现"让商朝晖十分满意。

除了低温,AST3 面临的困难还有能源问题。整套系统的全年额定功率只有一千瓦,却要满足包括望远镜转动、观测控制、数据传输等工作所需的全部电量。商朝晖带领合作团队进行反复测试,终于突破了这一难点。

就在今年 1 月 10 日,我国首架极地固定翼飞机"雪鹰 601"南极试飞成功,AST3 项目气象塔为其提供了相关的气象信息。商朝晖负责的国家科技部 973 项目也将利用南极巡天望远镜在超新星宇宙学及太阳系外行星方面进行前沿研究,以取得更大的科研突破。

二、天文和他

商朝晖从小就对天文感兴趣。

20 世纪 80 年代,商朝晖在南京大学天文系完成了本科、硕士阶段的学业,此后分别在美国得州大学奥斯丁分校、怀俄明大学攻读博士学位,并完成博士后研究。在此期间他的主要研究方向为活动星系核,成为了国际上该领域的一位出色的专家,博士后期间就赢得了以他为 PI(学术带头人)的美国航空航天局的项目经费。自 2007 年回国之后,商朝晖主持完成国家自然科学基金两项,参与完成国家自然科学基金重点项目及科技部"973"计划各一项,在国际天文顶级刊物 ApJS(影响因子14.137)和 ApJ(影响因子6.28)等发表 SCI 学术论文40余篇,被引用1000余次。他入选了天津市特聘教授,兼任国家天文台博导及客座研究员,主持国家天文台南极天文团组的工作。

"天文研究非常吸引我,这是我喜欢做的事情,我有兴趣、有热情做下去,并尽量做好。"商朝晖说,搞研究重要的就是找到自己喜欢的、适合做的方向,并且要不断地积累,才能有所建树。

做研究之外,商朝晖说他最喜欢的就是当老师,在自己所有头衔中,他最为看重的是"教授"这一身份。因此他对学生的要求相当高,"下功夫很重要,不仅是学生,我也一样。"如今,他的许多学生在坚持搞科研,国内外的天文研究机构都有他们的身影。

商朝晖办公室墙上贴着的学生手绘图则是他在校公选课《天文学简介》为同学们留的一项特殊作业——画月亮。他要求大家在学校观测月亮的形状,并把它画下来。"好的作业我都请同学们送给我,挂在了办公室最显眼的位置。"如今数年过去,墙上的"作品"越来越多,而每一幅都记录着他作为一名教师,对学生的鼓励与期许。

作为天津市天文学会副理事长,商朝晖也一直关注着天文科普。"目前科普和科研有一定程度上的脱节,做科普的深入不够,搞科研的又只专心研究,二者结合得还不够。"他认为,随着科技进步,信息传递越来越便捷,天文科普可以利用微信、微博这样的新媒体平台更好地进行推广宣传。

"你们看过银河吗?"采访快结束时,商朝晖向记者发问。

"生活在城市不太有机会能见到呢。"

"如果有机会,找个小村庄,找个安静的地方,看看银河吧。"商朝晖说。

修复文明的记忆

——我校古籍修复与出版方向硕士研究生培养纪实

记者　付　莉　魏晋雪

2016 年 4 月 29 日　557 期　第二版

锤子、木尺、糨糊、针锥、喷水、补洞、压书、钉皮……在日前我校举办的"版墨遗珍"古籍修复体验活动现场,修复古籍所需的一具一物,"修复师"们的一招一式,都吸引着参加活动的中外学生的目光。

我校古籍修复与出版专业的硕士研究生刘晓雪是其中一名"修复师",她坐在修复专用桌前小心翼翼地"缝合"一本古籍内页里的裂缝。"这次活动是我们专业的一堂实践课。"刘晓雪对记者说。

我校于 2014 年成为国家古籍保护人才培养基地,截至目前全国仅四所高校获批。2015 年,学校与中国国家图书馆、天津市古籍保护中心、天津古籍出版社等单位联合培养文物与博物馆专业古籍修复与出版方向硕士研究生,是北方地区首家招收古籍修复方向硕士研究生的高校。首批招收 6 名研究生。

4 月 14 日召开的全国文物工作会议,习近平总书记重要指示精神和李克强总理的批示在会上传达。国家"十三五"规划将"中华古籍保护计划"纳入国家百项重点项目,古籍保护工作的重要性愈加凸显。通过国家图书馆副馆长、国家古籍保护中心副主任张志清在我校讲座了解到,我国官方现存古籍书约 5000 万册件,但由于日久年深,部分古籍出现了虫蛀、鼠啃、霉蚀、老化等问题,威胁着古籍的"健康",古籍修复师应运而生,成为"古籍医生"。但是与此同时,国内古籍修复高端人才非常紧缺,"中华古籍保护计划"2007 年开始实施时,国内古籍修复师不足 100 人,目前从事古籍修复的专业人才也仅有几百人,人才缺口巨大。高学历、高素质古籍修复专业人才的培养,对古籍保护工作具有十分重要的意义。

据介绍,我校历来重视中华古籍的研究、整理和保护工作,自 20 世纪 60 年代起便开始了古籍编目和保护工作,2014 年获批为全国古籍重点保护单位。学校拥有古籍 1 万余种,近 15 万册,善本古籍 1300 种,1 万余册,其中 9 种珍稀古籍入选国家珍贵古籍名录。图书馆还建有古籍书库和修复实验室,组建了专门的古籍工作人员队伍。此外,文史专业的优势学科以及多学科互补的优质资源也为学校开设古籍修复与出版方向硕士研究生提供了较好的基础条件。

针对新形势下国家对古籍保护人才的实际需求,学校充分发挥人才培养优势,探索通过"产、学、研、用"培养古籍修复与出版方向高层次专业硕士人才的做法,加强学科专业、师资队伍、教材课程等基础建设,组建了一支由校内教师、学界专家和古籍修复行业"顶尖高手"组成的人才培养团队,着力培养"理论功底厚、从业能力强、工作上手快"的古籍保护人才,发挥京津冀协同发展和区域古籍资源丰厚的优势,突出自身特色,为国家古籍保护和利用工作的可持续性开展输送专门人才。

在专业特色上,学校充分利用天津图书馆古籍保护中心和天津古籍出版社的资源优势,突出古籍的原生性(以改善藏书环境、原本脱酸、照原样修复等方式进行的古籍实物修复和保存)和再生性保护(以缩微复制、扫描复制等方式进行的古籍内容保护)。一方面,天津图书馆古籍保护中心在古籍修复方面有丰富的经验、先进的硬件设施,以天津传习所万群导师为代表的一批优秀的古籍修复专家,可以在古籍原生性保护实践方面给予学生指导;另一方面,天津古籍出版社以挖掘和保存中华民族优秀文化遗产为己任,先后出版过大批优秀古籍整理、影印类图书,可以指导学生从古籍再生性保护的角度进行实践学习。

在课程设置上,以历史文献与古籍版本学、古籍保护要籍介绍、古籍保护概论等为主的专业必修课由国家图书馆、各出版社及古籍保护业内专家授课,旨在夯实专业基础;博物馆学、考古学、民俗学、青铜器等课程由历史文化学院资深教授讲授,使学生对古籍保护相关领域均有涉猎。同时,由于古籍修复是一个实践性很强的行业,研究生的实践课显得尤为重要,每位研究生需在天津古籍保护中心和天津古籍出版社进行古籍修复技艺及古籍出版与再生性保护的长期实训。同时,学校在古籍修复与出版专业研究生培养中实行双导师制,即每名研究生拥有校内学术导师与校外实践导师,校外实践导师由具有多年修复工作经验的古籍修复传承人担任。

作为我校古籍修复与出版专业首届研究生,刘晓雪和她的同学们都感到非常幸运。当他们来到天津图书馆古籍保护中心,亲眼看到整屋子的古籍布满灰尘,残破地躺在书架上亟待修复时,这个专业曾经给予他们的困惑、迷茫都一扫而光。"这些古籍善本是'老祖宗'留下的珍贵礼物,修复古籍是我们后来人的责任与担当。"刘晓雪希望,一年后的自己能拿到硕士学位,成为一名真正的"古籍医生"。

青年长江学者炼成记

记者 魏晋雪

2016 年 6 月 22 日 560 期 第二版

2016 年 4 月 20 日，教育部正式公布了 2015 年度"长江学者奖励计划"评选结果，我校政治与行政学院的佟德志教授过关斩将，荣获"青年学者"称号。此次评选是教育部首次在全国高校中遴选"长江青年学者"，近 4000 名候选人经过五轮严格评选，仅 200 余人入选，竞争激烈程度可想而知。佟德志成功入选政治学理论学科的青年长江学者，是天津地方高校唯获此殊荣的学者，也标志着我校国家层次人才建设实现了新突破。

一、求学之路

说起佟德志，大家想到的可能是他在硕士期间就在国内最知名的政治学专业杂志《政治学研究》上发表论文，讲师时就获得教育部的优秀科研成果奖，从讲师到教授，他一路破格，只用了五年的时间。有人说，他是赶上好时候了，也有人说，运气好。谈起这些，他只是一笑，因为只有他自己知道漫长而艰辛的求学之路，需要的是坚韧不拔的意志。

本科的时候，佟德志就喜欢西方政治思想史，阅读了大量西方政治思想史的经典著作。正是出于对西方政治思想史的热爱，他来到天津师范大学这个西方政治思想史研究的重镇，跟随我校著名政治学家徐大同先生，走上了政治学研究的道路。

谈起徐先生，佟德志充满敬意与感激。"人的一生，最幸运的事情就是遇到一位好老师。"佟德志充满感慨地说，"先生有很多地方，对我影响很深。其中有两条，印象格外深刻，那就是研究西方政治思想，一要始终坚持马克思主义立场，二要树立为中国研究西方的关怀。"此外，徐先生"与时俱进"的可贵品质也深深影响着佟德志。读研究生的时候，在徐先生家里，古稀之年的徐先生正饶有兴趣地学习电脑。

为了更进一步提高自己的研究水平，佟德志遍访名校，负笈海外，先后在北京大学和耶鲁大学做博士后和访问学者。这期间,他深入了解东西方政治差异,继续阅读更多经典著作,学术研究水平不断提高。在他看来,学习政治学,保持一个"开放的态度"十分重要。要对各种思潮保持开放的态度,有的思潮可能比较极端,但是,一定要认真地学习它,理解它,搞清楚来龙去脉。做学问博采众长,秉承理性立场,时刻警惕对某一思想或作家的崇拜心理,不断拓展自己的视野和思维。如果将自己封闭起来,就没有办法在学术上取得更大的成绩了。

求学之路并非一帆风顺,但贵在坚持,学术研究是一个艰苦卓绝的过程,要付出的努力有时难以想象。佟德志对记者这样说。回忆起硕士毕业留校的时光,佟德志记忆犹新。踌躇满志的他,向学科内的重量级期刊投了大量文章,但却接到了一封封的退稿信。年轻的佟德志不禁怀疑自己的学术能力,觉得自己并不适合继续做学问。冷静下来,佟德志认真倾听自己内心的声音,感到还是无法放弃心爱的学术研究,"坚持"两个字支撑着他开始又一轮的"冲刺"。一篇论文,往往要修改十几次才满意,看书、思考、写作,佟德志心无旁骛地沉浸在学术研究的浩瀚中。

长期的努力没有白费,佟德志先后取得了一个又一个令人瞩目的成绩。他先后主持国家哲学社会科学基金重点、重大项目子项目、哲学社会科学研究项目等4项,省部级研究项目多项;在《政治学研究》《中国行政管理》等重要学术刊物上发表论文10余篇,C刊及其他学术刊物发表学术论文百余篇,学术论文被《新华文摘》全文转载4次,《人大报刊复印资料》转载10余次;他独立完成专著4部,参与完成著作和译著20余部;先后获得教育部中国高校人文社会科学优秀成果三等奖两次,天津市社会科学优秀成果二等奖两次、三等奖两次。

二、教学之路

2013年9月,在政治学理论一年级硕士研究生《西方政治思想专题》的课堂上,佟德志提出了一个令大家"震惊"的要求——每位同学本学期须写10篇英语论文的读书笔记,每篇读书笔记不少于3000字,才能拿到这门课的学分。"加起来就是3万字,这不是硕士论文的字数吗!"大家苦着脸"抗议"说。佟德志却鼓励大家:"你们是研究生,这种训练是必须的,大家一定可以完成。"

接下来的一学期,同学们纷纷开启"学霸模式",看论文、查单词、记笔记、写文章,学期末每个学生都按规定完成了任务,这期间,班里的学术科研氛围越来越浓。王政就是其中一名学生,在导师佟德志的指导下,他大量地阅读政治学原版著作,也渐渐有了读博继续做学问的打算。也是在导师的支持下,王政开始申请国外的大学,最终纽约州立大学和特拉华大学都以全额奖学金向他伸出了橄榄枝。王政说:"想到佟老师,我眼前浮现的是读书笔记上认真的批改字迹,耳畔听到的是课上课下亲切的声音,当我身处茫茫书海中,阵阵无力感袭来时,导师会提供富有启发的指导,帮助我渡过一个个难关,是佟老师指引我走上学术之路。"

从教10余年,佟德志带过不少像王政这样的学生,他一直坚持立德树人,以教书育人为己任,秉承"引导学生"的教学理念,佟德志说:"知识是教不完的,即使是传授方法也可能会让学生失去个性,一个教师,最大的成功在于引导学生自主学习。"

在教授本科生《西方政治学》这门课程时,佟德志让学生们尝试用英文写作论文。这让学生大为震惊,都说从未写过,根本不可能完成,经过佟德志的鼓励和讲解后,一学期下来,全部学生都顺利完成这项任务,甚至有一位学生写作了一篇17页的英文论文。"说实话,看到这些论文时,我自己也很惊讶,但也说明了只要适度引导,学生们潜力无限。"佟德志说。

在佟德志的指导下,他的学生完成了国家级大学生创新创业项目3项,获得全国挑战杯三等奖1次;指导三名博士生取得博士学位,并有一篇博士论文被评为天津市优秀博士学位论文;其讲授的各门课程生评教成绩均居全院前列,多次被评为"最受欢迎教师""学术水平最高教师"等,受到学生们的喜爱。

提到自己在教学上的尝试与探索,佟德志兴致勃勃地向记者讲述了实验班的故事。他曾作为富布赖特访问学者在耶鲁大学的麦克米兰中心进行学访,受耶鲁本科课程教学的丰富性和开放性启发,在学校教务处和学院领导的大力支持下,组建了旨在"以通识教育培养具有国际视野的研究型人才"为目标的学生实验班。佟德志对实验班从课程设置、教学内容、教学方法以及考核方式等方面做出了较大改革与调整,把授课方式重点放在研究能力训练上,加强"听、说、读、写"能力的训练,为学生们提供高质量的学术讲座;制订专业阅读计划,撰写论文、读书笔记,召开研讨会等都突出了研究型能力的培养。入学时无任何特别之处的实验班,经过系统培养,毕业时呈现出明显的优势,学生英语六级通过率93%、考研率达75%。《中国教育报》等媒体进行了专门的报道。如今,实验班的学生有的在中国人民大学、南开大学等高校深造,有的到海外继续求学。佟德志说,作为一名教师最幸福的事情,就是看着自己的学生取得了优异的成绩,走上成功之路。

在教书育人的过程中取得的这些成绩,跟他在教学方面下的功夫是分不开的。他参与"马克思主义理论研究与建设工程"重点教材《西方政治思想史》的编写工作,该教材获得天津市第七届教学成果一等奖。他主持完成"十二五"规划教材一部,他主讲的《西方政治思想史》课程,获得了教育部"精彩一课"等奖励。

目前,佟德志任政治与行政学院院长,兼任中共中央"马克思主义理论研究与建设工程"专家、教育部高等学校政治学类专业教学指导委员会委员等职。他积极参与地方政府决策,入选天津市行政咨询专家,他主持天津市政协研究课题子课题研究,成果在政协报全文发表,得到全国政协的高度重视。

受聘教育部的青年长江学者佟德志,更是备感身上的重担,对自己提出了更高的要求。受聘后,他的科研任务更忙了,目标也更大了,正在紧锣密鼓地筹备政治学理论的科研团队。在国家重点学科的基础上,他进一步凝练特色和优势研究方向,正在建设以项目为基础、以成果为标志的高水平创新型研究团队。这将进一步提高政治学理论专业的科研水平,带动我校政治学学科的进一步发展。

勤耕不辍育英才　体教结合谱新篇

——我校高水平体育人才培养纪实

记者　徐　喆　魏晋雪

2016 年 9 月 30 日　562 期　第二版

里约当地时间 8 月 12 日，奥运会男子 20 公里竞走比赛最后冲刺阶段，一名身材修长、身着红色战衣的中国选手首先出现在人们的视线中。他步伐迅速而稳健地通过了终点，双手挥拳庆祝着自己的胜利，随即便转身在终点处等待自己的队友。

几十秒后，竞走"双子星"王镇、蔡泽林拥抱在一起，同为我校学生的两人包揽里约奥运会男子 20 公里竞走比赛冠亚军，这不但是中国田径队在里约的首金，也是中国田径在奥运会上首次包揽前两名。

高玉葆校长说："此次我校学生包揽奥运会男子竞走 20 公里项目冠亚军取得历史性突破，是近年来学校'体教结合'的成功范例，是我校长期坚持'体格与人格'并重的育人理念，将人文关怀与体育教育相结合，为国家培养一批优秀体育人才的成功探索。"

一、筑巢引凤：高水平运动员的"栖息地"

作为教育部最早批准的全国 102 所试办高水平运动队的高校之一，我校于 2005 年 10 月在全国高校中率先成立了"体育竞赛训练中心"，专门负责学校高水平体育运动队的日常教学、训练、竞赛等工作。

2009 年，身为大庆体育运动学校学生的王镇四处报考大学，由于之前的竞技成绩不突出，求学之路并不顺利。就在这关键时刻，前国家田径队教练、我校竞走教练刘涛慧眼识英才，一眼就相中了王镇，七年前她曾坚定地说："王镇的可塑空间非常大，这个孩子未来肯定会成为中国竞走的领军人物。"

当年，王镇考入了我校体育竞赛训练中心，成为一名本科新生，开始了新一阶段的训练和学习。入学后的第二年，王镇以优异的竞走成绩和过硬的技术让他顺利入选了国家田径队。2011 年，他便开始在国际赛场上崭露头角——大邱世锦赛名列第四、2012年世界杯折桂、伦敦奥运会摘得铜牌、仁川亚运会夺金并打破亚运会纪录，最终圆梦里约。来自云南的小伙子蔡泽林与王镇的经历颇有些相似，于2010年入校后，竞技成绩也取得了很大的提升。

王镇、蔡泽林、张文秀、李艳凤、李玲、朱晓琳、张莹莹、蒋秋艳等多位世界级名将不断从学校走出。从2008年的北京到2012年的伦敦再到2016的里约，拥有我校学籍的学生获得了金牌1枚、银牌1枚、铜牌3枚，13次获得奥运会前八名。在世界大学生运动会中获金牌4枚；世界大学生单项锦标赛中获冠军10次；在近两届全国大运会中共获金牌25枚，2007年、2012年学校荣获全国大运会"校长杯"；田径、桥牌、龙舟等运动项目的竞技运动水平均已走在全国高校前列。10年来，竞训中心先后获得"全国文明单位""全国三八红旗集体""天津市精神文明学校""天津市五一劳动奖状""天津市高校优秀运动队"等荣誉称号。

二、多措并举：高水平运动员的"充电站"

自成立以来，竞训中心一直秉承"学训相长、德能并进"的院训，以"培养具有高等文化素质的高水平竞技体育人才"为中心，紧紧抓住"精神文明建设"与"业务水平提高"两个工作重点，力争做到"精神文明与运动成绩双丰收"。工作中学校努力营造优良的学训环境，形成"领导重视、精心组织、全面规划、整体推进"的良好态势。

中心坚持自主培养和体教结合"双管齐下"。从制度建设上，中心制定了从教练员管理到运动员管理，从招生管理、学籍管理到科研管理、经费管理等一系列完善可行的制度，保证了各项工作有序开展；从课程体系上，采用学分制，并针对学生特点，将学生教学分为两个层面五大板块，即"理论教学"层面和"专项运动训练教学"层面，五大板块的课程则包括教师教育类课程、体育专业理论课程、公共必修课程、公共选修课程、运动专项训练课程；在日常训练中，学生按照运动项目和竞技水平分类管理，同时将日常训练和竞赛成绩纳入学分管理体系。

竞训中心现有专兼职教师、教练员40余人，其中高级职称30余人。目前用于训练的场地完善，不仅有13000平方米体育馆、天然草皮标准足球场、塑胶田径场、室内跑廊，还建成了综合训练室和实验室，中国大学生龙舟训练基地和桥牌训练基地也先后建成。此外，学校还先后在内蒙古武川、辽宁大连、云南呈贡、八一队等地建立训练基地。

我校的心理学科在全国范围内有着广泛的影响，将心理学的优势运用到高水平运动员的培养上，是学校的又一创新举措。"王镇的技术和能力是世界最好的，但是他也有弱点，就是在比赛中容易急躁，所以在国家队期间，学校为王镇专门成立了心理调节团队,同时成立了天津师范大学运动心理实验室,时时关注王镇训练比赛动态,为他做心理咨询与心理调节。"刘涛教授回忆说。

今年初,学校又成立了"运动心理协同创新实验室",该实验室引入具有国际领先水平的功能性近红外脑成像技术,可以无创、实时地对运动员脑功能活动情况进行监测,并配合采取行之有效的心理调节措施。这就将以往单纯的心理疏导从技术、方法等层面进行了提升,更好地帮助运动员提高竞技成绩。

三、育人为本:高水平运动员的"护航器"

在今年的里约奥运赛场上,王镇和蔡泽林在比赛中默契配合的团队协作能力,以及不畏强手顽强拼搏的精神,都深深打动着国人。作为最艰苦的比赛项目之一,竞走不仅需要耐力,更需要超乎常人的毅力和勇气,他们用双脚走出了师大精神。还记得中国田赛的领军人物张文秀吗?还记得在韩国光州世界大运会赛场光脚跑万米、带伤夺金牌的张莹莹吗?还记得在世界大学生龙舟锦标赛上能够战胜男选手勇夺四枚金牌的女子龙舟队吗?在世界的赛场上师大人赢得的不仅是荣誉,更因为师大精神而赢得了尊重。

这种师大精神,得益于学校和竞训中心长期坚持"德育、智育、体育"三育并重和"育人为本,体格与人格并重"的教育理念。在育人过程中本着"做人、做事、再做学问"的递进关系,重点突出"社会主义核心价值观"在当代大学生中的树立,科学制订学习、训练计划,着力打造优良学训环境,开创性地将党支部、团支部建在训练队上,充分发挥了党、团组织凝聚人、培养人、激励人的作用。通过"爱心小屋"等育人载体,不断增强核心竞争力,不断树立身边榜样,并用榜样的力量,引领学生前进的方向。

十余年的栉雨沐风,十余年的砥砺前行,凭借着对事业的坚守与坚持,对梦想的执着与追求,天津师范大学的体育人攻坚克难、奋力拼搏,在高水平运动员的培养之路上不断探索,在校园里在赛场上洒下汗水与泪水,为高校体育事业的发展、为国家体育人才的培养贡献出了自己的力量,体育之花在大学校园绚烂盛放。

深化改革 协同创新
我校教师教育办学特色发展之路

记者 贾润梅

2016 年 10 月 28 日 563 期 第二版

近年来,天津师范大学深化教师教育改革,完善教师教育体系,创新教师教育培养模式,发挥教师教育办学特色和学科优势服务天津基础教育,走出了一条独具特色的教师教育发展之路。

一、双向强化并行创新教师教育培养模式

我校始终把教师教育作为学校发展的根基和优势,特别是从传统的师范院校向教师教育特色综合性大学转型的过程中,学校始终高扬教师教育旗帜,将培养"卓越教师"作为人才培养的重要特色,热爱教育事业的各专业优秀本科生在完成本专业课程学习的同时还接受教师教育的职业养成教育。为了促进全校学科专业教育与教师职业养成教育相结合的培养模式,确保学生的学科素养和教育素养"两翼"协调发展,学校着力打造教师队伍的建设,先后成立了教师教育处和教师教育学院,创新、构建、组织实施与教师教育有关的职前培养和职后培训。为进一步发挥教师教育资源的综合优势,学校组建了教育学部,整合教师教育资源,形成以"教师教育资源一体化、职前培养职后培训一体化和管理一体化"为主要特征的教师教育新模式,增强教师教育在学科综合和较高学术平台上的比较优势和核心竞争力。

为把学生培养成具有"卓越教师"潜能的准教师,学校构建了促进教师专业化发展的新型课程体系,打破了传统"老三门"的课程结构,制订了新的"教师教育专业课程方案",设置教育理念与师德、教师职业基础理论、教师职业基本技能、教师职业体验与能力养成 4 个教学模块,同时将传统的教育见习改革为一个学期、每周一天的实践课程,实践课程后还安排为期 6 周的集中教育实习。

我校还实施了"'3 + 1 + 2'中学教师培养模式方案",遴选有志从事教师职业的优秀本科毕业生进一步深造,使"卓越教师"培养从本科层次向研究生层次延

伸。同时,适应基础教育师资的需求,学校在职前、职后不同培养对象中逐步提升了培养规格,进而为基础教育培养多层次、高质量、针对性和适应性强的优秀人才。为强化实践教学增强学生实践能力,学校先后在全市建立了 120 个教师教育基地,将教师教育实践教学不断引向深入。学校不断创新教师教育理念,在进入教师教育培养体系的学生中逐步形成了学科专业教育和教师职业养成教育相结合的人才培养模式,努力实现"学科专业教育高水平,教师专业化培养高质量"的"双高"目标。

二、彰显教师教育特色服务引领基础教育

在服务基础教育方面,我们在促进教育均衡发展、基础教育质量评估检测、基础教育教师专业发展、课堂教学水平提升、学校办学特色定位、现代化教育技术的推广与应用等方面加强服务,引领基础教育不断发展。

2010 年,学校与天津滨海新区教育局签约合作,在滨海新区 17 所学校建立教师教育协同创新共同体。按《合作协议》精神,天津师范大学派出 17 位教授对口支持滨海新区的 17 所学校(6 所高中、4 所初中、6 所小学、1 所幼儿园)统筹建立基础教育实习基地和教师专业发展学校。以 3 年为一周期,本着"面向实践、合作发展、共同构建、不断创新"的原则,在教育规划制定、教育科研和教改实验指导、教师和校长培训、学生实习实践等方面展开了广泛的服务与合作。

各教育实践基地校建设负责人发挥团队优势,组建学科教育论专家团队深入学校听课把脉、指导教学,结合学校教育教学实际,帮助学校制订科研计划,确定科研课题,培训科研教师。据调查,基地校有 70% 以上的教师都参加了课题研究,课题涵盖所有的教研组,涉及教育教学和教师发展等多方面。以教师改善自己的教育教学实践为取向的研究活动,极大地激发了教师们的热情,形成了良好的科研氛围,提升了学校的科研工作水平,进而带动了学校整体教学水平的提高。教师在教学实践中发现问题,我校专家用理论加以指导,帮助学校在现有教学模式基础上研究制订和完善方案,改进教学,提高教学质量,引导学生掌握有效的学习方法,在学校进行教育改革行动。

2014 年,我们与天津 16 个区县建立了"促进教育均衡发展 服务基础教育"项目。目前,我校服务基础教育的老师们的足迹已经覆盖天津市的 16 个区县,他们在课堂教学提升、校本课程建设、学校发展规划、教育科研指导、教育信息化建设、师生心理健康等方面做着扎实具体的工作。通过近年来的积极探索与实践,我校在服务天津市基础教育方面逐渐形成了基于实践取向的、特色鲜明的教育发展模式,体现出多区域、全方位、广参与、厚基础、宽口径、可持续的特点,充分发挥

了师范大学对于天津市教育和学校、教师发展的参与、引领、服务及示范作用。

在天津师范大学教师教育实践基地的老师们既是实践基地校的基础教育研究、咨询和服务的专家,同时也是实践基地校和天津师范大学之间的"联络员",通过他们的联络,把天津师范大学的教师教育优势资源输送到各区县,为各区县的基础教育发展提供更广泛的智力支持。天津的基础教育"引入大学智慧",从学校宏观定位到课程教育教学质量建设以及学生教育管理等方面都取得了长足进步,天津师范大学教师教育服务基础教育的项目也逐渐成为"品牌",形成了高校、地方政府和基础教育协同创新、持续发展的有效机制。

在今后的办学实践中,天津师大将继续以质量为核心,走内涵式发展之路,创新教师教育特色,树立新观念,明确新思路,谋求新发展,展现新面貌。

深入企业扎根农村 科技特派员工作见成效

记者 魏晋雪

2016 年 12 月 30 日 565 期 第二版

　　2010 年,我校出台了《"科技特派员"实施办法》,在天津市率先启动"科技特派员"计划,从全校范围内选派优秀教师,派驻至天津市科技型创新企业担任科技特派员。

　　截至目前,天津师大已经有 60 余人担任科技特派员,为企业、农村提供科技服务。

一、扎根农村,做农民朋友的"知心人"

　　经过多年探索,我校在科技特派员工作方面力求抓实抓细,做到出成绩、有特色,涌现出越来越多深入企业和农村,扎根在基层服务第一线的优秀科技特派员。

　　刘丽丽是我校生命科学学院教授,从事微生物方面的研究已逾 30 年。自 2010 年起开始担任科技特派员,刘丽丽将这项技术在农村和企业进行推广。在这期间,她总是不厌其烦地朝农村跑,蓟县、宝坻、宁河、大港、静海……几年时间里,天津市周边的区县农村,刘丽丽几乎都跑了个遍。

　　三九隆冬,刘丽丽穿着厚棉服蹲在蔬菜大棚地里查看生物肥料的施放效果;炎炎夏日,她来到臭气熏天、蚊蝇肆虐的养殖场手把手地教饲养员如何向禽畜粪便中投放除臭粉剂;收获时节,她访遍村里的果园向果农讲解为什么使用了化肥的土地会板结、为什么施了生物肥料的果树结出的果子特别有水果味儿……最终,新型生物肥料技术应用在天津市益利来养殖有限公司、肉鸡养殖合作社等 52 个养殖场,在 20 个企业建立了肥料生产线,2013 年至 2015 年间累计产生经济效益达 1 亿元。在天津市汉邦植物保护剂有限责任公司,她帮助企业解决了技术问题,寻找优势科技资源,提升了产品竞争力,带来了新的经济效益。2015 年刘丽丽获得天津市优秀科技特派员称号。

　　同样来自我校生命科学学院的王振英教授也担任了多年的科技特派员工作,为天津市宝坻区开展科研服务。她首次发现一个新的抗白粉病基因,花了 6 年时间进行抗白粉病优质小麦"农大189"的繁育与推广,与宝坻区科委农委、宝坻种子公司等单位开展合作,将具有低成本、高产量、抗病毒等优势的"农大189"优质小麦在农村进行推广,期间为农民增收1500余万元。

自2010年开始,王振英对国家地理标志产品,也是津沽名优特产品之一的宝坻"六瓣红"大蒜进行技术攻关,在蒜种快速繁殖技术上取得了突破。每年新春正月里是大蒜的种植关键期,由于试管苗移栽大田的操作过程具有一定的技术难度,王振英年年都要到"六瓣红"主要产区宝坻区林亭口镇去,在田间地头和农民们吃住在一起,手把手地指导蒜农们播种。而每年的收获季节恰是炎热的6月,王振英又马不停蹄地赶着去看看今年的收成情况,即使是农闲时节,王振英也没有歇着,她作为专家参与宝坻区为蒜农们组织的各种培训、讲座中,将科技服务真正带到农民身边。"我有一种'做农'的情怀,为农村增收创造经济价值是一方面,能够将我们国家特色的农作物品种资源保留下来并有所创新,也是我在科技特派员工作中最大的收获。"王振英说。

二、深入企业,做企业发展的"助推器"

除了深入农村基层一线开展科技服务外,我校的科技特派员还活跃在天津市多个行业的科技创新型企业中。

化学学院的青年教师刘巨艳已经有近6年的科技特派员经历,先后为路得建材企业、天津卓豪科技发展有限公司、天津蓝巢电力检修有限公司等企业服务。回忆起自己进驻的第一个企业路得建材企业,刘老师印象颇深。"第一个项目就把我难住了,那是我从未涉足过的领域。"但刘老师没有放弃,他花了10个月的时间,从一点点查阅相关文献,到虚心请教天津第一塑料制造厂的老工程师,具有创新性的油性聚氨酯防水材料终于被刘老师研发出来,并快速投入批量生产中,使得企业获利颇丰,企业负责人也对刘老师刮目相看,交给了他更多更重要的项目。同时在服务企业的过程中,刘老师发挥了科技特派员的桥梁纽带作用,促成了企业与学院的对接,开展了多项院企合作。2016年,天津师范大学和天津蓝巢电力检修有限公司建立校企合作项目,双方本着共同发展、互惠互利的原则,从长远的战略意义出发进行全方位合作,共建"天津师范大学科技成果转化实践教育基地"。

在天津绿茵景观生态建设股份有限公司担任科技特派员的孟伟庆是我校城市与环境科学学院的一名老师。任职不到两年时间,他已经帮助该企业获批了天津市景观生态修复企业重点实验室的项目。企业缺少科研人员是在实践过程中遇到的最大问题,孟老师便从各个高校中找寻专业的科研团队。在他的努力下,企业引进了由一名博士及多名硕士组成的科研团队,帮助企业进行科研研发。在此基础上,他建立了科研管理制度,制定了研发战略,使企业的发展有了质的飞跃。在孟老师进驻企业前,该企业涉及领域仅为园林绿化方面,但孟老师带领科研团队为企业制定更科学、更有利于环境保护的发展策略以及实践方案,让企业将环境保护、科学性绿化的内容纳入企业发展战略中。"我希望可以通过帮助企业发展,能够将理论与实践结合起来,为环境保护贡献自己的一份力量。"孟老师坦言这是自己选择做科技特派员的初衷。今年,他申请的项目"生态文明背景下城市绿地建设的关键技术研究"已经通过审批,他希望接下来可以继续进行理论研究,并将其付诸实践,进一步提高企业的科研实践能力。

"这就是非常生动的教学案例。"指着手机屏幕上自己团队研发的 APP "我的医疗",计算机与信息工程学院的孙德兵老师说道。作为科技特派员中的一名,孙老师被派驻进天津迈沃医药技术股份有限公司——中国第一家基于互联网的按照疾病社群进行实时信息交互和分享的医疗社群平台,"我的医疗"APP 正是他与企业一起联合研发的成果。在企业里,孙老师负责公司产品线的规划、技术路线以及架构的设计。除了帮助企业员工弥补知识储备上出现的不足,还需要考虑人员管理、技术操作、实际生产等问题。他也坦言参加科技特派员的工作,对自己科研工作也有所帮助。"我现阶段的科研项目,由于在最初的研究和选题上缺少市场方面的人员参加,对市场需求因素考虑较少,选题往往偏重技术与理论,造成科研与市场脱节。"在参与公司的智能诊断项目研发过程中,他发现专家系统、神经网络、人工智能以及大数据应用在医疗诊断方面的实际应用需求,从而确定自己在相关领域的具体研究方向。

三、保障有力,科技特派员工作扎实推进

多年来,我校的科技特派员工作取得了较为显著的成果。针对行业重大共性技术问题,整合学校科技优势资源,与企业开展联合攻关,近三年共转化科技成果7 项,解决技术难题 32 项,开发"撒手锏"产品 9 个,协助申请专利 7 项;推动了校企共建联合研发平台,探索了产学研合作的长效机制,其中搭建创新平台 9 个,制定发展战略 12 项,对学校的人才培养、企业的人才引进等工作都起到了积极的促进作用。

取得这些突出成绩的背后,是我校上下联动,全力保障科技特派员工作的顺利、高效开展。

科技处处长王中良说:"与其他兄弟高校相比,我们学校理科体量较小,且主要以基础学科为主,应用技术研究相对基础薄弱,理科教师队伍也相对较少,在这

种条件下,学校想方设法采取了一系列改革措施,积极推进科技特派员工作,不仅实现了科技服务社会,也在一定程度上对学校应用型学科建设、应用人才培养等起到了极积的作用。"

在机构建设上,学校于2013年成立了"科技成果转化中心",作为科技特派员在企业开展科技服务期间进行成果转化的重要平台,目前已有多名科技特派员老师通过该中心与企业签订成果转化协议。同时,经过近两年的初步建设,我校的科技成果转化中心获得了天津市科委批准的资助经费达150万元为天津市科技成果转化中心建设项目,为后续的进一步发展奠定了良好的基础。

从制度建设上,除了已经出台的《我校科技特派员计划实施办法》,明确了对科技特派员的教学、科研工作量减免政策和交通补贴办法等,学校修改了职称评定办法,专门设定了应用型职称的评定办法;在课题管理办法中规定了横向课题与纵向课题等同的当量关系,在职称评定和科研工作量考核中横向课题具有国家级、省部级等衡量级别;鼓励教师创业,专门出台文件以知识产权入股的方式与教师合办企业,实现了科技成果的产业化;以企业需求为导向专门设置了应用型项目培育基金,暨"我校应用开发基金",在课题结题的要求中明确规定要与企业产业化研究对接,从而使实验室研究成果更有针对性;出台了《我校科技成果转化管理办法》,激励科研人员将科技成果尽快转化为生产力,保证了科研人员在担任科技特派员期间科技成果转化收益,激发了他们的积极性。

创新教学,绘出精彩,"技术"与"艺术"在这里汇聚

——记我校美术与设计学院数字媒体艺术专业教研室

记者 李明旭 赵煜慧 沈 唯

2017 年 3 月 15 日 566 期 第二版

走进博理楼中一间平常的教室,里面陈设着几排桌椅,几个柜子,一张沙发床,还有各式令人新奇的专业设备。你不会想到,曾经有无数来自数字媒体艺术专业的学子在这个不大不小的教室里迸发灵感,夜以继日地制作出富有创意和个性的设计作品。

这个能将技术与艺术完美融合的地方,就是我校美术与设计学院数字媒体艺术教研室。经历了近 10 年的磨炼与发展,数字媒体艺术教研室通过不断地创新改革,为同学们提供了广阔的视野和专业方向的选择,培养出了一批又一批优秀的毕业生。

一、从零开始,全力以赴

"2007 年我开始接手负责教研室的工作,那个时候我们没设备、没空间,真的是'一穷二白'。"数字媒体艺术教研室的负责人沈葳老师谈起 10 年前教研室成立时所面临的困境显得云淡风轻。作为一个"年轻"的专业,教研室的老师们脚踏实地,从零开始,在学校的支持和帮助下渐渐走上正轨。

教研室一共只有七名老师,不仅要负责七个班的课程教学,还要指导学生在课余实践中遇到的各种问题。面对巨大的工作压力,他们选择牺牲个人业余时间,开启了几年如一日的"朝九晚十"工作模式。正是老师们对待工作热情严谨的态度,才让这个教研室走出这么多的行业人才,也让这个集体成了一个积极团结的大家庭。

二、宣扬个性,打破限制

"'如果你跟别人都一样,你活着还有什么意义,'这是老师常对我们说的话。"一位学姐告诉小薇。对于数字媒体艺术专业的同学们来说,设计创作本身就

需要创造、想象、与众不同,而不是被条条框框限制住。

除了针对学生进行个性化的培养,教研室还为同学们打造了共同学习的空间,营造了浓厚的学习氛围。数媒专业在美术与设计学院率先推行多年级共用实训空间模式,打破年级的界限,让高、低年级的学生在同一实验空间自由组合,互帮互学。"通常大二刚进来的孩子们还有些迷茫,大四的学生就更成熟些,经验丰富,对低年级有很好的引导和示范作用。"沈葳老师还希望未来教研室不仅能打破年级的限制,也要打破专业的限制,让学生获得更加开阔的思路,创造出更多的可能。

三、实战实践,提升能力

2014年年底至2015年年初,教研室的老师们带领五名学生完成了西青区精武镇霍元甲文武学校《武传奇》武术剧的背景视频制作,此剧现已上演逾百场,得到市区各级领导首肯,获得了广泛好评。沈葳老师坦言获得这个难得的合作机会确实是偶然,但所有参与到这个项目中的师生通过不懈努力最后获得的成果却是必然。

"这个项目历时100多天,我们所有参与的老师和学生几乎都是全天候工作。因为期间还有一个寒假,很多学生都为了我们工作的进度牺牲了回家的时间。后期紧张的时候,大家还要一起熬夜赶工。"沈葳老师指了指角落里的沙发床说。对于同学们来说这个过程虽然非常艰苦,但在实践中去磕、去碰、去学习,遇到问题、解决问题的过程才会让学生印象深刻,对技术的提高和学习经验的累积都有很大帮助。

四、走出校门,主动出击

为了让学生们能够走得好、走得远,老师们提前"走出校门",与用人单位积极沟通,从社会需求寻找教学的差距,努力弥合教与用之间的距离。"我需要走出学校去了解企业需要什么样的人,然后我们就培养什么样的人,这样才有无缝对接的可能。我希望我的学生从学校这个门出去直接就能进另一个门,不能一毕业我就不管了。"沈葳老师这样说道。

通过积极与周边业内人士沟通,掌握业态的发展前沿,铺展广泛的人脉关系,教研室的老师们成功将企业引入学校,聘请企业高层为学生做讲座,与企业洽谈合作项目,并推荐优秀毕业生到企业实习实践,为许多数媒学生搭建了就业的平台。2014届校友郭龙就是从数媒专业走出来的毕业生之一,目前担任华夏未来教育集团创意中心主任,面对教研室曾经教导和陪伴自己四年大学时光的老师,他有着深厚的感情。"老师们给了我很多帮助,在我毕业徘徊和犹豫的时候鼓励我不断去尝试,也对我的职业发展给予了很多指导和建议。"郭龙说。

看过了师大数媒人一路走来的经历,我们仿佛亲历了那一段段饱含激情与汗水的日子,体会到数字媒体艺术专业教研室承载着的每一名老师与学生难忘的深情。相信在未来不断的创新发展中,这个充满热情的集体会用他们的双手绘出更灿烂的精彩。

法学精神的传播者

——我校法学院普法工作侧记

记者　孟　亮

2017 年 4 月 19 日　567 期　第二版

　　进入我校法学院所在的兴文楼,我们时常会被那尊司法女神的雕像所吸引。司法女神是裁判之神,用天平衡量诉讼双方提出的证据,用宝剑加以处罚。公平正义,执行法律,铲除邪恶,是法律的神圣信条,也是现代社会必须遵守的行为准则。

　　除了培养法学人才和推进教学,普法工作是法学院服务经济社会发展的重要形式。从与西青、滨海等区县的法制共建项目,到十几年如一日的法律援助中心建设,从坚持不懈科研与实践并行的服务之路,到深入天津市中小学开展的法制宣传活动。法学院的普法之路不是一天建好的"罗马城",而是在一位位法学人的努力中,渐渐探索出的康庄大道。

一、对每一个法学人来说,这是要用毕生坚持的事

　　胥桂君是法学院 2007 级学生,回忆起在法律援助中心参与的第一次活动时,她一改一名律师惯有的严肃、冷峻,神采飞扬得仿佛变了一个人。回忆中,既是她个人的成长经历,同时也见证了法律援助中心的成长。

　　胥桂君从刚刚上大二开始就成为一名法律援助中心的志愿者,初入社团时参加笔试和面试的经历还让她印象深刻。当时,需要参加层层选拔才能进入的学生社团并不多见。在开展现场的法律咨询服务和法制宣讲过程中,需要过硬的法律知识背景和良好的应变能力。所以,没有经历过法学基础训练的大一学生还无缘加入社团。在即将上大二的那一年暑假,她和学长、学姐一起来到小白楼街,为社区百姓宣传法律知识。正是从那个炎热的酷暑开始,胥桂君的普法经历有了一个起点,也令她今后的人生选择有了明确的方向。

　　本科毕业的胥桂君选择继续在法学院深造。在研究生学习期间,她仍然坚持参加法律援助中心的志愿服务,2013 年,法律援助中心在天津仲裁委南开分会设立法律援助中心实践处,为民众提供义务咨询,并参与仲裁调解工作。胥桂君感

到,这里的法律咨询与社区咨询比起来,案例越来越多,问题越来越复杂。在社团指导教师的努力下,为了更好地提升同学们的法律咨询和应对问题能力,"法律诊所"课程应运而生。"法律诊所"课程是专门为在南开区法院进行服务咨询的学生开设的。课程采用研讨沙龙的形式,同学们畅所欲言,邀请各个方面的专业教师进行现场指导分析。据胥桂君讲,这样的课程深受同学们的欢迎,吸引了很多研究生、本科生前来"蹭课"。

"普法,对每一个学法律的人来说都是一件要用毕生坚持的事。我经常能遇到很多来做法律咨询的人,只知道要维护自己的合法权益,但是并不知道自己享有哪些权利,怎样用法律武器来维护这些权利……"在法务工作中,胥桂君是个充满温情的人,这也许和她与法律援助中心一起成长有关。可以看出,在多年的法务工作中,她带着法律援助中心的影子,是个有理想、有担当的年轻人。

二、投身基层,那里是我能够汲取营养的源泉

当我们采访到冯汝老师的时候,她俨然已经成了一名带着"地气"的基层普法宣传干部。据她讲,在挂职期间,面对学校、司法局、基层乡镇,需要不停地角色转换,可正是在这丰富的,甚至有些烦琐的工作中,冯汝老师体会到了全社会对普法工作的迫切需求。

冯汝老师是我校法学院环境与资源保护法和经济法的专业教师。2015 年年初,我校与西青区人民政府共同签署了"法治西青"建设合作框架协议。每年选派专业教师到西青司法局挂职是共建合作中的一项重要工作。冯老师讲,联系区、校两方面的优势资源,使共建工作能够顺利推进是挂职教师的首要职责。在此期间,冯老师曾参与多个法治西青建设的调研工作。

村居法律顾问项目是西青区司法局为解决村民找律师难问题推出的一项民心工程。将律师团队下沉到村镇之中,定期开展法律宣讲、义务咨询和代写法律文书等工作,既解决了村民找律师难的问题,也让律师有更多的机会为民众服务。冯老师在调研中发现,为了更好地提升村居法律顾问的服务水平,利用政府采购的方式进行村居法律顾问的选拔是更有效的。这一议题也形成了系统的调研报告,作为重点调研成果刊发在天津市司法局调研专刊上,并且在《天津司法》上全文刊登。

作为教师,冯老师总是想方设法为学生多提供一些实习实践机会。在她挂职期间,另一项重点工作便是与西青区司法局共同组建的西青区社区矫正办公室。社区矫正是一个"舶来品",西青区司法局在近五年的实践探索中,初步形成了一套有着西青特色的监管教育帮扶体制,取得了"社区服刑人员无脱管、漏管,无再犯罪,监管干部无违纪,无监管事故"五个为零的佳绩。去年11月下旬,由法学院选派的社区矫正志愿者团队,在冯老师的带领下,到西青区精武镇司法所、李七庄司法所和张家窝司法所开展了四次社区矫正志愿服务。

冯老师在谈到我们的志愿者时显得格外欣喜。她说,给社区矫正人员进行矫正方案制订、法制教育、心理矫治等工作是一件既需要知识水平又需要勇气胆识的探索。冯老师在采访中特意讲,要为我们的志愿者"点赞",不仅是因为他们的勇气与智慧,同时也因为他们对于普法工作的热情与坚定。

谈到对于普法工作的认识,冯老师有很多话要讲。在她看来,久居校园的生活经历让自己习惯于站在象牙塔里思考问题。刚刚走上挂职岗位的时候,总感觉到自己所掌握的专业知识要经过转化才能成为实际工作中好用的工具,这个转化能力是在校园当中学不到的。这也是为什么她热衷于让学生走出校园,去社会当中感受实实在在法律生态的原因。虽然挂职任务即将结束,但是冯老师觉得,今后的她应该还会把自己的工作着眼于社会,投身于基层普法工作,因为那里是她能够不断汲取营养的源泉。

多年来,从法学院走出的普法工作者还有很多,他们在法制宣传教育方面发挥积极作用,得到了社会的充分肯定。9人被聘为天津市人大常委会立法咨询专家;2人担任天津市政府法律顾问,7人被聘请为天津市政府法治智库专家,还有多位教师被聘为天津市委研究室、天津市高级人民法院、天津市人民检察院、天津市发展和改革委、天津市市场和质量监督管理委员会等部门及各区人大、政府、人民法院、人民检察院、司法局等部门的咨询专家和顾问。值得一提的是,在"六五"普法期间,共有15人担任了"六五普法讲师团"专家;"七五"普法期间,又有15位专家担任了普法讲师团的成员,为天津市乃至全国法律宣传与普及做出了重大的贡献。

白学军:先生留下的这份事业,我们必须担当起来

记者　魏晋雪　解雨琪

2017 年 5 月 17 日　568 期　第二版

墙上的时钟还未走到 8:30,白学军的办公室里已经来来回回走了四拨人。

前一天,他上午主持召开了一场关于"核磁"设备的专家论证会,随即便匆匆赶往八里台校区,西南大学陈红教授与我校心理学博士研究生的座谈会结束后,他又参加了学院班子会,一直忙到晚上快 7 点。

刚刚过去的一周,他出了两趟差,南下广东参加深圳大学的研究生论文答辩,西去太原参加全国心理学教指委会议,整个周末都没有休息。

这是白学军日常的工作状态,如果用一个字来形容这种状态,那就是——忙。

今年 51 岁的白学军是我校国家级重点学科——心理学科的带头人,担任心理与行为研究院和教育科学学院的院长,还是国务院学位委员会心理学科评议组成员、中国心理学会理事长。

繁忙的工作对于白学军来说是一种常态,"有的时候也觉得很难,但必须要坚持。"他笑道。

一、勤奋严谨:几十年如一日的坚持

"如果一个人只吃两种东西,就能快乐和幸福。那就是:吃苦和吃亏。前者可以让人刻苦精进而成事,后者可以让人善于合作而成功!"

在白学军的学生中间,老师的这段话传播甚广,有的学生甚至直接把这段话作为自己的座右铭。

吃苦,白学军从来不怕。

"行政工作是学校和组织对我的信任,我必须要做好。"白学军说,在繁忙的行政工作之余,他依然没有放弃自己心爱的科研。早晨 7 点不到,白学军就来到办公室,这时候的办公室没有白天的"熙熙攘攘",可以让他专心地看文献,上网浏览学科最前沿的文章。

每天下班后也是他给自己"补课"的时间。立教楼晚上 8 点半关门,白学军总

是会在办公室忙碌到忘记了时间,直到楼下的大爷上来提醒:"白老师,该回家了。"如此反复了几次,白学军自己也有些不好意思,大爷则摸清了他的习惯,常常会在原定的闭楼时间后为他多留出半小时。

"别看老师天天那么忙,但是一和他说起学术界最新的消息,他知道的比我们更多。"自2005年开始跟白老师学习,如今已经是教育科学学院青年教师的梁菲菲说。

除了每天早晚"挤出来"的时间,节假日就是白学军专于科研的时候。只有当公休日来临,平日里因为各项事务来找他的人才会少一些。于是他就利用每一个清明、五一、国庆,利用每一个本可以好好休息的日子,沉下心来投入科研中去。

学生们大都摸清了白学军的这个习惯。研究生的组会通常会在周末开,课题组讨论项目进展也往往在休息日。星期天的上午总有学生给他打来电话:"老师,我这里的论文有个问题想跟您讨论一下,方便吗?""你过来吧,我就在办公室。"电话那头的白学军立刻答应下来。

打开邮箱,看到凌晨5点或者夜里12点白学军发的邮件,老师和学生们早已经习以为常。如此种种,已是常态。

对自己要求高,对工作要求严,白学军的严谨也是在师生中出了名的。

2014年,白学军带领的"国民心理健康评估与促进协同创新中心"参选"天津市2011协同创新中心"。在答辩前夕,他带着团队成员反复修改材料,200多页的材料他一遍遍地看、一遍遍地改,一直忙到答辩前一天晚上12点,才最终定稿,使我校有了首个市级"2011"协同创新中心。

教师教育国家级精品资源共享课《儿童发展》由白学军负责并主讲。将近两年的申报和准备,白学军一刻也不敢懈怠。录课几乎都集中在暑假,正是一年中最热的时候,学校里大部分老师和同学已经放假了,但白学军他们还在录播间里忙碌着。"本来录课应该在教室,但教室录出来的画面不好看,学院将录播间'改造'成了教室的样子。"即使这样,还是因为第一遍的效果不好,又重新录了第二遍。"精益求精嘛。"白学军说。

辛苦没有白费。《儿童发展》在今年被确定为第二批"国家级精品资源共享课",现已出版了配套教材,录制成的慕课也于近期上线。

二、自树树人:永远在路上的信念

"我最喜欢的事情有两件,一个是搞科研,另一个就是教学生。"白学军说,他尤其喜欢给学生们上课,和最年轻的头脑在课堂上互相碰撞、互相激发,让自己也觉得仿佛回到了青年时代。

白学军从本科、硕士到博士的 10 年时间，得到了林崇德和沈德立两位导师的悉心教导，日复一日地汲取知识，年复一年地研究学问，被同学们称为"神童"，但其中的辛苦也只有经历过的人才能知道。随后，白学军来我校任教，2 年评副教授，4 年后当上教授，34 岁年轻教授光环的背后又是多少个夜里的灯下苦读，电脑里的成千上万个数据，实验室里的一次次失败和一次次重复……

把课堂的主动权交到学生手中，是白学军多年的教学经验。这两年，白学军在他的《认知心理学》课上尝试进行改革。由于心理学是一门发展非常快的学科，因此学生必须有时时看文献的习惯和能力，才能"跟得上"学界最新的发展。于是，他要求上这门课的同学在他提供的 20 篇文章中挑选至少 5 篇进行精读，并上交不少于 1500 字的读书报告。一开始这项"改革"只是在研究生中推行，这学期本科生的课白学军也这么要求。"本科生交上来的报告特别好，简直超出我的想象，学生们都很有潜力。"与此同时，课程最后的成绩由上课出勤、课堂发言、读书报告以及期末考试组成，"可以说，你拿多少分完全取决于自己，所以大家学习的主动性也越来越高。"白学军谈到。

在研究型人才培养上，白学军采用"模仿、改造、创新"模式来培养学生，注重培养学生的科学精神。他向学生反复强调，实事求是是科学精神的核心，心理学是一门实证的学科，其实验数据和结论要经得起反复检验。为了让研究生接触到心理学经典研究，他主持翻译了《改变心理学的 40 项研究》一书，该书已成为全国心理学专业学生必读的书之一。他一直要求学生要多动手，鼓励他们从实践中发现问题并找到解决问题的办法，十分重视对学生创新意识的培养，认为科学研究讲究"新"，推陈出新才能推进学科发展。他组织心理学专业的学生一起收集并阅读最新学术动态，出版《环球心理资讯》电子杂志，至今已出版了 226 期。

从教 20 多年，学生的事儿白学军都放在心上。

梁菲菲回忆起自己跟着白学军读博时的一篇论文至今记忆犹新。"当时想投《心理学报》，这是国内学术界里顶级的期刊了，论文反复修改了很多遍才敢拿到老师那里，结果还是出了岔子。"她说，仅前言部分，白老师就让她前后改了 10 多次，每一次都逐字逐句地告诉她为什么要修改，如何修改。最终，论文得到了《心理学报》的认可，未做一次修改就顺利刊发，并且在当年获得了好几个颇有分量的奖项，这让初出茅庐的梁菲菲欣喜万分。

不仅是对学生的学习很上心，白学军对学生的照顾可谓方方面面。申请出国学访材料怎么准备？找白老师去；课题项目遇到了"瓶颈"怎么办？找白老师去；家里负担重工作吃不消怎么协调？找白老师去……

对学生倾心的付出最终看到了成绩。经他指导的学生，屡获佳绩——天津市优秀硕士论文、博士论文,国家留学基金委奖励资助,"挑战杯"大学生课外学术科技作品竞赛天津市特等奖和全国银奖、铜奖,天津市人才发展特殊支持计划"青年拔尖人才"等。

对自己的严格要求也让白学军收获了丰硕的成绩,他承担并完成了20多项国家和省部级项目,在核心期刊发表学术论文300多篇,出版专著或译著近20本,取得发明专利近20项,研究成果屡获佳绩。白学军先后入选新世纪百千万人才工程国家级人选、国家"万人计划"哲学社会科学领军人才、全国文化名家暨"四个一批"人才,享受国务院政府特殊津贴等。

谈起此次获得全国五一劳动奖章,白学军说,这个荣誉不仅属于自己,更是属于学校,这是学校对每一位长期奋斗在科研、教育一线上的老师的奖励!

"我常常在想,沈先生去世后,他留下的这些事业我们一定要做好,唯有努力担当才能不负先生的嘱托和期望。"白学军说。

孙学良：我们应该为人类社会的生存
和发展出一份力

记者　魏晋雪　孟　亮

2017 年 6 月 13 日　570 期　第二版

不久前，在加拿大安大略飞往北京的航班上，孙学良拿出随身携带的笔记本电脑，开始修改本来已经准备好的报告会讲稿。

他回国的第一件事就是给师大学生做"求是讲坛"的报告，上飞机前得知这次听报告的主要是本科生，孙学良立即着手调整讲稿，连 PPT 都重新做了一遍。

13 小时的飞行时间，孙学良只休息了 3 小时。

第二天下午，"求是讲坛"如约而至，时差还没有完全倒过来的孙学良站在讲台上依然神采奕奕。

他给 200 多名大学生讲未来 50 年人类社会面临的十大问题，特别是能源和环境问题，他讲起带领团队在发展新型纳米材料用于能源转换和储存中取得的成果，他展望着纳米材料作为一种前景非常可观的材料将在解决清洁能源问题中扮演重要的角色。

台下的学生专注地听着，人类社会、清洁能源、原子层沉积技术、同步辐射，这些既熟悉又陌生的词汇让学生们觉得，这不是一场普通的讲座。

"听完孙教授的讲座，我第一次认真思考了我的学习与世界、与整个社会有着什么样的关联。"物理与材料科学学院大二学生高昂说。

一、科研路上的三次"转折"

孙学良是加拿大西安大略大学终身教授，也是我校的著名校友，自 2005 年起便长期担任我校兼职教授，每年至少三次往返加拿大和天津。这次回校除了为"求是讲坛"做报告外，作为我校能源与材料工程中心主任的孙学良，还花了不少时间与同事们研究制订中心下一步的发展计划。

聊起自己多年来从事的研究工作，孙学良说他最想与大家分享的便是那三次令他难忘的"转折"经历。

1987 年,本科是材料专业的孙学良来到我校开始硕士阶段的学习,专业却变成了固体物理。这是一门在当时来讲并不多见的交叉学科,既要有材料学方面的技术支撑,又需要具备物理学方面的专业知识。这对本科没经过物理学专业学习的孙学良来讲势必是块"难啃的骨头"。物理学、高等量子力学这些物理专业课,孙学良听起来感觉有些吃力。他决定利用课余时间,先从旁听本科生的初级课程开始"恶补"。

那时候,在南开大学、天津大学和师范大学的校园里,总能看到孙学良的身影。因为是交叉学科,教学资源的分散让孙学良只能选择在三个学校来回奔波。原本研究生只要求学 12 门课,孙学良愣是上了近 20 门课,且每门课成绩都很突出。三年的求学生活,年轻的孙学良付出了比常人更多的辛苦。

这是他的第一次"转折"。

1994 年,已经成为大学讲师的孙学良获得了公派到欧洲学访的机会,于是他远赴法国科学院表面技术中心做访问学者。一年时间很快结束,即将回国之际,孙学良接到了英国政府的全额博士学习奖学金,当年全世界仅有 900 名学生能够拿到这项奖学金,他便从法国辗转到了英国,在曼彻斯特大学跟从英国皇家科学院院士学习。

而这一次,他的研究方向变成了"材料化学"——研究材料的腐蚀和防护技术。

"不仅是专业上的转变,从法语到英语的转换,也让当时的我备感压力。"孙学良和记者聊起了当年的一件趣事。从英国曼大博士毕业,他和夫人请当时的导师吃饭,导师提起他们当时入学第一天见面,孙学良说着一口夹杂着法语的英文,而他竟然完全没有意识到。

就这样一路摸索,1999 年,孙学良在材料化学领域扎扎实实地学习着、研究着,顺利取得了博士学位,获得了一系列突出的科研成果。

这是他的第二次"转折"。

之后,孙学良在加拿大哥伦比亚大学做了近三年的博士后研究。在这个过程中,他接触到了纳米技术,了解到了燃料电池,并对这两者产生了浓厚的兴趣。"多年的研究让我意识到,能源对我们人类的生存与发展是非常重要的,尤其是清洁能源。"于是,与前几次由导师主导的转变研究方向不同,这一次,孙学良主动开始了自己的第三次"转折",他将研究目光聚集在了当时还没被大家广泛重视的纳米技术和燃料电池。尽管已经在原有领域有了一定积累,但当时孙学良对自己说,"这才是我这辈子要做的事业。"

毫无疑问,这次"转折"的跨度和难度是最大的。

"虽然我对纳米和电池感兴趣,但我完全不了解这个领域。"他只能静下心来,花了4个月时间看了300多篇专业文献,了解这一领域最新的研究情况,同时凭借着自己扎实的多学科积累以及对原位电镜观察等领先技术的掌握,2001年,孙学良拿到了加拿大魁北克材料和能源国家研究所研究员的职位。2004年,他从150多名竞争者中脱颖而出,成为加拿大西安大略大学机械与材料学院助教。

此后,孙学良的事业可谓一帆风顺,通常6年才能成为终身教授,他仅用3年多时间;需要12年才能当上正教授,他在第7年即获评;与美国通用公司、加拿大巴拉德燃料电池公司等国际著名企业合作研究,近5年承担加拿大国家级课题18项,项目总经费超过1500万加元,在国际知名期刊发表学术论文280篇,出版两部专著,先后获得加拿大能源领域首席科学家、工程院院士、皇家科学院院士等荣誉,成了加拿大能源和材料科学领域的知名国际学者。

二、与师范大学的"不解之缘"

"与师范大学结缘,是当时诸多偶然因素'碰撞'的结果。"采访中,孙学良回忆起当年在学校求学时候的往事。

1987年,24岁的孙学良本科毕业,联系到了时任哈尔滨工业大学材料科学专业系主任徐守廉,想跟从徐老师做研究。当时的孙学良已经做好准备,一路北上,开始自己的求学之路。然而当得知自己心仪的导师马上要调任天津理工大学任校长的时候,他既兴奋又忐忑。继续留津求学势必是件好事,但当时的理工大学并不具备培养硕士的条件。自己的求学计划会不会因此夭折?机缘巧合,在徐守廉老师的努力下,孙学良得到了在我校物理系读硕士研究生的机会。

回忆起在师范大学度过的学生时光,孙学良认为"欣喜多于辛苦"。坐落在八里台的"南院"至今令他记忆犹新——课堂上老师与同学们一起探讨交流,图书馆研究生专用教室晚上10点依然灯火通明,下课归来的同学们挤在狭小的宿舍里对弈下棋,听美国之音,天南海北地聊着自己的梦想……每天下午在篮球场上与队友尽情挥洒汗水,让孙学良至今都保持着每周打球、运动的习惯。

求学路上,最容易找到的就是志同道合的朋友。三年时间让孙学良和许多同学都结下了深厚的友谊,尽管在海外求索的10年间与同学们联络少了,但是同窗的情谊就是即便不联络也不会变淡,反而会随着阅历的增添而感到弥足珍贵。2004年与昔日同窗好友、时任我校物理与电子信息学院院长李德军的一通电话,又让孙学良再一次"回到"师大。

2005年,孙学良开始担任我校兼职教授,定期从加拿大回到学校开展研究、教学工作。2009年,他入选天津市特聘讲座教授,2013年入选天津市"千人计划"。

2014年,我校能源与材料工程中心成立,孙学良担任中心主任。2015年,以该中心为依托平台,我校成功获批首个天津市国际联合研究中心、省部级研究平台"天津市储能材料表面技术国际联合研究中心"。

中心开始运行后,孙学良每年回校的频率更高了。他也邀请他组里的博士后李喜飞教授以能源中心执行主任的身份加入师范大学。近些年,在他的带领下,我校能源与材料工程中心致力于新能源车电池的研发,通过采用新材料降低电池造价,延长电池的使用寿命、续航里程,提高电池的安全性能,目前在核心技术上已经取得了阶段性成果,并开始和天津、北京的多家电池制造企业进行合作推广,帮助企业提高电池性能。与此同时,孙学良带领的团队还与中国动力电池创新中心合作研发新一代汽车电池技术,以解决目前制约新能源汽车发展的核心问题。

"每次回来,看到我们学校拥有了越来越先进的设备,学生们你争我赶地在实验室里做科研,出了非常多让人惊喜的成果,我都感到很骄傲。"孙学良说,在接触过的各国学生中,中国的学生最有拼劲儿,肯于为实现自己的理想付诸努力。他也十分希望以我校能源与材料工程中心为平台,走出更多国际级的学术专家,让学校在新能源方面的科研水平更上一个台阶。

"每个人都有很大的潜力,要想做出成绩,必须具备两样东西,一个是坚持,一个是目标。"孙学良希望年轻人应该不断开阔自己的视野,把目光聚焦在世界性的问题上,为整个人类社会的生存和发展出一份力。

十年一日：科研的热爱与执着

记者　贾润梅

2017 年 7 月 10 日　571 期　第二版

我校生命科学学院王振英教授主持的"抗白粉病近等基因系 BJ 在基因功能研究及育种中的应用"项目成果荣获天津市科技进步二等奖。这次获奖是该团队继 2004 年和 2006 年两次获得天津市技术发明二等奖后再次荣登获奖榜单，研究成果获授权国家发明专利 10 项，在美国、英国、澳大利亚等主流作物育种杂志发表多篇论文，相关成果还进行了农业推广，创造了良好的社会效益。

一、攻坚克难，创新突破

打开实验室的三个冷柜，里面是装满小麦种子的矿泉水瓶，实验室窗台上摆满的花盆里，久经培育的新品种小麦已经抽穗。简陋的沙发上放着一个靠垫，"累了就在这儿歇一歇。"王振英说道。实验室既是她的工作地也是休息室。

"无论天气多么炎热，我们都穿着长袖长裤在田里忙着育种，10 年来，科研团队的老师们就是这么过来的。"

10 年来，她坚持所爱，兴趣使然。作为"抗白粉病近等基因系 BJ 在基因功能研究及育种中的应用"项目的主持人，王振英参与近等基因系配制、基因克隆及功能研究的工作，负责该研究的总体设计、技术路线的确定、研究结果的整理、专利申报等。数十年如一日，对王老师来说，科研就是她的兴趣所在。

小麦抗白粉病育种是世界性难题，原因有两个主要方面：首先是小麦基因组复杂，抗病机理研究进展缓慢；其次是白粉菌生理小种多，变异快，很多抗病品种由于重复使用，很快就丧失抗性。

"抗白粉病近等基因系 BJ 在基因功能研究及育种中的应用"项目创制了一套新的抗白粉病近等基因系。王振英在天津市宝坻区开展科研服务过程中，她首次发现一个新的抗白粉病基因，花了 6 年时间进行抗白粉病优质小麦"农大 189"繁育与推广，与宝坻区科委农委、宝坻种子公司等单位进行合作，将具有低成本、高产量、抗病毒等优势的"农大 189"优质小麦在农村进行推广，期间为农民增收

1500 余万元。并以近等基因系作为桥梁品种,分别与农大 408 等 5 个品种杂交,获得 5 个抗病杂交新品系,其中品系 BJ－1 和 BN408－1 田间表现抗白粉病,平均亩产 490 千克,3 年累计实现良种繁育 45 万千克。

二、培养学生,教书育人

王振英的教学生涯始于 1986 年,那时她的教学科研领域还是有机化学,在一次偶然的机会中,她与彭永康老师的科研合作让她与植物研究结下了良缘,并成为她后续工作的主要研究领域。

"我是一个极其幸运的人,我的专业、职业和兴趣是相同的,投身科研、教书育人。"王振英如是说。

每日清晨,她的身影就开始穿梭于各细胞实验室;每日傍晚,明理楼 A502 房间的灯依然亮着。在王振英眼里,科研工作者没有休息日,有的应该是克难攻坚的韧劲。

不论科研工作多忙,王振英都坚持给本科生和研究生上课,不仅是因为她喜欢讲台,更是因为她知道基础教学工作的重要性。实验室中经常能看到王老师与学生们交流经验,王振英在采访中说:"科研要想有突破就得有大无畏的勇气,刻苦钻研的韧劲和合作交流的精神。"在她的眼里,学生既是她的孩子,更是她的合作者。每一个课题,每一个实验,每一个结果,她都认真对待,尊重每位学生的想法和工作,在学生身后无声却有力地支持着他们。

课堂之下,王振英乐于与学生探讨,谈论课程中的难点和疑点,谈论如何提高课堂教与学的水平和学生渴望了解的学科知识等内容,"教师授课的目的是教给学生不懂的和想要的,而不是生硬的教学大纲要求。"她如是说。不自满,不浮夸,这种和善谦逊的做人原则,精益求精的教学态度,让学生们受益匪浅。

古语有云:师者,传道授业解惑也。多年来,王振英用她的热情和执着实践着这个教学理念。

淡泊明志通古今 宁静致远育芳华

——记天津师范大学欧洲文明研究院院长侯建新

记者 李亚男 邵 莹 常慧丽

2017 年 9 月 26 日 573 期 第二版

　　侯建新,天津师范大学欧洲文明研究院院长,曾获全国优秀教师、全国先进工作者、天津市劳动模范、天津市德业双馨十佳教师、天津市五一劳动奖章等荣誉。

　　侯建新,这位"老三届"走出来的名教授,历经三十载磨砺,以其始终不渝的追求、坚如磐石的执着,铸就了他无可置疑的学术成就。侯建新教授从事欧洲史、中西现代化历史比较研究,天津师范大学资深教授,欧洲文明研究院院长,国务院学位委员会第五届、第六届学科评议组成员,第七届世界史学科评议组召集人,我国世界史学科的领军人物。他还是中国世界古代中世纪史学会会长,国家社科基金评审专家,教育部义务教育历史课程标准专家组召集人,南京大学特聘教授等,曾荣获全国先进工作者,全国优秀教师,国家有突出贡献专家等荣誉称号。

一、学科建设、精神领先

　　在 2013 年教育部学位与研究生教育发展中心组织的全国一级学科评估中,天津师范大学世界史学科与复旦大学等并列排名第 14 名。近年"校友网"等其他知名学术机构的排名中也曾名列第七或第六。在名校如云、历史学科众多而且竞争激烈的当今形势下,进入全国第一方阵,已属不易。该学科还是天津市"重中之重学科",天津市高校人文社科重点研究基地。侯教授并不满足,对已经取得的排名亦不满意。他从不为名利所累,也从不因地方院校而妄自菲薄。

　　从寻找差距入手,主动作为。那是 2017 年的除夕日清晨,师大校园静悄悄,人们都忙着过年,而世界史学科的教师正在侯教授的主持下,梳理学科现状,查找不足,制定行动时间表。争一流,追赶一流,必须有具体目标,他们与本学科全国名列前茅的两所大学比较,逐项分析,自我剖析弱点。侯教授认为,大家寻找问题的过程,也是取得共识的过程。按照侯教授学科建设的一贯宗旨,学科建设首先是内涵发展,又以思想领悟为先。侯教授解释:学术研究不同于一般的劳动,它是精神活动,因此研究者一定要有精神境界,有社会责任感,否则不会做好,也不会做大。其次,青年教师一定要有专业思想,不能这山望着那山高。他经常对年轻教师说:"你们要有在沙漠打井的精神和意志,如果一口井没有挖出水,再打一口,再打一口……只要努力不停,迟早会掘出甘洌的清泉。"他提出"学人教育",已经坚持了两年,每两周一次,教师们倾吐心里的困惑,进行直抵心灵的对话。学人教育活动也是学术交流活动,极受年轻教师的欢迎。内涵发展最终落实到科研能力的提升。努力播种,终有收获。今年,在国家社科项目申报中,师大世界史学科同时3项课题获批,这个纪录是少见的。

在内涵发展的同时,积极引进优秀人才。近几年,先后有若干"985"高校教授调入,同时引进青年才俊,使队伍建设更加合理。"我们不是靠出格的待遇,而是以事业吸引人才,以人才吸引人才。"有一名教授因长期两地分居不得不调离师大,临行前他深情地对大家说:"这里,永远是我的精神家园。"他被南方一所"985"高校所聘,不久成为该校世界史学科带头人。

二、勇于开拓、筚路蓝缕

2012年,由侯教授任首席专家的"欧洲文明进程研究"获批国家重大招标项目,这是师大首次获得此类科研立项。该项目会聚了国内该领域最出色的学者,包括北京大学、中国社科院、南京大学、山东大学、中国人民大学、中山大学等,还有英国伯明翰大学,共12所高校和研究机构。该项目现进入收官阶段,最终成果其17卷,将由商务印书馆印刷出版。学界认为,该项目高手云集,内容专深,规模空前,代表了我国欧洲文明研究的前沿水准,具有开拓性。

凭着对国际史学发展的高度敏感,侯教授在全国率先引进欧洲经济社会史学科,并成功本土化。立足中国,聚焦欧洲,放眼世界,坚持创办学科刊物《经济社会史评论》13年,影响广泛。另外,侯教授的学术思想还惠及基础教育。作为教育部全国义务教育历史课标组组长,侯教授主持完成了该课标最新版本的修订,同时受教育部委托,主编中学教科书《世界史》编写工作,该教材连同语文教材等今年秋季在全国中学通用。该工作充分彰显了师大世界史学科在全国历史学基础教育中的引领作用。"从新课标到教材,我们投入了大量精力,因为这涉及几千万孩子,能够反馈社会,心甘情愿。"

侯教授始终坚持教学,指导博士生、硕士生。他讲课感染力强,中西融汇,视野宏大,把启迪思维、培养创造力作为最重要的教学目标。注重激发学生的爱国心、社会责任感,培养了一批品学兼优的博士和硕士。他指导的博士学位论文先后两次获得全国优秀博士学位论文提名奖,多篇获得天津市优秀论文奖。他的毕业生遍布多所"985"和"211"高校,受到用人单位高度评价。

　　每天22点30分,侯教授才会结束一天的工作,他把所有的精力都放在了学术研究和学科建设上,也只有一串串的成果才是对他"心怀大我、守望学术、传承文脉"人生境界的最好回报。翻看侯教授这些年乃至几十年的学术成果和学术活动,会发现他每年、每月、每天在学术和文化事业上的执着与付出。

　　有一种追求叫跬步千里,它是侯教授多年来对世界史学科倾注心血的见证。

　　有一种使命叫历史人的责任,它是侯教授毕生信念,"研究欧洲历史,最终是为了中国"。

服务基础教育　打造优秀劳模创新工作室

——记我校王光明劳模创新工作室

记者　魏晋雪　李明旭　韩轶青　周　娜

2017 年 11 月 24 日　575 期　第二版

编制国内首部省级基础教育"蓝皮书"、获批国家社会科学基金教育学重点课题、连续 6 年承接"国培计划"培训任务……今年 6 月正式授牌成立的王光明劳模创新工作室有着骄人的业绩。

该工作室由我市五一劳动奖章获得者、我校教师教育学院院长王光明教授领衔,成员研究方向涵盖教育学、历史学、地理学、心理学、数学等五大学科,开展基础教育数据采集整理、课题研究、教师培训等工作,创新服务基础教育事业。

一、成果丰硕,服务基础教育责无旁贷

"这本'蓝皮书',可以说是我们工作室最大的成果。"王光明手中拿着一本蓝色封面的厚书册,轻轻地翻开又合上,"30 万字,这是整个团队的智慧结晶。"

他口中的"蓝皮书"是由我校牵头,在市教委的大力支持下,联合北京师范大学、天津市教育科学研究院、天津市社会科学院等单位共同编制而成的《2015 年天津市基础教育事业发展报告(蓝皮书)》。

"蓝皮书"是天津市第一部基础教育事业发展报告,除了对天津市基础教育发展概况进行介绍外,还从市教委、市规划办的调研课题以及社会关注的热点问题中选择了 8 个选题进行了深入调研,内容涉及幼儿园园长、中小学校长、教师交流轮岗、中小学教师专业化水平、基础教育现代化、特色高中、学生课业负担等方面。

"这个项目简单来说有两方面的工作,一是'集数据',二是'出主意'。"王光明解释说,在近一年的时间里,团队成员深入我市 16 个区,共调研 345 所中小学、507 名中小学校长、162 名幼儿园园长、3069 名中小学教师、1551 名交流轮岗教师、400 名学生家长和 5909 名学生,收集到关于天津市基础教育领域丰富的数据。在此基础上,利用软件、建模等手段对这些数据进行处理,掌握天津市基础教育现状的第一手资料。

"研究的实际性是我们团队尤其看重的,通过采集数据、调研剖析,'诊断'出相关问题,我们才能有针对性地提出解决方案,给天津市基础教育'出主意'。"王光明认为,这是我校教师教育特色服务地方教育事业"必须要做,而且要做好"的事情。

今年年初,团队已经启动了第二本"蓝皮书"的编制工作,此次突出的重点是义务教育均衡发展以及师生核心素养等方面的调查研究,积极回应了党和国家对教育关切的热点问题,目前已经完成了调研和数据处理工作,下一步将尽快形成报告。

1月申报课题,2月提交材料,5月答辩,7月立项。今年,王光明劳模创新工作室"中标"国家社会科学基金教育学重点课题"教师核心素养和能力建设研究"。"教育学课题由全国教育科学规划领导小组招标,全国范围高校来竞标,我们投标的这个课题是所有课题中竞争最激烈的,且几乎都是部属院校,最后的结果是我们全票通过。"王光明兴奋地说。

"国内目前还没有哪个研究团队对教师核心素养和能力建设进行如此大规模大范围的调查研究,我们是'第一个吃螃蟹的人'。"王光明谈道,从习近平总书记提出做"四有好老师"到今年党的十九大报告中强调要"培养高素质教师队伍",教师的核心素养和能力建设研究具有较大的现实意义。目前,课题组已经就"教师核心素养和能力是什么"的问题,以问卷形式调查了2186名全国各地的普通教师,涉及大中小学,覆盖了东中西部的33个省市,对"教师的核心素养和能力是什么"有了初步的结论,下一步他们将就"为什么""怎么办"等问题展开调查研究。

中小学教师国家级培训计划(简称"国培计划"),是王光明带领团队开展的又一项重要工作。最初,我校仅承担对中西部五省普通教师的培训任务。由于此前的培训效果好、方法新,自2013年起开始承担"培训团队研修项目",该项目培训对象为全国32个省、直辖市、自治区的省级培训专家,他们在我校接受培训后返回各自省市对当地教师开展相关培训,这是"国培计划"的示范性项目,目前共有千余名学员来校接受培训。

"没想到现在的小学竟然有这么多自选课程,这次的培训真是来值了!"11月9日下午,今年参加培训的百余名学员走进了和平区岳阳道小学,现场观摩了学生们选课走班、课外活动等情况。"为了提高培训质量和效果,我们把理论讲解和实践活动穿插进行,采取了现场诊断、情境体验、案例分析、班级论坛等实践型培训方式,大家普遍反映很好。"王光明介绍,除了由国家经费资助前来培训的学员,今年还有来自山西大同大学"自费"来学习的,"甚至有3位老师来我们这里学习过三次。"

在"国培计划"培训团队研修项目执行办公室公布的参训学员满意度匿名评估结果中,四年来我校三次获得学员满意度评估全国第一和一次全国第二的好成绩,同时参评的还有北京师范大学、华东师范大学、华南师范大学等部属重点师范院校。

二、协作共进、打造优秀劳模创新团队

一个人走,走得快;团队一起走,走得远。

这是王光明多年来在教育研究工作中得出的经验,也是他经常跟团队成员们说的一句话。"我们团队成果不少,但绝不是我个人的功劳,这是所有老师一起下苦功夫'干'出来的。"采访中,王光明多次表示,这是一支有着强大凝聚力的团队。

目标明确、任务驱动、分工合作,这是王光明带队伍的理念,亲力亲为是他奉行的准则。每一项任务,他都带着大家出思路、想方案、抓落实,从编制"蓝皮书"到课题申报,从校内研讨到校外调研,他都与团队成员一起攻坚克难。在他的带领下,老师经常深入本地和外地的中小学,与老师和学生充分交流。"亲力亲为、亲身体会,这既是王老师对大家的要求,更是他宝贵经验的传递。"教师教育学院副教授吴立宝说。

认真严谨、精益求精则是团队成员一致追求的目标。回忆起今年申报国家社会科学基金教育学重点课题的情景,大家至今记忆犹新。一放寒假,团队成员没有休息就开始集中精力"奋战"课题申报;腊月二十九,大家还在学校对着申报书"咬文嚼字";春节放假的几天,老师们在群里讨论的还是课题;正月初七那天,他们又都结伴回到了安静的校园……"10万字的课题申报书,王老师带着我们反复修改校对,提交申报书的前一晚大家几乎一夜没睡,直到把厚厚的材料交上去我们才松了一口气。"吴立宝说,"那一夜,我想我们每个人都忘不了。"

每周一次的例会,是团队老师们"思想交锋"的时刻。大家围坐在一起,常为了某个问题争论不休,甚至针锋相对。"我非常鼓励大家去讨论,那不是浪费时间,是促使大家去思考,真理总是越辩越明嘛。"王光明笑着说起上次例会时,大家热火朝天地讨论了一下午,最后的结论又回到了最开始提出的方案上,"这没有什么,我们的每一次交流总是充分、透彻的,而时间就这样不知不觉过去了……"他一笑而过的轻松诉说,却更能感到那份沉甸甸的责任与身为团队领衔人亦师亦友的包容。对于大家来说,自由地表达自己的想法、充分地听取别人的见解,是团队良好氛围的体现,也是团队凝聚力的"合成剂",每一次的例会都让老师们"享受其中"。

给每一位老师"充电",是王光明一直记在心上的大事。"团队要一起走,每个

人都不能落下,所以要尽可能地为大家提供各种培训学习的机会。"美国、日本的国际性学术会议,都留下了他们的身影。今年暑假,大伙奔波于北京、江苏、云南等省市,大数据分析、教科研能力提升等主题的培训让老师们开阔视野、受益匪浅。"像上一次我们在苏州学习怎么更好地处理数据,这些对日常开展研究工作是至关重要的。"吴立宝说,"我们已经跟台湾专家取得了联系,准备邀请来学校给更多的师生们做讲座。"

对工作室未来发展的设想,王光明谈到,除了要继续在教师核心素养和能力研究、天津市基础教育服务、教师职后培训等方面发挥我校教师教育特色优势,加强对国家教育事业的服务力,还要尽可能地走出国门,在国外顶尖刊物上发表学术成果,在国际教育舞台上发出中国教师教育和基础教育的声音,面向世界讲好中国教师故事。

坚定初心求发展　一年接着一年干

——记我校纪德奎创新工作室

记者　张栩丹　柴　娜

2017 年 12 月 15 日　576 期　第二版

在充满学术氛围的教育科学学院有这样一间工作室,这里不仅装满了荣誉和创新成果,国家级课题、国家级奖励、多部著作和高水平论文等,这里还走出一位天津市"五一劳动奖章"获得者,这里就是纪德奎创新工作室。

一、坚定初心信念,追求卓越发展

说起建立工作室的初衷,纪德奎老师讲:"我们的目的特别单纯,就是为了能够在学科发展和专业研究方面形成一个团队,把科研力量凝聚起来,更好地为学校、为学科、为本市中小学服务。说到底,就是办实事!"

从工作室创立之初,工作室的老师们就拿出了"劳模"的拼劲儿,早 7 点至晚 9 点的工作时间已经成为常态,工作室深夜常明的灯光成了立教楼独特的风景。而在学生眼中,老师们的这种用心的拼劲也在影响着他们。2016 级博士生王可说:"老师仿佛没有节假日、周六日,几乎每个周末都能在学校看到老师的身影,这无形之中也是对我们的鞭策和鼓励,让我们不敢懈怠,勤奋向学,严谨做学问。"2015 级硕士生黄宇飞对自己参与工作室项目的那段经历记忆犹新:"在讨论激烈时我们经常忘记了时间,我记不清有多少次,大家随便点个外卖简单应付一下;我也记不清有多少次大家讨论到晚上 9、10 点钟,在楼管员一遍又一遍催促下才回去休息。"

一直以来,团队成员始终坚持创立之初的信念,那就是"坚定初心,追求卓越,发挥引领作用"。辛勤的劳作,换来了丰盛的成果。目前团队成员在研究国家级课题 5 项,省部级课题 10 项,近 3 年共发表 CSSCI 论文 62 篇,在课程与教学基本理论、课堂教学改革深化研究、城乡教育一体化与农村学校文化转型等方面形成系列研究成果。工作室负责人纪德奎教授的论文《新课改十年:争鸣与反思》获得国家级奖励,包括《教育研究》在内的教育学所有学科级刊物上都刊发过纪老师的文章,其中多篇被人大资料转载。他主编的《高等教育学》成为天津市高校青年教师岗前培训教材。

二、参与学科规划,助力学科发展

工作室的主要任务就是为学科发展助力。在教育学科发展规划方面,工作室积极参与其中。走访调研、实地考察、多方倾听,设计可行方案,在校领导的指导和学院班子的支持下,最终确定了学科发展格局。

纪老师呈现了一幅形似振翅高飞的图示,这就是教育学“一体两翼”的学科发展规划:实践导向的面向基础教育服务的学科研究体系为主体,国际化研究和地方区域研究为助力,“一体两翼”展示了未来教育学科的发展蓝图。

在教育学科发展的关键节点,工作室团队成员与教育学科师生一起,务实肯干,圆满完成了教育学一级学科博士学位授权点自我评估任务,顺利通过评估;完成全国第四轮教育学一级学科评估的工作;完成教育学科申报天津市重点学科;2017 年 10 月,配合研究生学院,圆满完成教育博士专业学位点申报工作。工作室团队成员在一次又一次的任务检验中,不断得到历练。

三、开展导学实践,引领思知研行

工作室创立的主要目的之一是培养创新型人才,促进学生全面发展。学生的创新想法,都能得到老师们的支持和鼓励。虽然平时的工作十分忙碌,但是大家都会挤出时间与学生交流探讨,支持鼓励创新探索。刘哲雨老师谈到,工作室是“一方沃土,一个摇篮”,不仅仅是培养青年教师发展的沃土,更是促进学生知识、技能和素养全面成长的摇篮。

“项目导学实践”是纪老师大力倡导的教科院特色人才培育项目,旨在培养学生实践能力和创新精神,要求每位导师对学生思(思想)、知(学习)、研(探究)、行(生活)进行全面引领与指导。工作室成员积极参与其中,在老师们的言传身教和潜移默化的影响下,学生们现已取得可喜的成绩。高维老师说起学生成绩如数家珍:研究生国家奖学金、优秀本科毕业论文、“挑战杯”天津市大学生课外学术科技竞赛特等奖等。看到学生们的成长,工作室老师比自己得奖还要高兴。

四、激发科研活力,服务基础教育

在弘扬社会主义核心价值观和我国优秀传统文化的背景下,纪德奎老师专注于乡土文化教育研究,并获批国家社会科学基金教育学项目“农村中学生乡土文化教育认同研究”。乡土文化教育研究不仅关乎中华优秀文化传承与文化自信,也关乎青少年核心价值观的形成和家国情怀的培育,颇具研究意义。在取得一定研究成果的基础上,纪德奎老师申请成立了天津师范大学智库机构"乡土文化教育研究中心",为天津市农村教育发展尤其是乡土文化教育的发展提供咨政服务研究。

学校在深化服务基础教育工作中探索实践 U－G－S(大学—政府—学校)发展模式。工作室也积极投身这项工作。2016 年 12 月,与天津八中建立教师教育研究实践基地,组建跨学科研究团队,开展服务基础教育工作。由于八中在河东区,路途较远,工作室成员乘坐地铁需要换乘三次,每次往返需要 3—4 小时。但大家都没有怨言,每周定期去学校听课、调研与交流,帮助天津八中优化了"二五三段"教学模式。从项目规划、实地调研、研究讨论、成果形成的各阶段,都凝聚着工作室老师和同学们的心血。

2016 年和 2017 年,两次承办河西区教育系统党政领导干部领导力提升与教育管理创新培训班,培训中小学校长和书记共计约 300 人次。在筹备过程中,工作室成员周密计划、各司其职、团结协作,高水平的培训内容、优质的组织工作、热情的接待服务得到广泛赞誉。

"不忘初心,砥砺前行",工作室的成员们将在纪德奎老师的带领下,继续发挥劳模和骨干力量的凝聚作用、引领作用和推动作用,形成合力,为我校教育学科发展和天津市基础教育做出更大的贡献。

"第一作者"背后的育人智慧

记者　魏晋雪　王晨艳

2018 年 3 月 30 日　578 期　第二版

2017 年 11 月 17 日早晨 7 点,数学科学学院研究生二年级学生刘琦像往常一样起床后打开电脑邮箱,里面有一封来自美国《地球物理研究快报》的邮件——刘琦的论文被国际顶级期刊接收了,激动、喜悦与兴奋一点点地涌进她心中。

几乎同一时间,水环境与水资源重点实验室教授郝永红也看到了这封邮件,他把这一消息发到学校"地下水数值模拟交叉融合创新团队"的微信群里,又给我校天津"千人计划"、美国俄克拉荷马州立大学副教授邹伯才单独写了封邮件。这篇论文凝结着整个研究团队的心血。

这一天,刘琦像往一样,来到了郝永红的办公室,继续讨论接下来要做的研究课题——虽说与刚刚被接收的那篇论文方向一致,但他们仍然想从成果上有更多的突破。

一、跨学科研究带来的一项突破性成果

"能够有这么好成果,还得从 2012 年说起。"郝永红回忆,当年在学校的大力推动和支持下,由我校水环境与水资源重点实验室与数学科学学院联合组建的校级"地下水数值模拟交叉融合创新团队"成立,旨在运用数学方法进行地下水相关问题的分析研究。从那一年起,原本主要从事地下水资源研究的郝永红与数科院王同科、范永辉等老师进行了密切交流,了解和掌握了当前数学领域的领先方法,同时也开始在数科院招收硕士研究生。刘琦便是他在该院带的第三届学生。

而 2016 年的美国之行,彻底开启了郝永红的研究思路。"我获得了国家留学基金委项目赴美学访,期间受到俄克拉荷马州立大学自然资源生态与管理学系副教授邹伯才的邀请,参观了该校面积超过 2000 亩的农业生态水文综合实验场。"两天的调研中,郝永红了解到这个实验场积累了连续 6 年的关于土壤水分与降水的最新数据。"可以用数学方法分析这些数据,研究不同植被类型对降水和土壤水分的关系,目前还没有学者做过这方面的研究!"他把这个想法与邹伯才一交流,双方一拍即合。同年6月,邹伯才与我校签订了天津市"千人计划"短期人选聘任合同,成为水环境与水资源重点实验室的兼职研究员,他将美国实验场的数据带到了学校。

2016年9月,研究生刚入学的刘琦"投入"郝永红门下,从小喜欢数学并且希望把数学运用到实际的她对导师的课题非常感兴趣。郝永红在与团队老师充分讨论后,决定运用有"数学显微镜"之称的小波分析法对美国带回的庞大数据展开研究,这是当前数学领域中迅速发展的新方法。

这项工作幸运地落到了刘琦身上。然而她对小波分析法和地下水相关知识却相当匮乏,郝永红带着她边做边学,计算、画图、查文献、学方法、处理数据、分析规律……在他的悉心指导下,刘琦的论文顺利写完了初稿。2017年2月,邹伯才在校工作期间又对她的论文进行了完善。5月,经过了大大小小20余次修改的论文《不同植被类型对降水和土壤水分关系的影响研究》终于投了出去。他们选择了由美国地球物理联合会出版的地球科学领域顶级SCI学术期刊《地球物理研究快报》。

然而,该刊审稿人的回信却是"当头一棒"——论文创新点不明确、研究方法论述冗长,需要进一步修改。满心期待的刘琦当即"有些蔫了",郝永红却觉得这是个好消息,鼓励她说:"让咱修改证明审稿人对这篇论文是感兴趣的,只要改好了就有发表的可能,做学问哪有一次成功的。"

于是,他们对照审稿人的意见,逐条进行了修改。"几乎每个部分都重新推倒再来,甚至有的数据还需要再次计算处理。"郝永红带着刘琦又连续奋战了几个月,最终拿出了这篇让他们满意的文章,并顺利被《地球物理研究快报》接收并发表。

对于这篇跨学科学术研究论文在国际顶级期刊的发表,邹伯才表示,交叉学科融合的创新成果是目前国际前沿研究的最大趋势,但实际操作起来是相当有难度的,能够取得这项突破性成果,体现了学校交叉融合创新团队的不断成熟和持续发展。

二、将学生的成长成才放在心上、扛在肩上

"这篇论文从研究思路的确定,到海量数据的收集,从研究方法的选取,到整体文章的写作,这整个过程的关键环节都是郝老师主要完成的,我只是按照老师的指导按部就班地做,但是没想到郝老师却让我做了这篇文章的第一作者,很少有导师能这样做。"刘琦对此颇感意外,更心存感激。

刘琦不知道的是,让学生做第一作者,是郝永红多年来一直坚持的"信条"。

至今,他培养的研究生以第一作者身份发表了超过10篇的高水平SCI文章,不少都是一区文章。

"让学生当第一作者其实也不需要什么理由,这是对学生的肯定,也是导师的职责,只要是对学生有好处的事情我就愿意去做。"郝永红告诉记者,这些年他带的学生家庭条件都不是太好,如果在学期间能发一篇高水平论文,对他们今后不论是继续深造还是找工作都有好处,"我甘愿在贫苦孩子身上下功夫,只要他们愿意学。"对于这些文章能给他带来的绩效奖励、学术成果,郝永红却并不在意,在他心里,想得更多的是如何培养好学生。

带研究生多年,郝永红总结了一套自己的方法。"首先就是要选好苗子,就跟种庄稼一样,选了好苗儿,来年才能有好收成。"但这还不是最重要的,郝永红认为能够从全过程去关注和帮助学生才是最关键的,要根据学生的兴趣特长以及学科发展的最新动向确定好研究方向,给予学生相应的研究课题,设定要达到的既定目标,然后带着学生不断向这个目标努力。

由郝永红推荐到北京师范大学攻读博士研究生、目前在美国亚利桑那大学联合培养的霍雪丽是城市与环境科学学院2012级硕士研究生,她回忆在学期间导师让她印象最深的便是对学生的用心。由于是跨专业研究,郝永红定期组织相关学科的师生一起讨论学习,填补专业空白,每周的组会传统一直延续至今;不定期地邀请业界有影响力的专家学者为学生讲学、办讲座,让学生开阔视野,先后邀请了多名外籍专家加盟我校"千人计划";科研工作中,如果遇到自己不懂的问题,郝永红会千方百计为学生联系校内外老师帮助解决……

目前在美国俄克拉荷马州立大学读博的钟宇,他的导师便是邹伯才。"当初郝老师帮我极力引荐,他总是尽自己最大努力为学生谋出路。"钟宇回想起在郝永红的影响下,对学术研究越来越有兴趣,也是在他的严格要求下,做实验、写论文,每个环节都不容他一点儿马虎。

数学科学学院2013级硕士研究生张娟目前在暨南大学继续深造,她同样是在郝永红推荐下找到现在的导师,"研二上学期,那时候我刚写完第一篇论文的初稿,但是赶上郝老师要去美国学访一年。"张娟说当时心里很忐忑,但郝永红每天晚上利用时差隔给张娟修改论文,一直持续到文章最终成稿,一天也没有间断过。"郝老师对待学生的事情从来都是那么认真。"张娟至今依然与郝永红保持着联系。

手把手教学生做论文、将文章的第一作者让给学生、尽心尽力为他们推荐学校找导师……在郝永红看来,这都是他应该做的,而学生们却将他的"应该"深深记在了心里。

在刘琦看来,郝老师是一位真正的"好老师","他从来不会把课题丢给学生当'甩手掌柜',几乎都是'陪着学生做论文'。"刘琦说,每次进展到关键环节,郝永红都能第一时间进行指导,让她感到心里很踏实。

不仅如此,郝永红还能细心地体察到学生生活中的问题。当论文进展到最紧要关头时,刘琦的电脑突然坏了,必须要用的软件怎么也运行不了,犹豫再三,经济条件并不宽裕的刘琦还是重新买了一台电脑。"当时花了我几乎半年的学费,可心疼了,但不知道郝老师怎么了解到这个情况,悄悄地把买电脑的钱给我打到卡上。"刘琦心里感激着导师,默默地加快着论文的进度。

其实,一开始郝永红并不清楚刘琦的家庭情况,但有一次他无意中看到刘琦发到 QQ 空间里的一段独白让他知道了这个小姑娘的不易。细心的郝永红把这些都记在了心上,"希望我能尽自己的努力,让每一个学生都能心无旁骛地做学问。"他说。

刘琦的论文发表后,郝永红把她推荐给了法国蒙彼利埃大学的一位教授,教授对学生非常满意,已经同意接收她去读博,并且有全额奖学金,这对刘琦来说是难得的机会,她说:"我一定要好好学,将来学有所成报效祖国,绝不辜负导师的一片苦心。"

"其实呢,我还是有一点自己的'私心'。把这些孩子送出去,送到更好的学校继续深造,我希望有一天他们中的一部分人能够回来,继续从事我热爱的这项研究,壮大我们的学科团队力量,把我们师范大学建设得更好!"

郝永红期待着学生们返回母校的那一天……

采访札记

党的十九大强调,建设教育强国是中华民族伟大复兴的基础工程,必须把教育事业放在优先位置,办好人民满意的教育。《高校思想政治工作质量提升工程实施纲要》要求,高校要着力构建"十大育人体系","科研育人"包括其中。郝永红老师及其团队潜心学术、醉心科研,更注重育人、科教融合,带领学生在科研道路上不懈探索、攻坚克难、积极作为,连续产出高水平研究成果。导师们用扎扎实实的工作引导着研究生树立正确的科学精神,潜移默化中对他们的人生观、价值观、世界观产生着积极影响。这一点一滴都诠释着教师对青年学生的责任和对教育事业的热爱,鼓舞着一批批师大学子在勇攀科学高峰、实现中国梦的青春征程中努力奋斗。为师者,当立足新时代,不忘教育强国之初心、牢记民族复兴之使命,不忘立德树人之初心、牢记人才培养之使命,春风化雨、立德树人!

王辅成:把一切献给党

记者 魏晋雪

2018 年 5 月 8 日 579 期 第二版

将"把一切献给党"的信念设定为自己终生航标,以"活着树一面旗帜,倒下铸一座丰碑"规划自己的人生,天津师范大学退休干部、78 岁的王辅成几十年如一日,用行动践行信仰、忠诚、奉献与善良。

一、真学真懂,将社会主义核心价值观印在脑海

王辅成早年担任过中学语文教师,后调任天津市环卫局副局长兼党组副书记,但他放不下三尺讲台,1994 年,又回归教育系统,任天津师范大学副局级巡视员、校关工委副主任,以世界观、价值观、人生观教育为主课,执着坚守于为青年一代立德塑魂。

2013 年 9 月,他荣获第四届全国道德模范提名奖;2014 年 11 月,在全国离退休干部先进集体和先进个人代表表彰大会上,他成为全国先进个人代表;2016 年 12 月,全国关心下一代工作委员会授予他全国关心下一代"最美五老"荣誉称号。

"我希望通过自己的努力,帮助更多人树立起道德的坐标,寻找到人生的航向。"一个共产党员的责任感、使命感、危机感,让王辅成开始了 24 年的"三观"宣讲。

他的讲座场场爆满,他的讲座催人奋进,他的讲座启迪心灵——学习的刻苦、毅力的坚韧成为他成功宣讲"三观"的两大法宝。讲座中,王辅成引经据典、旁征博引、信手拈来,叙述原文精确到字数,并能说出出处、篇目,甚至精确到第几页、第几行,让听众无不被他的博闻强识所折服、被科学理论的强大力量所震撼。其实,王辅成并非天生记忆力超群,只不过他比一般人更加勤奋、更加坚持。

王辅成从上学时期就养成了爱读书的习惯。退休后仍坚持每天学习五六小时。他开玩笑说:"看书学习可以增长见识,不仅是一种兴趣爱好,还可以防止老年痴呆。"

他每天都有严格的作息时间和学习任务:早起用两小时背诵规定的篇目;下

午阅读、摘抄;晚上再温习以前读过的书籍和读书札记。"老王可是个大忙人,除了洗碗,家里什么活都不让他干!"爱人高老师笑着说。

王辅成把每天学习的内容编成顺口溜:"一篇古文一段骚,一组格言一套操,一首诗词一支曲,一个故事记牢牢。"他曾用3年时间通读了《马克思恩格斯选集》《列宁选集》《毛泽东选集》等,并对邓小平理论、"三个代表"重要思想、科学发展观等都进行了系统深入地学习。党的十九大召开以后,他认真学习了十九大精神和习近平新时代中国特色社会主义思想。

"越学越感到科学理论的博大精深,越学越感到真理的魅力和威力。"王辅成不无感慨。开讲"三观"后,他更感到了知识的不足,又广泛涉猎古今中外名篇名著、文史哲经各类学科,有的文章他甚至读了几遍、几十遍,直到背下来为止。

水滴石穿,铁杵成针。王辅成凭着这种意志和品质,将社会主义核心价值体系融会贯通,刻在脑海。

二、真信真传,把社会主义核心价值观播撒到全社会

"约法三章"是王辅成宣讲的开场白:"一是站着讲,以体现对大家的尊重;二是脱稿讲,以收到好的效果和体现对自己要求严格;三是不计报酬讲,如果非给不可,就将这些钱用于扶危济困、助弱帮残、希望工程、慈善事业。"

可实际上他常与腰椎间盘脱出、前列腺炎、胆结石等多种疾病抗争。人们评价,王辅成往讲台上一站,只字未言,已是一堂课。王辅成把宣讲当成自己神圣的使命,他对自己的宣讲提出了很高的要求,不但要有高度、广度和深度这"三度",还要有科学性、知识性和艺术性这"三性",更要有"凤头、猪肚、豹尾"这"三绝"。他讲起课来滔滔不绝,但不讲虚无缥缈的废话、千篇一律的套话、大而无当的空话。他的演讲声声入耳,扣人心扉,不用投影仪、没有电脑动画,一气呵成,引人入胜。

实际、管用、有效是王辅成宣讲的追求。他会根据不同的对象、不同的形势需要选择讲题和事例,充分准备讲稿和提纲。给中小学生多讲道德、理想,给大学生多讲人生、文化,给机关干部多讲事业观、工作观、政绩观,给教师多讲教书育人、职业道德,给社区居民多讲社会公德、形势政策。借此形成了"文化道德人生漫谈""从'保尔'与'比尔'谁更伟大的争论谈起""从'林妹妹'出家引发的思考""师德八法"以及"党性修养、思考在远航的帆影下"等。

熟悉他、听过他讲座的人都说,王辅成是在用"真情、真心、真我"去讲。他平时总是严于律己、诚信守时,除有特殊原因,不管去哪里讲课,从不迟到。在市内出门讲课从来不让专车接,甭管多远,都是自己乘公交车去,怕堵车总是提前出

门,有时提前一小时到了地点,就在外面找地方溜溜,生怕麻烦人。一次在一所学校讲完课已是晚上 8 点多,学校想打车送他回家。再三推让后,性情温和的王辅成急了:"你们要是再坚持给我打车,我下次就不来了。"

三、真用真做,让社会主义核心价值观融入行动

与其说王辅成社会主义核心价值观讲得好,不如说他是在身体力行,践行得好。

他坚决不当说一套、做一套的说客,始终坚守着自己的人生信条:活到老、学到老、修养到老,不能仅满足于生存、生活着,还要奋斗、奉献着。近几年,他的宣讲受到了社会的"追捧"。他从大学讲到中小学,从机关讲到社区,从企业讲到农村,从天津讲到河北、河南、北京等省市。近 5 年,王辅成累计宣讲 300 余场,受众超过 10 万人。

对待"宣讲"要向高标准看齐,对待个人生活向低标准看齐,王辅成多年来一直住在一套顶层 38 平方米的老式单元房里,两年前才搬进了儿子给准备的 60 多平方米的公寓楼。而就是这样一个对待自己和家人吝啬、几近刻薄的老人,对待别人却总是慷慨解囊、无私扶助。

自 1992 年开始,王辅成就已经开始了扶危济困,助弱帮残的行动。有一年,他因病住院治疗,坚决不住单位安排的条件较好的病房,出院时还给同病室生活困难的病友留下 1000 元;在天津城建大学演讲时,得知一位女大学生的父亲得了尿毒症生命垂危,他二话没说掏出 1000 元,亲手交给了这名学生,回家后又给她汇去 1000 元;从 2014 年起每年为天津市"老促会"资助"单亲母亲"活动捐资 2000元;他还慷慨资助河北、河南、山西、宁夏的困难学生,而这其中大多数人都没有和王辅成见过面,有的至今不知资助者姓甚名谁……

20 多年来,王辅成把劳模补贴、各种奖励和自己每月的大部分零花钱,全部用于扶危济困、助弱帮残,累计捐款 40 余万元。

王辅成常以鲁黎的诗句"我在'无我'里获得意义,种子消失在泥土中获得价值"自励;他把各种荣誉看作是财富和鞭策,用诗句"我希望得到一片绿叶,然而生活却让我拥有整个春天"来形容自豪之情。活着献生命、身后献遗体。王辅成在他的遗嘱中写道:假如明天早上,我不再醒来,请记住,此生我留给这个世界的最后一句话是:我爱你,我伟大的祖国,伟大的人民,伟大的党! 他默记心中的追求,像"中国保尔"吴运铎同志 1982 年给他笔记本上的题词那样——"把一切献给党!"